ACSM's
BEHAVIORAL ASPECTS OF
PHYSICAL ACTIVITY
AND EXERCISE

AMERICAN COLLEGE
of SPORTS MEDICINE®
www.acsm.org

신체활동과 운동의 행동과학

역자
고광욱 · 공성아 · 구학모 · 김혜경 · 김혜숙 · 박수현 · 박아현
서용하 · 손애리 · 육영숙 · 이경숙 · 이돈형 · 이무식 · 이 온
이용수 · 이재현 · 이혜진 · 임경민 · 진정권

Claudio R. Nigg

Wolters Kluwer
Philadelphia · Baltimore · New York · London
Buenos Aires · Hong Kong · Sydney · Tokyo

BIOSCIENCE
(주)바이오사이언스출판

신체활동과 운동의 행동과학

초판 인쇄: 2021년 3월 2일
초판 발행: 2021년 3월 10일

저　자: Claudio R. Nigg
역　자: 고광욱 · 공성아 · 구학모 · 김혜경 · 김혜숙 · 박수현 · 박아현
서용하 · 손애리 · 육영숙 · 이경숙 · 이돈형 · 이무식 · 이 온
이용수 · 이재현 · 이혜진 · 임경민 · 진정권
발행인: 문정구
발행처: (주)바이오사이언스출판
본　사: 10860 경기도 파주시 탄현면 국화향길 10-56, 1동
서울사무소: 06569 서울특별시 서초구 도구로 115, 1층(방배동)
전　화: (02)581-4057~8
팩　스: (02)581-4059
이메일: inquiry@biosciencepub.com
홈페이지: http://www.biobooks.co.kr
ISBN: 978-89-6824-116-1 93690

등록번호: 제22-3079호

값 20,000원

(주)바이오사이언스출판

To my daughter, Zoe Nigg — You make it all worthwhile.

저자 서문

왜 사람들이 신체활동을 변화시키는지에 대한 이해는 지난 세기에 상당히 깊어졌다. 그러나 어떻게 변화시키는지 또는 규칙적 신체활동을 위해 무엇을 하거나 활용하는지에 대해서는 상대적으로 알려진 바가 매우 적다(규칙적 신체활동이야말로 가장 많이 처방될 기적의 신약인데도 불구하고 말이다!).

미국스포츠의학회의 "신체활동과 운동의 행동과학"은 실무자와 학생 모두를 위해 이런 점에 중심을 두어 집필되었다. 신체활동 전문가들에게는 사람들의 신체활동 동기부여를 위해 현장에서 활용할 정보를 제공한다. 학생들에게는 어떻게 신체활동을 변화시키고 증진시킬지를 보여준다. 여러분이 실무자든 학생이든 이 책에서 제공하는 신체활동 증진을 위한 유용한 도구, 비결, 기법, 노하우와 전략을 찾아볼 수 있다.

책 구성 철학

책 구성 순서는 다음과 같이 되어 있다.

먼저, 1장 이론적 기초에서는 신체활동 행동변화의 실제적 적용을 위한 주요한 이론을 제공한다.

둘째, 2장에서는 측정을 못하면 바꾸지 못한다는 전제하에 신체활동 동기부여를 위해 알아야 할 신체활동의 여러 측면을 측정하는 방법을 다룬다.

셋째, 신체활동 행동변화법을 다루는 주요한 부분으로 사람들의 신체활동 변화에 활용할 도구, 비결, 기법, 노하우와 전략을 다룬다. 3장에서는 고객이 필요한 스킬을 습득하도록 돕는 방법, 4장 고객의 준비상태, 5장 고객과의 소통법, 6장 여러 매체를 통한 신체활동 메시지 전달까지를 다룬다.

넷째, 더 큰 그림을 위해 7장에서는 신체활동 동기부여를 위한 환경과 정책에 영향을 미치는 법, 8장 여러 인구집단에의 접근방법, 9장 신체활동 프로그램의 실용적 평가방법을 다룬다.

마지막으로 10장에서는 전문적 스킬, 행동, 행동변화의 촉진과 방해요소의 실제적 적용방법을 다룬다.

책 특징

고객의 신체활동 변화 노력이 참여적이고 쉽고 유용하도록 모든 장마다 다음의 특징이 있다.

- **개념 요약:** 기본적 요약을 제공한다.
- **실습 도구상자:** 양식, 점검표, 그림, 표 그리고 바로 활용가능한 다른 자원을 제공한다.
- **근거:** 최신 근거에 대한 설명을 제공한다.
- **단계별 설명:** 고객 동기부여 기법에 대한 구체적이고 사용자 친화적 적용방법을 설명한다.
- **사례:** 책에서 다룬 자료의 실생활 적용을 강조한다.
- **핵심정리:** 가장 중요한 내용을 강조한다.

감사의 인사

각 장별 저자들과 편집을 도와주고 내용체계화와 파워포인트과 질문들의 작성을 도와준 분과 미국 스포츠의학회와 출판사에 감사를 드린다.

편집자 클라우디오 닉 박사 드림

역자 서문

수렵채집인의 몸을 지닌 채 21세기를 살고 있는 현대인에게 2020년은 새로운 지평이 열린 해로 기억될 만 해이다. 1990년대 중반 이후 선진 각국의 국가 신체활동 패러다임이 바뀌어오면서 가사, 직업, 통근과 통학과 같은 이동 및 여가시간의 신체활동과 운동을 통털어 세게, 길게, 오래 못해도 적당한 신체활동은 건강에 유익할 수 있다는 '건강을 위한 신체활동' 1세대 패러다임이 자리를 잡았다면 최근에는 2세대 신체활동의 시대가 열린 것이다. 그 주요 특징은 영유아로 대상이 확대되고 덜 앉기를 공식화하며 중고강도 신체활동 시간의 하한선이 사라지고 즉각적 효과를 중시하며 인지개선과 8대 암 위험감소 등 건강 효과가 더욱 확대되었는데 십 년 만에 개정된 미연방 신체활동지침에서는 행동과학 이론과 기법에 기초한 접근을 권장하고 있다. 또한 세계보건기구(WHO)에서도 개정된 신체활동 지침뿐 아니라 4대 분야에 걸친 글로벌 액션플랜을 선포하였다.

이러한 시대적 분위기에서 볼 때 수년 전 미국스포츠의학회(ACSM)에서 출간된 "신체활동과 운동의 행동과학"은 행동과학 이론과 기법을 익히기에 시의적절하고 유용한 책이다. 전 세계적 신체활동 패러다임 도입의 효시가 되었던 1996년 미국보건국장의 신체활동과 건강 보고서(Surgeon General Report)에서도 한 장을 할애하여 행동과학 이론을 일별할 수 있도록 하였지만 이 책에서는 수많은 저자들과 검토자들이 10개의 장에 걸쳐 사람들이 왜, 어떻게 신체활동과 운동변화를 하려는지 실무자들과 학생들을 위해 도구, 비결, 기법, 전략을 동원하여 이론적 토대에서 신체활동 측정법, 변화의 방법, 환경과 정책에 이르는 광범위한 영역을 잘 다루어 놓았다. 흡연과 음주에 대해서는 20세기 말부터 다양한 연구를 통해 건강 관련 행동을 변화시키기 위해 동기부여 면담방법에서 환자관리에 이르기까지 저서와 교과서 등으로 다양하게 출판되어 왔으나 신체활동을 늘리고 앉아 지내는 좌업행태를 줄이는 주제에 대해서는 1, 2세대 신체활동 패러다임 도입 자체가 21세기에 들어서야 본격화되었으므로 관련지식의 생산과 보급이 늦어졌다고 할 수 있다.

아울러 신체활동 증진과 앉아 지내는 좌업행태를 감소시키기 위해서는 선진국들의 사례에서 보듯이 다양한 영역 간의 협력이 필수적이라 하겠다. 그러나 지금까지 정작 체육·운동·스포츠계와 보건·의료·교육계 등의 협력 부족 등으로 사람들이 건강을 위해 필요로 하는 지식이 현장에서 적용되기 어려웠다. 이러한 상황에서 최신 근거에 기초하여 저술된 미국스포츠의학회의 학술적 성과물을 '대한건강운동관리사협회'와 '한국보건교육건강증진학회'의 전문가들이 합심하여 번역서를 출간한 것에 대하여 의미를 부여하고 싶다.

마지막으로 본 번역물이 한국사회의 신체활동 증진과 좌업행태 감소에 유용하게 쓰이기를 바라며, 원고 취합과 정리에 혼신의 힘을 다한 윤난희, 이용수 두 분께 감사를 드린다.

2021년 포스트코로나 시대를 준비하며

역자 일동 드림

역자 소개

고광욱	고신대학교 대학원 교수
공성아	성균관대학교 삼성융합의과학원 삼성서울병원 환자중심 삶의 질 연구소 책임연구원
구학모	한국건강증진개발원 선임전문원
김혜경	이화여자대학교 융합보건학과 부교수
김혜숙	대구보건대학교 보건행정과 조교수
박수현	한국스포츠정책과학원 연구위원
박아현	서울시 통합건강증진사업지원단 팀장
서용하	대한건강운동관리사협회 건강운동연구소 연구원
손애리	삼육대학교 보건관리학과 교수
육영숙	성신여자대학교 운동재활복지학과 부교수
이경숙	서울대학교 간호학과 부교수
이돈형	한국건강증진개발원 책임전문원
이무식	건양대학교 의과대학 예방의학교실 교수
이 온	한국스포츠정책과학원 연구위원
이용수	장안대학교 건강과학부 생활체육학과 조교수
이재현	충남대학교 체육과학연구소 연구원
이혜진	대구시 공공보건의료지원단 부단장
임경민	동주대학교 간호학과 조교수
진정권	국군체육부대 운동생리연구관

간행위원회

고광욱 고신대학교 대학원 교수
윤난희 한양사이버대학교 보건행정학과 조교수
이용수 장안대학교 생활체육학과 조교수

차 례

CHAPTER 1

사람들은 왜 신체활동 행동을 변화시킬까?

Danielle Symons Downs, Claudio R. Nigg, Heather A. Hausenblas, and Erica L. Rauff

행동 변화의 원리를 이해하기

용어 정의

행동(behavior)이란 무엇인가?

행동이란 유기체 또는 살아 있는 개체가 행하는 모든 것으로 광범위하게 정의되며, 행동, 말, 감정과 생각의 표현을 포함한다(17). 행동은 어떻게 수정되고 변화되는지를 확인할 수 있도록 반드시 관찰 가능하고, 측정 가능하며, 조작 가능하게 정의되어야 한다. 행동은 결과(행동에 따른 긍정적 또는 부정적 결과)뿐만 아니라 중요한 선행 요인(행동을 촉진시키는 계기 또는 촉발 요인)을 가진다. 그러나 행동은 맥락에 따라 다르게 조작적으로 정의된다. 예를 들어, 신체활동 행동은 보통 한 사람이 휴식할 때보다 더 많은 에너지를 사용하는 골격근의 작용에 의해 생성되는 몸의 움직임으로 정의된다(67). 신체활동은 예를 들어 운동, 스포츠, 레저 활동, 댄스 등과 같은 여러 측면을 포함하는 '포괄적 용어'로도 개념화되어왔다(14). 그러나 특히 개인이 규칙적으로 신체활동을 활발히 할 때, 사람들은 일반적으로 신체활동을 습관과 같은 행동으로 보기도 한다. 반면에 운동은 계획된, 그리고 체력을 증진시키기 위한 목표를 가지고 고안된 체계적인 몸의 움직임을 사용하는 행동으로 보통은 정의된다(6). 전문가(practitioner)로서, 당신은 행동 변화에 대한 계획을 개발하기 전에 먼저 목표 행동을 정의하는 것이 필요하다. 행동 변화의 요소는 다음 절에서 더 자세히 설명할 것이다.

행동 변화

행동을 변화시키는 것은 어렵다. 왜냐하면 인간은 습관의 동물이며 인간이 하는 것은 그들이 진정으로 원해서 하는 행동이기 때문이다. 이러한 행동은 '가장 효과적인(work best)' 또는 '하기 쉬운(are easy to do)' 활동이다. 그래서 행동 변화를 개념화하기 위해서, 많은 행동, 특히 신체활동과 이와 관련된 건강 행동가, 바람직하지 않거나 건강에 위해한 행동부터 바람직하거나 건강한 행동까지 연속선상에 있다는 점을 이해해야 한다. 바람직하지 않거나 건강에 위해한 행동을 변화시키는 것은 지속적으로 새롭거나 다른 행위, 예를 들어 흡연 또는 과음과 같은 해로운 무언가를 '하지 않기' 위한 의식적 결정을 포함한다. 유사하게, 신체활동을 활발히 하는 것이나 건강하게 먹기와 같은 바람직한 행동을 변화시키는 것은, 그 행동이 일상의 한 부분이 될 때까지 새로운 행동을 반복적으로 하기 위한 동일한 의식적 결정을 포함한다. 그렇다면 긍정적인 행동 변화를 도모하는 것은 왜 어려운가? 왜냐하면 즐거워하는 활동을 적극적으로 찾고, 싫어하는 활동을 피하는 것은 자연스러운 본성이기 때문이다. 안타깝게도 많은 긍정적인 건강 행동은 당신이 아마도 '좋아하지 않는' 것을 행하는 것을 포함하고 있다. 예를 들어, 신체활동은 수많은 건강 혜택을 주지만, 또한 그것은 시간, 노력, 그리고 에너지를 필요로 한다. 그래서 신체활동을 일상에 포함시키기 위해서 의식적인 결정을 해야 한다. 강화의 원리를 이해하면 이러한 생각을 더 확고해질 것이다.

강화의 원리(Principles of Reinforcement)

"정적 강화가 이루어지는 방식이 양보다 더 중요하다" (BF Skinner)

강화는 한 행동이 다시 일어날 가능성을 높이는 모든 것이고, 상벌의 활용은 비슷한 반응이 미래에 일어날 가능성을 증가시키거나 감소시킬 것이다. 스키너(62)는 교육이 온전히 강화의 원리에 의존한다고 주장하였다. 오늘날, 이러한 원리는 심리학에서 가장 폭넓게 인정되어 실행되는 원리들 가운데 하나이자, 행동 변화를 위한 기초이기도 하다. 강화의 가장 기본적인 전제는 만일 어떤 행위를 하는 것이 좋은 결과로(칭찬 또는 보상을 받는 것) 귀결되면, 인간은 그 행동을 반복하려 할 것이나, 어떤 것을 행함이 부정적인 결과로(비난 또는 처벌을 받는 것) 귀결되면, 인간은 보통 그 행동을 반복하지 않으려고 할 것이라는 점이다. 예를 들어, 만일 당신이 조깅을 시작하였고, 몇 주 안에 당신이 "와, 조깅하는 것이 정말 효과가 있구나! 너 정말 좋아 보인다"라고 말하는 친구를 만났다고 해보자. 당신은 가족과 친구들로부터 칭찬을 더 받기 위해 앞으로 그 행동을 반복할 것이다. 반면에, 만일 가족 같이 소중한 사람들이 당신에게 "조깅은 너에게 무리를 주기만 할 거야. 나는 네가 왜 조깅하려 애 쓰는지 이유를 모르겠어"와 같은 부정적인 피드백을 준다면, 당신은 이런 식의 수치심과 비난을 피하기 위해 조깅하는 것을 결국 중단할지도 모른다. 그러나 현실에서 강화는 항상 이렇게 간단하지만은 않다. 동일한 강화물도 사람에 따라 다르게 작용하기도 한다. 예를 들어, 운동 강사가 "더 열심히 운동을 해야만 해요! 당신은 거기 뒤에서 쉬고만 있잖아요"라고 말할 때, 어떤 사람들은 동기화가 되기도 한다. 그러나 다른 사람들은 이것을 부정적인 피드백으로 여기고 운동을 아예 중단하기도 한다. 강화물이 효과적이려면 개인에게 맞춤형으로 제공되는 것이 필요한데, 특히 행동이 신체활동과 같이 복잡할 때 더욱 그러하다. 따라서 개인을 이해하고 그 사람이 다른 강화물에 두는 가치를 이해하는 것은 매우 중요하다. 한 사람에게 효과적인 것이 다른 사람에게 효과적이지 않을 수 있다!

대부분의 행동주의자 사이에서 이루어진 일반적인 합의는 강화에 대한 긍정적인 접근이 가장 적절하다는 것인데, 이러한 접근이 바람직한 행동이 앞으로 반복적으로 발생할 가능성을 높이기 때문이다. 또한 실무적 관점에서 보면, 강화에 대한 긍정적인 접근은 태도, 동기, 그리고 자기효능감과 같은 중요한 신체활동의 결정요인을 향상시킬 가능성을 더 높인다. 정적 강화를 사용하는 것에 대한 일련의 가이드라인은 없지만, 스포츠 운동 심리학 분야의 연구자들(71)은 행동 변화를 위한 정적 강화 사용을 위한 아래의 전략을 추천해오고 있다.

- **효과적인 보상을 선택하라:** 보상은 반드시 행동을 수행하는 사람에게 중요하고 관련 있는 것이어야 한다. 즉, 그 보상을 좋아해야만 하고, 그렇지 않으면 보상은 비효과적일 것이다. 이러한 보상의 일부는 내적인 것으로, 예를 들어 당신이 성취에 대해 자부심을 가지는 것이나 더 많이 배우기 위해 더 열심히 일하여, 더 좋은 성과를 내는 것과 같은 것이다. 이러한 보상의 일부는 사회적(칭찬, 공적인 인정, 박수), 그리고/또는 금전적 인센티브(현금 또는 기프트 카드)와 같은 외적이기도 하다.
- **강화물을 효과적으로 계획해라:** 연구자들(42, 58, 71)은 행동이 새로운 것이거나 개인이 행동을 학습하는 초기단계에 있을 때, 지속적이고 즉각적인 보상이 바람직하다는 것을 증명해왔다. 바람직한 행동과 긍적적인 반응 사이의 연합 가능성을 최대화하기 위해 강화는 반드시 즉각적이어야 한다. 그러나 일단 그 행동이 점점 일상화되어 가면, 간헐적인(산발적이거나 예상치 못한) 보상이 더 선호되는데, 그 이유는 그렇게 하지 않으며 그 보상은 단조로워지고 그

것의 효과나 가치는 상실되기 때문이다.

- **적절한 행동을 보상해라:** 강화물을 효과적으로 계획하는 것과 함께, 보상을 줄 행동에 대한 선택도 중요하다. 만일 모든 행동에 대해 보상을 한다면, 보상 체계 효과는 사라질 것이다. 따라서 어떤 것이 대상자에게 보상할 가장 중요한 행동이나 결과물인지를, 그리고 이 행동에 가장 근접한 행동에 대한 보상을 어느 때에 해야 하는지 알아야만 한다. 이는 "행동조성(shaping)"이라 불리는데, 기존 행동을 장시간 점진적으로 변화시키려는 노력에 대해, 바람직한 행동에 근접한 행동이 보상받을 때를 일컫는다(50,62).
- **단지 결과가 아니라 행위와 노력에 대해 보상하라:** 목표 설정에 대한 문헌과 유사하게, 실질적인 성과나 행동과 더불어 성실함, 노력, 그리고 헌신과 같은 과정 또는 행동 과정상 결정요인을 보상하는 것은 중요하다. 이것은 당신이 과정의 가치를 습득하였기 때문에, 어려움이나 장애물에 맞닥뜨렸을 때 그 행동을 반복할 가능성을 높여주고, 그 행동을 성취하는 데 어려움이 있어도 포기할 가능성을 낮출 것이다.
- **긍정적 동기유발 분위기를 조성하라:** 긍정적이고 지지적 환경 속에서 정적 강화물을 사용하는 것은 행동 변화의 가능성을 최대화할 수 있다. 행동에 대한 피드백은 설명과 격려, 인내, 그리고 대상자나 대상 그룹과의 논의할 기회와 추가적인 피드백이 함께 제공되어야 한다.

그러나 행동 변화는 강화의 원리 이상의 것에 의해 종종 결정된다. 따라서 행동 변화에 더 포괄적인 접근을 내재한 이론을 고려하는 것이 중요하다. 다음 절은 행동 변화를 유도하는 데 이론과 모형을 사용하는 것이 중요한지에 대해 개략적으로 살펴볼 것이고, 일부 자주 사용되는 신체활동 행동을 설명하기 위한 또는 예측하기 위한 행동이론에 대해서도 살펴볼 것이다. 사례에 대한 설명도 이러한 이론들이 어떻게 적용되는지를 보여줄 것이다.

행동 변화의 이론

이론과 모형의 중요성

"좋은 이론보다 더 실용적인 것은 없다." (Lewin, K. (1952). Field theory in social science: Selected theoretical papers by Kurt Lewin. London: Tavistock.)

처음에는 행동 변화 이론과 모형을 이해하기 벅찰 수 있다. 그러나 일단 이론 사용에 대한 초기 두려움이 사라지면, 전문가들(practitioners)은 보통 빠르게 이론적 접근을 활용하는 것에 대한 근본적인 가치와 추가적 이점을 이해하게 된다. 이론과 모형을 바라보는 간단한 방법은 이것을 체계화된 논리적 설명 또는 특정 현상을 설명하는 방식이라고 이해하는 것이다. 이론은 행동을 이해하고, 설명하며, 그리고 예측하도록 한다. 이론은 "어떻게 그리고/또는 왜" 한 행동이 발생하는지를 설명하고, 신체활동과 같은 건강 행동을 증진시키기 위한 중재 개발을 위한 실증 기반의 틀 또는 "청사진"을 제공한다. 모형은 한 현상에 대한 시각적 표현 또는 보통 구성요소라고 알려진 특정 부분들이 한 체계 안에서 어떻게 관련되어 있는지에 대한 도식을 제공한다(10). 많은 이론들은 모형을 가지고 있지만, 모든 모형은 이론을 바탕으로 하지는 않는다. 실용적 관점에서 어떻게 이론의 요소들이 관련되어 있는지와 행동을 예측하는지를 보여주기 위해, 좋은 이론은 보통 모형을 사용한다. 건강증진 전문가는 개인, 지역, 또는 사회적 수준에서 행동 변화를 촉진하거나 방해하는 요소들을 더 잘 설명하고/거나 적절한 건강증진 전략을 선택하고 개발하는 것을 안내하기 위해서 여러 다른 이유로 이론 및/또는 모형을 사용하기도 한다. 이론은 결코 "큰 그림"에 대한 충분한 이해 없이 즉, 건강 행동 변화 증진을 도모하는 개인, 그룹, 기관, 지역에 대한 철저한 통찰력과 인식 없이는 적용할 수 없다는 것을 기억하는 것이 중요하다. 이론은 해결책이 아니라 오히려 기초라는 것도 기억해야만 한다.

신체활동 행동을 변화시키거나 증진시키기 위해서, 가장 흔하게 사용되는 근거 기반의 행동 변화 이론과 모형의 주요 요소를 인지하는 것은 중요하다. 끝으로 이 절에서는 자주 사용되는 신체활동 행동에 적용되는 여러 이론/모형을 개략적으로 보고, 신체활동 영역의 연구 요약 및 논문의 근거를 살펴보며, 이론이 실제적으로 어떻게 사용되는지 단계적으로 설명될 것이고, 설명을 위한 예제 시나리오도 제시될 것이다.

자기효능감 이론(Self-Efficacy Theory)

논문 요약

자기효능감 이론의 개념

자기효능감은 어떠한 행동을 수행하는 자신의 역량에 대하여 스스로의 상황을 바탕으로 한 신념이다(7,8). 당신이 인지하고 있을 수도 그렇지 않을 수도 있지만, 자기효능감은 고속도로를 운전하기로 한 결정부터 오늘 산책을 할지 또는 조깅을 할지의 선택까지, 당신이 하는 모든 결정에 영향을 미친다. 자기효능감은 당신이 어떻게 생각하고, 느끼며 행동하는지를 결정한다(7). 오늘 고려하고 있는 어떤 또는 모든 활동을 성공적으로 수행할 수 있는 역량을 가지고 있다는 믿음은 그 활동을 할지 여부에 대한 당신의 결정에 영향을 줄 것이다. 당신이 그 활동에 투자하는 노력의 양도 이 믿음에 대한 가치에 의해 영향을 받게 된다. 당신이 한 행동을 성공적으로 수행하기 위한 개인적인 역량에 대한 믿음이 약하다면(낮은 자기효능감), 당신은 주저하면서 많은 노력을 투입하지 않을 것이다. 반대로 특정 과업을 수행할 능력이 있다는 강한 믿음이 있다면(높은 자기효능감), 당신은 그 과업을 자신감과 확신을 가지고 수행할 것이다. 강한 효능감은 개인의 안녕(well-being)을 향상시키고 동기와 노력을 촉진시킨다. 당신의 개인적인 능력에 대한 고도의 확신은 어려운 업무를 피해야 할 위협이라기보다, 오히려 극복해야 할 도전으로 접근하도록 이끈다(7).

자기효능감은 사회인지이론(8)의 연계된 요소이며(46), 한 행동을 학습하려는 동기부여가 되었다면, 그 행동은 관찰에 의해 학습되고, 정적 강화로 강화된다는 사회학습이론의 가정에서 유래한다. 자기효능감은 여러 주요 원천으로부터 영향을 받는다고 한다(**그림 1.1**). 최우선적으로 중요한 원천은 성공적인 수행경험이다. 한 과업을 성공적으로 성취하였다면, 당신은 당신이 그 행동을 반복하기에 필요한 역량을 가지고 있다고 믿을 것이다. 과거의 성공들은 자기효능감에 가장 중요한 영향을 주며, 앞으로의 행동을 수행하는 데 자신감을 준다. 그러나 자기효능감은 취약하기 때문에, 과거 실패한 경험들은 효능감에 대한 믿음을 저하시킬 수도 있다.

또 다른 자기효능감의 원천은 간접적(대리) 경험 또는 관찰학습이다. 다른 사람들의(성공하고 실패한 모든) 행동은 자기효능감에 영향을 줄 수 있다. 비슷한 과업을 친구나 가족이 성공적으로 수행하는 것을 관찰하는 것은 자기효능감을 증진시킬 수 있지만, 비슷한 상황에서 그들의 실패를 관찰하는 것은 자기효능감을 저하시킬 수 있다.

세 번째이자 가장 약한 자기효능감의 원천은 언어적 설득이다. 당신이 "잘했어요" 또는 "지금처럼 계속해보세요. 당신은 할 수 있어요"와 같은 언어적 칭찬을(친구, 가족, 코치/트레이너 같은) 중요한 타인으로부터 들을 때, 이런 말은 일반적으로 효능감에 대한 믿음을 즉각적으로 증진시킨다. 반대로 부정적인 코멘트는 효능감에 대한 믿음을 손상시키거나 약화시킬 수 있는데, 이미 당신의 능력에 대한 의구심이 드는 상황에서 특히 그러하다. 만약 당신이 성공할 수 있다고 지속적으로 믿을 만한 무슨 이유가 존재한다면, 일반적으로 언어적 설득은 자기효능감에 가장 큰 영향을 미친다.

생리적 상태 역시 자기효능감에 영향을 줄 수 있다. 빠른 심장박동, 가빠진 호흡, 그리고 증가한 땀과 같은 요소들은 자기효능감의 현재 수준에 대한 신호나 단서를 제공한다. 상황과 이러한 생리적 단서에 대한 당신의 평가는 중요하다. 당신이 차분하고 확신에 차 있을 때에는, 보통 이러한 생리적 단서는 활동의 일부로 해석되고, 보통 잘 통제된다. 반면에 이러한 생리적 신호를 불충분하게 준비된 증거로 해석한다면, 그런 신호는 효능감 저하시키고, 스스로의 능력에 의구심을 들게 할 수 있다.

자기효능감의 마지막 원천인 정서적 상태는 자기효능감에 영향을 주는데, 이는 과거 성공 및 실패와 연관된 감정 사이의 연합 때문이다. 당신이 성공한 경험은 그 사건과 연합되어 있는 긍정적인 감정(예를 들어 성취감, 자부심)과 함께 기억 속에 저장된다. 그러나 실패한 경험도 기억 속에 저장되며, 이런 경험은 부정적인 감정(예를 들어, 좌절, 수치심)과 연합된다. 장래 사건이 발생하기 전의 정서적 상태는 과거 기억으로부터 사건들을 활성화시킨다. 그래서 행동을 하기 전 긍정적 감정의 발현은 성취감과 즐거움에 대한 기억을 사전에 활성화함으로써 자기효능감을 증진시키는 데 도움을 줄 수 있다.

자기효능감은 상황 특이적 구성요소이기 때문에, 시간이 지나면서 다른 조작적 정의로 개념이 확장되었다. 아래의 개념은 연구에서 신체활동 행동과 관련된 핵심적 요소로 확장된 자기효능감의 측면들이다.

- **운동 효능감(exercise efficacy):** 신체활동의 모드, 강도, 기간을 넘어서 다양한 일련의 점진적 신체활동(incremental bouts of physical activity)에 성공적인 참여할 수 있다는 능력에 대한 믿음.
- **장애 효능감(barriers efficacy):** 신체활동 참여에 있어 장애물 또는 방해물을 극복할 수 있다는 믿음. 장애물은 사회적(배우자의 지지 부족), 개인적(동기 부족, 게으름), 그리고/또는 환경적일(나쁜 날씨, 위험한 동네) 수 있다.
- **일정 효능감(scheduling efficacy):** 신체활동 행동을 매일 또는 매주의 일상으로 계획할 수 있다는 능력에 대한 확신.
- **건강행동 효능감(health-behavior efficacy):** 신체활동 가이드라인을 충족시키는 것과 같은 건강 증진 행동에 참여할 수 있다는 능력에 대한 믿음.

근거

앞에서 언급했듯이, 가장 강력한 자기효능감의 원천은 성공 경험이다. 따라서 자기효능감과 신체활동 참여 간의 관계가 상호적이라는 것은 놀라운 일이 아니다. 즉 효능감에 대한 믿음은 신체활동의 시작과 유지와 관련되어 있으며, 결국 단기간 그리고 장기간의 신체활동 참여는 자기효능감의 유의한 증가를 유도한다(44). 연구들에 따르면 운동 증진을 위한 자기효능감이 중요한 역할을 한다는 점을 밝혀왔다. 예를 들어, 자기효능감과 운동에 대한 27편의 연구에 대한 리뷰 논문에서 자기효능감과 운동 참여 사이의 긍정적인 관련성이 있다는 것, 특히 중재 연구에서 운동 프로그램 참여가 운동 자기효능감을 증진시켰다는 것을 밝혔다(35). 자기효능감이 운동 참여에 보이는 긍정적 효과는 심장 재활 환자(64), 발달 장애인(11), 높은 당뇨와 비만의 위험 인자를 가진 청소년(22), 암 생존자

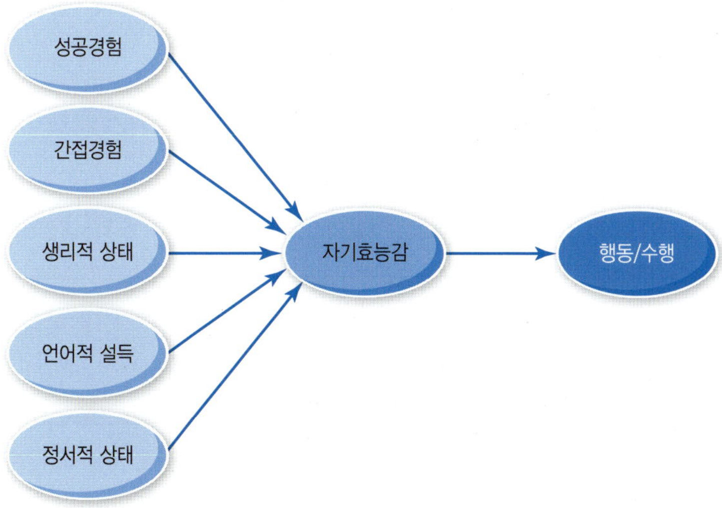

그림 1.1 자기효능감 이론. (Adapted with permission from Bandura A. *Social foundations of thought and action*. Englewood Cliffs (NJ): Prentice Hall: 1986.)

(47), 그리고 이제 막 엄마가 된 사람들(23)을 포함한 다양한 인구집단에서도 확장되는 것으로 보인다. 향상된 자기효능감에 대한 믿음이 신체활동 행동을 증진시킬 수 있다는 많은 증거가 있음에도 불구하고, "어떻게"라는 중요한 질문이 남아 있다. 다음 절은 단계적으로 자기효능감 이론이 어떻게 신체활동 행동을 증진시키기 위해 적용되었는지에 대한 설명을 제공할 것이다.

단계별 설명[Step-by-Step]: 자기효능감 이론을 신체활동 행동에 적용하는 방법

신체활동에 있어 자기효능감의 관련요인에 관한 전문가인 에드워드 맥컬리(Edward McAuley)는 다음과 같이 말하였다(43): "전문가(practitioner)와 프로그램이 운동과 신체활동에 관한 개인 역량에 대한 믿음을 최대화시키는 경험을 제공하는 것은 매우 중요하다. 만일 전문가가 그렇게 하는 데 실패한다면, 참여자는 그 신체활동을 부정적으로 인식하고, 무관심해지며, 좌절하고, 그 활동을 중단할 것이다." 따라서 에드워드 맥컬리는 자기효능감을 증진시키기 위한 주요 원천 각각에 해당하는 일련의 전략을 제시하였다.

1단계: 성공 경험

긍정적 신체활동 경험의 횟수를 증가시킴으로써 성공 경험의 기회를 마련해라. 예를 들어, 점진적으로 신체활동의 횟수와 강도를 증가시켜라. 처음부터 최대치로 시작해서는 안 된다(예를 들어, 최대 체력 검사[a max fitness test]); 걸어서 출근하기, 엘리베이터 대신 계단 이용하기, 상점에서 멀리 떨어진 곳에 주차하기와 같은 성취감을 제공할 수 있는 일상적인 활동을 포함해라; 개인이 즐길 수 있는 활동을 찾고, 그 활동에 참여할 기회를 최대한 확보하도록 해라.

2단계: 간접적 경험

긍정적인 간접 경험(모범 사례)에 노출되는 것을 최대화하라. 예를 들어, 비슷한 나이, 성별, 신체 특성, 역량을 가진 모범 사례를 담은 영상 보여주기; 활동 방식이나 형태를 학습할 수 있고, 활동의 용이함이나 편안함을 증진시키며, 그 행동을 반복할 수 있는 전문가의 시범이나 모방에 참여할 기회를 자주 제공하기; 동료 간 모방학습을 증가시키기 위한 지지적이고 협력적인 환경 속에서 그룹 활동을 촉진하기

3단계: 언어적 설득

긍정적이고 격려하는 피드백의 기회를 증대해라. 예를 들어, 격려받을 다양한 기회를 제공하는 사회적 지지 네트워크와 "버디 시스템(buddy system)"을 개발하기, 정서적 지지를 제공하고 장애물을 극복할 수 있게 도와줄 수 있는 담당자의 전화번호를 제공하기, 소셜 미디어(예를 들어, 페이스북, 트위터, 온라인 지지 그룹)를 이용하기, 그리고 지지적인 타인(개인, 가족, 친구)으로부터 받는 긍정적 피드백을 들을 수 있는 비디오/오디오 테이프 녹음 또는 인터넷 팟캐스트 활용하기.

4단계: 생리적 상태

신체 증상을 이해하고 해석할 수 있는 학습 경험을 촉진해라. 예를 들어, 심장박동, 호흡수, 발한, 근육통, 체중 변화, 그리고 전반적인 피로감과 같은 증상을 어떻게 정확하고 명확하게 추론할 수 있는지를 가르쳐라; 또한 어떻게 이러한 증상이 효과적 운동 참여를 위한 긍정적인 단서인지를 설명하여라.

5단계: 정서적 상태

운동하기 전에 긍정적 정서를 가질 기회를 최대화하고 감정을 논의할 기회를 증가시켜라. 예를 들어, 기분, 생각, 그리고 감정이 신체활동과 관련되어 있기 때문에, 이런 것들을 지지하는 대화를 제공해라; 신체활동 전 안정감, 통제감(sense of control), 행복감을 증진시키기 위한 긍정적 상상(심상; positive imagery)과 근육 이완과 같은 전략을 사용해라; 긍정적 정서 상태와 긍정적 신체활동 경험 사이의 연결고리를 만들 수 있도록 지원하라.

사례 1.1

줄리(Julie)는 고등학교 3학년에 진학하였고, 고등학교 축구선수로서 참여하는 마지막 해의 프리시즌(preseason)을 막 시작했다. 줄리는 팀이 골을 넣어서 지역 우승결정전에 나갈 수 있도록 도움을 주는 핵심 미드필드 선수로 활동해왔다. 줄리는 올해 축구팀 성적에 대해 낙관적이다. 하지만 그녀는 겨울 실내 축구 시즌 때 발생한 십자인대 파열로 인해 올해 좋은 성적을 낼 수 있을지에 대한 자기효능감이 부족하다. 그녀는 십자인대 재건을 위해 수술을 받아야 했고, 필수적으로 받아야 하는 재활 치료로 인해, 잔여 실내 축구 시즌과 그녀가 보통 활동하던 봄 최정예 원정 경기 모두에서 빠졌어야 했다. 의사가 한 번 파열된 십자인대는 재파열될 가능성이 높다고 말했기 때문에, 그녀는 과거에 해왔던 것처럼 모든 노력을 쏟는다면, 재차 십자인대 파열이 올 수도 있다는 점이 두려웠다. 또한 착용해야 할 무릎 보조기가 그녀의 운동 범위를 제한할 것이라는 점과 예전만큼의 성적을 내지 못할지도 모른다는 것을 걱정했다. 그녀는 대학에서 축구선수로 뛰는 것을 꿈꿔왔으나, 이런 것들이 대학에서 축구 선수로 활동하고자 하는 그녀의 목표를 망칠까 두려웠다.

줄리를 돕기 위해서 전문가는 다음과 같은 전략을 고려해야만 한다.

사례 1.1 (계속)

1. **과거 성공 경험:** 줄리에게 업적 목록을 만들고, (특히 그녀가 축구에서 성취한 것들) 그 과정에서 경험한 장애물과 어려움도 목록에 포함하도록 해라. 그러면 그녀가 그 시절에 대해 이야기를 하고 어떻게 그런 도전을 해결해왔으며 무엇이 그 도전을 극복할 수 있게 하였는지를 기억할 수 있을 것이다.
2. **간접적 경험:** 줄리에게 십자인대 재건 수술을 한 최정예 운동선수의 영상 장면을 보여줘라. 그러면 그녀가 수술 후에도 좋은 성적을 낼 수 있다는 것을 납득시킬 수 있다.
3. **언어적 설득:** 그녀에게 긍정적이고 지지적인 환경을 제공하기 위해서 가족, 팀원, 그리고 코치에게 도움을 요청해라. 그렇게 함으로써 그녀는 지속적으로 자신감을 키울 수 있다. 이런 사람들은 그녀가 심각한 부상으로부터 이제 회복하고 있다는 점에 집중해서는 안 된다. ("와, 네가 부상을 입었다는 것을 감안하면, 정말 좋은 경기를 하고 있어"). 오히려 그녀가 부상으로 인해 고립감을 느끼지 않도록, 그녀를 수술하기 전과 동일하게 대우해야만 한다.
4. **생리적 그리고 정서적 상태:** 줄리는 자신의 몸의 변화를 관찰하는 것을 배워야 한다. 그녀는 서서히 시작해야만 한다. 만일 무릎이 아프기 시작하면, 연습량, 강도, 기간을 줄이는 것이 필요할지도 모른다. 결국 그녀가 자신의 몸에 대해 이해할수록 재부상을 입을 가능성은 줄어들 것이다. 또한 그녀는 훈련 전에 긍정적 정서 상태를 가질 기회를 극대화해야만 한다. (예들 들어, 그녀를 신나게 할 만한 음악 듣기, 무릎이 재활됨에 따라 정확한 동작을 구현하는 것을 시각화하기)

핵심정리

자기효능감은 개인이 특정 결과물을 산출하는데 필요한 행동을 조직하거나 실행할 수 있다는 강력한 믿음이다. 자기효능감은 성공 경험, 간접적 경험, 언어적 설득, 생리적 상태와 정서 상태를 포함한 다양한 요소에 의해 영향을 받는다. 자기효능감은 신체활동 행동에 특히나 중요한 역할을 한다. 개인이 높은 효능감을 가질 때, 개인은 동기부여, 참여, 이행을 더 지속할 수 있을 것이고 신체활동 참여 후 긍정적 효과를 더 많이, 부정적 효과를 더 적게 보고할 것이다. 결과적으로 개인은 신체활동을 더 즐길 수 있다! 마지막으로 효능감에 대한 믿음은 개개인에 의해 주도되는 것이다. 따라서 개개인의 효능감의 원천을 이해하는 것은 긍정적인 효능감에 대한 믿음을 증진시키는 데 중요하다.

범이론적 모형(Transtheoretica Model)

노트: 이 이론은 본 장의 완성도를 높이기 위해 여기에 소개한다. 이 이론 적용을 위한 더 포괄적인 접근은 4장에서 소개하겠다.

개념 요약

범이론적 모형의 개념

불건강한 행동(예를 들어, 비활동적)을 건강한 행동(예를 들어, 활동적)으로 변화시키는 것은 대부분의 사람에게 대개 쉬운 일이 아니다. 변화는 보통 한 번에 모두 일어나지 않는다: 여러 단계를 거치며 점진적으로 발전하는 긴 과정이다. 각 단계에서 개인의 인지와 행동의 정도는 다르기 때문에, 행동 변화를 촉진하기 위한 한 가지 접근은 적절하지 않다. 단계의 개념, 즉 '하나의 방법이 모든 곳에 적용되는 만능은 아니다.'라는 철학(39)은 제임스 프로채스카(James Prochaska)와 동료가 개발한 행동 변화의 범이론적 모형의 기초를 형성한다(53). 이 모형은 심리치료와 행동 변화에 관한 주요 이론의 비교분석을 통해 개발되었다(56). 이 범이론적 모형은 아래의 네 가지 요소로 구성된다.

1. 변화단계(stages of change)
2. 의사결정 균형(decisional balance)
3. 변화 과정(processes of change)
4. 자기효능감(self-efficacy)

각각의 개념 구성체에 대해 다음에서 간략하게, 4장에서 더 자세하게 설명할 것이다.

변화단계

변화단계(Stages of Change)는 행동 변화가 시간의 흐름에 따라 일련의 단계를 거치면서 서서히 나타나는 것으로 인지된다. 프로채스카(Prochaska)와 디클레멘트(DiClemente)는(54) 불건강한 행동(예를 들어, 신체적으로 비활동적인 생활양식)에서 건강한 행동(예를 들어, 활동적인 생활양식)으로의 변화는 많은 단계를 거치며 일어나고, 이러한 단계는 다양한 속도로 발전과 재발의 기간을 거쳐 발생하는 순환적 형태라는 가설을 세웠다. 신체적으로 비활동적인 사람이 신체활동의 이점(예를 들어, 더 많은 활력)과 비용(예를 들어, 텔레비전을 시청하는 시간을 줄이는 것)에 대해 생각하기 시작할 수도 있다. 그러면 몇 달 후 이 사람은 운동화를 살 수도 있고, 6개월 후 일주일에 세 번씩 걷

그림 1.2 변화단계 모델

기를 시작할 수도 있다. 그러나 일 년 후 직장의 과중한 업무 스트레스에 시달리며, 결국 걷는 것을 중단할 수도 있다. 신체활동 중단은 이전 단계로의 회귀(재발)를 보여주는 것일 수 있다. 간단히 말해, 행동 변화의 과정을 거치면서, 개인은 변화의 필요성을 인지하고, 변화의 실천을 고려하며, 마침내 새로운 행동을 유지하는 것처럼, 일반적으로 전진과 중단의 순환 과정이 발생한다. 건강 행동 변화를 시도할 때 거쳐야 할 다섯 가지 중요한 단계가 있다: 계획전단계(precontemplation), 계획단계(contemplation), 준비단계(preparation), 행동단계(action), 유지단계(maintenance)(57). **그림 2.1**은 변화단계에 대한 시각적 설명을 제공한다. 더 자세한 설명은 4장을 참조하길 바란다.

계획전단계("나는 하지 않을 것이다 혹은 할 수 없다"["I won't or I can't"])

계획전단계에 있는 개인은 행동 변화를 고려하지 않거나 변화를 원하지 않는다. 보통 "집에만 있는 게으른 사람(couch potato)"이 신체활동의 계획전단계에 속하는 예이다. 신체활동 시작하기를 귀찮게 여기는 사람은 계획전단계에 속할지도 모른다. 왜냐하면 개인은 아직 신체활동이 무가치하다고 생각하고, 가치가 있다고 여겨도 시간 부족과 같은 장애물로 인해 상당히 제한받을지도 모르기 때문이다. 계획전단계에 있는 사람들은 행동 변화를 유도하기 가장 어려운 사람들이다. 보통 이 단계에 있는 사람들은 변화가 심지어 가능하지도 않다고 생각한다.

계획단계("나는 할지도 모른다" ["I might"])

만일 개인이 계획단계에 있다면, 문제가 있다는 것을 인정하고(예를 들어, "나는 내가 더 활동적일 필요가 있다는 것을 알고 있어"), 향후 6개월 안에 특정 시점에서 행동 변화에 대해 고려한다. 행동 변화의 비용과 이점을 인지하기 때문에, 이 단계에 있는 개인은 변화의 필요성을 이해하고 있다(55).

준비단계("나는 할 것이다" ["I will"])

준비단계에서 개인은 가까운 미래에, 보통은 다음 달에, 신체활동 수준을 변화시키고자 계획을 세울 것이다. 준비단계는 불안정한 단계이다. 왜냐하면 이 단계에 있는 사람들은 계획 전이나 계획단계에 있는 사람들보다 향후 6개월 동안 점진적 발전을 이룰 가능성이 더 높기 때문이다(55).

행동단계("나는 하는 중이다." ["I am"])

개인이 최근에 행동을 수정하였다면(지난 6개월 안에), 이 개인은 행동 단계에 있는 것이다. 이 단계는 가장 많은 시간과 에너지 투입이 필요한 단계이다. 한 사람이 새로운 습관을 최근에 확립하였기 때문에, 재발 방지를 위해(예를 들어, 신체활동을 줄이거나 중단하는 것) 주의가 필요하다.

유지단계("나는 해오고 있다" ["I have"])

일단 개인이 연속 6개월간 규칙적으로 활발한 신체활동을 하고 있다면, 유지단계에 돌입했다고 할 수 있다. 새로운 행동이 잘 확립되었음에도, 지루함과 주의력 상실은 비활동적 행동으로 갈 수 있는 위협이 될 수 있다. 이 단계에 있는 개인은 다양한 변화단계를 거치면서 얻은 이점을 강화하기 위해, 그리고 재발 방지를 위해 노력해야 할 시점에 있다.

의사결정 균형

의사결정 균형(Decisional balance)은 개인이 잠재된 이점과 행동의 단점을 놓고 중요성을 평가하는 것이다(31). 장단점 사이의 균형은 개인이 변화단계의 어디에 있는지에 따라 달라진다. 운동의 단점(예를 들어, 다른 활동을 할 시간을 뺏음)이 운동의 장점(예를 들어, 심리적 안녕 증진)보다 더 중요할 때, 행동 변화(비활동적 상태에서 신체활동에 참여로의 변화)의 동기는 낮다. 그래서 예를 들어, 계획전과 계획단계에서는 단점이 장점보다 더 크고, 준비단계에서는 장점과 단점은 상대적으로 동일하다고 한다. 마지막으로 행동단계와 유지단계에서 장점이 단점보다 더 크다고 한다.

변화 과정

변화 과정(Processes of Change)에는 행동 수정을 위해 사람이 활용하는 행동, 인지, 감정을 나타내는 10가지 과정이 있다. 이러한 과정은 아래와 같으며, 4장에서 더 자세히 정의할 것이다.

- 인식 제고(Consciousness Raising[정보 수집])
- 역조건화(Counterconditioning[대체 행동수립])
- 극적 안도(Dramatic Relief[감정적 변화])
- 환경재평가(Environmental Reevaluation[역할모델 되기])
- 조력관계(Helping Relationships[사회적 지지획득])
- 강화관리(Reinforcement Management[보상을 받는 것])
- 자아해방(Self-Liberation[몰입하는 것])
- 자기재평가(Self-Reevaluation[건강한 자아상개발])
- 사회적 해방(Social-Liberation[사회적 관습을 활용하기])
- 자극조절(Stimulus Control[단서를 활용하기])

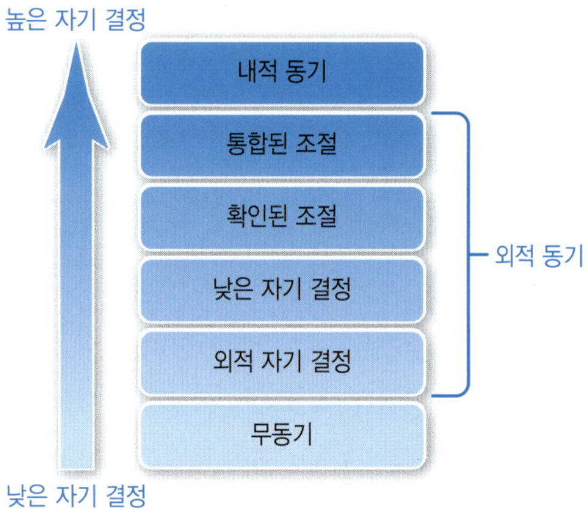

그림 1.3 자기 결정 이론. (Adapted with permission from Deci EL, Ryan, RM. *Intrinsic Motivation and Self-Determination in Human Behavior.* New York: Plenum Publishing Co: 1985.)

앞서 언급했듯이 자기효능감은 개인이 특정 결과를 성취하는 데 필요로 하는 행동을 수행할 능력이 있다는 판단이다. 자기효능감은 당연히 행동 변화에 중요하며(8), 범이론적 모형에 포함되어 있다. 범이론적 모형에 따르면, 자기효능감은 각 단계마다 변화된다고 한다. 예를 들어, 신체활동 증가를 위한 성공적인 시도를 통해 자신감이 획득되며, 이에 따라 자기효능감도 증가한다고 추정할 수 있다. 반대로 주저하며 전 단계로 되돌아가면, 자기효능감은 감소할 것이다. 범이론적 모형의 구성요소에 대한 도식은 **그림 1.3**에 있다.

근거

범이론적 모형은 손스트럼(Sonstroem)(63)에 의해 1980년대 후반 처음으로 신체활동에 적용되었고, 이후 이 모형의 인기는 극적으로 증가하였다. 마샬(Marshall)과 비들(Biddle)은(41) 앞서 말한 범이론적 모형의 개념구성체 중 최소 하나 이상을 신체활동에 적용하여 검증한 71편의 논문의 독립

실습 도구상자 1.1

변화단계 설문지 예시

운동 사례

아래 다섯 문장은 최근 당신이 여가시간 동안(직장 업무를 벗어나서 한 운동) 얼마나 운동을 하였는지를 평가할 것입니다. 규칙적인 신체활동은 체력을 증진하기 위해 행해지는 모든 계획된 신체활동을 의미합니다(예를 들어, 빠르게 걷기, 조깅, 자전거 타기, 수영, 라인 댄스, 테니스 등). 이런 활동은 한 번에 적어도 20분 이상 주당 3회 이상 호흡이 가빠지고 땀이 나기 시작하는 수준으로 해야만 합니다(6).

위의 정의에 따르면, 당신은 규칙적으로 운동합니까? 5개의 문장 중 하나에만 표시하십시오.

1. ______ 아니오, 나는 향후 6개월 안에 규칙적으로 운동을 시작할 생각이 없습니다.
2. ______ 아니오, 나는 향후 6개월 안에 규칙적으로 운동을 시작할 생각을 하고 있습니다.
3. ______ 아니오, 나는 향후 30일 안에 규칙적으로 운동을 시작할 생각을 하고 있습니다.
4. ______ 예, 나는 규칙적으로 운동을 하고 있으나 아직 6개월은 넘지 않았습니다.
5. ______ 예, 나는 규칙적으로 운동을 시작한 지 최소 6개월은 넘었습니다.

채점

문항 1=계획전단계; 문항 2=계획단계; 문항 3=준비단계; 문항 4=행동단계; 문항 5=유지단계

신체활동 사례

아래 다섯 문장은 최근 당신이 여가시간 동안 규칙적인 신체활동에 얼마나 참여하였는지를 평가할 것입니다. 규칙적인 신체활동이란 하루에 30분 이상, 그리고 주 5일 이상을 실시하는 것을 말합니다 (67). 예를 들어, 10분간 빠르게 걷는 것을 3번 할 수도, 자전거를 30분간 탈 수도 있습니다. 신체활동은 빠르게 걷기, 자전거 타기, 수영, 라인 댄스, 에어로빅 또는 이러한 활동과 상응하는 강도의 활동을 포함합니다. 신체활동이 심박수 및/또는 호흡을 증가시켜야 하지만, 기진맥진하게 할 정도로 할 필요는 없습니다.

위의 정의에 따르면, 당신은 신체활동을 규칙적으로 하고 있습니까? 5개의 문장 중 하나에만 표시하십시오.

1. ______ 아니오, 나는 향후 6개월 안에 규칙적으로 신체활동을 시작할 생각이 없습니다.
2. ______ 아니오, 나는 향후 6개월 안에 규칙적으로 신체활동을 시작할 생각을 하고 있습니다.
3. ______ 아니오, 나는 향후 30일 안에 규칙적으로 신체활동을 시작할 생각을 하고 있습니다.
4. ______ 예, 나는 규칙적으로 신체활동을 하고 있으나 아직 6개월은 넘지 않았습니다.
5. ______ 예, 나는 규칙적으로 신체활동을 시작한 지 최소 6개월은 넘었습니다.

채점

문항 1= 계획전단계; 문항 2=계획단계; 문항 3=준비단계; 문항 4=행동단계; 문항 5=유지단계

Questionnaire for exercise: Reprinted with permission from the following source; questionnaire for physical activity: Adapted with permission from the following source:
Nigg CR and Riebe D. The Transtheoretical Model: Research review of exercise behavior and older adults. In: Burbank P and Riebe D, editors. Promoting *Exercise and Behavior Change in Older Adults: Interventions with the Transtheoretical Model*. Springer Publishing Company; 2002, p. 147–80.

된 91개의 표본집단을 이용하여 메타분석을 실시하였다. 이 연구자들은 단계별 변화 과정, 자기효능감과 의사결정 균형이 모형에 의해 예측되는 방향성과는 다르다는 것을 발견하였다. 또한 각 단계의 속한 사람들은 다른 수준의 신체활동, 자기효능감, 장단점, 그리고 변화단계와 관련되어 있다는 것도 밝혀냈다. 허친슨(Hutchinson), 브렉슨(Breckson), 존스톤(Johnston)은(30) 범이론적 모형을

실습 도구상자 1.2

변화 과정 도구

아래의 경험은 일부 사람의 운동 습관에 영향을 줄 수 있습니다. 지난 한 달 동안 당신이 최근에 비슷한 경험을 하거나 해왔던 것을 기억해 보십시오. 그리고 얼마나 자주 이러한 사건이 발생했는지를 적절한 숫자에 동그라미를 쳐서 표시해주세요. 다음의 5점 척도를 사용해서 응답해주세요.

1	2	3	4	5
절대 그렇지 않다	좀처럼 그렇지 않다	때때로 그렇다	자주 그렇다	반복적으로 그렇다

1. 나는 운동에 대해 더 많이 알기 위해 운동에 대한 기사를 읽는다. 1 2 3 4 5
2. 나는 운동을 하면 건강이 좋아질 것 같은 사람들이 운동을 하지 않기로 선택하는 것을 보면 안타깝다. 1 2 3 4 5
3. 나는 운동을 하지 않는다면 건강이 나빠지고 다른 사람에게 짐이 될 수도 있다는 것을 인지하고 있다. 1 2 3 4 5
4. 나는 규칙적인 운동을 할 때 더 자신감을 느낀다. 1 2 3 4 5
5. 나는 많은 사람이 운동이 건강에 좋은 것임을 알고 있다고 생각한다. 1 2 3 4 5
6. 나는 운동을 하고 나면 기분이 좋아지기 때문에 피곤할 때도 운동을 한다. 1 2 3 4 5
7. 나는 운동을 하고 싶지 않을 때 운동을 하도록 격려해주는 친구가 있다. 1 2 3 4 5
8. 규칙적인 운동의 보상 중 하나는 기분이 좋아지는 것이다. 1 2 3 4 5
9. 나는 열심히 노력하면 운동을 계속할 수 있다고 나 자신에게 말한다. 1 2 3 4 5
10. 나는 운동할 때 입을 여러 운동복을 가지고 다녀서 시간이 날 때마다 운동을 할 수 있다. 1 2 3 4 5
11. 나는 운동과 관련된 정보를 찾는다. 1 2 3 4 5
12. 나는 운동을 하지 않는다면 건강이 나빠질까 봐 두렵다. 1 2 3 4 5
13. 나는 내가 운동을 규칙적으로 함으로써 병원 신세를 면할 수 있다고 생각한다. 1 2 3 4 5
14. 나는 규칙적인 운동을 하면 더 건강해지고 행복해질 것이라고 믿는다. 1 2 3 4 5
15. 나는 점점 더 많은 사람이 운동을 생활화하고 있다는 것을 인식하고 있다. 1 2 3 4 5
16. 나는 업무 후 낮잠을 자는 대신 운동을 한다. 1 2 3 4 5
17. 나는 운동을 하도록 격려해 줄 누군가가 있다. 1 2 3 4 5

실습 도구상자 1.2 (계속)

문항					
18. 나는 운동을 하는 시간을 몸과 마음을 건강하게 하는 시간으로 생각하려고 노력한다.	1	2	3	4	5
19. 나는 운동에 전념한다.	1	2	3	4	5
20. 나는 나의 운동 시간을 계획하기 위해 달력을 이용하여 표시한다.	1	2	3	4	5
21. 나는 운동을 하는 새로운 방법을 찾는다.	1	2	3	4	5
22. 나는 내가 사랑하는 사람이 운동을 하면 건강이 더 좋아질 것으로 보일 때 안타깝다.	1	2	3	4	5
23. 내가 규칙적으로 운동을 하면 의료비를 줄일 수 있다고 생각한다.	1	2	3	4	5
24. 규칙적인 운동을 할 때 나에 대해 기분이 좋아진다.	1	2	3	4	5
25. 나는 유명한 사람들이 보통 규칙적으로 운동을 한다는 것을 알고 있다.	1	2	3	4	5
26. 나는 TV를 보거나 먹으면서 휴식을 취하는 대신 산책이나 운동을 한다.	1	2	3	4	5
27. 내 친구들은 내가 운동하도록 격려해 준다.	1	2	3	4	5
28. 내가 규칙적으로 운동을 한다면 지금보다 더 많은 에너지를 가질 수 있다는 것을 안다.	1	2	3	4	5
29. 나는 내가 규칙적으로 운동을 할 수 있다고 믿는다.	1	2	3	4	5
30. 나는 운동할 때 입을 옷을 항상 깨끗하게 준비해 둔다.	1	2	3	4	5

채점

인식 제고 – 1, 11, 21
극적 안도 – 2, 12, 22
환경재평가 – 3, 13, 23
자기재평가 – 4, 14, 24
사회적 해방 – 5, 15, 25
역조건화 – 6, 16, 26
조력관계 – 7, 17, 27
강화관리 – 8, 18, 28
자아해방 – 9, 19, 29
자극조절 – 10, 20, 30

Reprinted with permission from Nigg CR and Riebe D. The Transtheoretical Model: Research review of exercise behavior and older adults. In: Burbank P and Riebe D, editors. *Promoting Exercise and Behavior Change in Older Adults: Interventions with the Transtheoretical Model*. Springer Publishing Company; 2002, p. 147–80.

바탕으로 한 신체활동 행동 변화 중재를 가장 최근에 리뷰하였고, 대부분의 중재가 이 모형의 모든 측면을 정확하게 보여주지 못하였다는 것을 밝혀냈다. 그들은 모형의 효과를 검증하기 위해 전문가들(practitioners)은 반드시 모든 범이적 모형의 개념구성체(예를 들어, 변화단계, 자기효능감, 의사결정 균형, 그리고 변화의 과정)를 정확하게 보여줄 수 있는 신체활동 중재를 개발해야 한다고 결론지었다.

실습 도구상자 1.3

자기효능감 / 자신감 측정도구

이 부분은 운동을 방해하는 상황이 닥쳤을 때, 운동을 할 수 있다는 자신감이 얼마나 존재하는지를 평가한다. 아래 항목을 읽고, 각 항목이 여가시간 동안의 당신에 대해 얼마나 잘 나타내고 있는지를 동그라미 치시오. 5점 척도를 이용하여 답하시오.

1	2	3	4	5
전혀 자신이 없다	약간 자신이 있다	적당히 자신이 있다	매우 자신이 있다	완벽히 자신이 있다

나는 다음의 상황에서도 규칙적으로 운동할 자신이 있다:

1. 비나 눈이 오는 궂은날에도	1	2	3	4	5
2. 많은 스트레스를 받는 상황에서도	1	2	3	4	5
3. 시간이 없다고 생각될 때도	1	2	3	4	5
4. 혼자 운동을 해야 할 때도	1	2	3	4	5
5. 운동할 장소가 없어도	1	2	3	4	5
6. 친구들과 시간을 보내고 있어도	1	2	3	4	5

채점

여섯 항목 모두 여섯 가지 요인을 나타내는 일반적인 자기효능감 도구이다. 더 긴 도구(각 요인당 세 항목이 있는)는 편집자에게서 얻을 수도 있다.

Reprinted with permission from Nigg CR and Riebe D. The Transtheoretical Model: Research review of exercise behavior and older adults. In: Burbank P and Riebe D, editors. *Promoting Exercise and Behavior Change in Older Adults: Interventions with the Transtheoretical Model.* Springer Publishing Company; 2002, p. 147–80.

단계별 설명[Step-by-Step]: 범이론적 모형을 신체활동 행동에 적용하는 방법

범이론적 모형을 신체활동에 성공적으로 적용하기 위해서는 우선 변화단계를 파악해야만 한다. 변화단계를 파악하기 위해 사용할 수 있는 변화단계 설문지가 실습 도구상자 1.1에 제시되어 있다. 일단 변화단계가 파악되면, 변화단계의 연속선상에서 다음 단계로의 이동이라는 최종 목표를 가진 채, 신체활동 의도 및/또는 행동 변화를 시도하기 위한 범이론적 모형의 다른 구성요소(변화 과정, 자기효능감과 의사결정 균형)를 대상으로 삼을 수 있다(실습 도구상자 1.2부터 1.4까지를 참조하시오).

의사결정 균형을 위해 사람들이 다음 단계로 전진할 수 있을지의 여부는 그들이 나열한 운동의 장단점의 개수 차이를 발견하도록 함으로써 알 수 있다. 예를 들어, 계획전단계에서 운동하는 것의 단점이 장점보다 더 우위에 있을 것이다. 카를로스 디클레멘트(Carlos DiClemente)와 그의 동료들(25)은 장단점을 평가하는 것은 처음 세 가지의 변화단계(계획전, 계획, 준비단계) 간의 이행을 이해하고 예측하는 것과 관련된다고 말했다. 그러나 행동단계와 유지단계에 있는 동안 이러한 의사결정 균형 측정은 단계 이행에 훨씬 덜 중요한 예측인자이다.

실습 도구상자 1.4

의사결정 균형 도구

이 부분은 운동의 장단점을 보여준다. 아래 항목을 읽고 각 문장이 여가시간 동안 운동을 할지 말지를 결정하는 데 얼마나 중요한지를 동그라미를 쳐서 표시하시오. 다음 5점 척도를 이용하여 답하시오.

1	2	3	4	5
전혀 중요하지 않다	약간 중요하다	적당히 중요하다	매우 중요하다	대단히 중요하다

문항					
1. 운동을 규칙적으로 하면, 가족과 친구에게 더 많은 에너지를 쓸 수 있을 것이다.	1	2	3	4	5
2. 내가 운동하는 것을 사람들이 보면, 나는 겸연쩍을 것이다.	1	2	3	4	5
3. 규칙적으로 운동을 하면, 스트레스를 덜 받을 것이다.	1	2	3	4	5
4. 운동은 친구들과 시간을 보내는 데 방해가 된다.	1	2	3	4	5
5. 운동은 남은 시간 동안 기분 좋게 지내게 한다.	1	2	3	4	5
6. 운동복은 불편하거나 어색하다.	1	2	3	4	5
7. 규칙적인 운동을 하면, 몸을 더 가뿐하게 느껴진다.	1	2	3	4	5
8. 운동하려면 배워야 할 것이 너무 많다.	1	2	3	4	5
9. 규칙적인 운동은 삶에 더 긍정적일 수 있게 도와줄 수 있다.	1	2	3	4	5
10. 운동은 소중한 사람에게 추가적인 부담을 준다.	1	2	3	4	5

채점:

장점 – 1, 3, 5, 7, 9　　　단점 – 2, 4, 6, 8, 10

Reprinted with permission from Nigg CR and Riebe D. The Transtheoretical Model: Research review of exercise behavior and older adults. In: Burbank P and Riebe D, editors. *Promoting Exercise and Behavior Change in Older Adults: Interventions with the Transtheo-retical Model*. Springer Publishing Company; 2002, p. 147–80.

자기효능감을 위해 개인이 연속적인 변화단계선상에서 전진하면 운동에 대한 자기효능감은 높아질 것이라는 점을 기억해야 한다. 이 장 초반에 운동이라는 행동 변화를 이끌고 유지할 수 있는 자신감 제공을 위한 자기효능감을 목표로 하여 설명한 단계적 과정 부분을 참조하시오.

마지막으로 변화 과정은 의도와 행동의 변화가 어떻게 일어났는지를 이해하게 해준다. 앞에서 언급했듯이, 행동 변화 과정에는 개인이 활용하는 행동, 인지, 감정을 나타내는 10가지 변화 과정이 있다. 초기 단계(계획전단계, 계획단계, 준비단계)를 거쳐 나가기 위해, 사람은 인지적, 정서적, 그리고 평가적 과정을 적용한다. 유지단계로 전진함에 따라, 사람들은 몰입, 조건화, 우연성, 환경 조절, 그리고 지지에 더 의존한다. 변화단계별 각기 다른 전략이 가장 효과적이다. 예를 들어, 역조건화와 자극통제는 행동단계와 유지단계에서 많은 도움이 된다. 그러나 이러한 변화 과정은 행동을 하려는 의도가 없는 사람에게는 도움이 되지 않는다. 또 다른 예로 인식 제고와 극적 안도는 계획전단계보

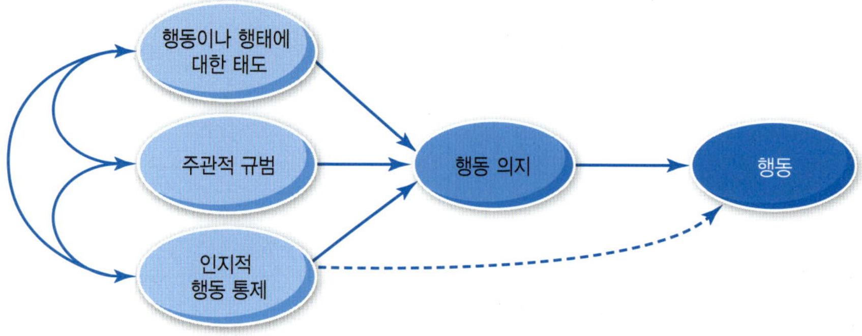

그림 1.4 계획된 행동 이론. (Adapted with permission from Ajzen I. The theory of planned behavior. Organ Behav Hum Decis Process. 1991;50:179–211.)

다 계획단계에서 더 효과적이다. **그림 1.4**는 개인의 의도와 행동 변화에 있어 범이론적 모형의 개념구성체가 어떻게 작용하는지를 보여준다.

사례 1.2

카를라(Carla)는 60세로 과체중이며 집에만 있는 게으른 사람(couch potato)이다. 최근에 당뇨병 전단계(prediabetic)로 진단을 받았고 운동을 시작할 것을 권유받았다. 그녀는 자신이 가지고 있는 문제를 부인하고, 향후 6개월 안에 신체활동을 변화시킬 의도가 없다. 카를라는 신체활동을 활발히 하고자 하는 동기가 없으며 비활동적일 수밖에 없는 많은 핑계를 가지고 있다. 과도한 몸무게를 줄이고 다른 관련된 건강 문제에 도움이 될 수 있는 신체활동을 가치있는 것이라고 생각하지 않는다. 그녀는 시간 부족, 신체적으로 활발해지는 방법에 대한 지식 부족과 같은 장애물로 인해 강한 부담감을 가지고 있으며, 신체활동을 활발히 하는 것은 불가능하다고 확신하고 있다.

카를라를 돕기 위해 전문가(practitioner)는 반드시 다음을 고려해야 한다.

- **변화단계:** 첫째 카를라가 속한 변화의 단계를 파악해라. 카를라는 가까운 미래에 운동 프로그램을 시작할 의도가 전혀 없기 때문에, 계획전단계에 있다. 그녀의 변화단계를 파악함으로써 전문가는 개인의 변화단계에 맞는 신체활동 중재를 개발할 수 있다.
- **의사결정 균형:** 카를라가 운동하는 것의 장단점 목록을 만들 수 있도록 해라. 당신은 비활동적인 생활양식에서 활동적인 생활양식으로 변화로 인해 발생하는 많은 장점을 그녀가 더 많이 인식하기를 바라고 있다. 운동하는 것의 단점보다 장점을 강조해라.
- **변화 과정:** 카를라가 계획전단계에서 계획단계로 진입할 수 있도록 극적 안도, 인식제고, 조력관계의 변화 과정을 활용해라. 이를 위해 당신은 활발한 신체활동이 건강에 미치는 이점과 체중감량 및 당뇨로의 진행 가능성 저하가 신체활동에 어떤 역할을 하는지에 대한 정보수집을 카를라가 하도록(인식제고) 도울 수 있다. 당신은 카를라가 비활동적이고 과체중인 것에 대한 감정 표현을 할 수 있도록 해야 한다. 마지막으로 카를라의 비활동성이 친구와 가족에 어떤 영향을 미쳤는

사례 1.2 (계속)

지를 평가하도록 해라. 예를 들어, 카를라는 손주와 활발히 놀아줄 수 없다. 왜냐하면 그녀는 그렇게 할 만한 에너지가 없기 때문이다. 또한 그녀는 남편과 밤에 산책을 할 수 없다. 신체적 비활동성에 대한 교육은 그녀가 신체활동을 더 활발히 할 수 있다는 생각하게 하는 데 중요하다.

핵심정리

지난 수십 년 동안, 범이론적 모형은 신체활동 행동을 연구하는 데 점점 더 많이 적용되고 있다. 범이론적 모형의 중심 구성개념체는 변화단계, 변화 과정, 의사결정 균형, 그리고 자기효능감이다.

신체활동 영역에서 가장 빈번히 연구된 범이론적 모형의 구성개념체는 변화단계이다. 변화단계는 개인이 신체적으로 활발해지기 위해 노력함에 따라 5개의 주요 단계로의 진전과 퇴행하는 것을 평가하는 것이다: 계획전단계(가까운 미래에 변화할 의도가 없는 상태), 계획단계(가까운 미래에 변화할 의도가 있는 상태), 준비단계(즉각적으로 변화할 의도가 있는 상태), 행동단계(적극적으로 새로운 행동에 참여하는 상태), 유지단계(시간의 지남에 따라 변화를 지속하는 상태).

변화 과정은 개인이 행동 변화를 수정하기 위해 그들의 경험과 환경을 변화하는 데 사용한 외적이거나 내적인 활동이다. 의사결정 균형은 행동의 이점(장점)과 비용(단점)에 초점을 맞추고 있고, 의사결정 과정에서 중요하게 여겨진다. 마지막으로 자기효능감은 특정 결과를 성취하는 데 필요한 행동을 수행할 수 있다는 능력에 대한 판단이다. 개인이 신체활동 동기와 행동을 수정하고자 할 때, 적용 가능한 범이론적 모형의 개념 구성체를 모두 사용하는 것은 중요하다.

자기결정이론(Self-Determination Theory)

노트: 이 이론은 이 이론은 본 장의 완성도를 높이기 위해 여기에 소개한다. 이 이론의 적용을 위한 더 포괄적인 접근은 5장에서 소개하겠다.

핵심 용어

자기결정이론의 개념

자기결정이론(SDT)은 성취 영역(특히 학업과 같은 역량 관련 활동 측면에서 목표를 세울 수 있는 영역)에서 정서적, 인지적, 행동적 반응을 설명하기 위해 개발된 실용적 이론이고, 이것은 당신의 신체활동에 대한 동기들을 이해하기 위해 적용할 수 있다. 자기결정이론은 세 가지 주요 심리적 요구를 기반으로 한 개념이다.

- 역량을 위한 요구(즉, 행동을 효과적으로 수행하는 능력)
- 관련성을 위한 요구(즉, 다른 사람들과의 사회적 관계)
- 자율성을 위한 요구(즉, 스스로 결정을 내리기 위한 독립성)

결과적으로, 이러한 기본 필요 요구 중 하나 이상을 만족시키기 위한 도전을 모색해야 한다.

자기결정이론은 또한 세 가지 유형의 동기가 당신의 행동을 이끌어낸다고 제안한다(그림 1.3 참조).

- **무동기(Amotivation):** 연속선상의 한 끝에 있는, 무동기는 동기가 없는 것이다. 운동 행동의 관점에서, 당신은 일상생활에서 운동을 하기 위한 자기 욕구가 부족하거나, 또는 운동이 필요하지 않다고 느끼거나, 그리고 원하는 결과를 얻지 못할 것(예: 체중 감량) 이라는 믿음과 같이 여러 가지 이유로 신체활동에 대한 무동기를 보일 수 있다.
- **외적 동기(Extrinsic motivation):** 연속선상에서 다음 단계는 외적 동기인데, 이는 종종 부정적으로 여겨지며, 특정 행동 실천의 동기를 부여하는 이상적인 수단은 아니다. 그러나 운동 행동의 관점에서, 신체활동을 활발하게 하도록 하는 외적 동기를 부여하는 것이 반드시 나쁜 것은 아니라는 것을 기억해야 한다. 왜냐하면 체중 감량이나 건강증진도를 외적 동기라고 할 수 있지만, 이런 것이 신체활동을 활발하게 하는 좋은 이유가 될 수 있다. Deci와 Ryan(24)은 4가지 유형의 외적 동기를 제시하였다.
  - **외적 조절(External regulation):** 4가지 유형 중 가장 덜 자기결정적이며, 외부 보상으로 인해 행동을 수행하거나(즉, 타인의 찬사를 받거나 금전적 보상을 받기 위한 운동), 처벌을 피하는 과정(즉, 중요한 타인에게 꾸짖음을 당하는 것을 피하는 운동)이다.
  - **부과된 조절(Introjected regulation):** 죄책감을 느끼지 않으려고 운동하는 것과 같이 스스로에게 부과하는 압력에 의한 행동이다.
  - **확인된 조절(Identified regulation):** 개인적 목표에 의해 주도되는 보다 자율적인 형태의 외적 동기 부여이다(예: 체중 감량을 위해 운동하거나 5km 달리기 훈련을 위한 러닝).
  - **통합된 조절(Integrated regulation):** 외적 동기 중에서 가장 자기결정적인 유형으로 자신의 감각을 스스로 확인하는 행동을 포함한다(예: 나는 자전거를 타는 사람/달리는 사람이며 이것이 내가 하는 일이다). 그러나 통합된 조절은 여전히 외적 동기로 간주된다. 왜냐하면 달성하려는 목표가 과제에 대한 내재적인 즐거움이나 관심보다는 외적 요인에 의한 것이기 때문이다.
- **내적 동기(Intrinsic motivation):** 흥미나 즐거움, 기쁨 등의 이유로 행동에 참여하게 된다.

자기결정이론은 인간의 환경 내 요인(즉, 보상, 긍정적 피드백)을 포함한 물리적 활동의 예측 변수를 검사하고, 물리적 활동의 결과(즉, 인지된 역량)로 도출된 중요한 심리적 결과를 검사할 수 있도록 허용한다(28). 자기결정이론은 실무자들이 신체활동에 대한 사람들에게 동기를 부여하는 방법을 표적으로 삼는 데 유용한 지침을 제공한다.

근거

신체활동 영역 내에서 자기결정이론을 사용한 초기 연구의 많은 부분은 사실상 상관관계만을 보여주었다(18). 상관관계 연구설계는 신체활동 행동의 선행자와 이러한 선행과 관련된 기본 메커니즘을 식별하는 데 중요하지만 이러한 연구설계는 한계를 가지고 있다. 따라서 인과 관계를 확립하기 위해 실험 설계가 필요하다.

신체활동 맥락 내에서 자기결정이론을 적용하는 제한된 수의(또는 소수의) 실험 및 중재 연구가 있다. 대부분의 초기 연구는 스포츠 영역에 초점을 두었다(20,21,69). 그러나 최근 연구자들은 자기결정이론의 특정 구성과, 그 구성이 운동 행동에 미치는 영향을 조사하는 실험 방법에 초점을 두고 있다. 연구자들은 스스로 결정한 동기를 변화시키도록 설계된 조작이 운동 의도에 변화를 가져왔으며, 이는 또한 운동 행동의 변화를 초래한다는 것을 보여주었다(19). 또한 자기결정이론을 사용하여 학생의 신체활동에 대한 동기부여를 높이고(26,70), 앉아 있는 청소년의 여가 신체활동을 촉진하고(48), 암 생존자의 신체활동 동기를 이해하고(49), 과체중 여성의 신체활동을 증가시키는(59~61) 중재 개발이라는 진전이 최근에 있었다.

이러한 최근의 성공에도 불구하고, 자기결정 동기 및 신체활동 행동을 변경하기 위해 자율성을 증진시키는 기술(autonomy-supported technique)의 역할을 조사하는 추가 연구가 여전히 필요하다(예: 참가자에게 강도, 빈도 및 운동의 형태에 대한 제공; 기술과 체력의 향상을 위한 칭찬). 연구자들과 실무자는 이러한 전략을 개인에게 가르쳐서 중재가 끝난 후에 스스로 신체활동 행동에 참여할 수 있는 도구를 갖도록 해야 한다. 더 많은 연구가 초기의 행동 변화뿐만 아니라 장기적인 신체활동 행동의 유지에도 중요한 근본적인 메커니즘을 이해하기 위해 요구된다.

단계별 설명[Step-by-Step]: 자기결정이론을 신체활동 행동에 적용하는 방법

자기결정이론을 효과적으로 사용하여 신체활동 행동 및 준수를 촉진하기 위해 Kilpatrick과 그의 연구팀(36)은 다음과 같은 실무자를 위한 지침을 개발했다.

1단계: 자율성 증진을 위한 활동 선택 제공

자율성과 자기결정을 촉진하기 위해 의사 결정 과정에 사람들을 참여시키려는 의식적인 노력을 기울여라. 예를 들어, 사람이 가장 즐기는 신체활동 유형을 선택할 수 있도록 한다면 자율성을 높이면서 즐거움을 증가시킬 수 있다. 이것은 사람들을 신체활동에 참여시키는 과정에서 사람들을 '끌어들이는데(hooking)' 필수적인 단계이다. 또한 선택할 수 있는 여러 가지 활동을 제공하면 사람들이 다른 옵션 없이 한 가지 활동을 하도록 강요하기보다는 독립성이 높아질 가능성이 높다.

2단계: 활동의 이론적 근거 제공

개인이 신체활동에 참여하는 이유, 활동에 건강상의 이점이 있는 방법 및 신체활동의 결과로 체력의 어떤 측면이 개선될 것인지 설명하라. 누군가에게 이론적 근거와 목적을 부여하는 것은 자율성을 창출할 뿐만 아니라 활동에 대한 긍정적인 인식으로 이어질 수 있으며, 이는 내재적 동기의 발전을 촉진할 가능성이 높다.

3단계. 개인이 경쟁력을 갖도록 긍정적 피드백 제공

긍정적인 피드백에는 칭찬과 행동 개선에 대한 건설적인 비판이 포함된다. 피드백 유형은 기술 수준에 따라 다르다. 예를 들어, 고도로 숙련된 운동자는 긍정적인 강화보다는 정확하고 교육적인 피드백이 도움이 된다고 인지하는 반면, 초보 운동자는 찬양과 격려에 호의적으로 반응 할 수 있다. 긍정적인 피드백은 자신감과 역량을 키우는 것으로 나타났으며, 이는 활동의 즐거움을 높이고 본질적 동기를 강하게 한다.

4단계: 다소 어려운 프로세스 목표 홍보

프로세스 목표는 목표를 달성하는 데 필요한 작업, 즉 동작을 성공적으로 수행하기 위한 특정 단계에 중점을 둔다. 실무자들은 다른 사람들과의 경쟁보다는 능력을 바탕으로 환경을 조성해야 하며 개인이 다른 사람들과 비교하기보다는 자신의 성과와 비교하여 성공을 측정하도록 장려해야 한다.

또한 중간 정도의 어려운 목표를 설정하면 단기적인 성공으로 이어질 수 있으며, 이는 그 행동에 대한 자신감과 동기부여를 유발할 수 있다. 만약 너무 어려운 목표를 설정한다면, 실패를 하게 될 수 있으며 이 경우 그 행동에 대한 자신감과 동기부여가 낮아지게 될 것이다.

5단계: 사회적 관계의 개발 촉진

사람들이 사회적 관계를 구축할 때, 더 큰 만족감을 느끼고 장기적인 신체활동 유지의 가능성을 증가시킬 때 준수가 일어날 가능성이 높다.

사례 1.3

부과된 조절(Introjected Regulation)

수지(Susie)는 40대 중반이다. 그녀는 지난해 불규칙적으로 운동을 했다(즉, 한 달 동안 일주일에 4~5일 체육관에 갔다가 다시 3개월 동안 운동하지 않았다). 체육관에 가거나 달리기위해 나가는 주된 동기는 친구의 결혼식이나 친구와의 파티와 같은 다양한 행사에서 외모를 향상시키는 것이다. 그녀는 친구나 가족을 만나야 할 때 외적으로 더 아름다운 모습을 보일 필요가 있기 때문에 신체활동을 활발히 하려는 외적인 동기를 보이고 있다. 결과적으로 수지는 규칙적인 운동 요법을 따르거나 운동 고유의 즐거움을 위해서나 전반적 건강을 증진하기 위해 운동을 하지는 않는다.

일주일에 3~5일씩 매주 운동을 하고 그녀가 원하는 결과가 일단 나타나게 되면 운동을 중단하지 않는 것과 같은 중간 정도의 어려운 목표를 설정해야 하는 프로그램이 수지에게 도움이 될 것이다. 수지는 자율성을 높이고 자신이 참여하는 활동이 즐거워지도록 하고 싶은 활동을 선택해야 한다.

또한 수지는 이러한 목표를 달성하고 자부심과 만족감을 느낄 수 있도록 개인적 목표를 설정해야 한다 (예: 5km 달리기) (목표 설정 시트의 예는 실습 도구상자 1.5에서 참조). 마지막으로 수지는 그룹 피트니스 수업을 수강을 장려하여 관계를 증진하고 사회적 상호작용에 대한 그녀의 요구를 충족시키도록 해야 한다.

사례 1.4

무동기(Amotivation)

저스틴(Justin)은 고등학교 시절 축구와 역도로 좋은 체형을 유지했었다. 그러나 그가 대학에 들어왔을 때, 그의 규칙적인 운동 패턴은 멈추었고 20대까지 이 "운동 없음"이라는 패턴이 계속되었다. 저스틴은 더 이상 축구를 하지 않기 때문에 신체적으로 활동해야 할 이유가 없었다. 그가 꾸준히 체육관에 가야 할 규율이나 동기부여가 없었던 것이다.

계속

실습 도구상자 1.5

목표설정과 자기결정이론의 적용 예시

단기 목표 #1	단기 목표 #2	장기 목표 #1	장기 목표 #2
목표:	목표:	목표:	목표:
언제까지 이 목표를 달성하고 싶습니까?	언제까지 이 목표를 달성하고 싶습니까?	언제까지 이 목표를 달성하고 싶습니까?	언제까지 이 목표를 달성하고 싶습니까?
이 작업을 어떻게 수행합니까?	이 작업을 어떻게 수행합니까?	이 작업을 어떻게 수행합니까?	이 작업을 어떻게 수행합니까?
이 작업을 어디서 하겠습니까?	이 작업을 어디서 하겠습니까?	이 작업을 어디서 하겠습니까?	이 작업을 어디서 하겠습니까?
이 목표를 달성하는 것이 얼마나 현실적입니까?	이 목표를 달성하는 것이 얼마나 현실적입니까?	이 목표를 달성하는 것이 얼마나 현실적입니까?	이 목표를 달성하는 것이 얼마나 현실적입니까?
이 목표를 달성하기가 얼마나 어려운가요?	이 목표를 달성하기가 얼마나 어려운가요?	이 목표를 달성하기가 얼마나 어려운가요?	이 목표를 달성하기가 얼마나 어려운가요?

사례 1.4 (계속)

그는 자신이 약간 과체중이라는 것은 알았지만, 고등학교 이후로 살이 몇 파운드가 찌더라도 별 문제가 없다는 것을 알았다. 그래서 그는 자신이 아주 건강하다고 믿으며, 운동할 필요가 없다고 생각하고 있다.

저스틴을 돕기 위해 실무자 또는 중재 전문가가 고려해야 할 몇 가지 중요한 사항이 있다. 그들은 저스틴에게 건강을 위한 신체활동의 중요성을 설명해야 한다. 저스틴은 약간 과체중이기 때문에 좌식 생활 방식을 계속하면 발생할 수 있는 결과(즉, 비만, 대사 증후군, 심혈관계 질환)를 설명해야 한다. 저스틴은 신체적으로 활동하려는 동기가 없었다. 그러므로 그 목표는 결국 적극적으로 활동하려는 본질적 동기를 얻는 것이다.

저스틴이 본질적 동기부여를 개발하도록 장려하는 프로그램은 사회적 상호작용이 일어날 수 있는 긍정적이고 지지적인 환경에서 자신의 역량과 자율성을 향상시키는 것을 목표로 해야 한다. 저스틴은 운동에 대한 자율감을 높이기 위해 자신의 운동에 대한 주인의식(sense of ownership)과 통제력(sense of control)을 갖도록 자신이 참여하고자 하는 활동 유형을 선택할 수 있어야 한다. 활동 유형을 선택하면 저스틴이 활동을 더 즐겁게 하고 신체활동을 계속할 가능성이 높아질 것이다. 또한 저스틴이 자신의 활동 선택을 성공적으로 완수할 수 있는 프로그램을 개발하면 자신의 역량을 개발하는 데 도움이 된다. 마지막으로, 혼자하는 운동과 더불어 그룹 운동은 자신의 관련성을 충족시키고 활동에 대한 사회적 지원을 개발하기 때문에 유익할 수 있다.

운동 초보자(novice exerciser)로서 저스틴이 익숙하고 신체활동을 활발히 하고 있는 것에 대한 만족감을 증진시킬 수 있는 가벼운 저강도 활동으로 시작해야 한다. 저스틴은 먼저 활발한 신체활동으로부터 외적 보상을 경험할 것이고, 지속적인 운동 행위는 신체활동에 대한 내적 동기를 개발할 수 있게 하는 즐거움과 만족을 느낄 수 있게 할 것이다. 또한 시간이 지남에 따라 운동의 지속 시간과 강도를 늘려서 도전적인 상태를 유지하고 규칙적인 운동이 지루하지 않을 것이다.

따라서 저스틴이 운동에 대한 무동기에서 내적 동기화로 전환할 수 있도록 운동 동기부여로 전환할 수 있도록 세 가지 기본 요구(자율성, 역량 및 관련성)를 모두 통합하는 것이 중요하다. 그러나 특정 개인에게는 이 세 가지 기본 요구를 모두 중재하는 것이 너무 버거울 수 있기에, 세 가지 기본 요구를 모두 목표로 삼을 필요는 없다. 중재설계를 개인에 맞게 조정하고 신체활동에 보다 내적 동기를 부여하는 데 가장 큰 영향을 줄 수 있는 개인의 요구를 목표로 하는 것이 중요하다.

핵심정리

자기결정이론은 개인이 세 가지 기본 욕구(역량, 자율성, 관련성)를 충족시킬 수 있는 행동을 추구하도록 한다. 또한 이 이론은 개인의 성취행동을 유발하는 세 가지 형태의 동기(무동기, 외적동기, 내적동기)에 대해 설명한다. 이 장에서 제시하는 개인의 자율성과 역량에 초점을 맞춘 권장사항을 따르면, 자기결정이론을 신체활동을 증진하고 장려하는데 쉽게 활용할 수 있다.

계획된 행동이론(Theory of Planned Behavior)

개념 이해

계획된 행동이론의 개념

계획된 행동이론(Theory of Planned Behavior, TPB)은 당신의 태도와 행동 사이의 연관성에 관한 이론이다. Ajzen(3)은 특정 시간(화요일 오후 5시), 주어진 맥락(YMCA 지역사회 센터)의 특정 장소(피트니스 센터)에서 행해지는 단일 동작으로(에어로빅 수업 듣기) 행동을 정의하였다(27). Ajzen은 합리적 행동 이론의 확장으로서 TPB를 제안했다(5). TPB는 가장 예측력 높은 설득 이론 중 하나이며, 대부분의 신체활동 이론에 기초한 연구를 이끌어왔다(3). 이 이론은 다음의 네 가지 주요 심리적 변수 중 일부 또는 전부가 당신의 행동에 영향을 미친다는 것을 명시한다(그림 1.4 참조):

- **의도:** 행동 수행의 의도는 해당 행동에 수행할지 여부를 결정하는 주요 요인이다. 의도는 행동을 수행하기 위한 개인의 의지와 노력의 정도를 반영한다. 행동을 하려는 의도가 강할수록 그 행동에 참여할 가능성이 높아진다. 따라서 오늘 오후에 자전거를 타려는 강한 의도가 있다면 그렇게 할 가능성이 더 크다. 예상대로 시간이 지남에 따라 의도는 약해질 수 있다. 의도와 행동 사이의 시간차가 길어질수록 예상치 못한 사건으로 인해 의도가 변경될 가능성이 크다. 예를 들어 당신이 주말에 자전거를 타려는 의도를 가진다고 하자. 그러나 날씨가 좋지 않으면 안전하게 장거리 운전을 하기가 어려워지므로 강한 의지가 있었어도 자전거를 타지 않을 수도 있다. 개인의 의도 또는 동기 수준은 행동에 대한 개인의 태도, 행동에 대한 사회적 압력, 즉 주관적 규범 및 행동 수행에 대한 지각된 통제의 정도(즉, 지각된 행동 통제)에 의해 영향을 받는다. 이에 대해서는 다음에 더 자세히 설명하겠다.
- **태도:** 행동 수행의 긍정적 또는 부정적 평가를 이야기한다. 예를 들어, 노년층은 달리기와 같은 활발한 신체활동에 참여하는 것에 대해 부정적인 태도를 가질 수 있지만, 동네를 걷는 것에 대해서는 긍정적인 태도를 가질 수 있다. 특정 행동(예: 걷기 또는 달리기)에 대한 당신의 태도는 당신의 행동 신념(behavioral belief)의 기능에 의해 작용되며, 이는 특정한 행동을 수행하는 것에 대한 인지 결과와 각 결과에 대한 평가를 의미한다. 예를 들어, 복식 테니스에 대한 당신의 신념은 긍정적인 기대(예를 들어, 많은 사람들을 만날 수 있기 때문에 사회생활을 향상시킬 것이다)와 부정적인 기대(예: 가족과의 시간을 단축시킬 것이다)로 표현 될 수 있다. 신체활동 행동을 형성함에 있어, 당신은 각각의 신념에 연결된 결과를 평가한다. 신체활동에 대한 일반적인 행동 신념은 체력 / 건강을 개선하고 신체적 외모를 개선하며 재미있고 즐겁고 사회적 상호 작용을 증가 시키며 심리적 건강을 개선시킨다는 것이다(65).
- **주관적 규범:** 특정 행동을 수행하거나 수행하지 말아야한다는 사회적 압력이다. 주관적 규범은 규범적 신념(normative belief)에 의해 작용되며, 규범적 신념은 중요한 다른 사람들(예: 가족, 친구, 의사, 성직자) 또는 집단(예: 급우, 팀원, 교회 구성원)의 기대에 의해 결정된 규범적 신뢰와, 중요한 타인들의 기대에 부응하겠다는 개인의 동기부여에서 온다. 주관적 규범은 규범적 신념(normative belief)에 의해 작용되며, 규범적 신념은 중요한 다른 사람들(예: 가족, 친구, 의사, 성직자) 또는 집단(예: 급우, 팀원, 교회 구성원)의 기대에 의해 결정된 규범적 신뢰와, 중요한 타인들의 기대에 부응하겠다는 개인의 동기부여에서 온다. 예를 들어, 어머니는 임신한 딸이 임신 중에 운동해서는 안 된다고 생각할 수 있다. 그러나 딸은 어머니의 기대에 부응하도록 동기화되지 않아 임신 기간 내내 규칙적으로 걷는다.
- **인지된 행동통제:** 행동 수행의 용이함 또는 어려움을 나타낸다. 당신은 행동에 대해 긍정적인 태도를

실습 도구상자 1.6

계획된 행동이론의 신념 항목

다음 질문은 암 치료 중 걷기 실천에 대한 것이다. 아래 제시된 각 항목에 대하여 해당되는 만큼 나열하시오.

암 치료 중 걷기의 주요 장점을 나열하시오. **[행동적 신념]**

암 치료 중 걷기의 주요 단점을 나열하시오. **[행동적 신념]**

암 치료 중 걷기에 방해가 되는 주요 요인을 나열하시오. **[통제적 신념]**

암 치료 중 걷기에 도움이 되는 주요 요인을 나열하시오. **[통제적 신념]**

실습 도구상자 1.6 (계속)

암 치료 중 걷기에 대해 생각했을 때 가장 중요했거나 가장 중요한 개인이나 그룹을 나열하시오. **[규범적 신념]**

____

____

____

____

____

____

출처: http://people.umass.edu/aizen/tpb.html

취하고 중요한 다른 사람들이 당신의 행동을 승인할 것이라고 생각할 수 있다. 그러나 그렇게 할 자원이나 기회가 없다고 생각되면 그 행동을 수행하려는 강한 의도를 형성하지는 않을 것이다(27). 예를 들어, 당신은 수영에 대한 긍정적인 태도를 가지며 수영을 즐길 수 있다. 그러나 수영장에 갈 수 없으면 이 행동을 수행할 수 없다. 인지된 행동통제는 통제 신념(control belief)에 의해 작용하며, 통제 신념은 요구되는 자원과 기회의 지각된 존재 또는 부재(예: "주말에 도로 경주가 있음"), 예상되는 장애 또는 행동 장애(예: 주말에 강수 확률이 95%), 행동의 수행을 촉진하거나 억제하기 위한 통제 요소의 지각력(예: "비가 오는 주말에도 여전히 도로 경주에 참여할 수 있음")을 나타낸다(4). 신체활동에 대한 가장 일반적인 통제 신념은 시간 부족, 에너지 부족 및 동기부여 부족이다(65).

근거

몇몇 통계적 문헌고찰(statistical reviews)은 소수 민족, 청소년, 임산부, 암 환자, 암 생존자 및 노인과 같은 많은 인구에 걸쳐 다양한 신체활동을 설명하고 예측하기 위해 TPB 사용을 지지하였다(5,12,29,33,34,66). 일반적으로, 연구에 따르면 행동을 결정하는 가장 강력한 결정요인은 의도이며, 그 다음은 인식된 행동 통제이다. 그리고 행동을 수행하고자 하는 의도는 태도, 인지된 통제에 의해 많이 영향을 받으며, 그 다음으로는 주관적 규범에 의해 영향을 받는다. 각 TPB 구성의 영향은 인구와 맥락에 따라 다를 수 있다는 점에 유의해야 한다.

단계별 설명[Step-by-Step]: 계획된 행동이론을 신체활동 행동에 적용하는 방법

TPB의 강점은 유도 연구(elicitation study)가 TPB 구성개념을 사정하기 위한 문항을 개발하는 기초를 만들어준다는 것이다. 유도 연구를 통해 특정한 사람들의 특정한 신념을 알아낼 수 있다. 이러한 것은 신념이 인구집단 그리고 활동에 따라 다양하기 때문에 매우 중요하다. 예를 들어, 유방암 생존자에 대한 주된 행동 신념은 신체활동이 "암과 치료에서 마음을 떼놓는 것이고, 기분이 좋아

실습 도구상자 1.7

계획된 행동이론의 항목 예시

주. 이 항목들은 임신 초기의 임산부들을 위한 것이다. 현재 연구하고 있는 대상집단에 맞게 수정해서 사용하면 된다.

규칙적인 운동 형태는 대부분의 요일에 30분 동안 적당한 강도의 운동에 참여하는 것이다. 이 운동은 한 번에(예: 30분의 연속 걷기 또는 조깅) 또는 하루에 누적될 수 있다(예: 아침에 10분, 저녁에 20분 걷기). 임신 중에 자주하는 활동의 예로는 걷기, 아쿠아 에어로빅 및 신체에 충격이 적은 피트니스 수업이 있다.

이 설문 조사에서는 임신 첫 3개월 동안의 규칙적인 운동(즉, 첫 삼 분기)에 대한 귀하의 개인적인 의견에 관심이 있다. 일부 질문은 매우 유사하게 보일 수 있지만 각각 약간씩 다른 문제를 해결한다. 각 질문을 주의 깊게 읽고 자신의 의견을 가장 잘 나타내는 숫자를 동그라미로 답장하면 된다.

1. 임신 초기에 규칙적으로 운동하는 것은 나에게 있어 어떠한 일인가?

쓸모 없는						쓸모 있는
1	2	3	4	5	6	7

2. 임신 초기에 규칙적으로 운동하는 것은 나에게 있어 어떠한 일인가?

즐겁지 않은						즐거운
1	2	3	4	5	6	7

3. 임신 초기에 규칙적으로 운동하는 것은 나에게 있어 어떠한 일인가?

불쾌한						쾌적한
1	2	3	4	5	6	7

4. 임신 초기에 규칙적으로 운동하는 것은 나에게 있어 어떠한 일인가?

어리석은						슬기로운
1	2	3	4	5	6	7

5. 임신 초기에 규칙적으로 운동하는 것은 나에게 있어 어떠한 일인가?

지루한						재미있는
1	2	3	4	5	6	7

6. 임신 초기에 규칙적으로 운동하는 것은 나에게 있어 어떠한 일인가?

해로운						이득이 되는
1	2	3	4	5	6	7

실습 도구상자 1.7 (계속)

7. 임신 초기에 규칙적으로 운동하는 것은 나에게 있어 어떠한 일인가?

나쁜						좋은
1	2	3	4	5	6	7

8. 나에게 중요한 대부분의 사람들은 임신 초기에 규칙적으로 운동하기를 원한다.

매우 가능성이 있는						매우 가능성이 없는
1	2	3	4	5	6	7

9. 나에게 중요한 대부분의 여성들은 임신 초기에 규칙적으로 운동을 한다.

매우 가능성이 있는						매우 가능성이 없는
1	2	3	4	5	6	7

10. 대부분의 임산부는 임신 초기에 규칙적으로 운동한다.

매우 가능성이 있는						매우 가능성이 없는
1	2	3	4	5	6	7

11. 본인의 의견을 소중하게 생각하는 대부분의 사람들은 임신 초기에 규칙적으로 운동해야 한다고 생각한다.

매우 가능성이 있는						매우 가능성이 없는
1	2	3	4	5	6	7

12. 내가 신경쓰는 대부분의 사람들은 내가 임신 초기에 정기적으로 운동하는 것을 승인해줄 것이다.

매우 가능성이 있는						매우 가능성이 없는
1	2	3	4	5	6	7

13. 의사나 건강관리 제공자는 내가 임신 초기에 정기적으로 운동을 해야 한다고 생각할 것이다.

부동의						동의
1	2	3	4	5	6	7

14. 나는 임신 초기에 규칙적인 운동을 할 것이다.

확실하지 않다						확실히 하다
1	2	3	4	5	6	7

계속

실습 도구상자 1.7 (계속)

15. 임신 초기에 규칙적으로 운동을 하는지 여부는 전적으로 본인에게 달려 있다.

무동의						동의
1	2	3	4	5	6	7

16. 나의 임신 초기에 운동은 내가 조절할 수 있다.

전혀						완전히
1	2	3	4	5	6	7

17. 원한다면, 임신 초기에 규칙적인 운동을 쉽게 할 수 있다.

매우 가능성이 있는						극히 드물게
1	2	3	4	5	6	7

18. 나는 임신 초기에 규칙적으로 운동을 하려고 한다.

확실히 아니다						확실히 맞다
1	2	3	4	5	6	7

19. 나는 임신 초기에 규칙적인 운동을 계획한다.

확실히 아니다						확실히 맞다
1	2	3	4	5	6	7

20. 나의 목표는 임신 초기에 규칙적인 운동을 하는 것이다.

확실히 아니다						확실히 맞다
1	2	3	4	5	6	7

21. 나는 나의 임신 초기에 규칙적인 운동을 했다.

확실히 아니다						확실히 맞다
1	2	3	4	5	6	7

22. 나는 나의 임신 초기에 규칙적인 운동을 하는 것이 가능했다.

확실히 아니다						확실히 맞다
1	2	3	4	5	6	7

실습 도구상자 1.7 (계속)

23. 나의 임신 초기에 규칙적인 운동을 하는 것은

확실히 아니다						확실히 맞다
1	2	3	4	5	6	7

24. 나는 나의 임신 초기에 규칙적인 운동을 하기로 결심했다.

확실히 아니다						확실히 맞다
1	2	3	4	5	6	7

계획된 행동 이론의 글로벌 아이템 정보

태도: 항목 1, 2, 3, 4, 5, 6 및 7
주관적 규범: 항목 8, 9, 10, 11, 12 및 13
인지된 행동통제: 항목 15, 16, 17, 22 및 23
의도 = 항목 14, 18, 19, 20, 24
행동 = 항목 21

지고 안녕(well-being)을 증진하며 정상적인 생활 방식을 유지하는 데 도움이 된다"는 것이다. 이에 비해 임산부의 주요 행동 신념은 운동이 "나의 기분을 개선시켜주고, 메스꺼움과 같이 임신 중에 보통 경험하는 신체적인 한계를 줄여줄 수 있다"는 것이다. 신념은 인구집단에 따라 다르기 때문에 연구자와 실무자들은 특정한 중재 집단(예: 산후 여성, 암 생존자, 고등학생)에 대해 이미 알려져 있는 신체활동 신념에 대한 연구 결과를 근거를 살펴볼 것을 강력하게 권장한다. 실무자의 관심 대상 집단에 대한 신체활동 신념이 결정되지 않은 경우 특정 집단의 행동에 관한 적절한 신념을 결정하기 위해 예비 연구(보통 유도 연구라고 알려진)를 수행하는 것이 좋다. 유도 연구수행을 위해 Ajzen과 Fishbein(65)이 제안한 프로토콜에는 아래의 내용이 포함되어 있다.

- 대상 집단의 작은 표본에서 중요한 행동, 규범 및 통제 신념을 결정하기 위해 개방적 질문을 사용하기(실습 도구상자 1.6 참조).
- 가장 중요한 신념을 결정하기 위해 내용 분석(content anlaysis 즉, 단순한 빈도)을 수행하기.
- 내용 분석을 통한 구조화 된 항목 개발하기(실습 도구상자 1.7 참조)

Ajzen과 Fishbein(65)은 유도 연구에서 발견된 구조화된 항목은 행동이 목표하는 대상, 연구 중인 특정 행위, 행동이 수행될 맥락과 시간에 특이적이어야 한다. 예를 들면, 고령자들을 위한 걷기 중재를 계획할 때에는 고령자 중 일부에게 "여름에 야외에서 걷기를 일주일에 3번, 30분 이상씩 진행했을 때의 주요 장점"을 물어보아야 할 것이다. 이 정보는 행동에 특정한 노인들의 현저한 행동 신념에 근거하여 개입을 개발하는 데 도움이 될 것이다. TPB에 따르면, 알단 신념이 수정되면, 의도가 변경되고 원하는 행동 변화가 일어날 것이다(4,66).

TPB 구성개념의 상대적 기여는 상황에 따라 변동될 수 있다. 따라서 이 틀을 사용한 중재를 시행하기 전에, 특정 맥락과 특정한 집단에서의 이 구성개념의 예측력을 먼저 테스트해야 한다.

사례 1.5

빌(Bill)은 75세로 학교 선생님으로 은퇴하였고, 현재는 혼자 살고, 정원 가꾸기를 좋아하며, 여름에는 정원일을 한다. 그는 일반적으로 잔디를 깎는 것에서부터 갈퀴를 뽑는 것, 잡초를 뽑는 것까지 다양한 정원일을 하는데 하루 2시간 정도를 쓰며 신체적 활동을 유지하고 있다. 그러나 겨울이 더 추워지면서 빌은 정원일을 하던 시간에 점점 텔레비전 앞에 앉아 있게 되면서 비활동적이게 된다. 그의 주치의는 그가 점차 나이가 들고 혼자 살고 있기 때문에 일년 내내 활동적이지 않는 것을 걱정하고 있다. 의사는 빌이 일년 내내 더 일정한 수준의 신체활동을 유지하여 스스로 옷 입기, 넘어지지 않기 등 일상적인 활동을 수행할 수 있도록 높은 수준의 기능적 신체활동을 갖기를 원한다. 실무자는 빌을 돕기 위해 다음을 고려해야 한다.

- **행동 신념:** 빌에게 여름뿐만 아니라 겨울에도 즐길 수 있는 활동 목록을 작성하게 한다.
- **규범적 신념:** 빌에게 쇼핑몰 걷기와 같은 친구들과 함께 할 수 있는 겨울 활동을 수립하게 한다. 그가 해야 하는 활동을 지지할 가족과 친구를 찾아내고 그들이 빌의 목표를 인지하도록 하여 빌에 필요로 하는 지지를 제공할수 있도록 해야 한다.
- **신념 통제:** 빌에게 겨울철에 활동하기 어려운 문제 목록(예: 악천후 등)을 제공한 다음 빌에게 이러한 문제를 극복할 수 있는 기술을 제공해야 한다. 예를 들어 날씨가 너무 춥거나 험악하여 외부 활동을 할 수 없는 경우 실내에서 수행할 수 있는 활동(예: 운동 비디오, 가정 운동 장비)을 제공해야 한다.
- **의도:** 연중 활동에 대한 동기부여 계획을 제공해야 한다.

TPB는 신체활동의 심리 사회적 결정 요인을 식별하는 데 유용하므로 지역사회나 개인 운동 프로그램을 개발하는 데 유용하다. 예를 들어, 긍정적인 경험을 제공하는 운동 프로그램은 운동을 하고자 하는 의도를 증가시켜 운동 행동에 영향을 미칠 것이다. 즐거운 유형의 신체활동에 대한 경험이 있고 그 활동의 강도, 지속 시간 및 빈도를 점차적으로 늘리는 경우 긍정적 행동 신념과 평가가 향상 될 수 있다. 인지된 행동 통제는 활발한 신체활동을 하려는 의도에 중요한 요소이다(13,51). 신체활동을 하기 어려운 것으로 인식하면 신체활동 의도는 낮은 것이다. 시간 부족, 충돌되는 다양한 요구 및 다른 의무, 무능 감과 같은 장벽을 극복하면 신체활동 수행에 대한 통제 인식이 향상되어야 한다. TPB를 이용한 연구의 다음 단계는 신념에 기반한 프로그램이 신체활동의 수준을 증가 시킬지 여부를 결정하고 신체활동 행동에 대한 신념이 신체활동 행동을 시작하고 지속적으로 참여함에 따라 변화하는지 여부를 결정하는 것이다(52).

핵심정리

행동을 변화시키는 것은 매우 어려우며, 특히 신체활동과 같은 복잡한 건강행동의 경우 더욱 그러하다. 신체활동 행동을 예측, 이해, 설명 및 변화하는 데 성공하려면 연구자와 실무자는 TPB와 같은 이론틀을 지침으로 사용해야 한다(68). 연구자는 사람들의 신체활동에 대한 의도를 설명할 때 태도와 인지된 행동 통제의 유용성에 대한 발견을 해 왔지만, 주관적 신념에 대한 제한적 유용성에 대해 발견하였다. 또한 연구에 따르면 적극적으로 활동하려는 의도와 행동을 할지 여부 사이에 강한 관련성이 있는 것으로 나타났다. 또한 신체활동 수행에 대한 통제력에 대한 인식은 행동을 직접 예측할 수 있다. 즉, 신체활동 행동을 설명하고 예측하는 TPB의 성공은 이를 신체활동 중재를 안내하는 유용한 기틀로 사용될 수 있다.

고려해야 할 다른 이론

이 장에서는 신체활동 행동에 적용되는 자주 사용되는 몇 가지 이론과 모델에 대한 자세한 개요가 제공되었지만 그럼에도 불구하고 운동 영역에서 사용된 다른 개념적 모형이 있다. 그것들은 다른 개념적 모형보다는 덜 빈번하게 사용되지만, 현재까지 운동 행동을 일관되고 효과적으로 설명하고 예측하는 단일 "운동 이론"은 없기 때문에 고려하는 것이 중요하다. 다음은 건강신념 모형과 재발 방지, 사회생태학적 모형에 대한 간략한 설명이다.

건강신념 모형

건강신념 모형(Health Belief Model, HBM)(32)은 건강 행동에 대한 가장 널리 알려진 개념틀 중 하나이다. 주요 가설은 행동이 두 가지 조건: (a) 특정 목표에 대한 가치와 (b) 주어진 행동이 목표를 달성할 가능성을 추정(32)에 달려 있다는 것이다. 건강 관련 행동의 맥락에서 볼 때, 이 두 가지 상태의 초점은 질병을 피하려는(또는 이미 아프면 건강을 얻으려는) 욕구 또는 특정 행동이 질병을 예방하거나 개선할 것이라는 신념에 있다. 따라서 HBM은 만성 질환(예: 암, 당뇨병, 심혈관 질환) 발생의 모형으로서 가장 유용하다.

HBM의 첫 번째 구성요소는 인지된 감수성, 즉 특정 질병에 개인적으로 취약하다는 귀하의 신념이다(예: 나는 전립선 암 가족력이 있기 때문에 발병 가능성이 높다). 인지된 심각성 상태의 심각성과 그 결과에 대한 동의이다(예: 암은 내 삶의 질을 떨어뜨릴 수 있고 효과적으로 치료하지 않으면 내 생명을 앗아갈 수 있는 심각한 질병이다).

HBM의 처음 네 가지 구성요소는 행동을 실천할 준비를 의미한다.

- **인지된 유익성(Perceived benefits):** 위험 또는 심각한 영향을 줄이기 위해 권고된 조치에 대한 의견을 나타낸다. 예를 들어 규칙적인 신체활동(예: 하루에 30 분의 중간 강도의 신체활동)에 참여하면 암 위험을 줄일 수 있다고 생각하는지 여부이다.
- **인지된 장애요인(Perceived barriers):** 조언된 행동의 신체적, 심리적 비용에 대한 인식을 나타낸다. 예를 들어, 신체활동이 암 위험을 줄일 수 있다고 생각할 수 있지만 신체활동 경험 부족, 동기부여 부족, 시간 부족 및 신체적 불편(예: 방사선 치료로 인한 통증)과 같은 장벽이 행동 가능성을 낮추거나 막을 수 있다.

- **행동의 계기(Cues to action):** 행동 실천에 대한 준비를 실제 행동으로 옮길 수 있는 자극이 된다. 행동 실천에 대한 방법이나 질병의 위험에 대한 지식을 제공해주거나 행동을 시작할 수 있도록 전화나 문자메시지 등으로 연락을 취하는 등의 전략뿐 아니라 개인적인 요인(계단을 올라갈 때 숨이 차는 것, 가족이나 친구들이 아픈 것 등)들도 행동의 계기가 될 수 있다.
- **자기효능감(Self-Efficacy):** 최근에 이 모델에 추가된(이 구성에 대한 자세한 설명은 이 장의 "자기효능감 이론" 절 참조) 행동을 취할 수 있는 귀하의 확신을 나타내는 것이다. 자기효능감을 높이기 위한 전략에는 훈련/안내 지침, 원하는 행동으로 성공할 수 있는 다양한 기회, 긍정적 강화를 위해 하는 구두 칭찬이 포함된다.

재발 방지

재발 방지(relapse prevention)(40)는 위험이 높은 상황을 식별하거나 예방하기 위한 인지 행동 방식이다. 이 모델은 특히 물질이나 알코올 남용, 강박 관념, 우울증과 같은 고위험 행동과 같은 후퇴(또는 재발)가 흔할 때의 기념적 기틀이 가장 유용하다. 일반적으로 이러한 행동은 빈도가 높고 바람직하지 않는다. 그래서 이 틀은 바람직한 행동이지만 종종 빈도가 낮은 행동인 신체활동에 적용하기 어려울 수 있다. 그럼에도 불구하고 이 모델은 운동 중단의 선행 요인에 대한 통찰력을 제공할 수 있다.

Marlatt와 Gordon(40)은 재발의 3가지 주요 원인을 확인했다(운동의 경우 줄이거나 중단할 때).

- 개인 갈등
- 부정적인 감정 상태
- 사회적 압력

특히 부정적인 감정 상태(예: 우울증, 분노, 스트레스) 및 사회적 압박(예: 운동 이외의 활동에

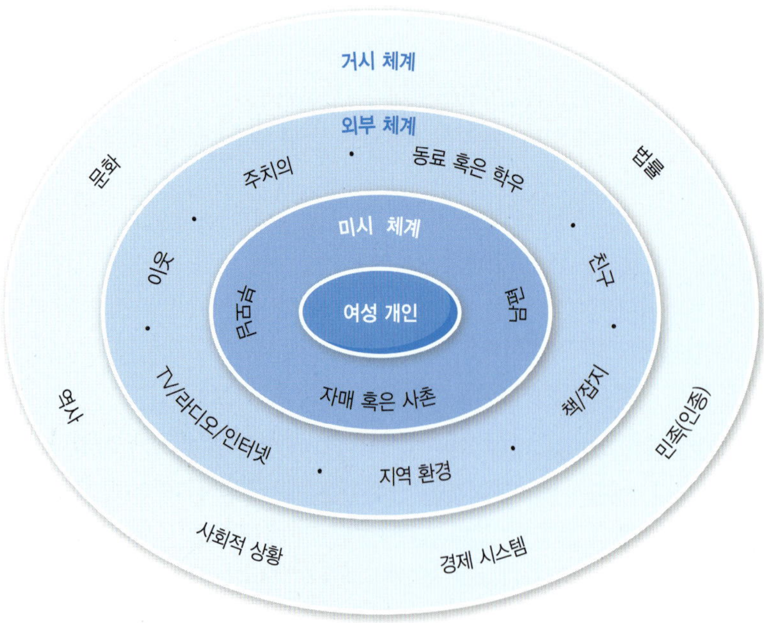

그림 1.5 사회적 생태학적 모델. (Adapted with permission from Bronfenbrenner U. Toward an experimental ecology of human development. *Am. Psychol.*, 1977; 32:523-31.)

참여하라는 학교 또는 직장 동료의 압력 증가)은 비활동의 일반적인 예측 변수이다.

재발을 예방하는 열쇠는 효과적인 대처 전략을 갖는 것이다. 대처 전략이 강할 때(예: 자기 인식, 낙관적 전망, 지지하는 가족 / 친구), 자기 효능이 높아지고 재발 가능성(운동중단)이 줄어든다. 그러나 대처 전략이 나쁘거나 부재할 때, 자기효능감은 낮고 속성이 부정적(예: 무력감, 통제력 부족) 재발(운동 중단) 가능성이 있다. 따라서 효과적인 대처 전략을 이해하고 식별하는 것은 운동 중단을 방지하는 효과적인 방법이다.

사회생태학적 모형

사회생태학적 모형(The Social Ecological Model)은 행동에 대한 여러 수준의 영향을 이해하기 위한 개념적 모형이다. 그것은 개인이 건강한 행동에 관여할 책임이 있음을 강조하지만, 주변의 사회적, 환경적인 압력과 조작이 행동을 취하는 주요 결정 요인이라고 생각한다.

이 접근법에는 여러 가지 버전(adaptation)이 있다. 운동 영역에서 가장 일반적으로 사용되는 것은 Bronfenbrenner(15,16)의 생태 시스템 이론을 기반으로 하며 환경 요소는 4 가지 주요 영향으로 나뉜다. 이러한 요소는 "양파"로 설명할 수 있다(**그림 1.5** 참조).

- '**개인(individual)**'은 이 모형의 중심에 있다.
- 다음 단계는 '**미시체계(microsystem)**' 또는 개인과 상호작용하는 즉각적인 체계이다(예: 가족, 학교, 직장 환경, 공원, 체육관 등).
- 영향을 미치는 다음 단계는 '**중간체계(mesosystem)**'로, 다양한 개인들과 상호작용하는 체계를 의미한다. 예를 들어, 부모님(가족 미시체계)이나 선생님(학교 미시체계)이 포함될 수 있다.
- 마지막 두 단계는 가장 광범위한 환경적 영향요인을 의미한다. '**외부체계(exosystem)**'는 학교나 지역사회 위원회와 같은 외부 체계를 의미하며, '**거시체계(macrosystem)**'는 정부나 경제 사회 등 모든 다른 계들을 포함한다.

시스템이 개인에게 가까울수록 그 사람의 행동에 직접적인 영향을 미친다.

사회생태학적 모형은 환경의 역할이 행동 변화에 핵심 요소가 될 때 신체활동 행동을 안내하는 유용한 개념적 모형이다. 예를 들어, 지역 사회가 자전거 타기 또는 걷기와 같은 활동적인 통근에 참여할 수 있으려면 자전거/보행로에 대한 접근성, 이를 지원하기 위한 기본 인프라(예: 충분한 보도 공간, 주요 위치로의 보도 연결, 자전거로 등) 및 농촌과 도시 간 지역 연결(예: 통근이 길어지는 오솔길로 가는 철도 레일 대 주요 지역으로의 고속도로 접근)이 있어야 한다 건축 환경이 운동 시작 및 유지 보수를 용이하게 하는 방법에 대한 관심이 증가함에 따라, 최근 몇 년 동안 사회생태학적 모형이 더 대중화되었다.

이론을 기반으로 한 기술과 원리를 실천으로 옮기기

이론과 모델의 중요성이 확립되고 이론이 설명되었으므로 다음 단계는 이론 기반 전략과 원칙을 실제로 적용하는 방법을 이해하는 것이다. 이론은 노력을 집중할 수 있는 논리 모델 또는 로드맵을 제공한다. 이는 여정을 어디서 시작하고, 어떻게 길을 찾을지 확인하는 데 도움이 된다.

논리 모델의 기초는 행동적 선행요인, 즉 행동보다 우선하는 요소를 식별한 다음 이러한 선행요인이 미래 행동의 가능성에 어떤 영향을 미치는지 이해하는 것이다(37). 이러한 중요한 선행 요소를 식별하여 개입의 주요 목표를 결정하고 보다 효과적인 프로그램을 개발 및 구현할 수 있다.

예를 들어, 계획된 행동이론(1,4)에서, 의도(동기 수준)는 행동의 주요 결정 요인(행동적 선행)으로 식별된다. 신체활동에 대한 동기부여 수준이 높을수록 신체활동 행동에 더 많이 참여할 수 있다. 따라서 이 이론에 따르면 사람들이 보다 신체적으로 활동하게 하려면 행동에 대한 의도나 동기를 목표로 해야 한다.

자기효능감 이론(9)에서 자기 효능, 또는 능력에 대한 자신의 신념의 가장 중요한 원천은 과거 성취 경험 또는 숙달 경험이다. 작업을 성공적으로 수행하면 향후 행동에 참여하는 데 필요한 능력이 있다고 생각한다. 예를 들어, 5km 마라톤에 참여하여 레이스를 성공적으로 마치면 성공적으로 마치면 앞으로 다른 레이스를 완주할 수 있다는 믿음이 더 커질 것이다. 따라서 이 이론에 따르면 행동 변화를 촉진하려면 성공적인 성경험을 만드는 방법을 찾아야 한다.

건강신념 모형(32)에서, 행동은 질병에 대해 인지된 감수성, 상태 및 그 결과에 대해 인지된 심각성, 위험 감소를 위한 행동에 대해 인지된 유익성, 인지된 장애요인이나 행위에 드는 비용, 그리고 행동을 취하고 시작하는 능력에 대한 자신감을 포함한 여러 요인에 따라 달라진다. 예를 들어, 주로 좌식생활을 하는 사람의 경우, 심장마비의 위험이 크다고 믿는다거나(높은 인지된 감수성), 움직이지 않는 것이 심장마비를 유발할 수 있다고 믿을 수 있고(높은 인지된 심각성), 신체활동에 참여하는 것이 부정적인 역효과 없이(낮은 인지된 장애요인) 심장마비 발생의 위험을 줄인다고 믿을 수 있다(인지된 유익성).

요점은 이론이 기초적인 토대를 제공한다는 것이다. 단일 이론이나 모델이 모든 건강 행동의 광범위한 범위를 또는 보다 구체적으로 신체활동 행동의 100%를 설명하지는 않는다. 대상 개인 또는 청중, 행위에 영향을 줄 수 있는 환경 요인 및 기타 요인을 고려해야 한다. 또한 이론의 조합은 행동의 변화에 대한 최상의 설명을 제공할 수 있다(37).

핵심정리

이 장에서는 행동 변화의 기본 원칙을 검토하고 신체활동을 촉진하는 데 유용한 기초를 제공할 수 있는 몇 가지 이론과 모델에 대한 개요를 제공했다. 신체활동 행동 변화에 대한 단일 이론은 없지만, 가장 중요한 측면은 대상 집단의 신체활동 행동에 영향을 미치는 주요 요인을 잘 이해하는 개념적 모형을 선택하는 것이다. 이러한 모든 선례(생각, 신념, 장벽 등)는 장기적으로 유지하기 위해 행동이 "어떻게 또는 왜" 발생하는지(또는 발생하지 않는지)에 대한 단서를 제공한다.

참고문헌

1. Ajzen I. *Attitudes, Personality, and Behavior.* Chicago (IL): Dorsey Press: 1988.
2. Ajzen I. *Construction of a standard questionnaire for the theory of planned behavior*; [cited 2012 May 11]. Available from: http://people.umass.edu/aizen/pdf/tpb.measurement.pdf
3. Ajzen I. The theory of planned behavior. Organ Behav Hum Decis Process. 1991;50:179–211.
4. Ajzen I, Driver B. Prediction of leisure participation from behavioral, normative, and control beliefs: An application of the theory of planned behavior. *Leisure Sci.* 1991;13:185–204.

5. Ajzen I, Fishbein M. *Understanding Attitudes and Predicting Social Behavior*. Englewood Cliffs (NJ): Prentice Hall: 1980.
6. American College of Sports Medicine. *ACSM's guidelines for exercise testing and prescription*. 6th ed. Philadelphia (PA): Lippincott, Williams & Wilkins: 2000.
7. Bandura A. Self-efficacy. In: Ramachaudran VS, editor. *Encyclopedia of Human Behavior Volume 4*. New York: Academic Press; 1994. p. 71–81.
8. Bandura A. *Self-efficacy*: The Exercise of Control. New York (NY): W. H. Freeman: 1997.
9. Bandura A. *Social Foundations of Thought and Action*. Englewood Cliffs (NJ): Prentice Hall: 1986.
10. Bao W, Ma A, Mao L, et al. Diet and lifestyle interventions in postpartum women in China: Study design and rationale of a multicenter randomized controlled trial. *BMC Public Health*. 2010;10:103–10.
11. Bazzano AT, Zeldin AS, Diab, IR, Garro NM, Allevato NA, Lehrer D. The Healthy Lifestyle Change Program: A pilot of a community-based health promotion intervention for adults with developmental disabilities. *Am J Prev Med*. 2009; 37(6):S201–8.
12. Blanchard C, Fisher J, Sparling P, Nehl E, Rhodes R, Courneya K, Baker F. Understanding physical activity behavior in African American and Caucasian college students: An application of the theory of planned behavior. *J Am Coll Health*. 2008;56(4): 341–6.
13. Blue CL. The predictive capacity of the theory of reasoned action and the theory of planned behavior in exercise behavior: An integrated literature review. *Res Nurs Health*. 1995;18(2):105–21.
14. Bouchard C, Shephard RJ, Stephen T. *Physical Activity, Fitness, and Health*. Champaign (IL): Human Kinetics: 1994.
15. Bronfenbrenner U. *The Ecology of Human Development*. Cambridge (MA): Harvard University Press: 1979.
16. Bronfenbrenner U. Toward an experimental ecology of human development. *Am Psychol*. 1977; 32:513–31.
17. Catania AC. *Learning*. 3rd ed. Englewood Cliffs (NJ): Prentice-Hall: 1992.
18. Chatzisarantis NL, Hagger MS, Biddle SJ, Smith B, Wang JC. A meta-analysis of perceived locus of causality in exercise, sport, and physical education contexts. *J Sport Exerc Psychol*. 2003;25:284–306.
19. Chatzisarantis NL, Hagger MS. Effects of an intervention based on self-determination theory on self-reported leisure-time physical activity participation. *Psychol Health*. 2009;24(1):29–48.
20. Cury F, Da Fonsesca D, Rufo M, Peres C, Sarrazin P. The trichotomous model and investment in learning to prepare for a sport test: A mediational analysis. *Br J Educ Psychol*. 2003;73:529–43.
21. Cury F, Da Fonseca D, Rufo M, Sarrazin P. Perceptions of competence, implicit theory of ability, perception of motivational climate, and achievement goals: A test of trichotomous conceptualization of endorsement of achievement motivational in the physical education setting. *Percept Mot Skill*. 2002;95(1):233–44.
22. Contento IR, Koch PA, Lee H, Calabrese-Barton A. Adolescents demonstrate improvement in obesity risk behaviors after completion of choice, control and change, a curriculum addressing personal agency and autonomous motivation. *J Am Diet Assoc*. 2010;110(12):1830–9.
23. Cramp AG, Brawley LR. Sustaining self-regulatory efficacy and psychological outcome expectations for postnatal exercise: Effects of a group-mediated cognitive behavioural intervention. *Br J Health Psychol*. 2009;14(Pt3):595–611.
24. Deci EL, Ryan, RM. *Intrinsic Motivation and Self-Determination in Human Behavior*. New York (NY): Plenum Publishing Co: 1985.
25. DiClemente CC, Prochaska JO, Velicer WF, Fairhurst S, Rossi JS, Velasquez WE. The process of smoking cessation: An analysis of precontemplation, contemplation, and preparation stages of change. *J Consult Clin Psychol*. 1991;59(2):295–304.
26. Edmunds JK, Ntoumanis N, Duda JLD. Testing a self-determination theory based teaching style in the exercise domain. *Eur J Soc Psychol*. 2008; 38:375–88.
27. Fishbein M, Ajzen I. *Predicting and Changing Behavior: The Reasoned Action Approach*. New York: Taylor & Francis Group; 2010.

28. Hagger M, Chatzisarantis N. Self-determination theory and the psychology of exercise. *Int Rev Sport Exerc Psychol*. 2008;1(1):79–103.
29. Hausenblas HA, Symons Downs D. Prospective examination of the theory of planned behavior applied to exercise behavior during women's first trimester of pregnancy. *J Reproduct Infant Psychol*. 2004;22:199–210.
30. Hutchinson AJ, Breckson JD, Johnston LH. Physical activity behavior change interventions on the transtheoretical model: A systematic review. *Health Educ Behav*. 2009;36(5):829–45.
31. Janis IL, Mann L. *Decision-making: A Psychological Analysis of Conflict, Choice, and Commitment*. New York (NY): Free Press: 1977.
32. Janz N, Becker M. The health belief model: A decade later. *Health Educ Q*.1984;11(1):47.
33. Jones LW, Guill B, Keir ST, et al. Using the theory of planned behavior to understand the determinants of exercise intention in patients diagnosed with primary brain cancer. *Psychooncology*. 2007;16(3):232–40.
34. Karvinen KH, Courneya KS, Campbell KL, et al. Correlates of exercise motivation and behavior in a population-based sample of endometrial cancer survivors: An application of the theory of planned behavior. *Int J Behav Nutr Phys Act*. 2007;4:20–30.
35. Keller C, Fleury J, Gregor-Holt N, Thompson T. Predictive ability of social cognitive theory in exercise research: An integrated literature review. *Online J Knowl Synth Nurs*. 1999;6:2.
36. Kilpatrick M, Hebert E, Jacobsen D. Physical activity motivation: A practitioner's guide to self-determination theory. *J Phys Educ Recreat Dance*. 2002;73:36–41.
37. Langlois MA, Hallam JS. Integrating multiple health behavior theories into program planning: The PER worksheet. *Health Promot Pract*. 2010;11(2):282–8.
38. Lox CL, Martin Ginis KA, Petruzzello SJ. *The psychology of exercise: Integrating theory and practice*. 3rd ed. Scottsdale (AZ): Holcomb Hathaway Publishers: 2010.
39. Marcus BH, Dubbert PM, Forsyth LH, et al. Physical activity behavior change: Issues in adoption and maintenance. *Health Psychol*. 2000; 19: 32–41.
40. Marlatt GA, Gordon JR. *Relapse Prevention: Maintenance Strategies in the Treatment of Addictive Behaviors*. New York: Guilford: 1985.
41. Marshall SJ, Biddle SJ. The transtheoretical model of behavior change: A meta-analysis of applications to physical activity and exercise. *Ann Behav Med*. 2001;23(4):229–46.
42. Martin G L, Pear JJ. *Behavior Modification: What It Is and How to Do It*. 7th ed. Englewood Cliffs (NJ): Prentice-Hall: 2003.
43. McAuley E. Enhancing psychological health through physical activity. In: Quinney HA, Gauvin L, Wall AET, editors. *Toward Active Living: Proceedings of the International Conference on Physical Activity, Fitness, and Health*. Champaign (IL): Human Kinetics; 1994. p. 83–90.
44. McAuley E, Bane SM, Mihalko SL. Exercise in middle-age adults: Self-efficacy and self-presentation outcomes. *Prev Med*. 1995;24(4):319–28.
45. McAuley E, Mihalko SL. Measuring exercise-related self-efficacy. In Duda, JL, editor. *Advances in Sport and Exercise Psychology Measurement: Morgantown*: Fitness Information Technology; 1998. p. 371–90.
46. Miller NE, Dollard J. *Social Learning and Imitation*. New Haven (CT): Yale University Press: 1941.
47. Mosher CE, Fuemmeler BF, Sloane R, et al. Change in self-efficacy partially mediates the effects of the FRESH START intervention on cancer survivors' dietary outcomes. *Psychooncology*. 2008; 17(10): 1014–23.
48. Patrick H, Canevello A. Methodological overview of a self-determination theory based computerized intervention to promote leisure-time physical activity. *Psychol Sport Exerc*. 2011;12(1):13–19.
49. Peddle CJ, Plotnikoff RC, Wild TC, Au H, Courneya KS. Medical, demographic, and psychological correlates of exercise in colorectal cancer survivors: an application of self-determination theory. *Support Care Cancer*. 2008;16(1):9–17.
50. Peterson GB. A day of great illumination: B. F. Skinner's *discovery* of shaping. *J Exp Anal Behav*. 2004;82(3):317–28.

51. Plotnikoff R, Lippke S, Courneya K, Birkett N, Sigal, R. Physical activity and diabetes: An application of the theory of planned behavior to explain physical activity for Type 1 and Type 2 diabetes in an adult population sample. *Psychol Health*. 2010; 25:7–23.
52. Plotnikoff RC, Lubans DR, Costigan SA, et al. A test of the theory of planned behavior to explain physical activity in a large population sample of adolescents from Alberta, Canada. *J Adolesc Health*. 2011;49(5):547–59.
53. Prochaska JO, DiClemente CC. *The Transtheoretical Approach: Crossing Traditional Boundaries of Change*. Homewood (IL): Dorsey: 1984.
54. Prochaska JO, DiClemete CC. Toward a comprehensive model of change. In Miller WR, Heather N, editors. *Treating Addictive Behaviors: Processes of Change*. New York: Plenum; 1986. p. 3–27.
55. Prochaska JO, Marcus BH. The Transtheoretical Model: Applications to exercise. In: Dishman RK, editor. *Advances in Exercise Adherence*. Champaign (IL): Human Kinetics; 1994. p. 161–80.
56. Prochaska JO, Velicer WF. The transtheoretical model of health behavior change. *Am J Health Promot*. 1997;12:38–48.
57. Reed GR, Velicer WF, Prochaska JO, Rossi JS, Marcus BH. What makes a good algorithm: Examples from regular exercise. *Am J Health Promot*. 1997;12(1):57–66.
58. Schmidt RA, Wrisberg C. *Motor Learning and Performance*. 4th ed. Champaign (IL): Human Kinetics: 2004.
59. Silva MN, Markland DA, Minderico CS, et al. A randomized controlled trial to evaluate self-determination theory for exercise adherence and weight control: Rationale and intervention description. *BMC Public Health*. 2008;8:234–47.
60. Silva MN, Markland DA, Vieira PN, et al. Helping overweight women become more active: Need support and motivational regulations for different forms of physical activity. *Psychol Sport Exerc*. 2010;11:591–601.
61. Silva MN, Vieira PN, Coutinho SR, et al. Using self-determination theory to promote physical activity and weight control: A randomized controlled trial in women. *J Behav Med*. 2010;33(2):110–22.
62. Skinner BF. *The Technology of Teaching*. New York: Appleton-Centry-Crofts: 1968.
63. Sonstroem RJ. Stage model of exercise adoption. In: *Proceedings of the 85th Annual Meeting of the American Psychological Association*; 1987 Aug 26–30: San Francisco.
64. Sweet SN, Tulloch H, Fortier MS, Pipe AL, Reid RD. Patterns of motivation and ongoing exercise activity in cardiac rehabilitation settings: A 24-month exploration from the TEACH Study. *Ann Behav Med*. 2011;42(1):55–63.
65. Symons Downs D, Hausenblas HA. Elicitation studies and the theory of planned behavior: A systematic review of exercise beliefs. *Psychol Sport Exer*. 2005a;6:1–31.
66. Symons Downs D, Hausenblas HA. Exercise behavior and the theories of reasoned action and planned behavior: A meta-analytic update. *J Phys Act Health*. 2005b;2:76–97.
67. United States Department of Health and Human Services. *2008 Physical Activity Guidelines for Americans*. Washington, D.C.: U.S. Department of Health and Human Services, Secretary of Health and Human Services; 2008. Available from: http://www.health.gov/PAGuidelines/guidelines/default.aspx.
68. Vallance JK, Courneya KS, Plotnikoff RC, Mackey JR. Analyzing theoretical mechanisms of physical activity behavior change in breast cancer survivors: Results from the activity promotion (ACTION) trial. *Ann Behav Med*. 2008;35(2):150–8.
69. Vallerand RJ, Reid G. On the causal effects of perceived competence on intrinsic motivation: A test of Cognitive Evaluation Theory. *J Sport Psychol*. 1984;6:94–102.
70. Weinberg RS, Gould D. *Foundations of Sport and Exercise Psychology*. 5th ed. Champaign (IL): Human Kinetics: 2011.

웹 자료

The following Web site provides useful information on how to develop theory of planned behavior questionnaires and intervention:
http://people.umass.edu/aizen/tpb. html

The following Web site includes an extensive list of questionnaires used to assess constructs of Self-Determination Theory, with some specifically in an exercise context (*i.e.*, motives for physical activity):
http://www.psych.rochester.edu/SDT/questionnaires.php

CHAPTER 2

대상자의 신체활동 행동, 동기, 개인적 역량의 진단

Sonia Lippke, Claudia Voelcker-Rehage, and Ute Bültmann

서론: 개인의 신체활동과 동기 진단

미국스포츠의학회(ACSM)와 같은 많은 기관에서는 신체활동을 규칙적으로 수행할 것을 지침으로 제공한다. ACSM의 지침은 아래와 같다.

- 중강도 심폐운동을 일주일에 5일 이상 하루에 30분 이상을 하거나
- 고강도 심폐운동을 일주일에 3일 이상 하루에 20분 이상을 하거나
- 중강도와 고강도 운동의 조합으로 주당 500~1000 MET min 이상의 에너지 소비를 축적하는 것이 좋다. 추가적으로
- 근력(저항성) 운동은 각 대근육군을 일주일에 2회 정도 수행하고
- 근신경 운동(기능 체력 트레이닝)은 평형성, 민첩성, 그리고 협응성을 포함시켜 대근육-건 부위(운동당 합산하여 60초) 일주일에 최소 2회 수행할 것을 권고한다.

신체활동은 일상생활 중에서 한 번에 10분 이상 몸을 움직이는 활동이나 피트니스 프로그램의 일부로 이루어질 수 있다. 이와 같은 지침 내용은 건강적 이득이 되지만 실제로 활용할 때 의문들이 생겨날 수 있다(**그림 2.1** 참조).

그림 2.1에서 찾은 질문에 가장 잘 대답하기 위해서는, 동기부여와 행동뿐만 아니라 니즈, 소망, 두려움 및 신체활동의 장벽과 같은 다른 개별적인 변수에 대한 이해가 필요하다. 그러한 정보는 우리가 도와주고 싶은 사람들로부터 얻을 수 있다. 개인을 평가하는데 다른 측면이나 변수는 중요하다. 이외에도 적절한 시설의 가용성과 같은 환경적 특성이 운동 행동에 영향을 미치는 것은 불가피한 일이다. Bronfenbrenner(6)의 모델과 같은 생태학적 틀은 개인, 사회, 물리적 환경 및 정책 등의 다양한 수준을 설명한다(**그림 2.2**).

그림 2.1 권고된 신체활동 가이드라인에서 발생한 실제적 질문들

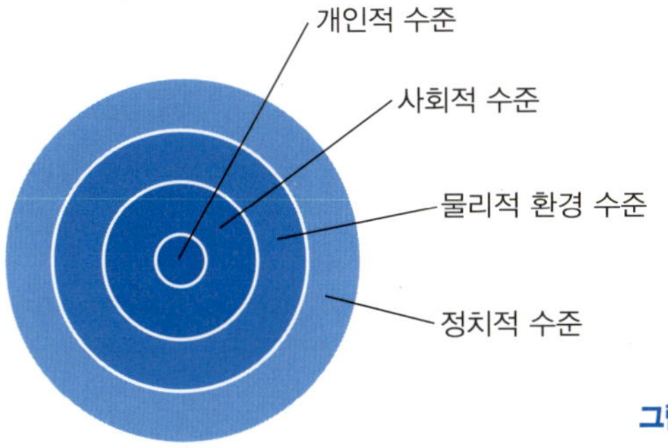

그림 2.2 신체활동의 생태학적 모형

이 장에서는 개인이 자신의 환경을 인식하는 방식과 그들의 기대와 (지각된) 장벽을 직접 측정할 수 있으므로 그림 2.2에 표시된 두 가지 내부 수준(개별 및 사회적 수준)에만 중점을 둘 것이다. 두 가지 외부 수준도 중요하며 그 내용은 7 장에서 다룰 것이다.

단계별 설명[Step-by-Step]

고객과 함께 일하는 전문가로서 우리는 고객을 적절히 도와주기 위해 고객의 건강 행동에 관한 생각, 기대, 인식 및 역량에 대한 정보가 필요하다. 그렇게 하는 좋은 방법은 아래의 내용을 결정하는 것이다:

1. 대상자(인구집단)
2. 관심 있는 신체활동 행동
3. 관심 있는 관련 행동
4. 관심 있는 심리적 및 사회적(중재/예측) 변수
5. 측정 전략

이 정보를 바탕으로 측정 및 평가 계획을 수립할 수 있다. 사례 2.1은 사람들이 신체활동을 할 수 있도록 돕는 작업에 있을 때, 선행단계의 실제 적용을 보여준다. 이러한 시나리오는 사람들이 일하고 배우거나 만나거나 단순히 시간을 보내는 모든 환경에서 발생할 수 있다.

사례 2.1

1,500명의 학생과 450명의 교수 및 교직원(= 목표 대상자)이 있는 비교적 규모가 작고 젊은 캠퍼스가 있는 대학을 생각해보자. 현재, 학생과 직원을 위한 운동 프로그램이 있다. 레크리에이션 센터에는 로잉 탱크, 체육관 및 완비된 피트니스 시설이 있다. 다양한 피트니스 장비에는 심혈관 장비, 프리 웨이트 및 저항 운동기구가 포함된다. 또한 체육관은 운동장과 볼, 네트 및 조정 장비와 같은 스포츠 장비를 제공한다. 문제는 레크리에이션 센터와 체육관에서 실제 운동 프로그램 내에서 얼마나 많은 사람들이 신체활동을 수행하고 있는지이다(= 신체활동 행동에 관한 관심).

계속

사례 2.1 (계속)

센터의 공간과 욕실 시설을 바꾸는 것 외에도 캠퍼스 내 건물에 학생과 직원을 위한 샤워 시설을 제공한다(= 관심 있는 행동). 소규모 인터뷰(= 측정 전략)에 따르면 (a) 대학 학생 및 직원의 30%가 일주일에 한 번 이상의 운동 프로그램에 참여한다. 또한 (b) 추가 25%의 학생 및 직원이 이를 사용하는 데 관심이 있을 것으로 보인다(= 심리적 및 사회적 변수). 마지막으로, (c) 대학위원회는 현재 레크리에이션 센터의 사용자 수에 만족하지 않으며 더 나은 활용 방안을 찾고 있다(= 심리적 및 사회적 변수).

이 시나리오는 개인이 권장 활동 레벨에 참여하고 유지하는 데 도움을 줄 수 있는가라는 질문을 탐구하는 데 적용할 수 있다. 개인을 돕는 방법에 대한 질문에 어떻게 대답할 수 있는가? 다른 접근 방식이 있다:

1. 우리는 스스로 해결책을 만들 수 있다.
2. 우리는 학생, 교수진, 교직원, 동창회 및 일반인 또는 그러한 사람들의 대표에게 그들이 원하는 것, 싫어하는 것 등을 확인할 수 있다.
3. 우리는 그에 관한 이론과 증거를 찾기 위해 구축된 문헌과 이전의 좋은 예를 살펴볼 수 있다.

이러한 위에 설명된 모든 접근 방식의 조합이 가장 유리할 것이다. 그러나 사람들의 요구를 충족시키기 위해서는 먼저 사람들을 이해하고 측정해야 한다.

개념 응용

만약 우리의 목표가 개인 및 사회적 요인을 이해하고, 개인 행동의 향상을 돕기 위한 전략을 수립하고자 한다면, 추가적인 정보가 필요하다. 사람들이 하는 것(예: 신체활동 수준)을 이해하고 느끼고(예: 자각된 신체활동 장벽), 생각(예: 동기부여)을 이해하는 경우에만 우리는 각 개인에 대한 중재를 적절하게 맞춰줄 수 있다. 또한 우리의 중재가 만족스럽고 원하는 결과를 얻었는지 평가하려면 측정도 중요하다.

특히 건강 행동에 영향을 미치는 개인의 측면을 측정하는 방법을 설명하는 것은 이 책의 다음 장에서 필수적이다. 개인과 그들의 감정, 생각 및 목표를 더 잘 이해할 수 있기 때문이다. 이러한 측정의 핵심은 자기효능감과 같은 고객의 행동, 요구 및 전제 조건을 정확하게 평가하는 것이다. 이것이 달성되면, 평가 및 측정 결과는 각 개인에 대한 건강 중재를 최적으로 설계 및 수정하기 위해 사용될 수 있다. 또한 중재 전반에 걸쳐 어떤 의도가 변경되어야 하는지(의도 등) 또는 중재 결과가 어떻게 보이는지(예: 행동 변화 또는 행동 유지)를 확립할 때, 중재는 적절하게 조정되고 적절하게 평가될 수 있다. 이 장에서는 개인 및 사회적 차원에서 정보의 실질적인 영향을 표시하기 위한 평가 시나리오 예를 제공한다. 또한 평가에 유용한 도구 또는 항목을 보여준다. 이러한 도구는 일반적으로 연구 논문에 제시된 검증된 설문지에서 바탕으로 하며 이 연구들에 대한 참고문헌 목록은 이 장에서 제공된다. 또한 이러한 평가 도구를 찾을 수 있는 유용한 웹 소스도 참조한다.

핵심정리

평가는 개인의 행동, 동기, 행동의 결정 요인을 이해하고 해결하기 위한 길을 연다. 평가 결과를 통해 우리는 적절한 중재를 설계하고 그 효과를 평가할 수 있다.

진단 방식

건강 행동은 건강과 웰빙을 향상시키는 행동으로, 질병의 이환 및 조기 사망을 예방하는 데 도움이 된다. 따라서 신체활동은 적절한 강도와 빈도로 수행되는 경우 건강 행동이 될 수 있다. 건강 행동에는 텔레비전 시청과 같은 좌식 활동의 제한과 같은 위험 행동의 감소도 포함된다. 많은 사람들이 정기적으로 건강 행동을 수행해야 한다는 것을 잘 알고 있지만, 보고서에 따르면 많은 사람들이 신체활동 권장사항을 충족하지 못한다고 한다(8). 이것은 특히 장애와 만성 질환이 있는 사람들에 더 해당된다.

신체활동 행동의 다양한 측면을 더 잘 다루기 위해 신체활동 평가는 표 2.1에 표시된 다양한 측면을 포함할 수 있다.

보시다시피 관찰자가 외부에서 개인을 모니터링하는 행동, 그 이상의 것이 있다. 실행 용이성과 같은 심리적 측면도 중요하다. 즉, 행동의 일부 구성요소는 관찰 및 기타 객관적인 조치를 통해 얻을 수 있다. 그러나 생리학적 지표를 통해 모든 측면을 관찰하거나 측정할 수 있는 것은 아니므로 자가보고 방법도 사용된다(18). 다양한 진단 방식의 장단점은 표 2.2에 나와 있다.

자가 보고 정보의 진단 도구

자가 보고를 통한 정보(설문지 / 인터뷰)는 종종 신체활동과 그 결정 요인을 측정하는 데 사용된다. 신체활동은 관찰 또는 생리적 측정과 같은 객관적인 방법으로도 평가할 수 있지만 동기부여와 같은 영향은 일반적으로 자가 보고로 측정된다. 행동에 관한 자가 보고의 타당성(실제로 측정해야하는 것을 측정한 정도)이 항상 보장되는 것은 아니지만, 객관적인 측정과 비교하여 쉽게 얻을 수 있다.

사용된 인터뷰 유형은 특정 접근 방식에 따라 유용성이 달라질 수 있다. 서술적이며 구조화되지 않은 인터뷰는 사전 정의된 질문이 거의 없거나 전혀 없으며, 또는 개방형 질문(예: 인터뷰 대상자는 “예-아니오” 또는 객관식 답변 대신 서술식 문장 형식으로 응답할 수 있음) 방법을 활용한다. 이러

표 2.1 행동 진단의 다른 측면

측면	예시
에너지 소비	kcal, MET(metabolic equivalent)
활동 시간	시간(주당 분)
활동 빈도	주당 횟수
수행 용이성(강도)	의도한 활동 수행을 위해 요구되는 정도

표 2.2 진단 방식별 장점과 단점

	주관적인 진단	객관적인 측정기준
내용	**인지된 가치**	**외부 측정기준**
방법	개인의 행동을 직접적으로 질문 • 인터뷰 • 설문지, 또는 • 로그, 자가 관찰 일지	만보계 또는 가속도계와 같은(보수나 움직임을 추적) 기구, 직접 관찰(참여율; 운동을 위해제품을 사거나 사용하는 것을 관찰)을 통해서 측정
장점	개별 자원과 의도, 내적 유혹, 자각된 자기효능감 및 사회적 지지 등의 방해물은 주관적으로만 측정될 수 있음	사회적 바람직성(실제보다 유리한 방식으로 자신을 표현하는 경향)과 대답 경향(예: 질문에 동의)에 의해 편향 될 가능성이 적음
단점	사회적 바람직성(자신을 보다 긍정적인 시각으로 표현)은 측정의 타당성과 신뢰성에 영향을 미침	대부분 자료를 모으는 것이 관건(시간 소요, 비용)

한 인터뷰는 종종 매우 다른 결과를 초래한다. 이는 여러 인터뷰(예: 한 사람이 여러 번 인터뷰한 경우)의 정보를 비교하는 것을 복잡하게 만들 수 있다. 또는 인터뷰는 설문지와 같이 구성하여 잘 정의된 질문 및 답변 옵션을 제공할 수도 있다. 이렇게 하면 수집된 정보가 선택된 답변 범위로 제한되어 비교하기가 더 쉽다. 인터뷰와 설문지의 주요 차이점은 고객이 자신을 공개하는 방식에 있지만 각각의 장점과 유사한 특성이 있다. 인터뷰어는 고객이 본인에게 모든 답변을 공개하도록 요구한다. 그러나 설문지에서는 응답 절차가 익명이므로 사회적 바람직성 편향이 줄어들 수 있다. 예를 들어 사회적 바람직성 편향으로 인해 고객이 실제로 수행한 것보다 더 많은 건강 행동을 보고 할 수 있다. 이에 반해 인터뷰는 인터뷰어가 고객에게 보다 명확한 질문을 할 수 있도록 하게 해주며, 이는 질문지와는 다른 장점이라 할 수 있다. 개인 정보 공유에 대한 불안감은 설문지와 인터뷰에서 발생할 수 있다.

로그나 자가 관찰일지의 경우는 설문과 매우 유사하다. 이러한 방법은 고객에게 만보계로 일일 보수량을 측정하여 로그에 일일이 기록하는 방식을 요구하며, 이러한 로그는 하드 카피 북 또는 전자 서적 버전일 수 있다. 후자는 수행된 단계와 관련된 즉각적인 피드백을 받을 수 있는 옵션을 제공한다. 예를 들어, 개별적인 방식: "오늘, 7000보를 걸었습니다. 그것은 어제보다 두 배나 더 많이 걸었습니다." 또는 기준적 비교 방식: "오늘, 7000보를 걸었습니다. 이는 하루 권장 10,000보 보다 적습니다."

시간 고려사항

정보를 측정하기 위해 자가 보고 조사를 설계할 때 고려해야 할 몇 가지 측면이 있다. 첫째, 행동의 본질을 고려해야 한다: 의문의 행동이 단순히 한 번만 발생한 행동인지 혹은 반복적으로 행한 행동으로 구성된 것인지 여부. 예를 들어, 개인이 규칙적인 신체활동에 참여하는지(PAR-Q를 통해 측정 가능) (이 장 뒷부분의 설명 및 22,23 참조) 또는 스포츠 행사(단일 기회). 이 중 하나에 대한 대답은 이분법 일 수 있으며 "예" 또는 "아니오" 응답을 제공한다. 그러나 건강 증진을 위해서는 운동을 반복적으로 수행해야 한다. 따라서 우리는 이제 반복적으로 수행되는 동작에 관심이 있다.

둘째, 신체활동은 정해진 기간 동안(예: "지난달에 운동을 얼마나 자주 했습니까?") 측정하거나 행동의 전형적인 양과 빈도에 의문을 제기하여 측정할 수 있다(예: "일반적인 주에 얼마나 자주 운동을 하십니까?"). 또한 사고나 다른 건강 상태로 인해 일반적인 활동을 수행하지 못하는 경우 개인은 사고 전 상황의 내용으로 간주하도록 구체적인 지시를 받아야한다. 정보를 측정할 때 모든 건강 사고를 고려해야한다.

셋째, 최적의 측정 기간을 고려해야한다. 명확한 이유가 있는 경우 정의 된 시간 범위의 과정을 측정해야한다. 다음 상황에서는 시간 범위를 정의하는 것이 좋다.

1. 예를 들어, 중재 후 행동 변경 프로세스가 발생할 것으로 예상되는 경우,
2. 기간 내에 사회인지 변수에 의해 특수한 간극이 예측되는 경우(예: 그렇게 할 의도를 측정 한 후 반년 뒤에 마라톤에 참여하는 것을 예측하는 경우) 또는
3. 개인이 비정상적인 상태에 있는 경우(예: 수술 또는 휴가 후)

또는 특정 시간 프레임이 임의적일 때에는 시간 프레임이 없는 것이 때때로 효과적일 수 있다: 6개월 1일 동안 신체활동을 하려고 하는 사람이 왜 5개월 20일 내에 신체활동을 시작하려고 하거나 6개월 이내에 신체활동을 바꾸려는 사람과 달라야만 하는가? 이렇게 구체적인 5개월, 20일 또는 6개월의 컷오프에 관한 경험적 증거는 없다. 오늘날 평가는 특정 시간 프레임(10,11)을 사용하지 않고 변화의 단계(표 2.3의 예 참조)를 측정한다.

측정의 정확성

측정의 정확성 또한 고려되어야 한다. 행동의 포괄적인 수준은 아주 광범위하다(예: "나는 활동적인 일상생활을 합니다"), 또는 더 정확하게 기간으로 정의하면(예: "나는 직장에 매일 자전거를 약 30분 정도 타고 갑니다"). 정확하게 측정하기 위해서, 질문들은 운동하는 빈도와 기간을 물어보아야 한다(예: "주당 며칠 스포츠 활동을 했습니까? 한 세션(session)을 몇 시간 몇 분 동안 했습니까?"). 아니면 대답은 verbal anchor를 사용하여 등급 척도로 매길 수 있다.(예: (1) 전혀 안하거나 한 달에 1회 미만, (2) 한 달에 1~3회, (3) 대략 일주일에 1회, (4) 일주일에 2~3회, (5) 일주일에 4~5회, (6) (거의) 매일). 진술(statement)을 광범위하게 평가하기 위해, 대답은 (1) 전혀에서 (6) 정확히(exactly)까지 등급을 매길 수 있다.

표 2.3 변화단계 진단

설명: 당신의 전형적인 일주일을 생각하세요. 당신은 적당히 지치는 정도로 일주일에 적어도 5일, 한 번에 30분 또는 그 이상(또는 주당 총 2.5시간)을 신체활동에 참여했습니까? 다음 설명 중에서 가장 정확하게 설명하는 번호를 한 개 선택하세요.

아니오, 나는 신체활동을 시작할 의향이 없습니다.	1
아니오, 하지만 나는 신체활동 참여를 고려하고 있습니다.	2
아니오, 하지만 나는 진지하게 신체활동 참여를 시작하려고 합니다.	3
네, 하지만 나에게 신체활동 참여는 다소 어렵습니다.	4
네, 나에게 신체활동 참여는 다소 쉽습니다.	5

Adapted with permission from Lippke S, Ziegelmann JP, Schwarzer R, and Velicer WF(2009). Validity of stage assessment in the adoption and maintenance of physical activity and fruit and vegetable consumption. *Health Psychology*, 28(2), 183–193.

객관적 측정기준: 근거, 도구 및 장점

일부 객관적인 측정(만보계로 측정한 일주일간 걸음 수, 그리고 표 2.4에 설명된 것들과 같은)은 일반적으로 주관적으로 측정(인터뷰로 측정된 것)한 것보다 더 정확도가 높다. 개인이 질문 자체에 응답할 필요가 없기 때문이다. 대신에 신체활동 수준은 신체활동 모션 감지기 모니터링(만보계 또는 가속도계)과 같은 도구에 의해 수집된다(개인이 활동량에 대해서 일일이 기입하거나 응답하지 않아도 도구에 의해서 측정되기 때문에 객관적인 측정이 주관적인 측정보다 더 정확하다는 의미인 것 같음).

개인의 움직임을 추적하는 현대 기술(예: 핸드폰, GPS 기술)도 해결책이 될 수 있다. 그러나 신뢰할 수 있는 정보를 얻기 위해서는 개인의 정확한 지침과 준수가 기본적으로 필요하므로 이를 신중하게 측정해야 한다. 사람이 실제로 만보계를 적절하게 사용하는 경우에만 신체활동을 올바르게 모니터링할 수 있다. 언급된 장비들은 일반적으로 작고, 고객이 사용하기에 번거롭지 않다. 장비들은 가격이 적당하고 다양한 브랜드로 출시되며, 대부분 신뢰할 수 있고 타당해야만 한다.

레크리에이션 센터 출석률 또한 객관적인 관찰 측정값으로 사용할 수 있다. 레크리에이션 센터 회원이 트레이닝을 받기 위해 체크인을 해야만 한다면, 이 측정값은 비교적 객관적이다. 하지만 만약 사람들이 트레이닝을 위해 체크인하는 것을 잊어버리거나 어떤 사람이 다른 고객의 이름으로 체크인한다면, 데이터는 정확하지 않을 수 있다. 출석률뿐만 아니라 낮 동안에 예를 들어 다른 환경(공원과 같은)에서 운동하는 일반적인 신체활동에 관심이 있는 경우, 오류가 발생할 수 있다.

전형적인 생리학적 객관적 측정(표 2.4)은 신체활동 수준 또는 개인의 체력과 기능을 포착한다. 신체활동과 체력은 관련이 있지만 동일하지는 않다. 행동은 체력과 기능의 향상시킬 수 있으며, 체력과 기능이 부족하면 행동을 방해할 수 있다.

표 2.4 신체활동 수준과 체력을 진단하기 위한 객관적인 측정의 예시

측정	필요한 시험과 자료(예시)
신체활동 측정	
걸음 수	만보계
가속력	가속도계, GPS, 핸드폰
체력 측정	
심혈관계 체력	트레드밀에서 VO_2Max(spiroergometry; ECG or EKG whilst the patient is exercising) 검사, 고정식 자전거, 로잉 머신 등 Rockport 1마일 걷기 검사
심박수 / 심박변이도	심박수 측정 장비
악력	악력계
유연성	측정 테이프 / 막대기
자세 안정성	지면 반력기, 외발서기

사례 2.2

대학과 연결된 개인의 신체활동에 대해 다시 생각해보자. 프로젝트 팀(task force) 또는 연구원은 학생, 교수, 교직원, 졸업생들뿐 아니라 교직원의 가족 및 캠퍼스 인근에 사는 사람들과 대화하여 개개인의 신체활동 수준에 대한 정보를 얻는다. 목표는 대학교에서의 과거 행동과 경험들, 캠퍼스에서의 체력 옵션들에 대한 좋아하는 것과 싫어하는 것, 매주 일상적인 신체활동에 대한 지원을 원하는지에 대한 여부를 배우는 것이다. 과정은 다음과 같다: 첫째, 프로젝트 팀은 모집단을 대표하는 참가자 그룹을 선정한다. 이를 위해, 선정된 각 그룹에서 3~5명이 모집되고, 인터뷰를 받게 된다.
포함될 수 있는 가능한 질문들:

- "매일 30분의 중강도의 신체활동을 하고 있습니까?"
- 만약 아니라고 대답한다면, "어떤 어려움이 당신을 방해합니까?"; "당신이 더욱 활동적인 사람이 되도록 하려면 어떤 것이 바뀌어야 합니까?"
- 만약 네라고 대답한다면, "비활동적인 사람들이 당신처럼 활동적인 사람이 되려면 어떤 동기를 부여해야 한다고 생각하십니까?

다음으로, 폐쇄형 질문은 다음과 같은 답변에 기초하여 개발된다. 만들어진 질문들은 이메일로 모든 학생, 교수, 교직원, 그리고 졸업생에게 발송된다. 교직원의 가족은 개인적으로 접근해야 한다. 관심 있는 모든 사람들은 다음과 같은 질문을 받게 된다.

- "캠퍼스에서 아래와 같은 잠재적인 변화에 대해서 고려해본다면, 매일 30분의 중강도 신체활동을 수행하는데 다음과 같은 변화들이 도움이 됩니까?" (1) "전혀"부터 (6) "매우 많이"까지 다음 척도에서 답변을 표시해주세요.
  (a) 근무일에 트레이닝하는 스케줄을 어떻게 잡을지 팁을 얻게 되는 경우. 1–2–3–4–5–6
  (b) 운동하는 동안 개인적으로 (더) 많이 도움을 받는 경우. 1–2–3–4–5–6
  (c) 친구나 가족이 당신과 함께 운동을 할 수 있는 경우. 1–2–3–4–5–6

이 답변을 통해 사람들은 그들의 과거 행동과 신념을 보여준다.
우리는 이제 질문에 대답을 한 사람들에 대해 어느 정도 알고 있다. 이를 통해, 우리는 그들의 필요에 맞게 중재를 조정할 수 있다.

핵심정리

행동을 측정할 때, 객관적이고 주관적인 측정값 모두 수집될 수 있다. 동기와 기타 심리적 변인들(다음 절 참조)은 전형적으로 인지되거나 주관적인 방법으로 측정된다. 다양한 객관적이고 주관적인 측정 옵션들은 여러 가지 장점을 제공하지만 몇 가지 제한 사항도 제공한다. 측정 도구를 선택하거나 프로젝트를 설계할 때 이러한 점들을 반드시 알고 있어야 한다.

신체활동과 운동에 안전한 참여를 보장하기 위한 건강 정보/이력 획득

개념 요약

운동을 적절하게 하기 위해 자신이나 고객의 건강에 대하여 아는 것은 아주 중요하다. 건강 상태는 운동의 안정성을 평가하기 위해 전문가와 상담을 해야 하는지 여부를 결정한다. 참여 전 설문지로 운동검사 및 처방을 위한 미국스포츠의학회 지침(3)에 따른 신체활동 준비도 설문지(PAR-Q, 22, 23)와 미국심장협회/미국스포츠의학회 건강/체력 시설 참여 전 사전검사 설문지를 추천한다. 보다 구체적이고 심층적인 사전 활동 선별 절차를 위해, PAR-Q 및 미국심장협회/미국스포츠의학회 건강/체력 시설 참여 전 검진설문은 건강 위험 평가 설문지(HRA) 또는 건강 이력 설문지(HHQ)와 같은 설문지와 결합될 수 있다(24).

이 4가지 측정도구인 신체활동 준비도 설문지(PAR-Q), 미국심장협회/미국스포츠의학회 건강/체력 시설 참여 전 사전검사 설문지, 건강 위험 평가 설문지(HRA), 건강 이력 설문지(HHQ)는 모두 개인 운동의 건강 위험 요인을 확인하기 위한 표준화된 설문지이다. 목적은 의료적 허가를 얻고, 사람을 의사에게 의뢰하고, 이 정보를 사용하여 프로그램을 수정하는 것이다. 따라서 운동을 시작하려고 하는 개인과 환경을 제공하는 전문가 모두 위험 요인과 금기사항을 아는 것이 중요하다. 또한 이러한 측정은 시간이 지남에 따라 고객과 후속 조치를 취하고 개선 및 장애를 추적할 수 있는 기회를 제공하므로, 주 단위 또는 매년 정기적으로 반복해야 한다. PAR-Q를 상세하게 변형된 설문이 존재한다: 신체활동 준비 의학검사(PAR-MEDX), 임산부를 위한 신체활동 준비 의학검사(PAR-MEDX)는 더 긴 설문지이다. 만약 개인이 이러한 세부적인 버전에 맞게 좀 더 적절하게 응답한다면, 운동 처방은 더 정확해질 수 있다. (실습 도구상자 2.1에 있는 PAR-Q, PARmed-X, 임산부를 위한 PARmed-X에 대한 정보를 참조.)

4가지 평가는 아래의 인터넷 주소에서 찾을 수 있다:

- PAR-Q는 http://www.csep.ca/english/view.asp?x=698
- 미국심장협회/미국스포츠의학회 건강/체력 시설 참여 전 사전검사 설문지는 http://circ.ahajournals.org/content/97/22/2283.full.pdf
- 건강 위험 평가 설문지(HRA)는 http://www.cdc.gov/nccdphp/dnpao/hwi/downloads/HRA-checklist.pdf
- 건강 이력 설문지(HHQ)는 http://www.hr.emory.edu/blomeyer/docs/HealthHistoryQuestionnaire2007.pdf

이 진단들 중 두 가지에 대해서는 다음 하위 절에서 간단하게 설명될 것이다.

실습 도구상자 2.1

운동 준비를 위한 사전검사

Lauren Capozzi와 S. Nicole Culos-Reed
운동을 시작하려는 누군가를 사전검사할 때, 금기 사항이 있을 수 있는 특정 인구의 특성을 알아내는 것이 중요하다. 적절한 검사 도구를 사용하는 것이 누군가의 안전을 보장하기 위한 첫 번째 단계이다.

신체활동 준비도 설문지(PAR-Q and YOU)

이 설문지는 15~69세 연령대에 속한 사람들을 위한 설문지이다. 이 한 장의 양식은 사람들이 신체활동에 참여하기 전에 의사와 상의해야 하는지 알 수 있도록 도와준다. 그림 2.3 참조: 이 양식은 http://www.csep.ca/english/view.asp?x=698에서 볼 수 있다.

신체활동 준비 의학검사(PARmed-X)

이 설문지는 PAR-Q에서 하나 이상의 질문에 "예"라고 응답한 환자를 진료하는 의사가 사용하는 신체활동 체크리스트이다. 이 양식은 http://www.csep.ca/english/view.asp?x=698에서 볼 수 있다.

임산부를 위한 신체활동 준비 의학검사(PARmed-X for Pregnancy)

이 설문지는 신체활동 체크리스트이다. 이 양식은 출산 전 피트니스 수업 또는 다른 운동에 참여하기 전에 임신한 사람들을 진료하는 의사가 사용하는 설문지이다. 이 양식은 http://www.csep.ca/english/view.asp?x=698에서 볼 수 있다.

미국심장협회/미국스포츠의학회 건강/체력 시설 참여 전 사전검사 설문지(AHA/ACSM Health Fitness Facility Preparticipation Screening)

이 양식(그림 2.4 참조)은 신체활동 참여에 영향을 줄 수 있는 특정 심혈관계 또는 기타 위험요인을 상세히 분석하기 위해 제공된다. 또한 운동 전에 건강관리를 해주는 사람에게 연락을 할지 말지에 대한 여부를 권장한다.

사전 동의서(Informed Consent)

이 양식(그림 2.5 참조)은 개인이 운동 검사와 트레이닝 절차를 인지하고 그들이(개인 그리고 운동 전문가) 도출될 수 있는 모든 결과 값과 관련된 의미를 이해할 수 있도록 해야 한다.

계속

실습 도구상자 2.1 (계속)

Physical Activity Readiness Questionnaire - PAR-Q (revised 2002)

PAR-Q & YOU

(15~69세를 위한 질문지)

규칙적인 신체활동은 재미 있고 건강한 활동이며 점점 더 많은 사람들이 매일 더 많은 신체활동을 해가고 있습니다. 더 활동적이 된다는 것은 대부분에게 매우 안전한 일이지만 일부 사람들은 신체적으로 더 활발한 활동을 하기 전에 먼저 의사와 상담을 하는 것이 좋습니다.

만일 당신이 지금보다 훨씬 더 많은 활동을 하고자 계획하고 있다면, 아래 상자의 일곱 가지 질문에 답을 하십시오. 당신이 15~69세 사이에 해당된다면, PAR_Q가 당신이 의사와 상담을 해야 하는지를 알려줄 것입니다. 만일 69세 이상이라면, 그리고 신체적으로 활발하지 않은 사람이라면, 의사와 상담하십시오.

(아래 질문에 답할 때 상식이 가장 좋은 지침이 될 것입니다. 질문을 잘 읽고 정직하게 대답하십시오. Yes나 No로 표시하세요)

YES	NO	
☐	☐	**1. 당신의 의사가 당신에게 심장질환이 있다고 말하거나 의사가 추천한 신체활동만 해야 한다는 말을 한 적이 있습니까?**
☐	☐	**2. 신체활동을 할 때 가슴에 통증이 있습니까?**
☐	☐	**3. 지난달에 쉬고 있는 중에도 가슴에 통증을 느낀 적이 있습니까?**
☐	☐	**4. 어지럼증으로 쓰러졌거나 의식을 잃은 적이 있습니까?**
☐	☐	**5. 신체활동에 변화가 생기면 악화될 수 있는 관절이나 뼈에 문제(예를 들면, 허리나 무릎이나 고관절)가 있습니까?**
☐	☐	**6. 고혈압이나 심장질환으로 처방받아 복용하는 약(예를 들면, 이뇨제)이 있습니까?**
☐	☐	**7. 신체활동을 해서는 안 되는 다른 이유가 있습니까?**

만일 당신의 대답이

하나 이상에서 '예'라면

신체활동을 시작하기 전에 혹은 신체활동을 받기 전에 먼저 의사와 상담을 해야 합니다. 의사에게 PAR_Q에 관해, 그리고 어떤 항목에 Yes를 했는지 말을 해야 합니다.

- 당신에게는 어떤 활동도 다 가능할 수 있습니다. –천천히 하면서 점차적으로 늘려간다면, 아니면 안전한 몇 가지 운동으로만 제한될 수도 있습니다. 의사에게 원하는 운동을 말하고 의사의 조언에 따르세요.
- 어떤 지역사회의 프로그램이 아전하고 당신에게 도움이 되는지도 알아보세요.

모든 항목에서 '아니오' 라면

만일 당신의 대답이 모든 PAR_Q에서 정직하게 No라면

- 신체적으로 더 활발해져도 됩니다 – 천천히 점차적으로 늘려가세요. 이것이 가장 안정하고 쉬운 방법입니다.
- 피트니스 평가에 참여해보세요 – 당신의 기본적인 피트니스를 평가해 볼 수 있는 훌륭한 기회고, 활동을 계획할 수 있는 좋은 기회입니다. 또한 혈압을 측정해 보는 일도 조언합니다. 만일 결과가 mmHg보다 높다면 의사와 먼저 상담하세요.

더 많은 신체활동을 하기 전에 잠시 미뤄야 하는 경우

- 만일 감기나 열로 인해 아프다면 나아질 때까지 미루세요.
- 임신이라면 먼저 의사와 상의하세요.

주의사항 : 만일 건강상태가 변해서 위의 질문에 Yes라는 대답을 했다면, 피트니스나 건강 전문가와 상의하세요. 신체활동 계획을 바꾸어야 하는지도 상의하세요.

PAR-Q의 올바른 사용 : CSEP와 그 대리인은 신체활동을 하는 사람에 대해 책임을 지지 않으며, 이 설문지를 작성한 후 의심이 가는 경우 신체활동 전에 의사와 상담하세요.

변용금지, PAR의 복사는 허용되지만 단 서식전체는 그대로 사용한다.

NOTE: 신체활동 프로그램이나 체력평가에 참가하기 전에 PAR-Q를 제공하는 경우에 법적이나 행정적인 목적으로 사용할 수 있다.

"본인은 이 질문지를 읽고, 이해하고 완성했습니다. 모든 질문에 만족스럽게 대답을 했습니다."

이름 ____________________

서명 ____________________ 날짜 ____________________

부모의 서명 ____________________ 증인 ____________________

or GUARDIAN (for participants under the age of majority)

주의: 이 신체활동 확인서는 작성한 날로부터 최대 12개월까지 유효하다.
하지만 만일 당신이 상태가 변해 일곱 가지 질문에 Yes라고 대답을 하면 무효가 된다.

 Supported by: Health Canada Santé Canada continued on other side...

그림 2.3 신체활동 준비도 측정 설문지. Reprinted from Canada's Physical Activity Guide to Healthy Active Living [Internet]. Ontario (Canada): Public Health Agency of Canada; [cited 2007 Jun 15]. Permission from the Canadian Society for Exercise Physiology, http://www.csep.ca. ©2002.

계속

실습 도구상자 2.1 (계속)

맞는 문장을 표시하여 당신의 건강 상태를 측정하세요.

병력
당신은 경험했었다:
___ 심장마비
___ 심장 수술
___ 심장도자법(심장 카테터법)
___ 관상동맥 성형술(PTCA)
___ 페이스메이커/심장삽입
제세동기/심장박동 장애
___ 심장판막질환
___ 심부전
___ 심장 이식
___ 선천성 심질환

증상
___ 과로 시 심장에 불편감을 경험한 적이 있다
___ 비정상적인 호흡곤란을 경험한 적이 있다
___ 어지러움, 실신, 기절을 경험한 적이 있다
___ 발목의 부종을 경험한 적이 있다
___ 강력하거나 빠른 심박수 때문에 불쾌한 느낌을
경험한 적이 있다
___ 심장 약을 복용하고 있다

다른 건강문제
___ 당뇨병이 있다
___ 천식이나 기타 폐질환이 있다
___ 짧은 거리를 걸을 때에도 다리에 타는 듯한
쥐어짜는 통증이 있다
___ 신체활동을 제한시키는 근골격계의 문제를
가지고 있다
___ 운동의 안정성에 대한 우려가 있다
___ 처방약을 복용하고 있다
___ 임신 중이다

당신이 이 섹션에서 서술된 항목 어디에든 표시를 했다면, 운동을 시작하기 전에 의사나 적절한 건강전문가와 상담을 하세요. **의학적으로 자격을 갖춘 직원**이 있는 시설을 이용하는 것이 필요합니다.

심장혈관 위험 요인
___ 45세 이상 남성이다
___ 55세 이상 여성이다
___ 흡연을 하거나 지난 6개월 이내에 금연하였다
___ 혈압이 140/60 mmHg 이상이다
___ 혈압을 모른다
___ 혈압 약을 복용하고 있다
___ 혈액 콜레스테롤 수치가 200mg/dL^{-1} 이상이다
___ 혈중 콜레스테롤 수치를 모른다
___ 가까운 친척 중에 55세(아버지 혹은 남자형제) 이내
또는 65세(어머니 혹은 여자형제)에 심장마비이었거나
심장수술을 받은 적이 있다
___ 비활동적이다(예: 일주일에 최소 3일 동안 30분
미만의 신체활동을 한다)
___ BMI가 30kg · m^{-2} 이상이다
___ 당뇨병 전 단계이다
___ 당뇨병 전 단계인지 모른다

만일 이 항목 중 2개 이상 표시를 했다면 운동에 들어가기 전 의사나 적절한 건강관리 전문가와 상담을 하세요. **전문적으로 자격을 갖춘 직원**이 있는 시설을 이용하는 것이 필요합니다.

___ 위의 어느 항목에도 속하지 않는다

당신은 의사나 적절한 건강관리 전문가와 상담 없이도 안전하게 운동을 할 수 있습니다. 자기 주도의 운동이나 자기가 필요한 어느 시설에서도 운동할 수 있습니다.

[a]전문적으로 자격을 갖춘 직원은 부록 D에 정의된 자격 증명에 상응하는 학문적, 실용적이고 임상적인 지식, 기술 및 능력을 보유한 적절하게 훈련된 개인을 말합니다.

그림 2.4 미국심장협회/미국스포츠의학회 건강/체력 시설 참여 전 사전검사 설문지. 복합적인 심혈관계 질환 위험 요인이 있는 개인은 훌륭한 의료 서비스의 일환으로 격렬한 강도의 운동 프로그램을 시작하기 전에 의사와 상담해야 하며, 어떤 운동 강도의 프로그램이든 점진적으로 진행해야 한다. ACSM, 미국스포츠의학회; AHA, 미국심장협회; CVD, 심혈관계 질환; PTCA, 관상동맥 성형술. *ACSM's Guidelines for Exercise Testing and Prescription*. 9th ed. Baltimore (MD): Lippincott Williams and Wilkins; 2014; modified from American College of Sports Medicine Position Stand, American Heart Association. Recommendations for cardiovascular screening, staffing, and emergency policies at health/fitness facilities. *Med Sci Sports Exerc*. 1998;20(6):1009-18.

계속

실습 도구상자 2.1 (계속)

운동검사를 위한 사전 동의서

1. **검사의 목적과 설명**
   귀하는 사이클 에르고미터 또는 모터 구동식 트레드밀에서 운동검사를 수행할 것입니다. 운동 강도는 낮은 수준에서 시작하여 귀하의 체력수준에 따라 단계적으로 진행될 것입니다. 피로의 징후 또는 심박수, 심전도, 혈압의 변화, 당신이 경험하는 증상들에 따라 언제든지 검사를 중단할 수 있습니다. 당신이 피로감이나 어떠한 불편함이든 느껴진다면 당신이 원할 때에 검사를 중단할 수 있다는 것을 아는 것이 중요합니다.

2. **수반되는 위험과 불편함**
   검사 중에 특정한 변화가 발생할 가능성이 있습니다. 여기에는 비정상적인 혈압; 기절; 불규칙하고, 빠르거나 느린 심장 리듬; 드문 경우이지만 심장 마비, 뇌졸중, 사망 등이 포함됩니다. 검사 중 당신의 건강 및 체력과 관련된 사전 정보들을 평가하고 주의 깊게 관찰하여 이러한 위험들을 최소화하기 위해 모든 노력을 기울일 것입니다. 발생할 수 있는 비정상정적인 상황을 처리할 수 있도록 비상 장치와 훈련된 사람이 필요합니다.

3. **참여자의 책임감**
   귀하의 건강 상태 또는 이전에 심장과 관련된 증상들(예: 저강도 활동에서의 호흡 곤란; 통증; 압박; 조임; 가슴, 목, 턱, 등, 팔의 묵직함)과 관련된 증상을 동반한 신체활동에 대한 정보는 당신의 운동 검사의 안전에 영향을 줄 수 있습니다. 운동 검사 중에 어떠한 불편감이든 즉시 알려주는 것이 매우 중요합니다. 당신은 당신의 병력뿐만 아니라 검사 중 발생할 수 있는 수 있는 증상들에 대해 완전히 공개할 책임이 있습니다. 또한 최근에 복용한 모든 약(처방받지 않은 약 포함), 특히 검사 당일에 복용한 약물을 검사하는 사람에게 알려주어야 합니다.

4. **기대되는 이점**
   운동 검사에서 얻은 결과는 질병 진단, 약물의 효과 평가, 또는 위험도가 낮은 신체활동의 유형을 평가하는 데 도움이 될 수 있습니다.

5. **문의**
   운동 검사의 절차 또는 검사 결과에 대해서 어떠한 질문이든 물어보셔도 됩니다. 우려되는 점이나 궁금한 점이 있으면 추가 설명을 요청하세요.

6. **의료 기록의 사용**
   운동 검사 중에 얻어진 정보는 1996년에 제정된 미국 건강보험 양도 및 책임에 관한 법에 의해 보호되며, 누설되지 않습니다. 귀하의 서면 동의 없이 진료 의사를 제외한 다른 개인에게 공개되어서는 안 됩니다. 그러나 얻어진 정보는 귀하의 개인정보 보호 권한을 유지한 상태에서 통계 분석 또는 연구 목적으로 사용될 수 있습니다.

7. **동의의 자유**
   본인은 운동 능력과 심혈관계 건강 상태를 판단하기 위해 자발적으로 운동 검사에 참여하는 것을 동의합니다. 운동 검사를 수행할 수 있도록 하는 본인의 허락은 자발적입니다. 본인이 원하는 경우에 언제든 검사를 중단할 수 있다는 것을 이해했습니다.

본인은 이 양식을 읽었으며, 수행할 검사 절차와 감수해야 할 위험과 불편을 이해했습니다. 위험과 불편함을 인지하였으며 의문사항에 대하여 질문할 수 있는 기회를 통해 만족할만한 대답을 받았으므로 본인은 이 검사에 참여하는 것을 동의합니다.

일시	환자 서명
일시	보호자 서명
일시	의사 혹은 대리인 서명

그림 2.5 증상 제한 운동 검사를 위한 사전 동의서 양식. 미국스포츠의학회의 허가를 받아 재인쇄되었다. ACSM's Guidelines for Exercise Testing and Prescription. 9th ed. Baltimore (MD): Lippincott Williams and Wilkins; 2014.

신체활동 준비도 설문지(PAR-Q)

그림 2.3의 PAR-Q(22,23)는 운동과 관련된 건강 문제를 증가시키는 요인들을 식별할 수 있는 일반적인 선별 도구이다. 자기 기입식 설문지 또는 전문가의 도움을 받아 평가를 수행할 수 있다. 질문은 "예" 또는 "아니오"로 답변할 수 있다. 때로는 "모르겠습니다" 또는 "기억나지 않습니다"가 답변 옵션으로 제공된다. 설문지는 제공된 답변에 즉시 피드백을 제공한다. 만약 개인이 어떤 항목에 "예"라고 답변하면, 그들은 운동 프로그램을 시작하기 전에 반드시 의사를 만나야 한다.

건강 기록 설문지(HHQ)

PAR-Q와 마찬가지로 HHQ(15)는 신체활동을 시작하기 전에 위험요인을 선별하는 도구이다. 그러나 HHQ는 훨씬 더 상세하다. 절 I; "I. 신체활동 선별 질문"의 처음 7개 항목은 다음과 같은 위험요인을 평가한다.

- "당신이 신체활동 프로그램에 참여하지 말아야 할 이유를 알고 있습니까?"

절 II: "II. 일반적인 건강 이력 질문"에서 10가지 추가 질문이 뇌졸중, 당뇨병, 천식, 정형외과 질환, 고혈압, 요통, 임신과 같은 의학적 상태를 평가한다. 또한 HHQ는 신체활동 루틴, 약물을 즉시 평가한다.

- "당신은 현재 일주일에 1시간 이상 운동을 하고 있습니까? 만약 예 라고 답변했다면, 당신의 활동에 대해서 설명하십시오."
- "당신은 현재 신체활동을 안전하게 수행하는 능력에 영향을 줄 수 있는 약물을 복용하고 있습니까?"

HHQ에서 인터뷰를 한 사람을 감독하는 전문가가 피드백을 제공해야 한다. 따라서 전문가는 약을 복용하는 당뇨병 환자와 같은 위험요인이 나타날 때의 정보를 반드시 알고 있어야 한다. 이러한 상황에서 개인은 부작용이 발생하지 않도록 약물(치료)과 신체활동을 동기화시키기 위해 의사로부터 조언을 받아야 한다. 위험요인 또는 질병의 경우, 전문가는 의료 허가를 위해 의사와 상의해야 한다. 건강을 평가하기 위한 객관적인 측정은 표 2.5에 설명되어 있다. 이러한 측정은 건강의 객관적인 지표(18)로 사용 및 검증되었다. 예를 들어, 사례 2.3을 고려한다.

표 2.5 건강을 평가하기 위한 객관적인 측정의 예시

측정	검사 및 필요한 장비
허리-엉덩이 비율, 복부 둘레	줄자
신체질량지수, 체지방	(표준) 체중계, 줄자
안정시 심박수, 혈압	혈압 측정 장비
악력	악력계
자세 안정성	지면반력기, 초시계
폐 용적	폐활량계

사례 2.3

R 교수는 60세가 넘었으며 잦은 요통으로 고통으로 받고 있다. 그는 특정 신체 훈련이 그의 허리에 도움이 된다는 것을 알고 있다. 과거에 근력 트레이닝이 그의 요통과 전반적인 건강 상태를 개선시키는 경험을 한 적이 있음에도 불구하고 대학교 레크리에이션 센터에서 제공하는 훈련에 참여하는 것이 염려된다. 그는 자신이 너무 나이가 많다고 느끼며, 젊은 동료들이 수업에 참여하고 자신이 하는 것보다 훨씬 더 잘 할 것이라고 생각한다. 지금까지 그는 지역 스포츠클럽에 참여하거나 물리치료사가 그에게 보여준 운동을 수행하지 못하였다. 그는 캠퍼스에 저항성 운동기구와 개인 트레이너가 있는 잘 갖추어진 피트니스 센터가 생기면, 그 즉시 기꺼이 운동을 시작할 것이다. 이것은 실현되었고, R 교수는 센터로 곧장 걸어가고 있다.

개인 트레이너가 R 교수를 만났다. R 교수에 대해서 그가 알아야 하는 것은 무엇인가? 그는 R 교수에게 무엇을, 그리고 어떻게 물어보아야 하는가?

핵심정리

일반적인 신체활동 권장사항을 충족시키기 위해 의학적 상태와 금기사항을 평가하는 것은 운동 중 위험을 예방하는 중요한 단계이다. 전문가가 고객에게 조언할 수 있는 다양한 평가 도구들이 존재한다. 게다가 이러한 도구들은 개인이 자신의 도전(challenges)을 평가하는 데 도움을 주며, 그들은 의사에게 말해야 하는지 여부를 간단하게 결정할 수 있다. 이러한 접근방법은 신체 운동을 안전하게 하도록 하고, 부상 또는 나쁜 경험을 예방할 수 있으며, 프로그램 안에서 전문가들의 업무 수행과 유지 보수 향상을 지원할 수 있다.

신체활동 진단

개념 요약

신체활동 행동은 매우 다양한 수준에서 수행된다: 저, 중, 고강도. 누군가에게 적절한 수준은 어느 정도이고 일반적인 권장수준은 무엇인가? 신체활동을 위한 일반적 가이드라인을 살펴보면, ACSM(3)에서는 건강 유익을 위해서는 30분간 중강도의 유산소 신체활동을 주 5일(혹은 20분간의 유산소 신체활동을 주 3일) 수행하면서 보충적으로 2일간의 근력운동을 권장한다. 신체활동은 10분 단위로 일상의 한 부분으로 수행되거나 스포츠 프로그램으로 통합될 수 있다. 권고내용은 참가자의 체중과 참가 목적에 따라 다르다(**표 2.6**). 이러한 권고사항은 2008 신체활동 가이드라인과 유사하다(4,8,13).

따라서 신체활동 참여 목적, 개인이 수행한 신체활동 강도 수준(중강도 혹은 고강도 활동이어야 한다) 그리고 주당 권고량의 달성 여부를 평가하는 것은 중요하다. 이 장의 "평가 모드" 부분에 요약된 바와 같이, 이는 관찰(예: 참석률 조사)에 의해서, 객관적 측정(예보수계), 직접 질문(즉, 주관적 측정/인지)에 의해 측정할 수 있다. 그 이하 절에서도 개인 단위의 행동 측정을 위한 평가도구의 사례를 제시하고 있다. 다음의 참고자료는 평가 도구의 좋은 사례를 제공하고 있다: Godin 여가형 운동 설문지(9)와 수정판 Godin 여가형 운동 설문지(9,17) 그 밖의 사례들은 표 2.7에 기술되어 있다.

신체활동 행동을 유사한 방식으로 평가하는 타당성 있는 다른 설문지도 존재한다(16). 설문 결과 혹은 설문지를 통해 얻어낸 정보는 우리가 실제 무엇을 수행하는지와 개선을 위한 옵션이 어디에 있는지 알고 있을 때 중재 개발을 위한 유용한 정보로 제공될 수 있다(유사 도구 목록은 참고문헌 16, 표 2.7과 참고문헌 목록의 웹자료를 참고하라).

표 2.6 ACSM의 체중감소와 증가방지를 위한 권고사항(4,8)

중강도 운동의 수행 목적	내용
과체중 예방(BMI 25 이상)	주당 150~250분 운동
운동에 의한 체중감소	주당 300분 이상 운동
감소된 체중 유지	주당 250분 이상 운동

표 2.7 신체활동 측정의 개요

설문지명(참고)	분야	항목수/설문시간
고딘 여가 시간 운동 설문(GLTEQ)	여가, 스포츠	3항목, 2~5분
Baecke 설문(BAECKE)	직업, 여가, 스포츠	16항목, 12~15분
국제신체활동 설문(IPAQ long version)	직업, 여가, 가사와 정원작업, 스포츠	27항목, 15~20분
국제신체활동 설문(IPAQ short version)	직업, 여가, 가사와 정원작업, 스포츠	7항목, 5~7분

출처: https://sites.google.com/site/theipaq/

표 2.8 신체활동 강도 측정 설명

강도	내용/사례
고강도 신체활동	빠른 심박동, 땀 흘림(발한)
중강도 신체활동	지치지 않음, 가벼운 땀 흘림
저강도 신체활동	최소한의 노력, 땀 흘림 없음

신체활동 수준

고딘(Godin) 여가 시간 운동 설문; GLTEQ(표 2.8 참조)를 이용하여 지난 1개월간 수행된 행동의 양을 측정할 수 있다. 행동은 신체활동의 노력을 기준으로 측정된다. 고객은 (a) 주당 수행횟수와 (b) 수행 횟수당 평균 시간을 기록해야 한다.

3개 활동 범주 각각의 결과는 활동 빈도와 시간의 곱으로 집계될 수 있다. 3개 강도 수준별 혹은 3개 강도가 합산되어 집계될 수 있다: 고강도와 중강도 활동 혹은 고강도, 중강도 그리고 저강도 활동. 동시에, 3가지 활동은 단일 지표로 이용되기도 한다. 결과적으로 대략적인 에너지 소비량이 도출된다. GLTEQ의 단점은 신체활동의 다른 영역을 고려하지 못한다는 것이다. 신체활동은 운동 영역에 의해서만 설명될 수 없기 때문이다(그림 2.6).

신체활동 영역과 구성요소

신체활동이 '계획된 운동'에서만 수행되는 것은 아니기 때문에 활동의 영역을 고려해야 할 필요가 있다: 중재가 특정한 하부 영역을 대상(목표)으로 한다면, 이러한 하부 영역도 광범위하게 평가되어야만 한다(그림 2.6). 이 평가는 다음 절에서 제시된 4가지 신체활동 영역을 고려한 평정 척도로 행동을 측정함으로써 수행된다.

세부 신체활동 영역과 상호관계

만약 행동의 변인(variance)을 설명하는 것이 목표라면, 세부 영역별 신체활동(예: 운동 대 통근 활동)은 영역 특정 변인에 의해 보다 쉽게 영향을 받는다. 예를 들어, 신체활동에 영향을 미치는 영역 특정 변인은 '자기효능감'이다. 자기효능감은 다음과 같은 방법으로 비교할 수 있다: 체력증진 활동을 수행하게 하는 '자기효능감' 대 직장 통근을 유도하는 '자기효능감', 혹은 (새로운) 행동을 시작하는 데 중요한 '동기부여 자기효능감'과 행동 유지에 효과적인 '자발적 자기효능감'(이 장의 "개인의 특성 평가" 절 참조). 운동과 같이 구조적 특성을 가진 특정 신체활동과 달리, 비구조적인 일반적 신체활동(예를 들어, 통근과 가사활동을 포함하는)의 경우, 특정 변인이 행동의 차이(원인)를 잘 설명하지 못한다.

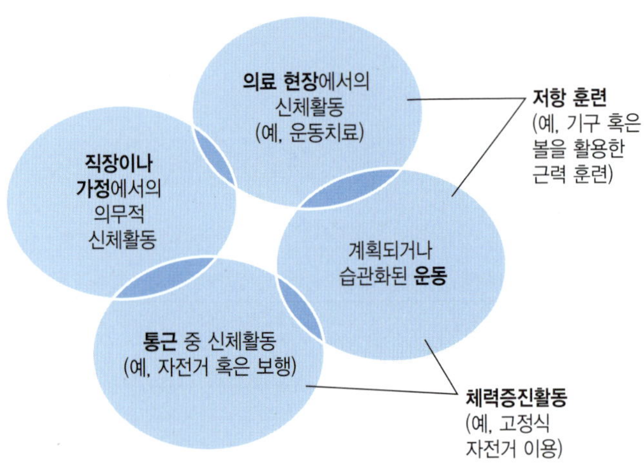

그림 2.6. 신체활동의 영역과 구성요인(중복 가능),(주의 : 직장과 가정에서의 의무적 신체활동은 일반적인 중재 대상이 아님)

고객에게 권고되는 신체활동은 (개인의 특성에 따라) 적절하게 조정되어야 한다. ACSM에서는 노인과 만성질환자를 위한 구체적인 운동 권장내용을 제공하고 있다(13).

예를 들어, 심장질환을 가진 고객의 경우 권장되는 주당 목표는 3회*40분이다. 고객은 다음의 옵션 중 하나를 표시하여 각 행동 영역별 빈도와 시간을 제시할 수 있다: "40분간 주 1회 미만"(1), "40분간 최소 주 1회"(2), "40분간 최소 주 3회"(3), "40분간 주 3회 이상"(4). 질문에 대한 답변은 예를 들어 고객이 '최소 권장사항 활동 수준을 수행했는지(1)', 혹은 '수행하지 못했는지(0)'의 이행 여부를 이분법적 방식으로 범주화(분류)할 수 있다. 또 다른 방식인 리커트 척도는 개선 가능성뿐만 아니라 개인에 대한 더 많은 정보를 제공한다.

이전 절에서 언급한 두 가지 측정방법(4 혹은 2 답변 조건)은 주로 다음의 내용을 파악한다:

- 여가형 신체활동으로 인한 주당 신체활동 빈도와
- 통근으로 인한 주당 활동적 통근 빈도

그러나 또 다른 두 가지 측면이 고려될 수 있다. 여기에는 다음과 같은 고려사항(내용)이 포함된다:

- 직장 업무로 인한 주당 신체활동 빈도와
- 가사와 정원 작업으로 인한 주당 신체활동 빈도

이러한 활동 영역 조사를 위해서 설문지에는 다음의 질문들이 포함될 수 있다:
" 나는 지난 4주간 ...."

- ".... 특정한 신체활동과 스포츠(예: 스포츠 센터에서, 축구 경기)를 수행하였다"
- "..... 직장에서 신체활동(예: 무거운 짐 운반, 먼 거리 이동)을 수행하였다."
- " ..... 통근을 위한 신체활동(예: 차 대신 자전거를 이용)을 수행하였다."
- "..... 일상의 집안 일로 인한 신체활동(예: 육체적 간병, 정원 작업, 계단 오르기, 잔디 깎기, 청소기 이용)을 수행하였다.

질문 항목에 대한 답변은 리커트 척도(동의 수준 표시) 혹은 시간(분)이나 빈도(주당 횟수)를 기록하도록 한다. 위의 질문들은 관찰(신체활동 행동의 모니터링)로도 확인할 수 있다. 사례 2.4를 살펴보도록 하자.

사례 2.4

대학에 고용된 정원사들은 캠퍼스를 정갈하게 관리하고 있다. 그들은 잔디, 나무, 관목을 관리한다; 잡풀을 정리하고; 꽃을 키운다. 일부 정원사는 잔디 깎기 기계로 작업하고, 작은 전동차량을 통해 퇴비를 운반한다. 그들은 무거운 정원 청소기와 나무 심기 장비와 그 밖에 땅 파기와 절단 장비를 이용하여 작업을 수행한다.

모든 정원사들이 레크레이션(헬스) 센터 가입을 제안받지만, 센타에서 운동하는 것에 관심있는 정원사는 거의 없다. 우리는 어떻게 이들의 직업형과 여가형 신체활동 수준을 평가할 수 있을까? 그들에게 레크레이션 센터에서 운동하도록 장려해야 할까? 장려해야 한다면, 어떻게 장려해야 하나?

핵심정리

신체활동 유형에 대한 이해는 고객의 적절한 운동 계획 수립 능력 향상에 매우 중요하다. 신체활동은 다양한 생활터에서 수행되고 매우 다양한 요인의 조합으로 구성되어 있다. 이러한 요인을 적절하게 파악하고, 개인이 권장량을 충족하는지 여부를 평가하기 위해서는 질문지와 인터뷰를 통해 활동의 다양한 요인을 조사할 수 있어야 한다. 이러한 질문은 관찰(모니터링)로 이어질 수 있다. 또 다른 방식으로는 보수계와 같은 객관적 측정방법이 신체활동 수준을 평가하기 위하여 사용될 수 있다. 다양한 측정방법이 행동 변화 과정을 추적하는 데 유용하게 제공될 수 있다.

- 행동(그 밖의 특성) 측정을 위한 척도(4).
- 건강관련 연구를 위한 신체활동 설문지 수집(16).

고객의 동기(부여) 수준 평가

개념 요약

인간의 행동과 그 진행 과정에 대해 보다 많은 것을 알고 싶다면 사람의 머리에서 정확하게 어떤 일이 일어나는지에 대해 더 많이 알아야 한다:

- 보다 활동적이 되도록, 혹은 활동을 유지하기 위한 동기가 부여되어 있는가?
- 운동 행동을 증가시키려는 의도가 있는가?

인간의 행동을 변화시키는 원인을 이해하려면 신체적으로 활동이 되거나 유지하도록 만드는 욕구를 이해할 수 있어야 한다. 이러한 특정한 탐구활동(요구)을 "동기부여"라 한다. 사람들은 권장된 신체활동을 수행하기 위해 동기부여되곤 하는데, 이는 실제로 행동을 선택하기 위한 중요한 전제조건이다. 동기부여 수준이 부족하게 되면, 행동 변화가 나타날 가능성은 거의 없다. 따라서 행동(변화)을 위한 "준비"에 대한 더 많은 지식을 확보하는 것이 필수적이다: 실제로 행동 변화와 얼마나 근접해 있는가, 혹은 얼마나 행동이 습관화되었는가.

근거

"변화 준비도(readiness to change)"란 전형적으로 행동과 중재 이상의 것을 파악하는 데 사용되는 용어이다. 또한 "변화단계"로 알려진 "변화 준비도"는 행동 변화와 심리적 선행요인의 측정 가능한 지표로 정의된다. 행동은 의도 평가에 의해 측정이 가능한데, 사람들은 이러한 행동을 변화시키고자 하는 의도가 없을 수 있다. 우리는 이전에 기술된 바 있는 행동(평가)도구에 의해 권장 수준의 행동을 수행하는지 여부를 판별할 수 있다. 그러나 심리적 특성에 대해 알기 원한다면 추가적인 측정이 필요하다: 사람들은 신체활동을 습관적으로 수행하고 있는가 – 즉, 그들은 과거 오랜 기간 동안 운동하고 있었는가? 그들은 어느 때라도 운동을 중단할 위험성을 지니고 있는가? 습관화 측정을 위해서는 다음과 같은 특별한 질문이 이용된다. "활동적이 되는데 얼마나 어려운가?" "나는 많은 고민 없이 습관적으로 운동한다." 혹은 "당신은 현재의 습관화된 신체활동을 얼마나 유지했는가?" 신체활동 단계 측정의 주요한 장점은 하나의 측정도구로 행동, 의도 그리고 습관을 통합하여 평가할 수 있다는 것이다.

동기/의도(Motivation/Intention)

행동을 수행하려는 의도는 행동 자체와 유사한 방법으로 평가하여야 한다(표 2.8). 행동 의도는 다음의 3가지 항목으로 평가한다.

"나는 (아래의) .... 활동들을 30분간 최소 5일 수행할 의도를 가지고 있다".

- 고강도 신체활동(심장이 빠르게 뛰고, 땀이 흐를 정도)
- 중강도 신체활동(지치지 않고, 가볍게 땀이 날 정도)
- 저강도 신체활동(최소한의 노력으로, 땀이 나지 않을 정도)

답변은 "전혀 그렇지 않다(1)"에서 "반드시 그렇다(6)"까지 6 척도로 평가된다.

의도는 근무시간 이외의 신체활동과 관련되어 있으며, 최소 중강도 이상까지 수행되어야 한다. 고객은 운동하고자 하는 빈도와 시간이 얼마인지 표시할 수 있다(이전 참조). 심장(정형외과)질환을 가진 고객이 최소한 권장된 신체활동을 40분간, 최소 주당 3(2)회 수행할 의도가 있다(1) 혹은 없다(2); 혹은, 질환이 없는 사람이 최소한 권장된 신체활동을 30분간 주 5회 수행할 의도가 있다(1) 혹은 없다(0).

변화단계

단계 이론(4장 참조)에 따르면, 건강 행동 변화는 사람들을 분류할 수 있는 연속된 "단계" 범주로 구성되어 있다(14). 이와 같은 (단계) 범주는 동기부여와 신체활동 행동과 같은 심리적이고 행동적 특성을 반영하고 있다.

전통적으로 단계 평가는 시간적 단위(예: 30일; 반년)를 고려하였으나(18), 현재의 평가는 특정한 시간적 단위를 고려하지 않고 단계를 측정한다(10, 11). 개인은 다음의 내용과 같이 지난달 가지고 있던 잠재적 생각을 요구받을 수 있다.

- "당신은 30분간 최소 5일 이상 신체활동에 참여하였습니까." – "예" 와 "아니오"라고 답할 수 있다.

추가적인 질문은: "다음 한 달 동안, 30분간 주당 5일 혹은 그 이상 신체활동을 수행할 의도가 있습니까?"

이미 활동하고 있다고 답변한 사람들은 실천자(actors)로 분류된다. 활동에 참여하지는 않으나 권장된 목표 신체활동을 수행할 의도가 있는 사람은 의도(소유)자(intenders)로 표시된다. 신체활동에 참여하지 않았으며, 앞으로도 권장된 목표 신체활동을 수행할 의도가 없는 사람은 '비의도자(nonintenders)'로 분류된다. 보다 상세한 단계 평가의 사례는 표 2.3에 제시되어 있다.

평정 척도에 대한 답변을 근거로 개인은 비의도자, 의도자 혹은 실천자로 분류된다. 또한 사람들을 다음 제시된 단계(**그림 2.7** 참조)로 분류할 수 있다.

표 2.9 건강행동과정접근(HAPA)을 위한 중재 매트릭스 – 특정 단계 처치 기반

단계 군	비의도자	의도자	실천자
위험인지	x		
결과 기대	x		
자기효능감(동기부여)	x		
목표설정/의도/동기	x		
실행계획		x	x
대처 계획		x	x
사회적 지지		x	x
자기효능감(의도유지)			x

From Schwarzer R, Lippke S, Luszczynska A. Mechanisms of health behavior change in persons with chronic illness or disability: the Health Action Process Approach (HAPA). *Rehabilitation Psychology*. 2011;56(3):161–70, with permission.

1. 관심전단계(precontemplation)
2. 관심단계(contemplation)
3. 준비단계(preparation)
4. 행동단계(action)
5. 유지단계(maintenance)

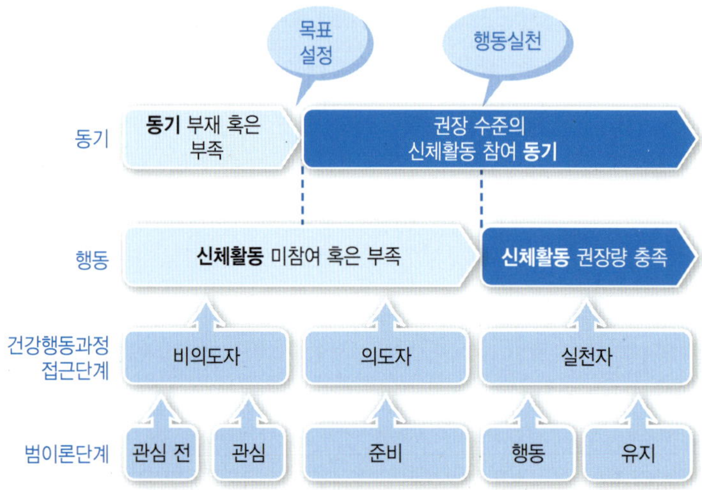

Figure 2.7. 단계별 개인의 동기부여 및 행동 HAPA = 건강행동과정 접근(Health Action Process Approach)(20); TTM= 범이론 모형(Transtheoretical Model) (19); PC=관심전(precontemplation); C=관심(contemplation); P=준비(preparation); A=행동(action); M=유지(maintenance).

사례 2.5

한 번 더 대학 사례를 생각해 보자. 이번에는 대학 구성원들이 운동에 대한 어떻게 생각하고 느끼고 있는지, 즉 운동행동에 참여하고자 하는 동기부여에 대해 더 많이 알고 싶었다. 그래서 선정된 세 사람의 행동을 이전에 기술했던 설문지를 이용하여 평가해보았다. A는 캠퍼스에서 일주일에 하루 운동을 실시하고, 더 많이 운동 프로그램을 늘려나갈 것이라고 답변하였다. B는 어떤 운동에도 참여하지 않으며, C는 최소 30분간 매일 학교 밖에서 신체활동에 참여한다고 답변하였다. 만약 권고 기준을 통해 비교해 본다면, A와 B는 모두 신체활동이 부족한 것으로 판단된다.

A와 B 간의 차이를 극복하기 위해서는 A와 B에게 운동 동기부여를 위해 무엇을 배우도록 요구해야 할까? C는 권고기준을 충족하고 있지만, (이 상태 유지를 위해) 중요한 무엇인가가 필요하지 않을까?

평가는 건강증진(이장 후반 절인 "다른 건강행동 진단" 참조)과 관련된 그 밖의 행동에도 적용될 수 있다.

필요한 정보를 통해서 중재는 단계의 심리적이고 행동적 특징에 맞게 수정될 수 있다. 이것은 단계별 특정 중재(stage-specific interventions)로 알려져 있다. 우리는 행동 자체보다는 단계 측정에 의해서 실제 행동 변화 전, 혹은 이후로의 단계 변화를 파악할 수 있다(예: '비의도단계'에서 '의도단계'로 이동할 때 의도의 발전). 우리가 행동 변화를 예측할 수 있는 변화를 추적하는 데 관심을 가지고 있다면, 이러한 변화는 중요한 의미를 가지고 있다. 만약 단계 평가가 정기적으로 수행된다면(반년마다), 평가는 단계의 전, 후 이동 여부에 대한 정보를 제공하는데, 이는 행동 측정만으로는 확인할 수 없는 결과이다(그림 2.7 참조). 이러한 변화에 대한 피드백을 공유하는 것은 단순히 규범적 기준(외부적 참고 프레임)과는 달리 자아 피드백(개인적 참고 프레임)을 위한 기회를 제공하기 때문에 개인의 동기부여를 위한 중요한 전략이 될 수 있다.

핵심정리

동기 측정 혹은 개인의 단계 평가를 한다면, 개인의 활동 시작과 유지를 위한 "준비"에 대한 통찰력을 확보할 수 있어야 한다. 의도와 동기는 행동의 중요한 결정요인이다. 단계 평가는 사람들이 어디에서 행동 변화 과정이 일어나는지 그리고 목표 행동에 얼마나 근접해 있는지를 처음 측정할 수 있는 길을 열어주는 행동적 측면을 포함하고 있다. 이러한 측정은 목표 행동을 선택하고 유지하는 데 도움을 주는 중재를 성공시킬 수 있는 기반을 제공할 수 있다.

개인의 특성 평가

근본 원칙

현존하는 건강 행동 접근 이론은 사회인지이론(SCT, 5), 계획된 행동 이론(TPB, 2) 그리고 건강행동과정접근(HAPA,20,21)이다.

HAPA는 연속적 모델(SCT와 TPB와 같이)과 변화단계를 합친 결합 모델이라는 장점이 있다. 그러나 무엇보다 이 모델은 다른 단계 이론보다 간결해서, 중재 시 단계 적용을 용이하게 해준다(21). HAPA는 단계 이동을 위해서는 특정 변인이 필수적이라는 것을 전제로 한다(**표 2.9** 참조).

다음 하부 절에서 언급되겠지만, 이러한 변인이 충분하다면 행동 변화 성공에 자원으로서의 기능을 할 수 있다. 만약 변인이 충분하지 않다면, 행동 변화 촉진을 위해서(변인을 충분히 만드는 것이) 중재의 대상이 될 수 있다.

HAPA는 행동 변화 단계를 3가지로 분류한다(무의도자, 의도자, 실천자). '의도전단계'로 알려진 행동 변화의 초기 동기부여 기간에 사람들은 실천 의도를 발달시킨다. '위험 인지(risk perception)'는 원위 선행요인(distal antecedent; 예: "나는 심혈관 질환에 걸릴 수 있다")으로 보이지만, 그 자체로는 의도 형성이나 행동 변화를 일으키기에는 충분하지 않다. 대신, 위험 인지는 관심 과정으로 이행이 가능하도록 도와주고, 잠재적 위험 행동의 결과와 역량에 대한 생각을 강화 한다. 마찬가지로, '긍정적인 결과 예측(outcome expectancy; 예: "일주일에 5번 운동한다면 심혈관 질환 위험은 감소될 것이다")'은 특정 행동 결과의 장점과 단점을 조정할 때 동기부여 단계에서 중요한 역할을 담당한다. 더욱이, 희망하고자 하는 활동을 수행하는 능력인 '자기효능감(self-efficacy)'을 신뢰해야 한다(예: TV시청의 유혹에도 불구하고 운동 일정대로 수행할 수 있다). 자기효능감은 긍정적 결과 예측과 함께 작동되며, 2개 요인 모두 의도 형성에 지속적으로 기여한다.

이러한 믿음은 규칙적인 신체활동과 같은 어려운 행동 적응을 위한 의도 형성에 필요하다. 의도 형성에 성공한다면, 다음 단계(의도단계; the intenional stage)로 진입하게 된다. 이러한 두 번째 단계는 규칙적 행동이 의지의 조절하에 있으므로 의지(volitional)라고 분류된다. 특정한 건강 행동 성향을 가진 사람으로 발전되면 "좋은 의도"는 희망하는 활동을 어떻게 수행하는지 설명하는 구체적인 지침으로 전환되어야 한다. 그러나 행동을 시작하는 것만으로는 충분하지 않다. 행동의 유지 역시 중요하다.

행동의 유지는 사회적 지지(social support)와 같은 자기조절 기술과 전략에 의해 일어난다. 사회적 지지는 자기조절 장애와 자기조절 자원(능력)으로 개념화할 수 있다. 사회적 지지의 부재는 행동을 유지하는 데 장애요인이 될 수 있으며, 반면 수단적, 감정적, 정보적 사회적 지지는 행동의 선택과 유지를 가능하게 한다. 이러한 사실은 당뇨와 같이 만성 질환을 가진 사람을 대상으로 한 다수의 운동 연구에서 보고되었다(17). 또 다른 중요한 자기 조절 요인은 행동과 대처 계획으로서, 의도를 행동으로 전환하고 잠재적 장애에도 불구하고 행동을 유지하게 만들기 때문이다. 이러한 변인들의 측정은 다음 하위 절에서 구체적으로 제시될 것이다.

위험 인지(Risk Perception)

위험 인지는 "당신은 다음의 질환을 가질 가능성이 얼마나 높을 것으로 예상합니까? (a) 심혈관 질환(협심증, 뇌졸중) 혹은 (b) 골격근계 질환(관절염, 추간판 탈출증) 어떤 건강위험이라도 이 측정에 포함될 수 있으며, 특히 고객이 관심있는 질환/건강위험이 권장된다. 답변은 "전혀 없다"(1)와 "매우 높다"(6)와 같이 리커트 척도로 얻어진다(6).

결과 기대(Outcome Expectancies)

긍정적 결과 예측(장점)과 부정적 결과 예측(단점)은 표현(질문)의 앞부분에 의해 평가된다.

- "주당 5회 이상 신체활동에 참여한다면..."

이어지는 가능성을 표현하는 두 번째 부분이 장단점을 평가한다. 장점은 다음 항목으로 측정된다.

- ".......나는 기분이 좋아질 것이다."
- ".......나는 친절한 사람들을 만날 것이다."
- ".......나의 스트레칭 능력이 향상될 것이다."

단점은 다음 항목에 의해 측정된다.

- ".......비용이 많이 소요될 것이다."
- ".......시간이 많이 소비될 것이다(예: 주간 일정을 조절하는데)."

장단점에 대한 답변은 "전혀 동의하지 않는다(1)"에서 "전적으로 동의한다(6)"까지의 6점 척도 범위를 통해 평가된다.

자기효능감(Self-Efficacy)

자기효능감은 동기부여 자기효능감과 의도적(자발적) 자기효능감으로 구분된다. 동기부여 자기효능감은 일반적으로 시작하는 데 필수적인 반면, 의도적 자기효능감은 일상을 유지하거나 복귀하는데 보다 중요하다.

동기부여 자기효능감

동기부여 자기효능감(motivatinal self-efficacy)은 1. "나는 스스로 움직여서라도 정기적으로 신체활동에 참여할 수 있을 것이라고 확신 한다" 혹은 2. "나는 어려움이 오더라도 정기적으로 신체활동에 참여할 수 있을 것이라고 확신 한다"의 2개중 하나의 질문을 통해 측정한다.

의지유지 자기효능감

의지유지 자기효능감(volitional maintenance self-efficacy)은

1. "나는 아마도 운동이 일상이 될 수 있을 때까지 시간을 내어 정기적으로 운동을 수행할 수 있다."
2. "나는 아마도 성공할 때까지 다양한 노력이 필요하더라도 운동을 정기적으로 수행할 수 있다." 의 2개의 질문 중 하나의 질문을 통해 측정된다.

회복 자기효능감(recovery self-efficacy)은 다음과 같이 설명된다. 비록 신체활동을 하고 있지 않지만 일상에서 신체활동을 다시 시작(회복)할 수 있다는 자신감, 혹은 실패 후 규칙적으로 운동

재개하고 미래에 있을 수 있는 실패를 대비하는 자신감, 마지막으로 질환을 극복하고 신체활동을 다시 시작할 수 있다는 자신감이다. 회복 자기효능감 질문 항목은 다음과 같이 제시될 수 있다. "나는 생활 중에 여러 번 탈락(실패)하더라도 일상생활에서 신체활동을 재개할 수 있는 자신감이 있다." 혹은 "나는 실패 후에도 다시 규칙적으로 운동을 재개할 수 있는 자신감이 있으며, 일어날 수 있는 실패에 대해 대비할 수 있다." 혹은 "나는 질환의 고통 속에서 자신이 나약함하다고 느껴지더라도 신체활동을 재개할 자신이 있다." 답변은 "전적으로 동의한다"에서 "전혀 동의하지 않는다"까지의 6점 척도 범주(six point scale ranging)를 활용하여 평가될 수 있다.

실행 계획과 대처 계획

실행 계획이란 의도된 행동을 실제적으로 수행하기 위한 계획이다. 대처 계획이란 장애요인이 나타났을 때 처리하는(대처하는) 전략이다.

실행 계획

실행 계획이란 '언제', '어디서', '어떻게'를 다루는 4개의 항목으로 평가될 수 있다. 항목은 다음과 같이 표현된다: "재활이후 한 달 동안, 이미....계획을 수립하였다"

(1) "....(예: 걷기)를 신체활동으로 수행....",

(2) ".... 공원에서 신체활동을 수행...",

(3) ".....어떤 요일에 신체활동을 수행....",

(4) ".....얼마나 오래 수행...." 할지이다.

답변은 "전적으로 동의한다"에서 "전혀 동의하지 않는다"까지의 6점 척도 범주(six point scale ranging)를 활용하여 평가될 수 있다.

대처 계획

대처 계획(coping planning)은 다음의 표현으로 측정된다: "나는 이미 ... 대한 구체적인 계획을 가지고 있다" 그리고 항목은

(1) "... 계획을 방해하는 요인에",

(2) ... "좌절감을 대처하는 방법에" ...

(3) "... 내 의도에 따라 행동하기 위해서 어려운 상황가운데 어떻게 행동해야 하는지..."

(4) "... 좋은 행동 기회를 잡기 위한...",

(5) ... "탈락 방지를 위한 추가 주위를 기울여야 할 경우에 대한..." 답변은 "전혀"에서 "항상"까지의 6점 척도 범주(six point scale ranging)를 활용하여 평가될 수 있다.

사회적 지지

인지적 사회 지지는 가족, 친구와 같이 다른 근원에서 유래한다. 신체활동과 관련된 사회적 지지는 10개 항목으로 평가될 수 있다. 첫 번째, 개인은 "내 가족은..."으로, 두 번째는 "내 친구는"에 이어지는 다음의 질문에 의해 평가된다.

(1) ... 계획된 활동을 수행하도록 격려해준다.

(2) ... 신체활동에 참여하도록 상기시켜준다.

사례 2.6

직원 S 씨는 새로 입주한 헬스장에서 테스트 트레이닝 초대장을 받았다. S 씨는 헬스장의 접근성과 좋은 시설 때문에 좋은 인상을 받았다. 첫 방문 전에 퍼스널 트레이닝(P.T) 과정에 참여하였다. 트레이너는 "적어도 일주일에 3번, 30분 이상 꼭 운동하세요. 그러면 체력과 건강수준이 향상될 겁니다." S 씨도 "네, 그렇게 해야죠"라고 대답했다. 그러나 실제로는 그의 업무량과 다른 활동 등을 고려했을 때 불가능할 거라고 생각했다.

첫 주 과정 동안, 그는 일주일에 3회 운동했지만, 그 후로 6주간 그는 일주일에 겨우 하루만 운동했다. 우연히 트레이너와 마주치게 되었고, 트레이너가 운동이 어떻게 진행되고 있는지 질문했다. 그는 더 많이 운동해야 하는 것을 알고 있지만 일주일에 한 번 운동을 즐기고 있다고 대답하였다. 그는 비록 바쁜 일정으로 인해 더 많은 운동을 하지 못하게 하지만, 일주일에 한 번씩 운동하는 것에 만족하고 있다.

아마도, S 씨는 신체활동을 실천과 관련된 위험과 자원에 대해 정보를 제공받고, 자신의 역량을 믿도록 훈련받았으며, 장애요인을 극복하는 방법에 대해서도 교육받았을 것이다. 이러한 옵션 중 하나가 효과가 있을 수도 있지만, 더 좋은 방법으로 고객을 지원하기 위해서는 강력한 이론이 필요하다. 이론에 근거한 접근 전략이란 고객의 문제를 이해하고, 적절하게 실행될 전략을 개발하고, 개인 훈련 외에 무엇이 진행되어야 하는지, 중재 이후 무엇을 평가해야 하는지(예: 개인 훈련 종료시점에 어떤 절차가 있어야 하는지)를 효과적으로 이해하는 것이다.

(3) ... 신체활동 구상하는데 도움을 준다.
(4) ... 집을 돌 봐 줘서 신체활동에 참여하도록 도와준다.
(5) ... 신체활동에 함께 참여한다.

또한 친구와 가족을 조합하여 하나의 단일 항목을 만들 수도 있다. 답변은 "전혀"에서 "항상"까지, 혹은 "전혀 동의하지 않는다"에서 "전적으로 동의한다"의 6점 척도 범주(six point scale ranging)를 활용하여 평가될 수 있다. 일반적으로, 고객은 설문지나 인터뷰를 통해 질문 조건이 본질적으로 공평한지 알고 있다.

핵심정리

행동과 의도를 증가시키기 위해서는 특정한 요인이 적용되어야 한다. 위험 인식과 결과 예측은 변화를 위한 동기부여에 매우 중요하다. 계획은 의도와 행동 간 교량역할을 하고 자기효능감과 사회적 지지는 행동 변화 기간 중에 핵심적 요인이다. 이상의 요인들의 수준을 측정하는 것은 매우 중요하므로, 특정 요인의 부족은 중재과정에서 해결되어야 한다.

다른 건강행동 진단

행동 평가

많은 사람들은 다양한 행동을 유발할 수 있는 일상의 목표들을 가지고 있다. 예를 들어, 어떤 사람들은 사교성 기질이 있어서 다른 사람들과 함께 운동 교실에 참여하거나, 술이나 담배를 피우는 등의 행동에 참여하곤 한다. 어떤 사람들은 살을 빼기 위해 노력하고 신체활동에 참여한다. 동시에 특정한 다이어트와 흡연을 통해 식욕을 억제하고 신진대사를 증가시킨다. 어떤 집단은 스트레스를 많이 받아서, TV 시청을 통해 해소하고 요가와 같은 특별한 신체활동에 참여하기도 하고 초콜릿을 섭취하기도 한다.

위의 언급한 모든 집단들은 모두 신체활동에 참여하지만, 활동 수행을 위한 동기부여는 모두 다르다. 세 집단 모두 건강식과 같은 건강에 유익한 행동 혹은, 흡연과 음주 혹은 TV 시청과 같은 비생산적인 행동을 보이고 있다. 최근 연구를 통해 TV를 더 많이 시청하는 사람들이 4년 이내에 체중이 증가할 수 있다고 확인되었다(하루 1시간 시청이 140g의 체중 증가; http://www.nejm.org/doi/pdf/10.1056/NEJMoa1014296).

동기부여가 다르면 행동도 다르게 나타난다. 예를 들어, 사교성 집단 X는 체력 중심적일 수 있다. 따라서 음주와 흡연은 건강을 유지하려는 그룹의 목적과 상충된다. 아마도 그들은 회사에서 흡연은 자제하지만 좌업행동을 포기할 마음은 없을 것이다.

전반적으로 신체활동 이외에 다른 행동을 고려하면 다음과 같은 도움을 받을 수 있다.

- 신체활동뿐만 아니라 특정한 건강문제까지도 포괄적으로 이해한다(그림 2.4).
- 행동이 체중감소와 같이 결과가 예상된 효과를 가져오지 못하는 이유를 이해한다.
- 사람들이 삶의 목표에 충실하는 것에 만족하고,
- 고객의 건강한 생활을 개선시킨다.

이와 같이, 다른 행동의 평가와 인정은 중요하다(그림 2.8). 이것은 다른 신체활동을 위한 의도, 혹은 행동 변화 단계와 같은 결정요인뿐만 아니라 행동의 검증을 통해 완성된다.

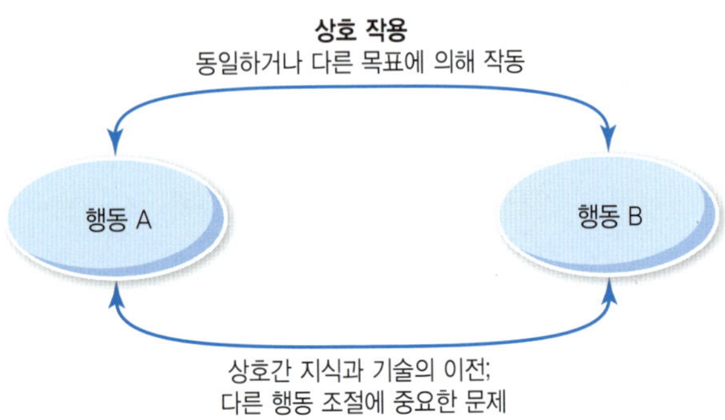

그림 2.8 행동 영역 간 상호작용

건강증진 라이프 스타일 프로파일 II(HPLP II)

HPLPⅡ는 고객이 전반적인 건강증진 생활에 참여하는 정도를 측정한다(24). 이것은 신체활동, 영양, 스트레스 관리 등 건강증진 생활의 6개의 하위 영역으로 분류되어 52개의 아이템으로 구성되어 있다. 조사대상자(응답자)는 각 행동에 얼마나 자주 참여하는지(전혀, 조금, 자주, 일상적으로)를 표시한다. 장점은 습관화된 생활습관 요인이 단일한 행동에 의해서만 평가되지 않는다는 것이다.

항목의 사례는 다음과 같다.

- "계획된 운동 프로그램을 따르라."
- "저지방, 저포화 지방과 저콜레스테롤 식단을 선택하라."
- "충분한 수면을 취하라."
- "비정상적인 증상이나 증후는 의사나 건강전문가에 알려라."
- "새로운 경험이나 도전을 알려라."(24)

자가보고 설문의 주요 장점은 매우 다양한 영역까지 다룰 수 있다는 것이다. 이러한 장점은 다수의 사전 연구에서 활용되었다. 그러나 이것이 행동을 측정하는 것인지, 혹은 태도나 희망을 측정하는 아이템인지는 아직 명확하지 않다. 따라서 다음 단락에서는 행동과 동기부여 모두를 포함시키면서도, 아이템은 매우 적은 '단계 평가(stage assessment)'를 통해서 다른 행동을 쉽게 측정하는 방법을 기술하였다(그림 2.7과 표 2.3 참조).

식이와 식습관

과일과 채소 섭취단계와 관련된 질문은 "지난 한 주간 무엇을 섭취했는지 기억해 주세요. 당신은 하루에 과일과 채소를 5번(portions) 섭취했나요?" 동시에 혹은 추가적으로, 균형 있는 식사단계(balanced diet stage)는 지침을 통해 측정된다. "당신은 평소에 균형 있는 식사를 하였는가?" 균형 있는 식사는 과일이나 채소 이외에 다양한 요소들로 구성된다. 5개 요소는 다음과 같다:

1. 전체 칼로리량 선택과 적절한 조정
2. 충분한 곡물과 감자
3. 적절량의 육류와 육류 제품 그리고 계란
4. 지방과 지방산 음식 섭취 감소
5. 당분과 소금 섭취의 제한

더욱이, 건강 음수단계(healthy drinking stage)는 "평소 섭취하던 음료를 생각해 보세요. 당신은 하루에 무알코올, 무카페인 음료(물, 주스, 과일 허브 차)를 1.5리터 섭취하였는가?

"모든 행동은 단계로 평가된다(12; 그림 2.7, 표 2.3). 고객은 "섭취하지 않으며, 섭취할 의도도 없다"(관심전단계, PC), "섭취하지 않으나, 시작을 고려하고 있다"(관심단계, C), "섭취하지 않으나, 시작할 의도를 진지하게 고려중이다"(준비단계, P), "짧은 기간 섭취하고 있다"(행동단계, A), "긴 기간 동안 섭취하고 있다"(유지단계, M)의 답변 조건을 가진 평정 척도로 답변할 수 있다. (그림 2.7과 표 2.3 참조)

흡연

흡연은 표준 질문(standard question)을 통해 평가된다: "네/아니오"로 답할 수 있는 "당신은 흡연자입니까?" 흡연자에게 하루 흡연량을 질문할 수 있다. 고객이 "당신은 현재 흡연자입니까?"에 대한 답변을 "아니로"라고 했다면, "당신은 흡연 경력이 있습니까?"라고 묻고, "예/아니오"로 답변을 들을 수 있다. 이상의 2가지 질문에 대한 답변을 통해 '흡연자', '흡연경력자' 그리고 '비흡연자'로 구분할 수 있다.

동시에 질문자가 직접적으로 질문하고 가장 적절한 상태를 고르도록 한다.

사례 2.7

비만한 대학생 Y 양은 학교 헬스장을 이용하고, 체중을 감소하고 싶어 한다. 그녀는 정기적인 신체활동을 포함한 다양한 전략을 활용한다. 그녀는 정기적으로 운동하고 있으나, 체중감량이 가시적(효과적)이지 않다. 운동 지도자는 그녀가 하고 있는 운동 유형과 과일과 채소 그리고 감자를 포함하는 식단조절과 같은 그 밖의 생활습관 요인에 대하여 인터뷰하였다. (그 결과)Y 양은 감자에 대해 이야기할 때, 칩과 프렌치 파이와 같은 음식을 마음속으로 생각하고 있었다. Y 양은 설탕이 함유된 달콤한 음료를 정기적으로 섭취하고 있었다(고 인정하였다). 더욱이 거의 매일 6시간 미만의 수면을 취하였으며, 매일 저녁 2시간 동안 TV를 시청하였다.

(이 상황에서) 누가 Y 양이 체중을 감량시킬 수 기회를 제공할 수 있을까? 트레이닝 일정 조정이 Y 양에게 도움을 줄 수 있을까? 트레이너가 무엇을 조언(추천)할 수 있을까?

1. 정기적 흡연자
2. 비정기적 흡연자
3. 절연자
4. 비흡연자(33)

음주

음주단계는 "평소 음주를 어느 정도 하시나요? 매일 금(절)주를 하나요(매일 와인 한 잔이나 맥주 한 병 이하)?"를 통해 평가한다. 지침은 모든 행동과 동일하다. "가장 적합한 표현을 고르시오." 고객에게 다음의 답변 조건을 가지 평정 척도를 제시한다. "아니오, 그리고 금주를 시작할 의도도 없다"(관심전), "아니오, 그러나 금주를 고려하고 있다"(관심), "아니오, 그러나 금주하려고 한다"(준비), "네, 그런데 매우 금주하기 매우 힘들다"(행동), "네, 매일 금주하고 있다"(유지). (그림 2.7과 표 2.3 참조)

핵심정리

오케스트라단의 연주와 같이 신체활동과 다른 행동들은 건강 결정요소로 뿐만이 아니라 서로간의 촉진과 방해의 관점에서 상호작용 관계에 있다. 각각의 행동은 동일한 혹은 다른 목표를 추구할 수 있다. 그 밖의 심리적인 기전은 '지식의 전달' 과 하나의 행동 영역에서 다른 영역으로 전달하는 기술을 포함하고 있다: 누군가 매일 등(back)을 위해 운동하는 방법과 같이 하나의 행동 영역에서 목표를 달성하기 위한 계획 수립 방법을 숙지했다면(자기효능감과 관련하여), 이러한 기술을 버스정류장 미리 내려 통근 활동량을 증가시키는 것 같이 이러한 기술을 하나의 영역에서 다른 영역으로 적용할 수 있을 것이다(유사한 자기효능감). 사람들은 활동적 통근 혹은 금연 시도로 인한 피로가 건강한 식단 섭취가 불가능하다고 느끼게 하는 등의 다른 행동을 조절하는 데 심각한 문제를 일으킬 수 있다. 이러한 점을 감안하여 다른 행동들을 평가해야 한다.

이 장의 핵심정리

개인 요구와 특성(resources)을 잘 이해하는 것이 목적이라면 평가가 매우 중요하다. 평가를 위한 매우 다양한 조건들이 존재한다. 장점과 단점을 모두 지니고 있으므로 측정 대상과 목적을 결정하는 것이 중요하다. 더욱이, 개인 맞춤화를 위한 동기부여와 경험과 관련된 정보와 건강한 행동 증진을 위한 정보가 필요하다. 이렇게 수집된 자료를 기반으로, 효율적인 중재가 디자인, 제공되고 적용(시행)된다. 또한 적절한 측정을 기반으로 효율적인 중재가 평가된다.

참고문헌

1. Ainsworth BE, Haskell WL, Whitt MC, Irwin ML, Swartz AM, Strath SJ. Compendium of physical activities: An update of activity codes and MET intensities. *Medicine & Science in Sports & Exercise*. 2000;32(9 Suppl.):S498–504.
2. Ajzen I. The theory of planned behavior and organizational behavior. *Human Decision Processes*. 1991;50:179–211.
3. American College of Sports Medicine. *ACSM's Guidelines for Exercise Testing and Prescription*. 9th ed. Baltimore (MD): Lippincott Williams and Wilkins; 2014.
4. American College of Sports Medicine. *Exercise recommendations specifically for different health conditions* [Internet]. [cited 2009. Available from: http://www.exerciseismedicine.org/YourPrescription.htm.
5. Bandura A. Health promotion by social cognitive means. *Health Education & Behavior*. 2004;31(2):143–64.
6. Bronfenbrenner U. *The Ecology of Human Development*. Cambridge (MA): Harvard University Press; 1979.
7. Brown WJ, Bauman AE. Comparison of estimates of population levels of physical activity using two measures. *Australia and New Zealand Journal of Public Health*. 2000;24:520–5.
8. Donnelly JE, Blair SN, Jakicic JM, Manore MM, Rankin JW, Smith BK. American College of Sports Medicine Position Stand. Appropriate physical activity intervention strategies for weight loss and prevention of weight regain for adults. *Medicine & Science in Sports & Exercise*. 2009;41:459–71.
9. Godin G, Shephard RJ. A simple method to assess exercise behavior in the community. *Canadian Journal of Applied Sport Sciences*. 1985;10:141–6.
10. Lippke S, Fleig L, Pomp S, Schwarzer R. Validity of a stage algorithm for physical activity in participants recruited from orthopedic and cardiac rehabilitation clinics. *Rehabilitation Psychology*. 2010;55: 398–408.
11. Lippke S, Nigg CR, Maddock JE. Multiple behavior change clusters into health-promoting behaviors and health-risk behaviors: Theory-driven analyses in three international samples. *International Journal of Behavioral Medicine*. 2012.
12. Mozaffarian D, Hao T, Rimm EB, Willett WC, Hu FB. Changes in diet and lifestyle and long-term weight gain in women and men. *New England Journal of Medicine*. 2011;364:2392–404.
13. Nelson ME, Rejeski WJ, Blair SN, et al. Physical activity and public health in older adults: Recommendation from the American College of Sports Medicine and the American Heart Association. *Medicine and Science in Sports and Exercise*. 2007; 39(8):1435–45.
14. Nigg CR. There is more to stages of exercise than just exercise. *American College of Sports Medicine*. 2005; 33:32–5.
15. Pecoraro RE, Inui TS, Chen MS, Plorde DK, Heller JL. Validity and reliability of a self-administered health history questionnaire. *Public Health Rep*. 1979; 94(3):231–8.
16. Pereira MA, Fitzer Gerald SE, Gregg EW, et al. A collection of physical activity questionnaires for health-related research. *Medicine & Science*

in Sports & Exercise Suppl to. 1997;29(66 Suppl):S1-205.

17. *Physical activity guidelines for Americans* [Internet]. [cited 2008. Available from: http://www.health.gov/paguidelines/ & FITT dimensions].
18. Plotnikoff RC, Lippke S, Reinbold-Matthews M, et al. Assessing the validity of a stage measure on physical activity in a population-based sample of individuals with type 1 or type 2 diabetes. *Measurement in Physical Education and Exercise Science.* 2007;11(2):73–91.
19. Prochaska JO, DiClemente CC, Norcross JC. In search of how people change: Applications to addictive behaviors. *American Psychologist.* 1992;47(9): 1102–14.
20. Schwarzer R. Modeling health behavior change: How to predict and modify the adoption and maintenance of health behaviors. *Applied Psychology.* 2008;57:1–29.
21. Schwarzer R, Lippke S, Luszczynska A. Mechanisms of health behavior change in persons with chronic illness or disability: the Health Action Process Approach (HAPA). *Rehabilitation Psychology.* 2011;56(3):161–70.
22. Shephard RJ. PAR-Q, Canadian home fitness test and exercise screening alternatives. *Sports Medicine.* 1988;5(3):185–95.
23. Thomas S, Reading J, Shephard RJ. Revision of the Physical Activity Readiness Questionnaire (PAR-Q). *Canadian Journal of Sport Sciences.* 1992; 17(4):338–45.
24. Walker SN, Sechrist KR, Pender NJ. The health-promoting lifestyle profile: development and psychometric characteristics. *Nursing Research.* 1987; 36:76–81. Tool available at: http://www.unmc.edu/nursing/docs/English_HPLPII.pdf

웹 자료

BRFSS as an alternative questionnaire [Internet]. Available from: http://www.cdc.gov/brfss/questionnaires/english.htm.

Different validated scales to measure behavior and guide how to select a measurement [Internet]. Available from: http://toolkit.s24.net/physical-activity-assessment/.

Physical activity resource center for public health: Database of physical activity measures from (University of Pittsburg) [Internet]. Available from: http://www.parcph.org/assess.aspx.

Scales to measure different social-cognitive variables [Internet]. Available from: http://www.gesundheitsrisiko.de/docs/RACKEnglish.pdf.

Scales to measure self-efficacy, barriers, perceived severity, perceived vulnerability [Internet]. Available from: http://dccps.cancer.gov/brp/constructs/.

Scales to measure social support [Internet]. Available from: http://userpage.fu-berlin.de/~health/soc_e.htm..

Schwarzer, R et al. Assessment and analysis of variables [Internet] [cited 2003. Available from: http://web.fu-berlin.de/gesund/hapa_web.pdf.]

CHAPTER 3

신체활동 증진을 위한 기술 함양

Ryan E. Rhodes and Kristina Kowalski

개념 이해

신체활동에 영향을 미치는 요인에 대한 연구결과는 지난 20년간 많은 변화가 있었다(116). 초기에는 개인수준의 요인에 관심이 집중되어 신체활동을 활발하게 하는 사람과 그렇지 않은 사람들의 이유를 설명하는데 대부분의 관심이 집중되었다. 개인적인 책임, 동기유발, 자기훈련의 영역에서 이유를 찾고자 하였다. 이후에 신체활동을 이해하고자 하는 관심은 생태학적 모형으로 옮겨갔다(129). 개인, 사회, 환경 그리고 정책적 요인들이 신체활동의 참여에 영향을 미친다는 것이다. 이러한 접근방식이 신체활동을 명확하게 이해하는 데 도움이 되었지만 개인적 책임의 중요성에 대한 관심은 감소되지 않고 있다. 확실히 개인은 신체활동의 참여여부를 결정하는 데 많은 작용을 한다. 대부분의 선진국은 운동장비와 시설에 대한 환경적 접근성이 매우 높다(27,42). 신체활동의 이득에 대한 사회적 규범은 모든 연령에서 매우 긍정적이다(56,130,133). 사실 개인의 동기유발은 비활동적인 사람들의 중요한 장애요인으로 간주되고 있다(26).

그러므로 신체활동을 향상시키기 위해 사용할 수 있는 기술과 전략은 트레이너에게는 여전히 중요하며 고객들의 주요 관심사이다. 이 장에서는 신체활동에 대한 동기를 유발하고 유지하는 가장 필수적인 개인수준의 전략을 연구결과를 토대로 기술하고자 한다. 규칙적인 신체활동 행동을 이해하고자 활용된 개인수준의 이론에서 밝혀진 결과들을 기술하는 것으로 시작하고자 한다. 이후에 이러한 증거들을 기반으로 실무자들과 활용자들에게 동기를 향상시키고 지속시키기 위한 기술과 전략들에 대한 지침을 제공하고자 한다. 이번 장에서는 이러한 방법을 도와줄 워크시트를 활용하려고 한다. 이러한 워크시트는 실습 도구상자 3.1부터 3.6에서 찾을 수 있다. 또한 이러한 전략을 적절하게 활용하기 위한 의사결정 나무(**표 3.2**)와 이 장의 마지막에 기술된 사례를 함께 참고하기 바란다.

근거: 의도와 행동의 격차

대부분의 사람들은 새해 결심을 떠올리며 우리의 선한 의도와 행동 사이에 존재하는 격차를 쉽게 이해할 수 있다. 운동을 더 많이 하고, 더 건강한 식습관을 갖는 것은 우리가 가장 빈번하게 하는 "자기약속"이다. 그러나 사랑하는 사람들과 좋은 시간을 보내는 것, 담배를 끊는 것, 소비보다는 절약, 새로운 것을 배우는 것과 같이 개인발전에 관련된 부분들도 포함될 수 있다. 우리는 이러한 초기의 의도가 계획대로 실천되지 못한다는 것을 너무 잘 알고 있다. 신체활동 중재 프로그램의 지침이 되고 행동을 설명하는 데 활용되는 심리학/행동 이론들은 의도(intention) 개념을 포함하고 있다(12,46,90). 실제로 대부분의 이러한 이론들은 의도를 근접한 행동 결정요인으로 간주한다. 마치 새해저녁의 소망과 같이(**그림 3.1**).

보통의 개념적 정의에서 의도는 하나의 행동을 실천하고자 하는 결정으로 정의될 수 있으며, 가장 보수적인 정의에서는 행동하기 위해 필요한 동기와 조직적 계획을 의미한다(11,104). 대체로 의도는 성인에서는 신체활동에 대한 강력한 예측요인으로 입증되어 왔다(131). 명백히 의도라는 구성요소는 중요하며, 어떠한 기술 습득 또는 전략의 고려에서도, 의도에 영향을 미칠 수 있는 모든 요인들을 고려하는 것이 신중한 방안이 될 것이다. 현재 진행되는 신체활동 영역의 중재연구와 이론검증은 의도를 올바르게 이해하는 데 도움을 주었다. 따라서 이 장의 첫 부분은 어떻게 신체활동 의도를 증진시킬 수 있을까에 대한 최상의 실무 연구(the best practice)를 살펴볼 예정이다.

실습 도구상자 3.1

행동 기호 워크시트

여러분의 신체활동 능력에 대한 믿음과 태도는 활발한 신체활동을 할 수 있는지 여부에 영향을 미친다. 운동을 할 수 있다는 자신의 능력에 대한 믿음은 새로운 신체활동을 시작하는 것과 장기간 지속하는데 모두 중요한 요인이 된다.

1단계: 운동의 종류는?

지시문: 새로운 운동의 종류에 포함되는 여러분이 할 수 있는 신체활동에 대해 생각해보십시오. 여러분이 좋아하는 운동의 종류와 각 운동의 경험을 A열에 작성하십시오. 이후에 시도하고자 하는 운동의 새롭고, 흥미로운 특성을 B열에 기술하고, 마지막으로 운동에 관련된 도전의식이 필요한 특성을 C열에 작성합니다. 여러분이 하게 될 신체활동에 대해 생각해보았으니, 각 활동을 실천할 수 있는/활동에 참여할 수 있는 여러분의 능력에 대한 자신감 정도를 표시하십시오. 그리고 각 열에 있는 활동별로 이러한 활동과 관련된 여러분의 경험을 기술하십시오.

아래에 제시된 사례를 참고하십시오.

A열 선호하는 운동	B열 새롭고, 흥미로운 운동의 특성	C열 도전의식으로 해결해야 하는 운동의 특성
운동 예: 걷기 **자신감/경험:** 최고로 자신 있음. 나는 매일 개와 짧은 산책을 하고 있음.	**운동 예:** Wii Fit **자신감/경험:** 중간 정도의 자신감. 비디오 게임을 해본 적은 없지만 재미있을 것 같음.	**운동 예:** 수영 **자신감/경험:** 약간의 자신감 있음. 어린시절 수영강습을 받은 이후 수영경험이 없음. 그러나 수영클럽에 참여하면 새로운 친구를 사귈 수 있는 좋은 기회라 생각함.
운동 #1:	운동 #1:	운동 #1:
운동 #2:	운동 #2:	운동 #2:
운동 #3:	운동 #3:	운동 #3:

계속

실습 도구상자 3.1 (계속)

신체활동에 즐거움과 흥미를 느낀다면 신체활동을 지속할 가능성이 높아진다. 이전에 여러분이 제시한 활동에 대해 생각해보십시오. 각 활동의 즐거움을 증가시킬 수 있는 요인들은 무엇입니까? 어떻게 하면 운동의 즐거움을 증가시킬 수 있을까요? 다음의 표에 운동의 즐거움에 영향을 줄 수 있는 요인들을 작성해보십시오.

2단계: 운동의 즐거움과 즐거움을 강화하기 위한 전략

지시문: A열에 어디에서 운동을 할 것인지와 여러분의 집과 그 장소가 얼마나 가까운지를 작성하십시오. B열에 당신이 운동할 환경에서 즐거움을 제공하는 미적인 요인들을 기술하십시오. C열에 운동을 더 열심히 하게 할 수 있는 방안들을 작성합니다. 운동에 대한 흥미를 증가시키는, 사회적 상호작용의 기회를 제공하는, 그리고 매일의 운동 루틴에 다양성을 제공할 수 있는(예를 들어 음악을 들으면서 운동 등) 요인들을 포함하여 작성합니다.

A열 근접성	B열 심미적 특성	C열 흥미
어디에서 운동을 할 것인가? 운동할 장소는 집에서 가까운 곳인가?	장소는 운동하기에 쾌적한 장소인가?	– 더 재미있게 운동할 수 있는 방법은? – 친구, 가족 또는 다른 사람들과 함께 운동할 수 있는 방법은? – 다양성을 제공할 수 있는 방안과 내가 운동에 지속적으로 참여할 수 있는 방법은(음악 등)?
장소 #1:	요인 #1:	흥미:
장소 #2:	요인 #2:	사회적 상호작용:
장소 #3:	요인 #3:	다양성:

실습 도구상자 3.2

의사결정 균형 워크시트

행동 변화를 고려하고 있을 때 도움이 되는 전략은 여러분의 현재 행동의 이득과 비용, 행동을 변화시켰을 때의 이득과 비용에 대해 생각해보는 것입니다. 다음 표에 현재 행동의 이득과 비용, 행동을 변화시켰을 때의 이득과 비용에 대해 기록하십시오. 그리고 현재 행동과 새로운 행동의 이득과 비용을 비교하십시오. 자신에게 질문합니다: 나는 왜 행동 변화를 원하고 더 활동적이기를 원하는가? 가장 중요한 이유는 무엇인가?

1단계: 비용과 이득 분석		
	현재 행동 ______________	**행동 변화** ______________
이득		
비용		

2단계. 여러분이 작성한 의사결정 균형 워크시트를 살펴보고 자신에게 질문합니다.

1. 나는 왜 행동을 변화시키고, 더 활발한 신체활동을 하려고 하는가?

2. 행동을 변화하고자 하는 가장 중요한 이유는 무엇인가?

실습 도구상자 3.3

목표 설정 워크시트

1 단계: 목표에 대하여 생각해보십시오.

신체활동과 신체단련을 통해 여러분이 성취하고자 하는 것들에 대해 생각하십시오. 새로운 신체활동 프로그램을 통해 얻고자 하는 몇 개의 목표를 생각하고, 다음 칸에 생각나는 몇 개의 목표를 작성하십시오.

1.
2.
3.

효과적인 신체활동을 원한다면 다음과 같이 목표를 설정합니다.

1. **개인적으로 중요한 가치를 부여하고 개인적인 관심을 반영하는 목표를 설정합니다.** 좋아하거나 하고 싶은 일을 하기 위해 노력해야 합니다.
2. **도전적이면서도 성취가능한 목표를 설정합니다.** 목표는 너무 어렵지도, 너무 쉽지도 않아야 합니다.
3. **명확하고 구체적인 목표를 설정합니다.** 연구결과에 따르면 불분명한 목표는 성취가능성이 적습니다.
4. **단기, 장기 목표를 모두 설정합니다.** 단기목표들은 장기목표를 성취하는 과정이 되도록 설정합니다.

이상의 지침을 충족하는 목표를 설정하기 위해서는 SMART 원칙을 따릅니다.
SMART는 **구체적(Specific; 언제 어디서 어떻게 무엇을), 측정가능한(Measurable, 수량화가 가능한), 성취가능하고 현실적인(Achievable/Realistic, AR) 특성을 의미하며 성취기간(Time frame)**을 고려합니다.

2단계: 목표를 평가하십시오.

지시문: 위에서 작성한 목표를 살펴보고, 목표들은 SMART한지 아래의 형식을 활용하여 평가하십시오.

	목표가 구체적이고 측정가능하며, 성취가능(현실적)하고 기간설정이 되어 있는지? 이유는 무엇이며, 어떻게 개선할 것인가?
목표 1	

실습 도구상자 3.3 (계속)

	목표가 구체적이고, 측정가능하며, 성취가능(현실적)하고 기간설정이 되어 있는지? 이유는 무엇이며, 어떻게 개선할 것인가?
목표 2	
목표 3	

3단계: SMART 기법을 활용하여 여러분의 목표를 재구성하십시오.

설명문: SMART 기법을 활용하여 여러분이 설정한 목표를 수정하십시오. SMART는 **구체적(Specific; 언제 어디서 어떻게 무엇을)이고, 측정가능하며(Measurable, 수량화가 가능한), 성취가능하고 현실적인(Achievable/Realistic, AR) 특성을 의미하며 성취기간을(Time frame) 고려한다**는 점을 기억합니다. 단기적, 장기적 목표를 설정하십시오.

		단기 목표	장기 목표
목표 1	S		
	M		
	A/R		
	T		
목표 2	S		
	M		
	A/R		
	T		
목표 3	S		
	M		
	A/R		
	T		

여전히 신체활동 영역의 의도 연구는 이론적, 실용적 측면에서 개선의 필요성을 제시하며 지속적으로 발전되어 왔다. 의도가 신체활동의 강력한 예측인자이기는 하지만 신체활동의 최소한 70%는 의도로 설명되지 않는다. 의도와 행동 간의 차이 또한 현재의 이론에서 설명하고 있다. 이러한 격차의 일부는 의도의 강도가 시간의 흐름에 따라 감소하거나 증가하는 것에 기인한다. 신체활동과 행동 간 관계의 조절요인에 대한 최근 연구들은 시간적으로도 일관성을 보이는 의도가 가장 신뢰할

실습 도구상자 3.4

기획 워크시트

대부분의 사람들은 적절한 활동계획을 수립하지 못하였다는 이유로 목표를 성취하지 못한다. 목표를 어떻게 성취할지 계획을 세운 사람들은 목표를 달성할 가능성이 높다. 따라서 SMART 목표를 설정하였으면 무엇을 할지, 어떻게 할지, 어디에서 할지, 그리고 언제 할지에 대한 계획을 세워야 한다.

1단계: 활동 계획 – 운동을 할 때 무슨 운동을 어디에서, 언제 할 것인가?

지시문: A열에 계획하고 있는 구체적인 운동의 목록을 작성하십시오. B열에 운동을 할 장소를 기술하고, C열에 그 운동을 언제 할 예정인지 작성하십시오.

아래에 제시된 사례를 참고합니다.

A열 **운동 종류**	**B열** **이 활동을 어디에서 할 예정인지?**	**C열** **이 활동을 언제 할 예정인지?**
운동 예: 걷기	**어디서?:** 우리 동네의 공원	**언제?:** 월요일, 수요일, 금요일 저녁 6:00~7:00 사이
운동 #1:	어디서?	언제?
운동 #2:	어디서?	언제?
운동 #3:	어디서?	언제?

활동계획을 한 후에는 원치 않는 행동을 하게 되는 상황을 예측하고 관리하며 효과적 대처전략을 활용하여 원하는 행동의 장애요인을 극복하는 것이 중요하다. 효과적인 문제해결과 대처전략은 의도를 행동으로 전환시키는 데 필수적이며 원하는 행동(또는 활동)을 장기간 유지시키기 위해서도 중요하다.

2a 단계: 대처 계획 – 운동 장애요인과 장애요인을 극복하는 전략

일반적 지시문:

1단계 활동 계획에서 작성한 각 운동에 대하여 생각해 보십시오. 어떤 난관과 장애요인이 각 운동계획의 실천을 방해할 것인지? 어떠한 방법으로 이러한 장애요인에 성공적으로 대처할 것인지? 다음 표에 각 운동 장애요인을 극복할 전략들을 작성하십시오.

실습 도구상자 3.4 (계속)

지시문:
1. A열에 1단계: 활동 계획에서 파악된 운동/활동의 목록을 작성합니다.
2. A열에 기술된 각 활동별로, 운동 활동의 실천을 방해하는 장애요인들을 파악하여 B열에 기술하고, 운동 장애요인을 극복할 전략들을 C열에 기술하십시오. 각 활동의 수행을 방해할 주요 장애요인을 고려하여 이들을 극복할 전략들을 생각합니다.

A열 운동/활동	B열 운동 장애요인	C열 운동 장애요인을 극복하기 위한 전략
1.		
2.		
3.		

목표에 어떻게 도달할지를 결정하는 과정이 필요합니다. 목표에 도달할 수 있는 많은 방법들을 브레인스토밍을 해보십시오. 완벽한 계획을 세워야 한다고 걱정하지 말고, 대신 떠오르는 창의적인 방법들을 모두 작성해보십시오. 다음의 워크시트를 활용하여 여러 선택옵션을 제거하면서 당신에게 꼭 맞는 방법을 선택할 수 있습니다.

2b 단계: 대처 계획: 대안으로 대치

지시문: 목표를 달성하는 방법은 한 개 이상이며, 각 방법은 장점과 단점이 있습니다. 아래에 SMART 목표를 기술하고 이 목표를 달성할 수 있는 방법의 목록을 A열에 작성하십시오. B열과 C열에 각 방법의 장점과 단점의 내용을 기술하십시오. 각 방법의 장점과 단점을 비교하여 각기 등급을 부여하십시오(예를 들어, 1 = 가장 효과적, 3 = 가장 비효과적).

계속

수 있고 가장 큰 조절요인임을 제시하였다(111). 많은 사람들은 그들의 의도를 굳게 유지하지 않으며 강한 다짐도 오래 가지 못한다. 그러나 현재 이론에서 제시된 의도-행동 관계에서의 더 큰 문제점은 실험적 증거이다. Web과 Sheeran(141)은 의도와 행동 간의 관계를 연구한 47개 연구를 대상으로 실험적 증거의 메타분석 연구를 실시하였다. 이 연구결과는 의도와 신체활동 간에 연관성이 있다고 하더라도 의도의 변화가 항상 행동의 변화를 야기하는 것은 아니라는 점을 제시하였다. 이 메

실습 도구상자 3.4 (계속)

당신의 목표는?

A 선택옵션	B 장점	C 단점	D 등급
1.			
2.			
3.			

타분석은 최근 신체활동 행동만을 대상으로 재시도되었는데(112), 의도의 변화로부터 발생된 행동의 변화는 다른 건강행동에서 보다 더 작을 수 있음을 제시하였다. 이러한 연구결과는 의도만의 증가가 신체활동 행동의 증가를 야기할 것이라는 점에 상당한 의구심을 불러일으키는 것이었다.

의도–행동 관계를 사분면으로 분리시킨 최근의 연구는 부조화(discordance) 상황을 설명한다(52,122); 표 3.1 참조. 의도–행동 관계는 불균형적이다. 4개의 사분면 중 3개만이 충분한 표본의 크기를 산출한다: 신체활동의 의도가 없고 이후에 신체활동을 하지 않은 사람들(비의도자), 신체활동의 의도가 있었으나 이후에 실천하지 않은 사람들(비 성공적 의도자), 신체활동의 의도가 있었고, 이후에 의도대로 성공한 사람들(성공한 의도자)(109). 이러한 결과는 의도가 중요한 구성요소이나 그 자체만으로 행동을 설명하기에는 충분하지 않다는 점을 제시한다.

이러한 증거들로 인해, 이번 장의 후반은 바람직한 의도를 행동으로 옮기는 기술과 전략들을 주로 다루고자 한다. 최근의 몇 이론은 이론–행동의 간격을 좁힐 수 있음을 가정하고 검증하는 노력을 해왔다(53,54,98,126). 우리는 이러한 결과들을 이용하여 강한 신체활동 의도를 실제 행동으로 옮기는 최상의 방안(the best practices)을 설명하고자 한다.

실습 도구상자 3.5

운동 계약

작성한 SMART 목표에 대해 다음의 계약을 작성하여 당신이 목표달성을 위해 최선을 다할 것임을 공표합니다.

1. 목표

나의 목표는 ______________________________ 하는 것이다.

2. 성공적으로 목표에 달성하였음을 어떻게 알 수 있을까? 내가 목표를 달성하는 데 필요한 구체적이고 측정가능한 행동의 목록을 작성합니다. 또한 이 행동들을 언제 얼마나 자주 측정할지를 기술합니다.

- 이 목표를 달성하기 위해, 나는 ____________________ 을 할 것이다.
- 이 목표를 달성하기 위해, 나는 ____________________ 을 할 것이다.
- 이 목표를 달성하기 위해, 나는 ____________________ 을 할 것이다.

3. 지지 팀 또는 자원

나는 ______________________________ 의
도움을 받아 실천할 것이다.

4. 보상 및 기간

위에 제시한 목표를 ____________________ 까지 달성할 경우, 보상으로 나는
(날짜)
______________________________ 것이다.
이 계약과 목표를 향하는 나의 진행과정은 ____________________ 에
(날짜)
____
재조정될 예정이다.

5. 서명

아래의 내용에 서명함으로써, 나 ______________ 는 ______________
____
(전념하고자 하는 구체적 내용을 재 기술)
______________________________ 에 최선을 다할 것을 서약합니다.

______________________ ______________________
서명과 날짜 증인 서명과 날짜

실습 도구상자 3.6

자가-모니터링 워크시트

Journal and Tracking Log

지시문: 운동을 할 때마다, A열에는 언제 운동을 했는지(날짜와 시간), B열에는 무슨 운동을 했는지, C열에는 어디서 누구와 운동을 했는지, D열에는 기분은 어떠했는지를 작성하고, E열에는 운동을 하면서 한 중요한 코멘트 또는 관찰한 것을 작성합니다.

A 날짜와 시간	B 무엇을 했는지? (활동유형, 강도)	C 어디서 누구와?	D 기분이 어땠는지? (전, 중, 후)	E 코멘트/관찰된 것
예: 9월 23일 7:00–8:00pm	**예:** 나는 빠르게 걷기를 하였음.	**예:** 내 집 옆의 공원 주변	**예:** 일에 대해 불안감이 덜 느껴짐. 운동은 나에게 에너지를 제공해주었음.	**예:** 공원에서 boot camp에 참여하는 집단과 함께 걸음, 재미있었음. 날씨는 쾌청하였음. 날씨가 좋아 절로 웃음이 나왔음.

표 3.1 의도-행동 관계

		활동 의도 없음	활동 의도 있음
활동?	**아니오**	비의도자	성공하지 못한 의도자
	예	N/A	성공한 의도자

표 3.2 워크시트와 전략 선택을 위한 의사결정 나무

고객의 유형	활동과정 선택	유용한 워크시트	다른 유용한 전략	적절한 고객 사례
의도가 낮음/저항적	의도형성에 중점을 둠; 다음으로 목표설정과 행동계획 진행	행동기호 워크시트 (FTPT 3.1); 의사결정 균형 워크시트 (FTPT 3.2); 목표설정 워크시트 (FTPT 3.3); 계획 워크시트 (FTPT 3.4); 1단계에 중점: 활동계획	• 운동의 이득을 검토하는데 정서적 경험에 중점 • 행동수정 (우발상황관리, 강화) • 자기모니터링	이번 장 마지막에 있는 사례 3.1 참조
의도가 높음/의도의 행동 전환으로의 문제	목표설정, 활동계획, 대처계획에 중점을 둠	목표설정 워크시트 (FTPT 3.3); 계획 워크시트 (FTPT 3.4) 모든 단계에 집중	• 문제해결을 위한 IDEA 방법 • 자동화 형성 • 사회적, 환경적 지지 조성 • 자기모니터링	이번 장 마지막에 있는 사례 3.2 참조
중간정도의 의도/행동 지속의 문제	계획, 특히 대처계획에 중점; 다음으로 의도형성	계획 워크시트 (FTPT 3.4), 대부분 2a와 2b 단계에 집중; 행동기호 워크시트 (FTPT 3.1)	• 운동의 이득을 검토하는 데 정서적 경험에 중점 • 행동수정 (우발상황관리, 강화) • 행동간 갈등에 대한 고려 • 자기모니터링	이번 장 마지막에 있는 사례 3.3 참조

그림 3.1 행동의 근접 결정요인으로서의 의도

초기 의도의 함양

중재 대상자의 운동 의도와 이후에 이어지는 운동행동의 핵심적인 결정요인을 이해하는 것은 대상자가 운동에 대한 긍정적 의도의 유지를 돕는 데 필수적이다. 현재의 연구결과들은 많은 심리적 구성요소와 운동 의도 간의 유의미한 관계를 명확하게 파악하고 있다(17,66,134,136). 그러나 이러한 변수들은 대부분 여러 이론적 틀 안에서 두 개 구성요소의 다른 명칭으로 표현되고 있다. 즉, 사회인지이론(Social Cognitive Theory)에서는 자기효능감과 결과기대(outcome expectation), 범이론적 모형(the Transtheoretical Model)에서는 자기효능감과 의사결정 균형(decisional balance), 그리고 계획된 행동론(Theory of Planned Behavior)에서는 인지된 행동통제(perceived behavioral control), 태도(attitudes)로 표현된다(11). 이번 장에서는 이렇게 중복되는 운동에 대한 행동적 결정요인을 다음과 같이 두 개의 핵심 구성요소로 범주화하고자 한다: (1) 운동의 기대 결과(expected outcome of exercise)와 (2) 운동에 대한 통제력 인식(perceptions of control over exercise).

신체활동의 기대되는 결과

질병이 없는 인구집단을 대상으로 한 최근의 연구에서 신체활동을 증진시키는 가장 보편적인 접근방법은 기대되는 결과를 강화하는 것임을 밝혔다(117). 고객의 신체활동에 대한 기대감은 다양한 요인들을 나타낸다. 즉, 신체활동 참여로 인해 예상되는 결과, 신체활동과 관련된 장점과 단점(pros/cons), 신체활동 참여와 관련된 이득과 장애요인 등(46). 바람직한 결과에 개인이 가치나 중요성을 부여하는 점도 중요한 영향을 미칠 수 있다. 예를 들어, 체력의 향상을 매우 중요하게 생각한다면 그 행동을 할 가능성은 커지게 된다.

신체활동의 향상에 활용되거나 신체활동을 설명하는 대부분의 이론적 모형에는 구성요소가 있다. 예를 들어, 계획된 행동론(5)에서 한 구성요소인 태도는 신체활동의 예상되는 결과에 대한 생각을 나타낸다(예: good vs. bad). 계획된 행동론에 대한 메타분석 결과에 따르면, 태도는 운동의도에 대한 가장 강력한 예측요인이다(Symons Downs & Hausenblas, 41,60). 이것은 우리의 의도가 활발한 일상적 신체활동을 할 경우 발생될 것으로 예상되는 점에 의해 영향을 받을 수 있음을 나타낸다. 최근의 연구는 예상되는 결과가 수단적(instrumental) 또는 정서적(affective) 특성으로 구분될 수 있음을 제시한다(48,79,103,106) . 이러한 정서적 특성은 수단적 특성보다 신체활동 의도에 더 큰 영향을 미친다. 정서적으로 예상되는 결과는 특정 행동을 함으로써 얻을 것으로 예상되는 쾌감, 불쾌감, 즐거움 그리고 감정에 대한 판단을 의미한다. 반면 수단적 예상되는 결과는 신체활동에 참여함으로써 얻게 되는 비용과 이득에 대한 판단이다(79,114). 정서가 관여되지 않는 규칙적인 운동으로 얻게 되는 결과인 체력향상, 외모, 만성질환 위험 감소는 수단적인 결과에 해당한다; 반면에 운동으로부터 직접적으로 경험하게 되는 감정과 관련된 결과 즉, 즐거움, 지루함, 고통, 상쾌함, 스트레스 감소, 만족감 등은 정서적인 것들이다, 이 두 영역은 도출되는 결과와 관련해서 일반적으로 근접한(정서적) 그리고 원위적(수단적) 특성으로 구분되기도 한다(11,58). 최근의 연구결과들은 신체활동 영역에서는 정서적 태도가 수단적 태도에 비해 신체활동 의도를 더 잘 예측하는 것으로 제시한 바 있다(48,100,114).

신체활동에 대한 기대되는 결과 바꾸기

최선의 전략

기대되는 결과는 그들의 토대를 교육이나 비용–이익 계산 과정을 통한 개인의 지식 기초로부터 유도하는 것으로 생각된다. 결정적 균형(Transtheoretical Model 구조 중 하나, 96)은 결정을 하는 가중전략(weighting strategy)을 포함하는 행동 변화 전략 중 하나이다. 이것은 고객이 그들의 신체활동 행동을 변화시키는 것의 장단점을 따져보는 것을 포함하고(25,86) 신체적으로 활동적이 되는 이득과 장벽에 대한 그들의 믿음을 평가한다.

일반적으로, 새로운 행동에 참여하는 이해 득실을 따지는 것은 하나의 활동에 참여하는 초기 단계에서 특히 중요하다. 이때 개인은 신체활동에 대한 비용과 장벽을 이익보다 더 크게 인지한다. 만일 그들이 호의적인 결과를 인지한다면 행동을 시작하기 쉽다는 관점에서, 최근 보고서에 의하면, 참가자에게 신체활동에 참여하는 비용과 이점에 대한 정보를 제공하면 그렇지 않은 경우보다 신체활동에서 유의하게 큰 향상을 나타낸다(143). 만족하고 유익한 결과로 가치를 매기는 것은 단지 긍정적 결과보다 장기간 신체활동 행동을 유지하는 데 중요한 역할을 한다.

결정 균형 기록지(실습 도구상자 3.2 참조)는 하나의 도구로써 고객에게 신체활동에 대한 기대되는 결과를 변화시킬 수 있는 도움을 줄 수 있다. 특히, 결정 균형 기록지는 신체활동 행동을 받아들이는 장단점과 신체활동에 참여하는 장벽에 대한 지각을 확인하는 데 도움을 주는데 사용될 수 있다. 결정 균형 기록지(신체활동의 이점과 비용이 쓰여짐)는 운동수업 참여를 유의하게 증가시킬 수 있다(예: 62,89). 일단 이점과 장벽이 확인되면, 전략은 이점을 증가시키고 장벽을 최소화하는 목적을 두면 결정 균형이 신체활동에 우호적인 방향으로 이동될 수 있다.

신체활동 참여의 이득과 장벽을 고객과 함께 풀어나갈 때, 신체활동의 정서적 특징이 초점이 되도록 하는 것이 권장된다. 체중감소, 만성질환 위험감소, 체력과 건강증진 같은 도구적 결과에 초점을 두는 것은 고객이 신체활동을 그의 일상으로 받아들이는 것에 대하여 적은 영향을 줄 것이다. 도구적 태도가 신체활동에 미치는 영향이 적음에도 불구하고(73,117) 고객에게 규칙적 신체활동의 이점을 간략하게 교육하는 것은 적절한 하나의 시작(65,72,92)의 과정이고 일반적으로 비활동의 위험을 강조하는 것보다 일반적 접근 방법의 하나이다. 사실, 긍정적 형태(신체활동의 이점)의 메시지가 부정적 형태보다 일반적으로 더 잘 받아들여진다(65,72,92) . 신체활동의 이점을 요약한 인쇄물은 신체활동에 대한 도구적 기대결과를 변화시키는데 효과적인 것으로 알려지고 있다(68). 그러한 인쇄물의 샘플을 3장에서 찾아보라.

신체활동에 대한 고객의 기대 결과를 변화시키는 도전을 이끌어낼 때, 운동경험(즐거움, 지적자극, 상쾌한 신체상태, 정신적 건강)과 관련된 긍정적인 정서적 특징에 초점을 맞추고 고객을 도와주는 데 노력해야 한다. 정서적 태도와 신체활동 사이의 단단한 상호관계에도 불구하고, 정서적 태도의 변화에 초점을 두고 신체활동의 의도나 행동에 미치는 효과에 대한 연구는 거의 없다(83,114). 최근 몇 개의 연구에 의하면, 메시지가 없는 통제집단이나 정서적 메시지 집단(인지 메시지 집단)으로 구분되는 무작위 할당 연구에서, 정서적 메시지 집단 참가자가 다른 집단보다 많은 신체활동을 나타냈다(34). 흥미롭게도, 신체활동에 미치는 정서적 메시지 효과는 정서적 요구가 높은 집단이나 인지의 요구가 낮은 집단에서 가장 컸다. 이것은 정서나 사고에 대한 개인의 선호적 특징이 태도변화를 이끌어내는 데 중요할 수 있음을 제시한다. 게다가 청소년을 대상으로 한 최근의 연구에서, 정서적 메시지 집단이 도구적 메시지, 복합 메시지, 통제집단과 비교했을 때 신체활동이 유의하게 증가했다(124). 비록 이러한 결과의 확증과 다른 집단을 대상으로 한 추가 연구가 필요하겠지만, 정서적 기대결과를 목표로 하는 중재 방법은 비활동 개인의 신체활동에 큰 효과를 줄 수 있다.

게다가 신체활동의 스트레스 감소와 항우울에 대한 메시지를 포함하는 인쇄물은 정서적 태도와 운동행동을 변화시키는 데 효과적이다(33,92). Parrott 등에 의하면, 운동의 즐거움과 정신적 건강을 포함하는 인쇄물은 정서적 기대결과가 높은 수준을 가진 개인에게는 운동을 향상시키는데 성공적이었으나 낮은 수준의 개인에게는 효과적이지 않았다. 고객을 위한 인쇄물을 선택할 때 주의가 요구된다. 개인의 성격과 이전의 신체활동 경험은 고려되어야 한다. 신체활동의 정서적 특징(즐거움)에 초점을 맞추는 것은 운동이 즐거웠다고 생각하는 사람에게는 유용할 수 있으나 신체활동에 대한 정서적 경험이 부정적(지루함, 재미없음, 피로함)인 사람에게는 소용이 없는 접근 방법일 수 있다.

사람들에게 운동에 대한 동기를 부여함에 있어서 즐거움과 심리적 행복은 중요하다(17,19,20). 운동에 대한 긍정적 경험의 기회를 만드는 것을 통해, 사람들은 신체활동을 즐겁고 정신건강에 좋다는 재해석을 하고 기대 결과를 변화시키는 데 효과적인 수단이 된다. 운동에 대한 긍정적 경험을 만드는 두 번째 수단은 신체활동 환경을 조정하는 것이다. 연구에 의하면, 개인은 즐거운 환경에서 신체활동에 참가하는 것을 제안한다(93). 환경적 미학(aesthetics)은 신체활동(64)과 정서적 기대 결과와 관련된다(105,108). 고객을 정서적 경험(지루함, 피로)보다 환경에 초점을 맞추는 것은 정신적 분산(distraction)을 통해 운동경험을 향상시킬 수 있다. 실습 도구상자 3.1에 있는 행동 palate worksheet는 이 과제를 수행하는 데 도움이 된다.

신체활동에 대한 정서적 기대결과를 증진시키는 세 번째 수단은 새로운, 즐거운, 그리고 참여하는 운동활동을 소개하는 것이다. Rhodes와 동료들에 의하면, 상호작용하는 자전거 비디오 게임은 정서적 기대 결과에 따른 표준 운동보다 운동처방을 더 잘 준수했다(118,119). 그래서 재미있는 활동의 선택은 가장 중요하다. 실습 도구상자 3.1에 있는 행동기호 워크시트는 즐거운 행동을 선택하는 데 도움을 준다.

행동수정 전략(reinforcement control and contingency management를 포함하는)은 개인에게 활동적이 되도록 동기유발하는 추가적인 방법을 나타낸다(40). 강화조절(reinforcement control)은 긍정적 강화(긍정적인 것을 추가)와 부정적 강화(부정적인 것을 제거)를 통해 행동의 빈도를 증가시키는 것을 포함한다(25). 이 과정은 활동을 수행하는 단기간의 기대결과의 변화를 소개한다. 고객 수준에서 운동처방을 조심스럽게 구성하는 것은 고객의 즉각적인 정서적 경험을 관리하고 운동경험을 보람있는 것으로 인지하는 가능성을 증가시키는 데 있어서 중요한 고려사항이다(21). 운동강도는 운동경험에 영향을 주는 하나의 수단이 된다. 시작하는 운동강도를 선택함에 있어서 고객의 운동이력과 현재의 체력 수준을 고려해야 한다. 활동을 다시 시작하고 체력이 약한 고객에게 고강도 활동은 즐겁지 않은 것으로 자주 여겨진다(43). 운동을 받아들이는 초기단계에서, 운동의 정서적 경험은 부정적(아픔, 통증, 불편함, 피로)일 수 있다. 신체활동의 정서적 이점이 그들 자신을 강화하는 데 시간이 걸릴 수 있다. 그런 시간 사이에 보다 즉각적인 보상(칭찬, 콘서트 티켓)과 인센티브가 새로운 행동에 참여하는 데 도움을 주기 위해 요구될 수 있다. 그래서 지속을 위한 인기있는 보상을 생각하는 것은 신체활동 결과를 관리하는 데 도움이 되는 중요한 전략이다. 예로 좋아하는 레저활동에 참여하는 것은 운동수행을 대신할 수 있다. 약간의 주의가 기대 결과 이용에 적용되어야 한다(보다 특별하게 외적 보상과 전체적인 행동 변화에 미치는 효과).

핵심정리

요약하자면, 신체활동의 기대성과는 신체적으로 활동적인 생활을 할 수 있는 의도를 가지도록 하는 데 잠재적인 영향을 미치는 잘 검증된 구성요소라고 할 수 있다. 정서적인 기대성과(예: 기쁨, 즐거움)를 고려하는 것은 도구적 결과(예: 만성질환 위험의 감소, 신체 단련)보다 훨씬 중요한 것일 수 있다. 기대성과를 향상시키고 변화시키는 최선의 전략은 의사결정 균형 활동지, 규칙적인 신체활동의 이익에 대한 정보, 즐거운 신체활동과 운동 환경의 선택을 포함한다. 또한 외적 자원을 이용하는 것은 지속이 어려우므로 활용 시에 주의가 필요하지만, 보상의 형태 혹은 만일의 상황에 대한 시나리오를 통한 단기 기대를 심어주는 것은 초기 의도를 강화하는 데 도움이 될 수 있다.

신체활동에 대한 통제력 인식

운동과 보건의료 전문가가 대상자들의 긍정적인 의도를 향상시키는 것을 도울 때 고려해야 하는 두 번째 주요 구성요소는 규칙적인 신체활동에 대한 통제(즉, 그들의 자신감 정도)에 대한 인식이다. 인간 행동에 대한 거의 모든 이론은 행동에 대한 통제와 관련된 구성요소를 포함한다(12,46). 예를 들어, 자기효능감은 사회인지이론의 구성요소로, 기술이나 행동을 성공적으로 수행할 수 있는 능력에 대한 신념으로 정의된다(10,12). 마찬가지로, 계획된 행동론의 구성요소인 인지된 행동통제는 원하는 행동을 수행할 수 있는 능력에 대한 인식(쉽게 할 수 있음, 혹은 어려움)을 나타낸다(4,103). 이러한 통제에 대한 인식은 과거의 경험과 현재의 기술에 대한 신념을 반영한다. 인지된 행동통제/자기효능감은 가장 신뢰할 수 있는 의도의 관련요인 중 하나로, 신체활동의 기대성과와 비교된다(57,128,131). 그러나 문제는 이러한 인식이 동기, 가치 또는 정서적인 기대성과로부터 오는 실제의 통제력과 구분된다는 것이다(99,107). 운동에 대한 통제력의 가장 일반적인 장애요인으로 시간 부족을 꼽는 것이 이러한 한계점의 가장 좋은 예시가 될 수 있다(26). 대부분의 사람들은 운동할 수 없는 이유로 시간 부족을 꼽지만, 실제 여가 시간은 운동과 신뢰성 있게 연결되지 않기 때문에(운동을 하는 사람들에게 주어진 하루의 시간은 운동을 하지 않는 사람들과 완전히 동일하다) 이는 실질적인 통제력의 문제라기보다는 다른 가치에 대한 구실이나 변명에 가까운 것으로 보인다(22).

신체활동에 대한 통제력 인식의 향상

최선의 전략

반두라(Bandura)는 자기효능감을 강화하는 다음 4가지 정보의 중요성을 강조하였다(8,10).

1. 성공경험
2. 사회적 모델링/대리경험(자신과 비슷한 타인의 성공/문제상황 대처에 대한 경험 관찰)
3. 언어적 설득(예: 칭찬, 격려)

4. 운동에 대한 생리학적/정서적 반응의 판단/해석

이와 같은 네 가지 자원은 가치를 감소시키는 데 있어서 신체활동에 대한 통제력의 인식을 바탕으로 구축하기 위한 중요한 기술로 간주된다.

성공경험은 아마도 형상을 통해 가장 잘 만들어질 것이다(예: 25). 형상은 대상자가 자신의 신체활동 수준과 역량의 감정을 점차적으로 증가시킬 수 있도록 강화를 사용하는 전략이다. 대상자가 할 수 있는 행동에 참여하게 하는 것에서 시작해서 점차적으로 활동 강도, 지속 시간 및 빈도(즉, 진행 원리)를 확대해나간다. 이때 적절한 출발의 수준을 선택하는 것은 흥미와 난이도 간의 균형에서 결정되는 어려운 부분이다. 운동 처방에서 진행 원리를 고려하지 않을 경우 조기 소모를 초래할 수 있다. 성공이라는 개념은 자기효능감에 가장 강력한 영향을 미치는 요인으로 여겨지기 때문에 부정적인 경험과 프로그램 목표 달성의 실패는 자기효능감을 저하시킬 수 있다. 그러므로 성취할 수 있는 프로그램에 대한 세심한 고려가 중요하다.

대상자들이 그들의 신체활동 프로그램 수행 능력에 자신감을 느끼는 것은 필수적이다. 대상자의 행동 변화에 대한 통제, 주체성 및 자신감을 높이고, 그들의 신체활동 프로그램이 그들 자신의 선호와 라이프스타일과 일치하도록 하기 위해, 보건 전문가는 프로그램의 개발에 있어 대상자들의 의견을 얻거나, 지도와 지원을 받아 스스로의 프로그램을 개발하도록 해야 한다. 보건 전문가의 도움을 받아, 행동 방법, 시기, 장소의 세부적인 지시사항을 작성하는 것이 통제력을 향상시키는 유용한 추가 수단이다(67). 또한 대상자가 선택한 설정(예: 지역 체육관에서 만나 규정된 연습을 통해 작업)에서 대상자가 적어도 하나의 긍정적인 성공경험을 가질 수 있는 기회를 만들 수 있어야 한다. 작은 행동 성공과 원하는 목표로의 진전을 위해 긍정적이고 구체적인 강화 제공은 초기의 자기효능감을 향상시킬 수 있으며 반두라의 초기 신조와 일치한다.

통제를 향상시키기 위해 성공경험이 필수적이라고 여겨지는 한편, (대상자와 유사한 사람들에 의한) 사회적 모델링도 중요할 수 있다. 이 접근법의 기본 원리는 대리 학습을 통해 자기효능감을 얻는 것이다. 개인적인 경험이 없는 경우, 사람들은 어떤 행동이 통제 가능한지에 대한 정보를 얻기 위해 유사한 다른 사람들을 찾는다(73). 따라서 참가자는 다른 참가자가 목표 활동에 성공적으로 참여하는 것을 볼 수 있도록 하는 것이 중요할 수 있다. 이것은 비디오테이프, 시연 또는 참가자가 직접 활동을 모델링하도록 함으로써 달성될 수 있다. 신체활동 촉진자의 과제는 대상자와 관련된 모델링을 갖는 것이다. 트레이너들은 주로 인구학적 특성이나 경험적인 측면에서 대상자들과 다르기 때문에, 대상자들과 비슷한 다른 사람들과의 장소와 시간을 선택하는 것이 중요해진다.

언어적 설득을 통한 자기효능감 향상에 기초하는 주요 전략은 참여자들에게 신체활동의 '왜', '무엇을', 그리고 '어디에서' 에 대한 충분한 정보를 제공하는 것이다. 이는 오리엔테이션 세션, 팸플릿, 기사, 뉴스레터 등을 통해 또는 미디어 프레젠테이션(예: 비디오 테이프, 텔레비전, 신문)을 통해 달성될 수 있다. 특정 신체활동을 쉽게 수행하는 것에 대한 정보는 단기적으로 긍정적인 의도를 형성하는 데 도움이 될 수 있다. 기대성과를 개선할 때 권장되는 것과 유사하게 신체활동의 정서적 편익에 집중하는 것은 단기 및 장기적의 통제력의 인식에도 도움이 될 수 있다. 작업 수행에 자신감을 느끼지 못하는 사람들이 나중에 그것을 덜 즐기는 것으로 인식한다는 것을 보여주는 설득력 있는 증거가 있다(63,87). 운동과 함께 긍정적인 영향을 주는 경험을 증가시키기 위해 앞에서 설명한 방법들도 여기에 동일하게 적용된다.

마지막으로 생리학적 상태를 통한 자기효능감 향상에 기초하는 주요 전략은 참여자들이 활동에 대한 신체의 반응을 이해하도록 하는 것이다. 예를 들어 신체활동은 심박수와 땀을 증가시킨다. 개인이 그러한 생리적 변화에 붙이는 의미는 중요하다. 활동량이 많은 개인은 신체적 하중에 대한 신체의 반응을 기대하고 이해한다. 신체활동을 처음 접하는 참가자는 그렇지 않을 수 있다. 따라서 생리적 변화가 무엇을 의미하는지, 그리고 활동에 대한 생리적 반응이 운동에 따라 어떻게 변화하는지 해석하도록 도와야 한다. 운동, 운동 후 통증, 회복 시간대의 정상적인 생리적 결과에 대해 초보자들에게 교육하는 것은 대상자가 자신의 신체적인 상태를 이해하고 운동 프로그램에서 기대할 수 있는 것에 대한 자신감을 기르는 데 도움이 되어야 한다.

핵심정리

요컨대, 신체활동의 행위에 대한 통제는 의도에 대한 매우 잘 검증된 상관관계와 인간의 동기에 대한 대부분의 이론에 존재하는 구성요소이다. 더 큰 행동 레퍼토리(즉, 작고 달성 가능한 단계)를 향해 연속적으로 나아가는 성취 가능한 부분에서 행동을 형성하는 것은 통제력을 향상시키기 위한 최선의 전략으로 여겨진다. 또한 단기적인 통제력의 향상은 신체활동을 수행하는 유사한 다른 사람들의 표현과 행동의 용이성에 대해 대상자를 설득하려는 정보를 통해 촉진될 수 있다. 마지막으로, 정서적 특성(신체활동의 감정 상태) 및 근육통 같은 단기적인 신체 상태에 대한 교육을 고려하는 것은 행동 통제력에 대한 평가를 개선해야 한다.

신체활동의 행위에 대한 통제가 의도를 강화하는 데 중요할 수 있지만, 장기적으로 도전과 장애요인 앞에서 의도를 유지하는 것 또한 통제력을 향상시킬 필요가 있다. 자기규제 기술 개발은 운동에 대한 인지된 통제력을 개발하는데 특히 긍정적인 의도를 행동으로 옮기고 장기간의 이행에 중요하다. 이와 같이, 이러한 기술은 다음 절에 기술되어 있다.

의도의 행동으로의 전환

대부분의 확립된 이론들은 신체활동 촉진과 이행에 도움을 주기 위해 사용되고 있다. 앞서 입증된 바와 같이, 강력한 수준의 증거는 행동의 예상 결과에 기초하고 신체활동에 대한 통제력을 강화하면 의도가 증가한다는 것을 시사한다. 보다 최근에는 의도를 행동으로 옮기는 것이 그러한 강한 의도를 형성하는 것과 같은 주의를 필요로 한다는 이론들이 제시되고 있다(53,54,97,126). 전반적으로 이러한 접근방식은 강한 의도에서 오는 행동 변화가 주로 자기규제 기술에 좌우되며, 그 뒤를 이어 행위의 부분적 자동성, 운동에 대한 환경적 지지, 행동 간 갈등의 감소 등이 뒤따른다는 것을 시사한다. 다음 절에서는 이러한 요인을 개략적으로 설명하고 성공적인 의도 전환을 위한 제안을 제시한다.

자기규제 기술

반두라(Bandura)의 사회인지이론에 따르면 자기규제는 개인이 자신의 목표지향적 행동이나 수행을 규제하기 위해 사용하는 전략으로 정의된다(9,12). 목표 지향적 자기규제의 중요한 부분은 "현재 상태와 원하는 최종 상태 간의 불일치를 줄이기 위한 시도"이다(61, p. 1281). 비록 자기규제라는 용어가 의식하는 의도나 목표(예: 10파운드 감량)를 추구할 때 그 사람이 자신의 행동을 어떻게 규제하는지를 설명하기 위해 일반적으로 사용되지만, 그것은 의식적인 의도나 그 개인의 일부에 대한 "적극적인" 규제(예: 신체활동을 중시하는 사람들과 어울리는 것과 건강한 환경, 18,45)의 외부에서도 발생할 수 있다. 즉, 대상자를 둘러싼 사람들의 환경도 그의 신체활동 행동에 대한 강력한 형상이 될 수 있다.

대상자들의 의도가 신체활동 실천으로 이어질 수 있도록 촉진하는 기술 함양을 돕고자 할 때, 자기규제 기술에 초점을 맞추는 것은 좋은 시작이 될 수 있다. 자기규제 기술을 목표로 하는 중재는 신체활동 행동 변화 영역에서 가장 자주 사용되는 것 중 하나이며 또한 모든 행동 중재의 운동 행동 변화 효과에 대한 가장 설득력 있는 연구 근거를 가지고 있다(55,117,135).

자기규제 기술에는 목표 설정, 기획 및 자기 모니터링이 포함되지만 이에 국한되지는 않는다(84). 자기규제는 또한 다른 사람들의 지지를 얻고 신체활동 행동을 촉진하기 위한 환경적 지지를 만드는 것과 같은 기술을 포함할 수 있다. 다음 절에서는 보건 및 운동 전문가에게 대상자가 목표 설정, 기획 및 자기 모니터링에서 기술을 쌓는 데 도움이 되는 필요한 도구를 제시한다. 대상자들과 함께 이러한 기술을 함양하는 것은 고객들이 그들의 의도를 행동으로 옮기고 건강한 생활방식을 채택하고 유지하도록 돕는 중요한 단계이다. 청소년과 성인 모두 자기관리 기술을 활용하는 많은 커리큘럼과 이를 지지할 수 있는 연구가 있다. 다른 사람들의 생활체력(fitness for life)을 보라.

목표설정 및 기획

목표설정이란 개인이 자신의 현재 상태나 성과를 평가하고 목표(즉, 개인이 달성하고자 하는 목표, 원하는 최종 상태)를 생성하고 그 목표에 도달하기 위해 취해야 할 조치를 개괄적으로 설명하는 과정이다(74,75,76~78,80,123). 목표의 특성은 다음과 같이 설명할 수 있다.

1. 어려움(예: 어려운 목표를 달성하기 위해서는 더 많은 노력이 필요함)
2. 구체성(예: 목표는 모호함과 구체성의 연속선 상에서 다양하게 기술될 수 있다. 구체적인 목표를 명확히 정의하고, 초점을 좁히고, 목표를 실현하는 데 필요한 유형과 노력을 개략적으로 설명한다.)
3. 근접성(예: 단기 혹은 장기, 78,123)

목표는 또한 과정(즉, 30분 조깅, 주 3회 조깅 등 수행되는 행동에 초점을 맞춘 것)과 결과(즉, 체중 감소와 같은 행동의 최종 결과에 초점을 맞춘 것)를 고려할 수 있다. 달성 가능한 과정 중심의 단기 목표를 설정하면 이행에 대한 피드백 또는 단서의 빈도로 인해 동등하게 달성 가능한 장기 목표보다 통제력의 인식을 강화한다(13). 과정 중심의 단기 목표는 또한 장기적인 목표에만 집중함으로써 고객들의 실패나 실망을 피할 수 있는 가치가 있다. 게다가 Shilts 등(123)은 장기 목표보다는 단기 목표를 설정하는 것이 에너지를 동원하는 반면 장기 목표를 설정하는 것은 큰 그림을 염두에 두는 데 도움이 될 수 있지만 노력을 지연할 가능성은 증가한다고 제안한다. 단기 목표는 장기 목표 달성을 돕는 한 가지 방법으로 사용될 수 있다(13,75,80,125). SMART 프레임워크를 사용한 목표 설정은 앞에서 설명한 목표 설정의 중요한 속성 중 많은 것을 포함하는 자기규제(74,76,123)에 대한 일반적인 접근법이다. SMART 목표는 구체성(S; 시간, 장소, 방법, 대상), 측정가능성(M; 수량화 가능), 달성가능성/현실성(AR), 시간제한 고려사항(T)을 포함한다.

대상자들의 신체활동 목표와 계획을 도울 때 다른 중요한 고려사항은 지속성(예: 사람들이 어려움을 극복하고 도전을 성공하기 위한 노력에서 보여주는 끈기[3, p. 285])과 변화에 대한 헌신(예: 개인이 목표에 집착하는 정도, 중요하다고 여기는 정도, 목표에 도달하는 정도, 좌절과 장애물 앞에서 지속하는 정도)이다(71). 사람들은 바람직하고 실현가능하다고 생각하는 목표를 설정하는 경향이 있지만, 이러한 인식이 목표에 대한 헌신을 보장하지는 않는다(15). 약속을 강화하기 위한 한 가지 방법은 개인에게 책임을 지우는 역할을 하며 목표와 필요한 행동 대응을 시각적으로 상기시키는 운동 계약을 만들고 체결하는 것이다(25,80). 운동 계약(예: 우발적 계약, 행동적 계약)에는 개인이 전념하는 운동(빈도, 강도, 시간, 유형)과 성공(혹은 실패)에 대한 측정, 목표 달성 실패 시의 결과, 기대 행동의 성공적 달성에 대한 보상(긍정적 강화물)이 포함된다.

개인은 바람직하고 실현 가능한 목표를 정해야 할 뿐만 아니라, 효과적인 대처방안을 적용하여 도전에 직면하고 이러한 전략의 목표를 달성하도록 적극적으로 노력해야 한다. 목표 설정은 그 자체로 충분하지 않다. 충실하지 못한 기획과정에서는 많은 목표를 실패하게 된다(3). 초기 의도를 행동으로 전환할 수 있도록 하는 두 가지 유형의 기획과정(행동 기획, 대처 기획)이 있다(126,127). 행동 기획은 언제, 어디서, 어떻게 의도를 행동으로 전환시킬지를 명시한 목표 지향적 행동 수행에 초점을 맞춘 기획이다.

행동 기획과는 달리 대처 기획에는 원하지 않는 행동 수행과 관련된 위험 상황을 예측하고 관리하고, 효과적인 대처 대응을 사용하여 의도를 행동으로 옮기는 장애요인을 극복하는 것이 포함된다(80,126,127). 대처 기획은 초기 의도를 행동으로 옮기는 것뿐만 아니라 장기적인 행동 변화를 유지하는 데도 중요하다고 생각된다. 문제 해결과 대안의 대체는 대처 반응이 위험한 상황을 관리하는 데 사용될 수 있다는 것이다. 문제 해결은 발생할 수 있는 문제에 대한 해결책을 브레인스토밍하는 수단이다. IDEA 접근방식은 간단한 문제해결 프레임워크로서, 해결책의 구상하는 데 사용할 수 있다. 문제 행동에 대한 IDEA 접근방식은 다음을 포함한다:

1. 활동적인 상태에 대한 장애요인 확인(I)
2. 창의적 해결방안 목록 개발(D)
3. 해결방안 선택과 수행방법 결정을 통한 해결방안 평가(E)
4. 계획이 얼마나 잘 작동했는지를 분석 및 필요 시 수정(A;85).

해결방안의 대체는 목표 달성을 위한 대안적 방안을 브레인스토밍하고 각 방법의 목표 달성에 대한 장단점을 평가하여 성공적인 행동 변화를 촉진할 수 있는 대안을 선택하는 것을 포함한다.

최선의 실행 전략

성인의 신체활동 및 식생활 행동 변화를 촉진하기 위한 목표 설정 전략의 사용에 대한 증거는 보통(69,123)이지만, 어린이 및 청소년과의 효능을 확립하기 위한 추가 연구가 필요하다(123). 막연하고 쉽게 달성할 수 있는 목표보다는 구체적이고 도전적인 목표를 설정하는 것이 더 나은 성과(71,77)를 얻는다는 연구 결과가 일관되게 입증되었다. 스포츠와 운동의 영역에 대한 메타 분석적 검토 결과 장기 목표만 놓고 보면 단기 목표와 장기 목표를 합친 것이 장기 목표보다 더 효과적이다(69). 연구는 또한 채팅 끈기/지속성이 목표 달성의 좋은 예측 변수라는 것을 증명했다(3). 더구나 목표에 대한 헌신이 높을 때는 목표에 대한 헌신이 낮을 때보다 개인이 목표에 따라 행동할 가능성이 더 높다(71). 행동 변화 목표에 대한 더 높은 헌신을 반영하거나 성과에 대한 피드백/의견의 더 많은 제공을 반영할 수 있는 목표 설정의 연구는 긍정적인 것으로 나타났다. 신체적 행동 변화를 위한 행동 전략의 사용과 관련된다(91). 고객과의 목표 설정을 지원하려면 실습 도구상자 3.3에 제공된 목표 설정 워크시트를 사용하시오.

신체활동 연구의 영역에서는 계획이 의도를 행동으로 옮기는 데 중요하다는 설득력 있는 증거가 계속 나온다(예: 7,28,81,121,143). 그러나 연구는 또한 의도가 높은 개인이 저의를 가진 개인보다 자신의 계획에 따라 행동할 가능성이 더 높아 계획–행동 관계를 완화할 것을 제안한다(121,142). 증거는 또한 행동 변화의 초기 단계에서 행동 대처가 더 중요하다는 생각을 뒷받침한다. 반면에, 대처 계획은 행동 변화를 고수하는 데 더 중요하다(121, 127). 또한 증거를 축적하면 대처 계획 또는 대처 계획과 실행 계획이 모두 포함된 계획 개입이 건강 행동 변화(6,126,144)를 고수하도록 촉진하는 데 효과적이라는 것을 시사한다. 또한 최근의 메타 분석에서, 행동 계획은 자기 효율성과 신체활동 모두의 증가와 연관되었다(143). 또한 자기효능감이 높은 사람은 자기효능감이 부족한 개인보다 계획적 개입으로 더 많은 이익을 얻는 것으로 나타났다(81). 효과적인 조치와 대처 계획을 만드는 방법을 설명하는 계획 워크시트는 실습 도구상자 3.4에서 제공된다.

자가 모니터링과 피드백

자가 모니터링이란 “자신의 생각, 감정, 행동에 주의를 기울여 표준에 반하여 측정하는 것”(80, p. 154)을 말한다. 일반적으로 활동 로그나 저널(실용 도구 상자에서 3.6의 자체 모니터링 워크시트 참조)을 통한 자가 모니터링은 물리적 활동(주파수, 강도, 유형, 시간)의 치수와 물리적 활동 행동의 맥락을 기록하는 훌륭한 방법이다. 자기 감시는 고객의 신체적 활동, 행동의 단서 및 결과, 원하는 행동을 성공적으로 수행하는 데 방해가 되는 장벽에 대한 고객의 인식을 높이기 위한 수단이다(25) 또한 개인에게 자신의 진전에 대한 피드백을 제공하며, 자신의 활동 능력에 대한 개인의 신뢰도를 높일 수 있다. 활동적인 성격 목표 설정 이론에 따르면 목표를 향한 진전에 대한 피드백은 효과적인 목표 설정(77)의 핵심이다. 종합적인 심리 및 운동 테스트는 목표를 설정하고, 목표를 향한 진행/이동 상황을 모니터링하며, 목표를 달성하기 위해 구현된 목표와 계획을 평가하고 수정하는 데 유용한 기준선 역할을 할 수 있다(24). 보다 경제적인 도구는 목표 설정, 자체 모니터링 및 피드백을 가능하게 하는 계량기/계단 카운터이다. 충분한 연구는 자기 모니터링을 포함하는 신체활동 개입이 자기 모니터링을 포함하지 않는 것보다 신체활동 행동의 변화에 더 효과적이라는 것을 보여주었다(31,32,88).

강한 의도에서부터 행동이 바뀌는 것은 일차적으로 앞에서 논의한 자율적 기술에 달려 있지만, 행위의 부분적 자동화와 운동에 대한 환경적, 사회적 지원, 행동간 갈등의 감소도 한몫한다는 새로운 증거가 나타나고 있다. 이 개념들과 예비 증거들은 다음에 제시된다.

자동성

자동성 구조는 거의 40년 동안 인간 행동 모델에서 논란이 있었으나(132), 운동 예측에 효용성이 확립되었다(49). 이 맥락에서 자동성은 결정이나 형식적인 사고 없이 신체활동 행동의 수행을 말한다. 이 자동성은 한때 의식적이고 동기부여에 기반한 의사결정/의도적 행동에서 발전하는 것으로 생각되지만, 지금은 환경 신호를 통해 부분적으로 작용한다(1,2,137~139). 그러므로 자동성은 무작위적이고 무분별한 행동이 아니다. 대신 자동성은 반복되고, 연습되고, 의욕이 강한 행동에서 발전한다. 자동화의 가장 좋은 예는 운전 행동의 경우에 있을 수 있다. 많은 사람들이 그것에 대해 생각하지 않고 직장과 집으로 운전할 수 있다. 그 행동은 너무 습관화되어 본질적으로 자동적이다. 실제로, 우리가 집에 가는 길에 상점에 가려고 이 길을 바꾸려고 할 때, 우리는 종종 우리의 처음 의도가 다른 목적지에 먼저 멈추는 것이었음에도 불구하고 우리 자신을 발견하게 된다! 물론 신체적인 경우에는 활동, 우리는 운동로봇을 만드는 기술을 만들고 싶다고 제안하는 것이 아니다(82). 그러나 지속적인 동기부여 없이 수행될 수 있는 효율적인 신체활동 루틴이 매우 바람직하다는 것은 당연하다. 사전 이론화 및 연구(37,110명)를 바탕으로 의식적인 숙고나 반추 없이 행동할 수 있는 사람은 의도를 행동으로 바꿀 수 있는 기회를 늘리는 것으로 나타났다. 예를 들어, 연습 루틴에 너무 익숙해서 간단한 단서를 통해 숙고 없이 행동을 시작하는 사람은 각 곡을 연기하기 위해 자화자찬, 계획, 의사 결정에 관여해야 하는 사람보다 행동 통제 가능성이 훨씬 높다고 제안한다(139명).

자동성은 행동과 함께 이전 역사의 영향을 받는다고 생각되며, 고도로 연습된 행동에서 발생한다(14). 따라서 더 빈약한 운동 이력을 가진 개인은 행동을 개시할 때 자동성이 낮을 위험이 있다고 제안된다. 이전의 신체활동 경험이 난해한 결정일 수 있지만, 시간, 행동, 위치 및 기타 특성의 측면에서 운동 반복을 포함하는 기술 구축 및 처방은 습관 형성에 도움이 될 수 있다(70). 자동성 형성에 상당한 효용이 있는 또 다른 개입은 구현 의도를 통한 계획일 수 있다(53). 실행의 의도, 즉 어디서, 언제, 어떻게, 어떤 행동을 수행할 것인가에 대한 계획을 설정하는 행위가 행동과 환경적 단서 사이의 작은 정신적 연결로 부분적으로 작용하도록 제안된다(53,54). 이행의사가 자동성을 육성할 수 있다는 것을 연구로 제안하고 지원하였다(54).

환경과 사회적 지지

우리는 규칙적인 신체활동을 채택하는 것과 같은 바람직한 변화를 만들려고 하지만, 때때로 우리는 목표를 실현하는 데 도움이 필요하다. 이 능력에서, 어떤 사람이 운동을 장기적으로 우정을 유지하거나 향상시키기 위한 수단으로 볼 때, 그것은 운동 결과 기대치가 우리 자신의 개별 목표를 넘어 강화될 가능성을 증가시킨다. 마찬가지로, 책임감이나 헌신의식을 쌓는 것과 같은 다른 사회적 결과들도 지지적인 발견을 보여주었다. 친구/동업자(130), 어린이(29,56), 심지어 개(23,36,59) 사이의 사회적 유대에 대한 연구가 이러한 추측을 뒷받침했다. 따라서 사회적 개입은 가능하면 규칙적인 신체활동 뒤에 숨겨진 보다 광범위한 사회적 교류와 사회적 의미에 초점을 맞춰야 한다.

다른 사람들과 운동함으로써 야기되는 노력이나 단조로움으로부터의 즐거움과 산만함은 강한 의도를 행동으로 옮기는 데 도움이 될 수도 있다(113). 운동 경험이 사회화를 이룰 수 있다면(38) 경험의 기대를 강화해야 한다(30,44,47). 운동하는 동안 교제할 수 있는 기회도 사회적 요구와 개인의 건강 및 웰빙 요구를 결합하여 일종의 멀티태스킹(multitasking)을 제공한다(38). 이런 의미에서 이러한 목적을 하나의 행위 안에서 결합할 수 있기 때문에 행동 연습의 기회를 늘릴 수 있다. 이와 관련, 누군가와 함께 운동할 시간을 조직하는 것은 상대방에 대한 책임감을 불러일으킨다. 또한 사회적 지원, 특히 운동할 시간을 만들 수 있도록 다른 사람의 유형적 지원(35, 115)은 행동의 기회에 영향을 미칠 가능성이 높다. 매일의 잡일을 도와서 시간을 자유롭게 할 수 있는 다른 사람들은 운동할 수 있는 시간을 늘리고 행동에서 의도를 쉽게 해석할 수 있게 할 것이다(30,44,47). 건강 및 피트니스 전문가는 특히 프로그램 시작 시 고객에게 구두 지원과 격려를 제공함으로써 사회적 지원의 수단이 될 수 있다. 이러한 지원은 그들의 고객의 신체활동을 시작하는 능력에 대한 동기와 자신감을 증가시킬 수 있다.

변화할 의도로 주변 환경을 조정하는 것도 도움이 될 수 있다. 고객의 신체활동 기회 개선에 초점을 맞출 필요가 있다. 시설과의 근접성 등 환경의 특정한 특성은 성공적인 의도 번역을 촉진하거나 억제하는 행동의 단서 역할을 한다. 이러한 효과는 과거 연구에서 일관되게 입증되었다(95,105,108). 이것은 아마도 신체활동을 쉽게 하는 데 도움이 될 것이고, 초기 의도와 행동 시간 사이의 거리를 줄이는 데 도움이 될 것이다.

행동 간 갈등

좋은 의도를 행동으로 성공적으로 바꾸는 것은, 부분적으로 다른 여가 시간에 추구해온 동기부여와 약속의 양에 의해 결정될 수 있다. 이러한 교차 행동 갈등은 부정적인 결정요인 역할을 함으로써 신체활동을 좌절시키는 역할을 한다. 이러한 결정요인의 근거는 시간 이동의 개념에 있으며(101), 여기서 다른 행동에 대한 동기부여와 계획으로 자유시간 동안 행위의 선택에 경쟁한다. 특히 자유시간의 제한 하에서, 한 행동에 소비되는 시간의 투자는 다른 행동에 소비될 수 있는 시간에 영향을 미칠 수 있다. 이 능력에서 한 행동은 다른 행동을 방해할 수 있다. 교차 행동 충돌은 물리적 활동에서 검증되었으며(50,51,94,100~02,120), 행동경제이론으로 알려진 이론의 중심 신조다(140). 텔레비전 시청은 높은 보급률 때문에 신체활동을 저해할 수 있는 교차 행동 규제로 가장 주목할 만한 후보지만, 운동 이외의 여가 활동은 그 능력 안에서 역할을 할 수 있다.

행동 간 갈등을 줄이기 위한 기술을 구축하기 위해서는 장기간 좌식 행동의 악영향에 대한 지식 기반을 늘리고 이러한 행동의 용이성/능력 및 일정/계획 수립을 낮추는 것이 유익할 것이라고 제안한다(100). 예를 들어, TV 시청 행동의 맥락에서 개입은 초점을 맞추어야 한다. 좌식방지 행동에 대한 지속적인 앉기 및 공중 보건 지침의 건강 위험에 대해 고객에게 교육하는 것, 접근성(예: 여러 대의 TV 제거, 케이블 제거), 기회(예: 오후 9~10:30과 같은 다른 활동을 하는 것이 덜 편리할 때 매우 특정한 시청 시간의 일정을 유지함으로써)를 줄이는 것도 효과적일 수 있다. 좌식 행동을 줄이는 또 다른 방법으로는 고객이 연속적인 운동 시간(예: 체육관에서의 체력 훈련)을 계획하는 것이 아니라 일상 생활(예: 에스컬레이터 대신 계단을 올라 직장으로/근교 상점)에 능동적인 생활 활동을 축적하는 방법을 교육하고 고려하도록 하는 것을 포함한다. TV를 보면서 운동과 같은 경쟁적인 활동을 통합하는 것도 고객이 좋아하는 것을 포기하라고 요구하지 않고 운동을 늘리기 위한 전략일 수 있고, 하루에도 여분의 시간이 필요하지 않다. 이러한 좌식 감소 행동에 대한 초기 연구는 이러한 전략으로 성공을 거두었다(39).

핵심정리

요컨대, 신체적으로 활동하려는 고객의 초기 의도를 촉진하기 위해서는, 피트니스와 건강 전문가가 그들의 고객이 운동 처방에 적극적일 수 있도록 돕는 것이 필수적이다. 연습 전문가는 의뢰인에 대한 자율 규제 절차를 촉진하는 것이 아니라, 단순히 의뢰인에 대한 자율 규제 계획을 수립하는 것을 목표로 삼아야 한다. 시간과 삶의 맥락에 따라 목표와 계획이 바뀌기 때문에 계획 자체보다 고객의 자기 규제 기술과 도구 상자의 개발이 더 중요하다. 또한 투입과 협업 없이 고객을 위해 만들어진 계획은 연습 프로그램을 준수하지 않으며 일반적으로 계획이 없는 것과 다르지 않다(16). 앞 절에서는 자동성, 사회 및 환경 지원, 행동 간 갈등의 저하를 추가로 고려하면서 목표 설정, 자체 모니터링, 계획 수립을 위한 기술 구축이 자율 규제에 중요하다고 제안했다. 고객과 함께 사용할 전략을 선택하는 데 도움이 되도록 다음 절에서는 이러한 접근 방식을 구현하는 방법을 설명하는 단계별 지침과 워크시트를 제공한다. 고객과 함께 구현할 전략 및 도구의 적절한 선택을 모델링하는 방법은 표 3.2 및 이 장의 끝에 있는 몇 가지 예제 사례를 참조하시오.

단계별 설명[Step-by-Step]

이전 절에서 설명한 접근 방식을 적용하기 위하여 다음 단계를 따르시오.

1. 새로운 대상자와 간단한 비공식 인터뷰를 실시하고 신뢰(라포;rapport)를 쌓으시오(5장 참조).
2. 당신의 대상자가 누구인지 그리고 그들에게 중요한 것은 무엇인지, 그리고 그들의 신체활동, 운동, 그리고 건강과 웰빙과 관련된 그들의 경험을 파악하시오(2장 참조).
3. 의도적인 행동의 연속과정에서 대상자의 위치를 파악하시오. 그들이 …
   - 낮은 의도? 높은 의도?
   - 그들의 의도를 행동으로 옮기는 데 어려움을 겪고 있는가?
   - 장기적 지속에 어려움을 겪고 있는가?

   의도적인 행동의 연속과정에 따라 달라지는 대상자의 예를 보려면 사례 3.1, 3.2 및 3.3을 살펴보시오.
4. 2단계에 대한 답변에 따라 고객과 함께 작업해야 하는 활동 구축에 필요한 신체활동 스킬의 우선순위를 정하시오. 선택할 수 있는 워크시트에는 다음이 포함된다.
   - 행동 기호 워크시트(실습 도구상자 3.1 참조)
   - 의사결정 균형 워크시트(실습 도구상자 3.2 참조)
   - 목표 설정 워크시트(실습 도구상자 3.3 참조)
   - 계획 워크시트(실습 도구상자 3.4 참조)
   - 연습 계약(실습 도구상자 3.5 참조)
   - 자체 모니터링 워크시트(실습 도구상자 3.6 참조)

   고객에게 적합한 워크시트를 선택하는 방법에 대한 지침은 워크시트 및 전략 선택을 위한 의사결정 나무 표 3.2를 사용하시오. 의사결정 나무는 사례 3.1, 3.2 및 3.3에 대한 적절한 전략

사례 3.1

운동에 대한 낮은 관심; 높은 저항

폴(Paul)은 건강과 체력에 관심이 없는 50세의 과체중 남자이다. 그는 언제나 자연스럽게 날씬했으며 정기적으로 신체활동에 참가한 적이 없다. 그러나 최근에 상당히 체중이 늘었다. 그는 앉아 있는 생활을 주로 하였다. 그는 일하지 않는 시간에, 아내와 건강하지 않은 음식을 먹고 TV를 보며 인터넷을 하는데 대부분의 시간을 보냈다. 그의 아내는 최근에 부부로서 건강에 관심을 갖고 건강에 해로운 일상에 좌절감을 느끼며 폴이 더 건강한 생활습관을 가지도록 압박하고 있다. 이 목표를 추구하기 위해 그의 아내는 크리스마스 선물로 체육관 회원권과 개인 훈련 세션을 구입하기로 결정했다. 그녀는 건강한 생활습관을 시작하고 성공적으로 늙어가기를 원했다. 그러나 폴은 변화에 저항하고 활동적이 되고 체육관에 가는 것에 대하여 꽤 걱정하였다. 그는 퇴근 후 이미 피곤하고 덥고 땀이 나고 불편함과 근육통에 관심이 없다고 불평한다.

사례 3.2

운동에 대한 높은 관심: "전환기에서 잃어버림"

안드리아(Andrea)는 3세와 5세 두 아이를 둔 25세의 여성이다. 그녀는 정부 행정직에서 풀타임으로 일하고 반면, 남편은 레스토랑에서 관리인으로 오랜 시간 불규칙적으로 일한다. 그녀는 청소년기에는 활동적이었으며 체육교육은 의무적이어서 그녀의 부모는 방과후에 여러 개의 스포츠 활동에 참가하도록 하였다. 그녀는 아이들이 있고 직장으로 돌아온 후 신체활동과 체력 수준에 집중하는 것이 매우 어렵다는 것을 알게 되었다. 그녀는 적극적으로 활동하고 건강을 유지하기 위해 동기를 부여받아 자녀와의 관계를 유지하고 즐겁게 지낼 수 있지만 의도를 실제로 실천하는 데 어려움을 겪고 있다. 학교와 부모가 제공하는 구조와 일과 부모의 요구가 없으면, 그녀는 길을 잃고 시작을 알 수 없을 것이다. 그녀는 최근 지역 체육관에서 회사 체육관 회원으로 가입을 했다. 그녀는 활동적이 되고자 하는 강한 소망으로 여러분에게 왔으며 보다 건강한 생활 방식을 채택하는 방법에 대한 지침을 찾고 있다.

과 워크시트 선택을 제공한다. 의도성이 낮거나 운동에 저항력이 있는 고객을 위해(사례 3.1), 적절한 도구로는 행동 기호 워크시트, 의사결정 균형 워크시트 및 계획 워크시트(1단계: 조치 계획에 초점을 맞춘)가 있다. 운동에 대한 의사가 거의 없는 고객에게 적합한 추가 전략으로는 정서적 경험(예: 즐거움, 기분 개선)을 강조하여 운동의 이점을 검토하거나 우발적 구조(예: 신체활동에 대한 보상 조성)를 들 수 있다. 다른 예제에 대한 해결책은 표 3.2를 참조하시오.

5. 선택한 워크시트에서 고객과 협력하여 작업하시오. 각 워크시트에는 고객과 함께 작업하기 위한 단계와 지침이 포함되어 있다는 점에 유의하시오.
6. 연습에 대한 헌신을 증가시키기 위해 워크시트로부터 개발된 활동에 기초하여 운동 계약을 체결하시오(실습 도구상자 3.5의 샘플 연습 계약 참조).
7. 자체 모니터링 활동지를 이용하여 진행 상황을 모니터링 하시오(실습 도구상자 3.6 참조).
8. 진행상황을 평가하기 위한 정기적인 후속조치 일정을 정하고, 프로그램 수정 및 필요시 새로운 운동 계약에 서명하시오.

사례 3.3

의도는 있지만 성공 못함: 림보에서 어려움

카메론(Cameron)은 최근 로스쿨을 졸업하고 주요 법률 회사에 채용된 35세 남자이다. 그는 자신의 이름을 알리려고 노력하고 있으며, 일이 최우선이다. 그는 직장에서 오랜 시간을 보내고 스트레스가 심하며 기분이 좋지 않으며 수면에 어려움을 겪고 있다. 그는 신체활동을 가끔하고 종종 업무로 인해 운동을 취소한다. 비록 그가 건강과 신체활동을 중요하게 생각하는 가정에서 자랐고 초등 및 중등학교 시절에 많은 스포츠 팀에서 뛰었지만 이번이 처음은 아니다. 그는 처음으로 19세에 대학에 진학할 때 규칙적인 신체활동에 참여하는 데 어려움을 겪었다. 그는 학교에 없을 때 신체활동을 계속하고 동기를 부여하여 정기적으로 체육관에 가려고 했다는 것을 기억한다. 그는 심지어 첫 학기 동안 배구 팀에 가입했다. 학교 첫 몇 주 동안 그는 육체적으로 활동하려는 의도를 유지했지만 일이 흐트러지기 시작했다. 그는 자신의 학습 일정과 사회 생활의 균형을 맞추는 데 상당한 어려움을 겪었다. 그는 학교 첫 학기에 배구 동아리 팀을 그만두고 "신입생 15번"을 입었습니다. 그는 패턴을 보기 시작했고 그것을 깨뜨리고 장기적으로 건강한 생활을 유지하는 방법을 배우기 위해 당신에게 왔다.

참고문헌

1. Aarts H, Dijksterhuis A. Habits as knowledge structures: Automaticity in goal-directed behaviour. *Journal of Personality and Social Psychology*. 2000;78:53–63.
2. Aarts H, Paulussen T, Schaalma H. Physical exercise habit: On the conceptualization and formation of habitual health behaviours. *Health Education Research*. 1997;12:363–74.
3. Achtziger A, Gollwitzer RM. Motivation and volition in the course of action. In: Heckhausen J, Heckhausen H, editors. *Motivation and Action*. 2nd ed. New York: Cambridge University Press; 2008. p. 272–95.
4. Ajzen I. The theory of planned behavior. *Organizational Behavior and Human Decision Processes*; 1991;50:179–211.
5. Ibid.
6. Araujo-Soares V, McIntyre T, Sniehotta FF. Predicting changes in physical activity among adolescents: The role of self-efficacy, intention, action planning and coping planning. *Health Education Research*. 2009;24:128–39.
7. Armitage CJ, Sprigg CA. The roles of behavioral and implementation intentions in changing physical activity in young children with low socioeconomic status. *Journal of Sport & Exercise Psychology*. 2010;32(3):359–76.
8. Bandura A. Self-efficacy: Toward a unifying theory of behavioral change. *Psychological Review*. 1977;84:191–215.
9. Bandura A. Social cognitive theory of self-regulation. *Organizational Behavior and Human Decision Processes*. 1991;50(2):248–87.
10. Bandura A. *Self-efficacy, the Exercise of Control*. Editor. New York: Freeman; 1997.
11. Bandura A. Health promotion from the perspective of social cognitive theory. *Psychology and Health*. 1998; 13:623–49.
12. Bandura A. Health promotion by social cognitive means. *Health Education and Behavior*. 2004;31:143–64.
13. Bandura A, Simon KM. The role of proximal intentions in self-regulation of refractory behavior. *Cognitive-Therapy-and-Research*. 1977;1(3):177–93.
14. Bargh JA. The four horsemen of automaticity:

Awareness, intention, efficiency, and control in social cognition. In: Wyler RS, Srull TK, editors. *Handbook of Social Cognition*. Hillsdale (NJ): Erlbaum; 1994. p. 1–40.

15. Bargh JA, Gollwitzer PM, Oettingen G. Motivation. In: Fiske ST, Gilbert DT, Lindzey G, editors. *Handbook of Social Psychology, Vol 1*. (5th ed). Hoboken (NJ): John Wiley & Sons Inc; 2010. p. 268–316.
16. Bassett S, Petrie KJ. The effect of treatment goals on patient compliance with physiotherapy programs. *Physiotherapy*. 1999;85:130–7.
17. Bauman AE, Sallis JF, Dzewaltowski DA, Owen N. Toward a better understanding of the influences on physical activity – The role of determinants, correlates, causal variables, mediators, moderators, and confounders. *American Journal of Preventive Medicine*. 2002;23(2):5–14.
18. Baumeister RF, Schmeichel BJ, Vohs KD. Selfregulation and the executive function: The self as controlling agent. In: Kruglanski AW, Higgins ET, editors. *Social Psychology: Handbook of Basic Principles*. 2nd ed. New York: Guilford Press; 2007. p. 516–39.
19. Biddle SJH, Fuchs R. Exercise psychology: A view from Europe. *Psychology of Sport and Exercise*. 2009;10(4):410–9.
20. Biddle SJH, Mutrie N. Psychological well-being. Does physical activity make us feel good? editors. *Psychology of Physical Activity: Determinants, Well-Being and Interventions*. New York: Routledge; 2001. p. 163–98.
21. Biddle SJH, Mutrie N. Stage-based and other models of physical activity, editors. *Psychology of Physical Activity: Determinants, Well-Being and Interventions*. New York: Routledge; 2001. p. 118–36.
22. Brawley LR, Martin KA, Gyurcsik NC. Problems in assessing perceived barriers to exercise: Confusing obstacles with attributions and excuses. In: Duda JL, editor. Advances in Sport and *Exercise Psychology Measurement*. Morgantown, WV: Fitness Information; 1998. p. 337–50.
23. Brown SG, Rhodes RE. Relationships among dog ownership and leisure time walking amid Western Canadian adults. *American Journal of Preventive Medicine*. 2006;30:131–6.
24. Bu ckworth J. Exercise determinants and interventions. /Les determinants de l'activite physique et les interventions visant a elever le niveau d'activite physique de la population generale. *International Journal of Sport Psychology*. 2000;31(2): 305–20.
25. Buckworth J, Dishman RK. Interventions to change physical activity behavior, editors. In: Buckworth, J, editor, *Exercise Psychology*. Champaign, IL: Human Kinetics, c2002, p. 229–253.
26. Canadian Fitness and Lifestyle Research Institute. 2002 Physical Activity Monitor. 2002 [cited August]. Available from: http://www.cflri.ca/cflri/pa/surveys/ 2002survey/2002survey.html.
27. Canadian Fitness and Lifestyle Research Institute. Increasing physical activity: Trends for planning effective communication. 2004 [cited February 24]. Available from: http://www.cflri.ca/eng/statistics/surveys/capacity2004.php.
28. Carraro N, Gaudreau P. The role of implementation planning in increasing physical activity identification. *American Journal of Health Behavior*. 2010; 34(3):298–308.
29. Casiro N, Rhodes RE, Naylor PJ, McKay HA. Correlates of intergenerational and personal physical activity of parents. *The American Journal of Health Behavior*. 2011;35:81–91.
30. Cerin E, Taylor LM, Leslie E, Owen N. Small-scale randomized controlled trials need more powerful methods of mediational analysis than the Baron-Kenny method. *Journal of Clinical Epidemiology*. 2006;59:457–64.
31. Conn VS, Isaramalai S, Banks-Wallace JA, Ulbrich S, Cochran J. Evidence-based interventions to increase physical activity among older adults. *Activities, Adaptation & Aging*. 2002;27(2):39–52.
32. Conn VS, Valentine JC, Cooper HM. Interventions to increase physical activity among aging adults: A meta-analysis. *Annals of Behavioral Medicine: A Publication of the Society of Behavioral Medicine*. 2002; 24(3): 190–200.
33. Conner M, Rhodes RE. Instrumental and affective interventions to change exercise behaviour. In: *Instrumental and affective interventions to change exercise behaviour*. Editor (Ed.)^(Eds.) City: British Psychological Society, 2007.

34. Conner M, Rhodes RE, Morris B, McEachan R, Lawton R. Changing exercise through targeting affective or cognitive attitudes. *Psychology and Health*. 2011;26:133–49.

35. Courneya KS, Plotnikoff RC, Hotz SB, Birkett N. Social support and the theory of planned behavior in the exercise domain. *American Journal of Health Behavior*. 2000;24:300–8.

36. Cutt H, Giles-Corti B, Knuiman M, Timperio A, Bull F. Understanding dog owners' increased levels of physical activity: Results from RESIDE. *American Journal of Public Health*. 2008;98:66–9.

37. de Bruijn GJ. Exercise habit strength, planning and the theory of planned behaviour: An action control approach. *Psychology of Sport and Exercise*. 2011;12:106–14.

38. Deci EL, Ryan RM. *Intrinsic motivation and self-determination in human behavior*. Editors. New York: Plenum Press; 1985.

39. DeMattia L, Lemont L, Meurer L. Do interventions to limit sedentary behaviours change behaviour and reduce childhood obesity? A critical review of the literature. *Obesity Reviews*. 2006;8:69–81.

40. Dishman RK, Buckworth J. Increasing physical activity: A quantitative synthesis. In: Smith D, Bar-Eli M, editors. *Essential Readings in Sport and Exercise Psychology*. Champaign (IL): Human Kinetics; 2007. p. 348–55.

41. Downs DS, Hausenblas HA. The theories of reasoned action and planned behavior applied to exercise: A meta-analytic update. *Journal of Physical Activity & Health*. 2005;2(1):76–97.

42. Duncan M, Spence JC, Mummery WK. Perceived environment and physical activity: A meta-analysis of selected environmental characteristics. 2005. Available from: http://www.ijbnpa.org/content/ 2/1/11.

43. Ekkekakis P, Lind E. Exercise does not feel the same when you are overweight: The impact of self-selected and imposed intensity on affect and exertion. *International Journal of Obesity*. 2006; 30:652–60.

44. Fahrenwald NL, Atwood JR, Johnson DR. Mediator analysis of moms on the move. *Western Journal of Nursing Research*. 2005;27:271–91.

45. Finkel EJ, Fitzsimons GM. The effects of social relationships on self-regulation. In: Vohs KD, Baumeister RF, editors. *Handbook of Self-regulation: Research, Theory, and Applications*. 2nd ed. New York: Guilford Press; 2011. p. 390–406.

46. Fishbein M, Triandis HC, Kanfer FH, Becker M, Middlestadt SE, Eichler A. Factors influencing behavior and behavior change. In: Baum A, Revenson TA, editors. *Handbook of Health Psychology*. Mahwah (NJ): Lawrence Erlbaum Associates; 2001. p. 3–17.

47. Fortier MS, Sweet SN, O'Sullivan TL, Williams GC. A self-determination process model of physical activity adoption in the context of a randomized controlled trial. *Psychology of Sport and Exercise*. 2007;8:741–57.

48. French DP, Sutton S, Hennings SJ, et al. The importance of affective beliefs and attitudes in the theory of planned behavior: Predicting intention to increase physical activity. *Journal of Applied Social Psychology*. 2005;35:1824–48.

49. Gardner B, de Bruijn GJ, Lally P. A systematic review and meta-analysis of applications of the Self-Report Habit Index to nutrition and physical activity behaviors. *Annals of Behavioral Medicine*. In press.

50. Gebhardt WA, Maes S. Competing personal goals and exercise behaviour. *Perceptual and Motor Skills*. 1998;86:755–9.

51. Gebhardt WA, Van Der Doef MP, Maes S. Conflicting activities for exercise. *Perceptual and Motor Skills*. 1999;89:1159–60.

52. Godin G, Shephard RJ, Colantonio A. The cognitive profile of those who intend to exercise but do not. *Public Health Reports*. 1986;101:521–6.

53. Gollwitzer PM. Implementation intentions: Strong effects of simple plans. *American Psychologist*. 1999; 54:493–503.

54. Gollwitzer PM, Sheeran P. Implementation intentions and goal achievement: A meta-analysis of effects and processes. *Advances in Experimental Social Psychology*. 2006;38:69–119.

55. Greaves CJ, Sheppard KE, Abraham C, et al. Systematic review of reviews of intervention components associated with increased effectiveness in dietary and physical activity interventions. *BMC Public Health*. 2011;11:119.

56. Gustafson S, Rhodes RE. Parental correlates of

child and early adolescent physical activity: A review. *Sports Medicine*. 2006;36:79–97.

57. Hagger M, Chatzisarantis NLD, Biddle SJH. A meta-analytic review of the theories of reasoned action and planned behavior in physical activity: Predictive validity and the contribution of additional variables. *Journal of Sport and Exercise Psychology*. 2002;24:1–12.
58. Hall PA, Fong GT. Temporal self-regulation theory: A model for individual health behavior. *Health Psychology Review*. 2007;1:6–52.
59. Ham SA, Epping J. Dog walking and physical activity in the United States. *Preventing Chronic Disease*. 2006;3:1–7.
60. Hausenblas HA, Carron AV, Mack DE. Application of the theories of reasoned action and planned behavior to exercise behavior: A meta-analysis. *Journal of Sport and Exercise Psychology*. 1997;19:36–51.
61. Higgins ET. Beyond pleasure and pain. *American Psychologist*. 1997;52(12):1280–300.
62 Hoyt MF, Janis IL. Increasing adherence to a stressful decision via a motivational balance-sheet procedure: A field experiment. *Journal of Personality and Social Psychology*. 1975;31(5):833–9.
63. Hu L, Motl RW, McAuley E, Konopack JF. Effects of self-efficacy on physical activity enjoyment in college-aged women. *International Journal of Behavioral Medicine*. 2007;14:92–6.
64. Humpel N, Owen N, Leslie E. Environmental factors associated with adults' participation in physical activity: A review. *American Journal of Preventive Medicine*. 2002;22:88–199.
65. Jones LW, Sinclair RC, Rhodes RE, Courneya KS. Promoting exercise behaviour: An integration of persuasion theories and the theory of planned behaviour. *British Journal of Health Psychology*. 2004; 9:505–21.
66. King AC. Interventions to promote physical activity by older adults. *Journals of Gerontology Series A – Biological Sciences and Medical Sciences*. 2001;56:36–46.
67. Kirk A, Barnett J, Mutrie N. Physical activity consultation for people with type 2 diabetes: Evidence and guidelines. *Diabetes Medicine*. 2007;24:809–16.
68. Kliman A, Rhodes RE. Do government brochures affect physical activity cognition? A pilot study of Canada's Physical Activity Guide to Healthy Active Living. *Psychology, Health and Medicine*. 2008;13:415–22.
69. Kyllo LB, Landers DM. Goal setting in sport and exercise: A research synthesis to resolve the controversy. / Fixation d' objectifs en sports et exercices physiques, une synthese pour resoudre la controverse. *Journal of Sport & Exercise Psychology*. 1995;17(2):117–37.
70. Lally P, van Jaarsveld CHM, Potts HWW, Wardle J. How are habits formed: Modelling habit formation in the real world. *European Journal of Social Psychology*. 2009;40:998–1009.
71. Latham GP, Locke EA. Self-regulation through goal-setting. *Organizational Behavior and Human Decision Processes*. 1991;50(2):212–47.
72. Latimer AE, Brawley LR, Bassett RL. A systematic review of three approaches for constructing physical activity messages: What messages work and what improvements are needed? *International Journal of Behavioral Nutrition and Physical Activity*. 2010.
73. Lewis BA, Marcus B, Pate RR, Dunn AL. Psychosocial mediators of physical activity behavior among adults and children. *American Journal of Preventive Medicine*. 2002;23(2S):26–35.
74. Locke EA. Towards a theory of task motivation and individual performance. *Organizational Behavior and Human Performance*. 1968;3:157–80.
75. Locke EA, Latham GP. The application of goal setting to sports. *Journal of Sport Psychology*. 1985;7(3):205–22.
76. Locke EA, Latham GP. *A theory of goal setting performance. Editors*. Englewood Cliffs (NJ): Prentice Hall; 1990.
77. Locke EA, Latham GP. Building a practically useful theory of goal setting and task motivation: A 35-year odyssey. *American Psychologist*. 2002;57(9):705–17.
78. Locke EA, Shaw KN, Saari LM, Latham GP. Goal setting and task performance: 1969–1980. *Psychological Bulletin*. 1981;90(1):125–52.
79. Lowe R, Eves F, Carroll D. The influence of affective and instrumental beliefs on exercise intentions and behavior: A longitudinal analysis. *Journal of Applied Social Psychology*. 2002;32:1241–52.

80. Lox CL, Ginis KAM, Petruzzello SJ. *The psychology of exercise: Integrating theory and practice*. 2nd ed. Editors. Scottsdale,(AZ): Holcomb Hathaway, Publishers; 2006.
81. Luszczynska A, Schwarzer R, Lippke S, Mazurkiewicz M. Self-efficacy as a moderator of the planning-behaviour relationship in interventions designed to promote physical activity. *Psychology & Health*. 2011;26(2):151–66.
82. Maddux JE. Habit, health, and happiness. *Journal of Sport and Exercise Psychology*. 1997;19:331–46.
83. Maio GR, Haddock G. Attitude change. In: Kruglanski AW, Higgins ET, editors. *Social Psychology: Handbook of Basic Principles*. 2nd ed. New York: Guilford Press; 2007. p. 565–86.
84. Marcus BH, Ciccolo JT, Whitehead D, King TK, Bock BC. Adherence to physical activity recommendations and interventions. In: Shumaker SA, Ockene JK, Riekert KA, editors. *The Handbook of Health Behavior Change*. 3rd ed. New York: Springer Publishing Co; 2009. p. 235–51.
85. Marcus BH, Forsyth L. *Motivating people to be physically active*. 2nd ed. Editors. Champaign (IL): Human Kinetics; 2009.
86. Marcus BH, Rakowski W, Rossi JS. Assessing motivational readiness and decision making for exercise. *Health Psychology*. 1992;11(4):257–61.
87. McAuley E, Talbot HM, Martinez S. Manipulating self-efficacy in the exercise environment in women: Influences on affective responses. *Health Psychology*. 1999;18:288–94.
88. Michie S, Abraham C, Whittington C, McAteer J, Gupta S. Effective techniques in healthy eating and physical activity interventions: A meta-regression. *Health Psychology*. 2009;28:690–701.
89. Nigg CR, Courneya KS. Maintaining attendance at a fitness center: An application. *Behavioral Medicine*. 1997;23(3):130.
90. Noar SM, Zimmerman RS. Health behavior theory and cumulative knowledge regarding health behaviors: Are we moving in the right direction? *Health Education Research*. 2005;20:275–90.
91. Nothwehr F, Yang J. Goal setting frequency and the use of behavioral strategies related to diet and physical activity. *Health Education Research*. 2007;22(4):532–8.
92. Parrott MW, Tennant LK, Olejnik S, Poudevigne MS. Theory of planned behavior: Implications for an email-based physical activity intervention. *Psychology of Sport and Exercise*. 2008;9:511–26.
93. Plante TG, Gores C, Brecht C, Carrow J, Imbs A, Willemsen E. Does exercise environment enhance the psychological benefits of exercise for women? *International Journal of Stress Management*. 2007;14: 88–98.
94. Presseau J, Sniehotta FF, Francis JJ, Gebhardt WF. With a little help from my goals: Integrating intergoal facilitation with the theory of planned behaviour to predict physical activity. *British Journal of Health Psychology*. 2010;15:905–19.
95. Prins RG, van Empelen P, te Velde SJ, et al. Availability of sports facilities as moderator of the intention–sports participation relationship among adolescents. *Health Education Research*. 2010;25:489–97.
96. Prochaska JO, DiClemente CC. Transtheoretical therapy: Toward a more integrative model of change. *Psychotherapy: Theory, Research & Practice*. 1982; 19:276–88.
97. Rhodes RE. Action control theory of exercise behaviour. In review.
98. Rhodes RE. Action control theory of exercise behaviour. *International Journal of Behavioural Nutrition and Physical Activity*. In review.
99. Rhodes RE, Blanchard CM. What do confidence items measure in the physical activity domain? *Journal of Applied Social Psychology*. 2007;37: 753–68.
100. Rhodes RE, Blanchard CM. Do sedentary motives adversely affect physical activity? Adding cross-behavioural cognitions to the theory of planned behaviour. *Psychology and Health*. 2008;23: 789–805.
101. Rhodes RE, Blanchard CM. Time displacement and confidence to participate in leisure-time physical activity. *International Journal of Behavioral Medicine*. In press.
102. Rhodes RE, Blanchard CM, Bellows K. Exploring cues to sedentary behavior as processes of physical activity action control. *Psychology of Sport and Exercise*. 2008;9:211–24.
103. Rhodes RE, Blanchard CM, Matheson DH. A multi-component model of the theory of

planned behavior. *British Journal of Health Psychology*. 2006;11:119–37.

104. Rhodes RE, Blanchard CM, Matheson DH, Coble J. Disentangling motivation, intention, and planning in the physical activity domain. *Psychology of Sport and Exercise*. 2006;7:15–27.
105. Rhodes RE, Brown SG, McIntyre CA. Integrating the perceived neighbourhood environment and the theory of planned behaviour when predicting walking in Canadian adult sample. *American Journal of Health Promotion*. 2006;21:110–8.
106. Rhodes RE, Conner M. Comparison of behavioral belief structures in the physical activity domain. *Journal of Applied Social Psychology*. 2010;40(8):2105–20.
107. Rhodes RE, Courneya KS. Differentiating motivation and control in the theory of planned behavior. *Psychology, Health and Medicine*. 2004;9:205–15.
108. Rhodes RE, Courneya KS, Blanchard CM, Plotnikoff RC. Prediction of leisure-time walking: An integration of social cognitive, perceived environmental, and personality factors. *International Journal of Behavioral Nutrition and Physical Activity*. 2007;4:51.
109. Rhodes RE, Courneya KS, Jones LW. Translating exercise intentions into behavior: Personality and social cognitive correlates. *Journal of Health Psychology*. 2003;8:447–58.
110. Rhodes RE, de Bruijn GJ, Matheson DH. Habit in the physical activity domain: Integration with intention temporal stability and action control. *Journal of Sport and Exercise Psychology*. 2010;32(1):84–98.
111. Rhodes RE, Dickau L. Moderators of the intentionbehaviour relationship for physical activity: A systematic review. *Journal of Sport and Exercise Psychology*. 2010;32:S213–S4.
112. Rhodes RE, Dickau L. Meta-analysis of experimental evidence for the intention-behavior relationship in the physical activity domain. In preparation.
113. Rhodes RE, Fiala B, Conner M. Affective judgments and physical activity: A review and meta-analysis. *Annals of Behavioral Medicine*. 2009;38:180–204.
114. Rhodes RE, Fiala B, Conner M. A review and meta-analysis of affective judgments and physical activity in adult populations. *Annals of Behavioral Medicine*. 2009;38(3):180–204.
115. Rhodes RE, Jones LW, Courneya KS. Extending the theory of planned behavior in the exercise domain: A comparison of social support and subjective norm. *Research Quarterly for Exercise & Sport*. 2002;73:193–9.
116. Rhodes RE, Nasuti G. Trends and changes in research on the psychology of physical activity across 20 years: A quantitative analysis of 10 journals. *Preventive Medicine*. 2011;53:17–23.
117. Rhodes RE, Pfaeffli LA. Mediators of physical activity behaviour change among adult non-clinical populations:A review update. *International Journal of Behavioral Nutrition and Physical Activity*. 2010;77(37), 1–11.
118. Rhodes RE, Warburton DER, Bredin SS. Predicting the effect of interactive video bikes on exercise adherence: An efficacy trial. *Psychology, Health & Medicine*. 2009;14:631–41.
119. Rhodes RE, Warburton DER, Coble J. Effect of interactive video bikes on exercise adherence and social cognitive expectancies in young men: A pilot study. *Annals of Behavioral Medicine*. 2008;35:S62.
120. Riediger M, Freund AM. Interference and facilitation among personal goals: Differential associations with subjective well-being and persistent goal pursuit. *Personality and Social Psychology Bulletin*. 2004; 30:1511–23.
121. Scholz U, Schüz B, Ziegelmann JP, Lippke S, Schwarzer R. Beyond behavioural intentions: Planning mediates between intentions and physical activity. *British Journal of Health Psychology*. 2008;13(3):479–94.
122. Sheeran P. Intention-behaviour relations: A conceptual and empirical review. In: Hewstone M, Stroebe W, editors. *European Review of Social Psychology*. Chichester, UK: John Wiley & Sons; 2002. p. 1–36.
123. Shilts MK, Horowitz M, Townsend MS. Goal setting as a strategy for dietary and physical activity behavior change: A review of the literature. *American Journal of Health Promotion*. 2004;19(2):81–93.
124. Sirriyeh R, Lawton R, Ward J. Physical activity and adolescents: An exploratory randomized

controlled trial investigating the influence of affective and instrumental text messages. *British Journal of Health Psychology*. 2010;15(4):825–40.
125. Smith JA, Hauenstein NMA, Buchanan LB. Goal setting and exercise performance. *Human Performance*. 1996;9(2):141–54.
126. Sniehotta FF. Towards a theory of intentional behaviour change: Plans, planning, and self-regulation. *British Journal of Health Psychology*. 2009;14:261–73.
127. Sniehotta FF, Schwarzer R, Scholz U, Schüz B. Action planning and coping planning for long-term lifestyle change: Theory and assessment. *European Journal of Social Psychology*. 2005;35(4):565–76.
128. Spence JC, McGannon KR, Poon P. The effect of exercise on global self-esteem: A quantitative review. *Journal of Sport and Exercise Psychology*. 2005;27:311–34.
129. Stokols D. Translating social ecological theory into guidelines for community health promotion. *American Journal of Health Promotion*. 1996;10: 282–98.
130. Symons Downs D, Hausenblas HA. Elicitation studies and the theory of planned behavior: A systematic review of exercise beliefs. *Psychology of Sport and Exercise*. 2005;6:1–31.
131. Symons Downs D, Hausenblas HA. Exercise behavior and the theories of reasoned action and planned behavior: A meta-analytic update. *Journal of Physical Activity and Health*. 2005;2:76–97.
132. Triandis HC. *Interpersonal Behavior*. Editor. Monterey (CA): Brooks/Cole; 1977.
133. Trost SG, Owen N, Bauman A, Sallis JF, Brown W. Correlates of adults' participation in physical activity: Review and update. *Medicine and Science in Sports and Exercise*. 2002;34:1996–2001.
134. Trost SG, Owen N, Bauman AE, Sallis JF, Brown W. Correlates of adults' participation in physical activity: Review and update. *Medicine and Science in Sports and Exercise*. 2002;34(12):1996–2001.
135. Umstattd MR, Wilcox S, Saunders R, Watkins K, Dowda M. Self-regulation and physical activity: The relationship in older adults. *American Journal of Health Behavior*. 2008;32(2):115–24.
136. Van der Horst K, Paw MJCA, Twisk JWR, Van Mechelen W. A brief review on correlates of physical activity and sedentariness in youth. *Medicine and Science in Sports and Exercise*. 2007;39(8):1241–50.
137. Verplanken B. Beyond frequency: Habit as a mental construct. *British Journal of Social Psychology*. 2006;45:639–56.
138. Verplanken B, Aarts H. Habit, attitude, and planned behaviour: Is habit an empty construct or an interesting case of goal-directed automaticity? In: Stroebe W, Hewstone M, editors. *European Review of Social Psychology*. New York: John Wiley & Sons; 1999. p. 101–34.
139. Verplanken B, Melkevik O. Predicting habit: The case of physical exercise. *Psychology of Sport and Exercise*. 2008;9:15–26.
140. Vuchinich RE, Tucker JA. Behavioral theories of choice as a framework for studying drinking behavior. *Journal of Abnormal Psychology*. 1983;92:408–16.
141. Webb TL, Sheeran P. Does changing behavioral intentions engender behavior change? A metaanalysis of the experimental evidence. *Psychological Bulletin*. 2006;132:249–68.
142. Wiedemann AU, Schüz B, Sniehotta F, Scholz U, Schwarzer R. Disentangling the relation between intentions, planning, and behaviour: A moderated mediation analysis. *Psychology & Health*. 2009;24(1):67–79.
143. Williams SL, French DP. What are the most effective intervention techniques for changing physical activity self-efficacy and physical activity behavior – and are they the same? *Health Education Research*. 2011;26(2):308–22.
144. Ziegelmann JP, Lippke S, Schwarzer R. Adoption and maintenance of physical activity: Planning interventions in young, middle-aged, and older adults. *Psychology & Health*. 2006;21(2):145–63.

CHAPTER

4

동기부여: 당신은 얼마나 준비되었나요?

Sara S. Johnson and Brian Cook

규칙적인 운동을 시행하고 지속하도록 촉구하는 것은 의심할 바 없는 중요한 행동 변화의 과제이다. 미국인의 30%만이 ACSM에서 제시하는 지침에 따라 운동하고 있으며(2) 거의 40%는 여가시간에 신체활동을 하지 않는다(6). 그래서 다음과 같은 질문이 필요하다: 사람들은 어떠한 동기로 운동을 하게 되는가?

답의 일부는 그들이 어디에서 시작하느냐에 있다. 종종 사람들이 운동을 시작하는 것에 대해 '생각하도록' 동기부여 하는 것과 실제로 운동을 '시작하도록' 동기부여하는 것은 서로 다르며, 규칙적인 운동을 '지속하도록' 동기부여하는 것과도 다르다. 이러한 이유로, ACSM(2)은 효과적인 운동 중재는 건강 행동 변화 이론에 기초해 개인에게 맞춤화되며 목표 설정, 사회적 지지, 재발 방지와 같은 행동 전략을 포함한다고 보고하고 있다.

근거: 행동 변화의 범이론적 모형

변화단계 모델이라고도 하는 범이론적 모형(Transtheorical Model of Behavior Change, TTM)은 운동 중재에 관한 가장 일반적으로 사용되는 건강행동 변화이론 중 하나이다(20,23). 행동 변화 준비도와 일치하는 중재에 관한 일련의 연구(13,22)는 맞춤형 메시지가 행동 변화에 있어 매우 효과적인 방식임을 입증하고 있다. 나아가, 많은 연구들(5,9,12,14~19,32)이 건강 지도자에 의해 제시되는(27) TTM 기반의 맞춤형 운동 중재가 규칙적인 운동의 시행과 유지를 증가시킨다고 제시하고 있다. 이러한 중재의 성공은 피트니스 전문가에게 중요한 교훈을 상기시킨다. 즉, 대상자가 규칙적인 운동을 할 준비가 되어 있는지 평가하고 운동 중재가 고객의 행동 변화 단계에 잘 맞도록 조정하는 것이 중요하다. 개인의 고유한 요구를 초기단계에서 인지하고 다음 단계로 진행할 때 고객에게 미치는 영향을 크게 증가시킬 수 있다. 이 장에서는 고객이 규칙적인 운동을 시행하고 유지하는 데 도움을 주는 TTM의 효용성 및 개요를 제시하여 개인이 규칙적인 운동을 시행하고 유지하는 데 도움을 주는 실질적인 적용 방법을 설명할 것이다.

범이론적 모형의 5단계

범이론적 모형은 행동 변화 과정의 일련의 5단계를 시간에 따라 전개되는 과정으로 개념화하고 있다(그림 4.1 참조).

계획전단계

계획전단계는 개인이 가까운 미래에 운동을 규칙적으로 할 의도가 없는 단계이다(일반적으로 향후 6개월로 정의됨). 이 단계에 있는 개인은 종종 운동을 시행하는 것에 따르는 이득을 인식하지 못하거나 경시하는 경우가 많으며 변화에 필요한 노력을 과다추정한다. 그들은 종종 방어(defensiveness), 부인(denial), 또는 사기저하(demoralization)로 표현되는 세 가지 'D' 중 하나 이상을 가지고 있다. 종종 그들은 건강 전문가들에게 일관성이 없거나, 동기부여되어 있지 않거나 대하기 어려운 사람들이라고 묘사된다. 그렇다 하더라도 운동을 시행할 준비가 되어 있지 않은 것과 운

그림 4.1 변화단계

동을 하려는 욕구가 부족한 것을 혼동하지 않는 것이 중요하다. 달리 말하면 계획전단계에 있는 사람은 운동을 하고 싶어할 수도 있으나 단지 자각된 장애요인들로 인해 운동을 시작할 준비가 되어 있지 않을 수 있다. 자각된 장애요인에는 낮은 자기효능감(자신이 규칙적인 운동을 할 수 있다고 생각하는 자신감 혹은 믿음)이나 운동을 시작하는 방법에 대한 정보의 부족이 있을 수 있다.

계획단계

계획단계에 있는 사람들은 향후 6개월 안에 규칙적으로 운동을 할 의도를 가지고 있다. 그들은 운동에 대한 수많은 이점을 알고 있지만 동시에 단점 및 결점 대해서도 잘 알고 있다. 그 결과 그들은 운동에 대해 양면적인 태도를 보이기도 한다. 때로는 양면적인 태도가 너무 심해서 계획단계에 오래 머무르게 되어 급기야 '만성 계획단계'로 지칭되기도 한다. 이런 사람들은 종종 규칙적인 운동을 시행하기 위해 필요한 자신감과 의지가 부족하다.

준비단계

준비단계에 있는 사람들은 앞으로 30일 내에 규칙적으로 운동을 할 준비가 되어 있으며 하루에 최대 30분 정도의 운동을 하려는 목표를 가지고 있는 사람이다. 그들은 어떻게 앞으로 나아갈지 계획을 세우고 있으며 규칙적으로 운동을 하는 것을 장려하는 메시지와 프로그램이 필요한 대상자들이다(예: 일단 한 번 해봐!). 그들은 또한 규칙적으로 운동할 수 있는 자신의 능력에 대해 더 큰 자신감과 의지력을 가지고 있다.

행동단계

행동단계에 있는 사람들은 지난 6개월간 규칙적인 운동을 시행해왔고 새로운 습관을 만들기 위해 적극적인 행동 전략을 구사한다. 하지만 그들은 사전에 계획을 세우지 않으면 일상의 도전(예: 기상 악화, 부상, 일정 충돌)에 직면할 때 운동을 중단하기 쉽다.

유지단계

유지단계에 있는 사람들은 꽤 오랫동안 규칙적으로 운동을 해오고 있으며(일반적으로 6개월 이상으로 정의) 행동 변화를 유지하는 자신의 능력에 대해 더 높은 자신감을 가지고 있다. 최근의 연구는 낮은 자신감이나 자기효능감이 유지단계에서 운동을 중지하는 제1 예측변수임을 보여주고 있다(11).

변화단계의 진행

앞으로 설명하겠지만, 개인의 변화단계는 중재 전략과 메시지 선택에 있어 중요한 의미를 갖는다. 또한 단계적 패러다임이 갖는 중요한 의미는 고객이 운동을 시행하고 유지하도록 할 때 '성공'이 무엇을 의미하는지 재개념화하는 것이다. 고객이 한 단계 앞으로 나아가도록 돕는 합리적인 목표는 이후 성공의 중요한 예측 변수가 된다. 실제로 개인이 한 단계 전진하는 전략(예: 계획전단계에서 계획단계로)은 앞으로 6개월 안에 효과적인 행동을 취하게 할 가능성을 두 배까지 높일 수 있다. 사람들이 두 단계 움직이도록 돕는 것은 행동을 취하게 할 가능성을 세 배로 증가시킬 수 있다(29). 그럼 어떻게 대상자들이 그러한 목표를 달성하도록 도울 수 있을까? 그것은 고객의 변화단계에 맞는 행동 변화 전략을 사용함으로써 가능해진다. 행동 변화 전략은 의사결정 균형, 자기효능감 및 10가지 변화 과정과 같은 TTM에 포함된 여러 행동 변화 구조에 근거한다.

장점(이득)과 단점(결점)

의사결정 균형은 변화의 장점(이득)과 단점(번잡함, 장애물, 결점)에 대한 개인의 상대적인 비중을 나타낸다. 48가지의 건강 행동에 대한 장·단점을 폭넓게 검토한 결과(10) 48가지 건강 행동의 단계별 장·단점 패턴이 나타났다. 계획전단계에서는 단점이 장점보다 많았으며, 반면에 행동단계에서는 장점을 단점보다 더 비중 있게 여겼다. 단계별 장점과 단점 사이의 관계는 중재 전략에 있어 중요한 의미를 갖는다. 피트니스 전문가와 다른 건강관리자들이 숙지해야 할 핵심 메시지는 다음과 같다:

1. 장점을 부각시키는 것이 단점을 줄이는 것보다 두 배 더 중요하다.
2. 초기단계에는 장점을 부각시키는 것이 매우 중요하다.
3. 계획단계는 장애요인들을 다루기 시작하는 시기이다.

자기효능감

자기효능감은 특정한 행동을 하거나 성취하는 능력에 대한 개인의 믿음으로 정의된다(3). TTM을 기반으로 한 운동 중재에 있어 자기효능감은 변화를 만들고 유지하기 위한 자신감으로 작동된다. 자신감은 계획전단계에서는 낮으나 단계가 진행됨에 따라 높아진다(8). 자기효능감의 중요성을 감안할 때, 자신감을 키울 수 있는 작은 목표를 설정하고 달성하도록 돕는 것을 초기에 시행할 필요가 있다. 예를 들어, 누군가가 운동을 전혀 하고 있지 않지만 앞으로 6개월 내에 운동을 하고자 한다면 천천히 운동을 시작하는 목표(예: 10분씩 일주일에 3번)를 제시하고 그 목표가 달성되면 빈도와 강도를 증가시키기는 합리적이고 달성 가능한 목표를 설정하도록 하는 것이 도움이 될 것이다.

변화 과정

변화 과정(25;26)(**표 4.1** 참조)은 개인이 변화단계 전반에 걸쳐 사용하는 명백하면서도 은밀한 행동

표 4.1 변화 과정

변화 과정	설명	예시 전략
경험적 과정		
의식고양	운동을 지지하는 새로운 사실, 아이디어, 팁 배우기	책이나 잡지를 읽거나 운동과 건강을 주로 다루는 웹사이트 방문하기
극적 안도감 (감정에 집중하기)	운동을 하지 않음으로써 생기는 건강상의 결과에 대한 부정적인 감정(두려움, 걱정)이나 운동을 함에 따라 생기는 긍정적인 감정(영감)을 경험하기	규칙적인 운동을 함으로써 예방했을 심각한 건강 문제를 가지고 있는 주변의 친한 사람을 떠올려 보기
환경 재평가(다른 사람에 대한 자신의 영향력 지각하기)	운동을 하지 않는 것이 타인과 우리 사회에 끼치는 부정적 영향 자각하기 – 동시에 규칙적인 운동을 함으로써 미치는 긍정적인 영향에 대해서도 자각하기	자신의 비활동적인 생활이 자녀나 가족, 친구, 직장동료에게 예시가 될 수 있음을 고려하기
자기 재평가 (새로운 자기 이미지 만들기)	규칙적인 운동은 정체성의 중요한 일부임을 깨닫기	자신에게 물어보기. 규칙적으로 운동하지 않는 사람이 나 자신이라고 할 때 어떻게 느껴지는가? 만약 규칙적으로 운동하고 있다면 다르게 느끼는가?
사회적 해방 (Notice Social Trends)	사회적 흐름이 운동을 지지하는 쪽으로 변하고 있다는 것을 자각하기	운동을 지지하는 사회적 변화 이름 대기(예: 산책로)
행동적 과정		
자기해방(선언하기)	규칙적으로 운동하는 자신의 능력을 믿고 그 믿음에 기초해서 변화를 다짐하기	규칙적으로 운동을 시작하는 날짜를 정하고 친구, 가족, 직장동료에게 계획을 말하기
지지관계	운동을 시작하고 유지하기 위해 필요한 사회적인 지지를 구하고 사용하기	성인 스포츠 리그에 가입하거나 저녁 식사 후에 함께 동네를 산책할 것을 친구에게 요청하기
대체방법 (대체방법 사용하기)	건강하지 못한 생각과 행동을 건강하게 바꾸기	차 대신 자전거로 직장에 출근하기
관리강화 (보상 사용하기)	운동에 대한 내•외적 보상을 증가시키고 좌업 행태의 보상은 감소시키기	운동 목표를 달성한 후 새 운동복 사기
자극조절 (주변 환경 관리하기)	좌업행태를 자극시키거나 상기시키는 기제들은 제거하고 운동에 대한 기제는 사용하기	점심 휴식시간에 달리기를 할 수 있게 운동화와 운동복이 든 가방을 문 옆에 놓아두기

변화 전략을 담고 있다(26). 선행 연구에 따르면 일반적으로 경험적인(예: 인지, 감정, 평가) 과정은 초기단계에서 강조되는 반면, 후기단계에서는 좀 더 행동적인(예: 사회적 지지, 약속, 행동 관리 기법) 과정에 의존한다고 설명하고 있다(28). 관련 연구는 이러한 과정이 운동 변화단계에 따라 크게 다르다는 것을 보여주고 있다(4,18,21,30,33). 각각의 과정은 다양한 기법에 의해 활성화될 수 있다. 예를 들면, 의식고양은 다음의 활동들로 달성될 수 있다: 운동의 중요성에 관한 글을 읽거나 뉴스 기사 듣기, 건강관리자 혹은 트레이너와 건강 이력과 신체적 한계(만약 있다면)를 고려할 때 어떤 운동이 적합한지 이야기하기, 친구들에게 어떤 형태의 운동을 즐기는지 물어보기, 지역 체육관이나

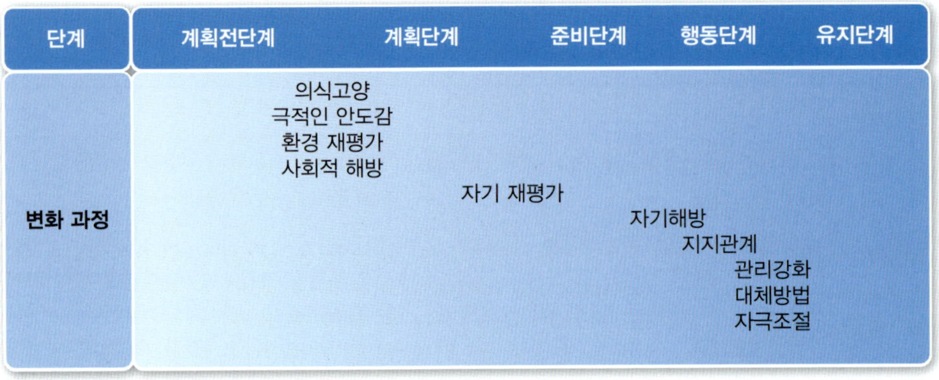

그림 4.2 단계에 따른 변화과정

피트니스 시설에서 어떤 운동 프로그램을 제공하는지 웹사이트에서 확인하기, 혹은 일지(종이 또는 모바일 앱)를 통해 얼마큼의 신체활동을 주중에 하고 있는지 기록하기 등이다. 표 4.1의 첫 번째 열에는 각 변화 과정의 공식적, 비공식적인 명칭(삽입구)이 모두 기재되어 있다. **그림 4.2**는 다양한 변화 과정과 가장 관련성 있는 단계를 보여준다.

단계별 설명[Step-by-Step]

전통적인 행동 지향적 중재의 기본 가정은 모든 이들이 바뀔 준비가 되어 있다고 본다. 하지만 단계별 패러다임은 대다수의 개인은 변화할 준비가 되어 있지 않다는 근본적으로 다른 가정하에 작동된다. 이러한 관점의 차이는 운동 전문가가 고객이 운동 프로그램을 시작하고 유지할 수 있도록 적절한 시기에 가장 효과적인 전략을 채택할 수 있게 한다. 따라서 적절한 시기에 특정 과정을 거치도록 장려하는 것은 단계의 진행을 용이하게 할 것이다.

1. **1단계 – 변화에 대한 준비도 평가:** 중재 프로그램이나 메시지를 대상자의 요구와 맞춰보는 것은 규칙적으로 운동하는 것을 시행하고 유지하는 가능성을 증가시킨다. 먼저 당신은 대상자가 지침(예: ACSM 지침 – 하루에 30분씩 일주일에 5일 이상 중강도의 운동, 하루에 20분씩 일주일에 3일 이상 고강도의 운동, 혹은 둘의 조합)에 따라 운동하는 것에 대해 얼마나 준비가 되어 있는지 평가할 필요가 있다(2). 결국 고객이 궁극적인 목적이 되는 공중보건 지침을 얼마큼 충족시킬 준비가 되어있는지 확인하는 것이 중요하다. 만약 고객이 일정 수준의 운동을 하지 못하는 신체적 한계가 있는 경우, 당신은 건강관리자의 권고에 기초하여 어떤 신체활동이 안전한지 평가하도록 한다. 당신은 저항운동에 관여하는 주요 근육군, 주 2~3일의 신경근 운동, 혹은 최소 주 2~3일의 유연성 운동에 대해 각각의 준비도를 평가할 수 있다(1).
2. **2단계 – 중재 방안을 개인의 변화 준비 상태에 맞추기:** 일단 고객이 규칙적으로 운동할 준비가 되어 있는지 평가했다면 다음 단계로 이동하기 위해 다음 페이지의 제안을 활용하도록 한다. 예를 들면, 만약 당신의 고객이 계획단계에 있다면 계획단계 부분에 있는 중재 전략을 사용하면 된다. 또한 각 단계마다 고객이 할 수 있는 몇 가지 신체활동의 보기를 제공하고 있다(25). 이러한 신체활동의 보기들은 고객들을 위한 유인물이기 때문에 잘 읽혀지도록 제작되었

다. TTM을 성공적으로 적용하는 방법에 대한 자세한 지침은 Pro-Change Behavior Systems이 개발한 e-러닝(www.prochange.com/e-learning)에 참여하거나, TTM 사용 안내서인 Mastering Change를 참조하기 바란다(24).

계획전단계

계획전단계의 목표는 고객이 계획단계로 진입하도록 하는 것이다. 계획전단계에 있는 사람들은 행동을 취할 준비가 되어 있지 않기 때문에 행동하도록 권하는 것은 오히려 중도탈락이나 사기저하를 일으킬 수 있다. 정보를 제공하는 것은 행동 변화 과정을 시작하는 훌륭한 방법이다. 비록 그들이 규칙적으로 운동을 시작할 준비가 되어있지 않더라도 보다 작은 목표를 세울 수 있다는 것을 명심해야 한다(예: 일주일에 한 번 몇 분 정도 운동하기). 만약 그들이 그러한 목표를 세울 준비가 되어 있지 않다면 달성할 수 있는 합리적인 목표에는 무엇이 있는지 알아보도록 한다.

계획전단계 활동을 위한 실습 도구상자 4.1 참조

계획전단계: 핵심 중재 전략

장점 부각시키기
- 자신이 생각하는 운동의 '장점'을 열거하도록 한다 – 규칙적으로 운동하면 어떤 이득이 있을까? 그 목록에 무엇이 있는가?
- 열거된 목록의 중요성을 강조하고 그 중 고객에게 더 필요한 항목을 지정함과 동시에 그것에 따른 추가적인 이득을 제시하도록 한다.
- 75가지 이점 목록을 제공한다.
- 자신과 가장 관련이 깊은 상위 10가지 이득을 추려내도록 한다.

의식고양 – 정보를 갖추도록 돕기
- 좌업행태의 결과에 대한 인식을 높이도록 한다(예: 좌업행태가 건강에 어떻게 영향을 미치는지 건강관리자에게 묻기).
- 관찰한다(예: "당신은 지금 운동을 중단한 이후 활력이 좀 떨어졌다고 말하고 있네요.").
- 고객이 미디어, 건강관리자, 친구로부터 받은 정보에 대해 더 개방적인 태도를 갖도록 한다(예: 고객에게 운동과 관련된 기사 헤드라인을 유심히 보도록 하기).

사회적 해방 – 사회적 흐름에 주목하기
- 운동을 지지하는 사회적 변화에 대해 이야기하도록 하라; 고객이 언급한 것에 예시를 추가한다.
- 다음에 제시되는 내용을 포함하여 운동하기 더 쉽게 만드는 사회적 흐름에 대해 주목하도록 한다.
  - 산책로
  - 지역사회나 직장인 건강 프로그램에서 제공하는 무료 혹은 저비용 운동 프로그램과 건강 강좌
  - 기금 마련을 위한 스포츠 이벤트에 참가하도록 기획된 단체(예: The Leukemia Society's Team-In-Training)
  - 집에서 운동할 수 있는 방법의 증가(예: 넷플릭스의 피트니스 DVD, DDR, Wii 스포츠, Wii 피트 같은 비디오 게임)
  - 휴대 전화나 MP3에 설치해서 사용하는 다양한 피트니스 프로그램과 추적기(예: 운동용 앱-나이키+ 또는 mapmyrun.com-나만의 러닝 경로를 만들 수 있는 앱_역주).

환경 재평가 – 타인에게 미치는 영향에 주목하기
- 운동하지 않음으로 해서 자녀, 배우자, 친구, 가족 등 다른 사람에게 미치는 영향을 생각하도록 한다.
- 다른 사람들이 그렇게 되었으면 하는 모범을 보이고 있는지 물어본다.
- 좌업행태의 잠재적인 결과를 다뤄야만 하는 사람이 누구인지 물어본다(예: 만성 질환, 신체적 한계, 조기 사망).

실습 도구상자 4.1

계획전단계를 위한 활동: 장점 부각시키기

계획전단계에 있는 사람들은 보통 규칙적으로 운동해야 하는 이유에 대해 충분히 자각하지 못한다. 좋은 이유나 '장점'이 더 많을수록 준비가 되었을 때 다음 단계로 나아가기가 쉬워질 것이다.

다음은 규칙적인 운동이 주는 75가지 이점이다.

어떤 이점이 당신에게 가장 중요한가? 그것들을 확인하도록 하라.

운동은 다양한 방식으로 건강을 향상시킬 것이다:

❑ 체중관리를 더 잘 할 수 있을 것이다.
❑ 조기 사망의 위험을 낮출 것이다.
❑ 삶의 질을 향상시킬 것이다.
❑ 칼로리를 줄이면 체중을 줄일 수 있을 것이다.
❑ 심장, 폐, 근육의 건강상태를 개선시키게 될 것이다.

많은 질병의 위험을 감소시킬 수 있다:

❑ 관상동맥질환
❑ 당뇨병
❑ 고혈압
❑ 골다공증(취약뼈)
❑ 뇌졸중
❑ 우울증
❑ 치매
❑ 게실염
❑ 담석증
❑ 대장암
❑ 유방암
❑ 식도암
❑ 폐암
❑ 고관절 골절

전반적인 웰빙에 도움이 된다:

❑ 운동은 에너지를 증가시킨다.
❑ 규칙적인 운동은 스트레스에 대처하는 데 도움이 된다.
❑ 규칙적인 운동은 긴장을 완화시킨다.
❑ 규칙적인 운동은 수면상태를 개선시킨다.
❑ 규칙적인 운동은 식욕을 조절해준다.
❑ 규칙적으로 운동하면 근력이 강해진다.
❑ 운동은 기분을 좋게 한다.
❑ 운동은 지구력을 향상시킨다.
❑ 운동은 통증을 감소시킬 수 있다.
❑ 운동은 체지방을 감소시킬 수 있다.

심장에 좋다:

❑ 좋은 콜레스테롤(HDL) 수치를 증가시키는 데 도움이 된다.
❑ 나쁜 콜레스테롤(LDL) 수치를 감소시킨다.
❑ 두 번째 심장마비로부터 생존할 가능성을 높인다.
❑ 혈관이 막히는 위험을 감소시킨다.
❑ 안정시 심박수를 낮춘다.
❑ 불규칙적인 심장 리듬을 감소시킨다.

실습 도구상자 4.1 (계속)

❑ 혈액 순환을 개선시킨다.

자기 이미지를 개선시킨다:
❑ 자신감을 높인다.
❑ 자부심을 높인다.
❑ 더 멋있게 보이도록 한다.
❑ 자세를 개선시킨다.
❑ 더 생산적이 되도록 한다.
❑ 삶의 기쁨을 증가시킨다.
❑ 행복감을 높인다.
❑ 자존감을 향상시킨다.

전반적인 건강을 개선시킨다:
❑ 면역계가 잘 작동되도록 한다.
❑ 체내 인슐린 사용이 잘 되도록 한다.
❑ 대사작용이 원활하도록 한다.
❑ 하루 동안 근육이 더 많은 열량을 소모하도록 한다.
❑ 관절을 튼튼하게 한다.
❑ 뼈를 강하게 만든다.
❑ 발기부전의 위험을 낮춘다.
❑ 배변활동이 규칙적으로 일어나게 한다.
❑ 근육을 강하게 한다.

일상에서 다음의 변화가 일어나는 것을 알게 될 것이다:
❑ 초조함이나 불안감이 작아질 것이다.
❑ 스태미너가 증가할 것이다.
❑ 더 기민해지고 집중을 잘 하게 될 것이다.
❑ 기억력이 향상될 것이다.
❑ 더 유연해질 것이다.
❑ 협응력이 향상될 것이다.
❑ 긴장성 두통의 고통을 덜어주는 데 도움이 될 것이다.
❑ 넘어짐의 위험을 줄일 것이다.
❑ 요통을 예방하고 감소시킬 것이다.
❑ 근육의 긴장을 줄일 것이다.
❑ 더위와 추위에 더 잘 견디게 될 것이다.
❑ 성욕이 증가하고 성적 능력을 향상시키게 될 것이다.
❑ 병에 덜 걸리고 직장에서 결근하는 횟수도 줄어들 것이다.
❑ 새롭고 다른 방식으로 도전할 수 있게 될 것이다.
❑ 화를 더 잘 다스릴 수 있게 될 것이다.
❑ 운동이 한동안 다른 일들을 잊게 한다는 사실을 알게 될 것이다.
❑ 균형감이 향상될 것이다.
❑ 일을 더 잘하게 될 것이다.
❑ 옷이 더 잘 맞게 될 것이다.

다른 사람들 역시 이득을 본다!
❑ 당신을 사랑하는 사람들이 당신의 건강에 대해 덜 걱정할 것이다.
❑ 건강한 습관을 선택하는 좋은 본보기가 될 것이다.
❑ 자녀와 가족, 친구들에게 건강한 역할 모델이 될 것이다.

계획단계

계획단계의 목표는 고객이 준비단계로 진입하도록 하는 것이다. 이 단계 있는 사람들은 이제 막 행동을 취할 준비를 했기 때문에 규칙적인 운동을 시행하도록 종용하는 것은 오히려 비효과적일 수 있다. 계획단계에 있는 사람이 갖는 진짜 위험은 그들이 운동에 대해 갖고 있는 양면적인 태도 때문에 '만성적인' 계획단계에 오래 머무른다는 것이다. 그들은 규칙적으로 운동하는 것이 가치 있다고 생각하지만 여전히 장애요소와 단점도 명확히 알고 있다. 그래서 그들이 계속해서 앞으로 나아가도록 돕기 위해서는 작은 변화를 주도록 격려해야 한다. 그러한 작은 변화가 성공하려면 자신감을 형성시키고 운동의 이점을 보다 분명하게 인식하도록 해야 할 것이다.

계획단계 활동을 위한 실습 도구상자 4.2 참조

계획단계: 핵심 중재 전략

장점 부각시키기

- 규칙적으로 운동함에 있어서 개인적으로 가장 뚜렷한 단점을 물어본다.
- 변화에 노력이 든다는 것을 인정하도록 한다. 그렇다고 변화가 가치 있는지에 대한 논쟁은 피한다.
- 다음 사항을 활용해 단점들을 줄여가도록 한다.
  - 점점 늘어가는 장점과 단점을 비교한다.
  - 장점에 비해 단점이 얼마나 중요한지 물어본다.
  - 고객 스스로 단점을 극복하도록 한다.

의식고양 – 정보 갖추기

- 고객에게 운동 장비나 보수계를 착용하도록 하여 언제, 얼마큼 운동을 하고 있는지 스스로 알 수 있도록 한다.
- 운동과 관련된 질문을 하고 더 많은 정보를 검색하도록 권한다(예: 운동 선호도와 일정에 맞는 운동장소를 탐색하고 친구들에게 운동을 위해 어떻게 일정을 조정하는지 이야기하도록 한다).
- 운동에 대해 최근에 본 헤드라인이나 뉴스 기사(예: 운동이 노인들의 기억력 증가에 미치는 영향에 대한 공중파 라디오 이야기 등)가 무엇인지 물어보고 더 많은 것을 찾아보라고 권한다.

자기 재평가 – 새로운 자기 이미지 만들기

- 고객에게 자신의 이미지에 관해 다음과 같이 묻도록 한다: "운동을 규칙적으로 하지 않는 사람으로서 나 자신을 어떻게 느끼고 생각하는가?"
- 고객에게 자신이 되고 싶은 사람이 어떤 모습인지 묘사하도록 한다.
- 고객에게 만약 운동을 규칙적으로 한다면 자기 이미지가 어떻게 개선될지 묘사하도록 한다.
- 고객이 기재할 형용사 목록을 제공한다(예: 활력 넘치는, 굼뜬, 맵시 있는, 몸매가 망가진 등).

극적 안도감 – 감정에 집중하기

- 고객에게 지인(예: 친구, 가족, 유명인사 등)들 중 규칙적으로 운동을 시작함으로써 건강을 개선시킨 고무적인 이야기를 들려달라고 요청한다.
- 만약 고객이 마땅한 예를 떠올리지 못한다면 당신의 경험 중 한 가지를 나누도록 한다. 예를 들어, 이 고객의 현 단계에서 운동을 시작하게 된 사람이 거둔 효과를 전달한다.
- 만약 건강하지 못한 생활습관의 영향으로 당뇨병이나 심장질환 같은 만성질환을 진단받는다면 어떻게 느끼게 될지, 그렇게 되면 운동을 하지 않은 것을 후회할 수도 있을지 설명해달라고 요청한다. 고객이 조기 사망에 대해 걱정하는가? 규칙적인 운동습관을 갖기 위해 조금씩 나아가는 것이 그러한 감정들을 다루는데 어떻게 도움을 될 수 있을까?
- 작은 한 걸음을 내딛도록 하라(자기효능감 개발하기).
  - 고객에게 목표를 향해 나아갈 수 있는 쉬운 예시를 제공 한다(예: 매일 10분씩 걷기, 일주일에 한 번 운동수업 가기, 승강기 대신 계단 이용하기, 운동을 시작하기 위한 허가를 받을 수 있는 건강관리자와 약속하기)
  - 고객에게 제안된 예시나 자신의 예 중에서 하나를 선택하도록 한다. 어떻게 그들이 하고 있는지 다시 확인하도록 한다.

실습 도구상자 4.2

계획단계 활동: 장애요소 극복하기

계획단계에 있는 사람들은 규칙적으로 운동을 해야 할 가치가 있는지 궁금해 할 가능성이 크다. 특히 처음에는 오래된 습관을 바꾸는 것이 어려울 수 있다. 우리는 당신이 직면하고 있을지도 모르는 운동 실천의 단점이나 장애요소를 줄이는 데 도움이 되는 세 가지 전략을 가지고 있다. 가장 큰 장애요소 세 가지를 아래 표에 적어 보라. 다음 중 각각의 장애요소를 극복하기 위해 어떤 전략을 사용할 것인가?

1. 규칙적으로 운동하는 것의 이점 혹은 장점의 목록을 만들어 본다. (계획전단계에 있는 사람들을 위한 실습 도구상자 4.1에서 찾을 수 있는 장점들을 제시하고 만약 그것을 사용하지 않았다면 여기에서도 찾을 수 있다.) 당신의 목록에 그것들을 더함에 따라 단점이나 결점은 아마 덜 중요해질 것이다.
2. 규칙적으로 운동하지 않음으로써 생기는 심각한 결과와 대수롭지 않은 단점들을 다음의 예시와 함께 비교해 본다.
   - 당뇨병이나 심장질환과 비교해 운동교실이나 운동화의 비용은 얼마나 되는가?
   - 운동하는 데 드는 시간은 운동을 함으로써 연장될 수 있는 당신의 삶의 길이와 비교해 얼마나 되는가?
   - 운동을 시작하는 일시적인 불편함은 운동을 하지 않을 경우 시간이 지날수록 힘과 지구력이 떨어질 수 있는 가능성과 어떻게 비교되는가?
3. 다음의 예시와 같이 실질적인 대안으로 단점이나 결점을 보완한다.
   - 만약 내가 운동하는 데 하루에 30분의 시간을 온전히 낼 수 없다면, 하루 중 10분 단위의 시간을 나누어 낸다.
   - 트레드밀에 올라 있는 동안 시간이 더욱 빨리 가도록 좋아하는 TV 프로를 볼 수 있다.
   - 만약 내가 다른 사람들 앞에서 운동하는 것이 쑥스럽다면 집에서 하거나 초보자를 위한 수업을 듣거나 체육관이 붐비지 않는 시간에 가는 방법들이 있을 수 있다.
   - 만약 내가 체육관 회원등록을 할 여유가 없다면 야외를 걷거나 비용이 저렴한 주민자치센터를 등록하거나 체육관에 회비 할인 사항이 있는지 확인한다.

세 가지의 가장 큰 장애요소 적기	세 가지의 실질적인 대안 적기

준비단계

준비단계의 목표는 고객이 규칙적인 운동을 성공적으로 이행하도록 돕는 것이다. 고객이 날짜를 정하도록 하고 치밀한 계획을 세우고 지원자들을 물색하는 데 도움을 주도록 한다. 고객이 잠재적인 곤란한 상황들(예: 여행, 악천후, 바쁜 업무 기간)을 예상하도록 하여 그에 대비한 계획을 세워 운동의 흐름에서 벗어나지 않게 한다. 계획을 갖는 것은 고객이 목표를 성취할 수 있는 자신감을 키우게 할 것이다. 격려와 지지 또한 중요하다.

준비단계 활동을 위한 실습 도구상자 4.3 참조

준비단계: 핵심 중재 전략

자기해방 – 선언하기

- 고객이 다음의 방법들을 사용해 규칙적으로 운동을 시작하겠다는 강한 자기선언을 하도록 한다.
  - 마법 같은 순간이 오기를 기다리기보다 운동을 시작하고자 하는 날짜 정하기
  - 다른 사람들(페이스북이나 다른 SNS에 게시글 올리기)에게 선언한 바를 알리기
  - 구체적인 '행동 계획'을 짜고 필요한 정보들을 모으기
  - 자기 선언, 시작 날짜, 행동계획 적기

지지관계 – 지지 얻기

- 변화의 노력을 지지할 수 있는 사람이 누구인지 확인하도록 한다.
  - 비슷한 변화를 시도하는 친구
  - 사랑하는 이, 가족, 친구, 이웃, 직장 동료
  - 페이스북 친구
  - 체육관 스텝이나 직장 동료
  - 고객이 필요한 지원과 격려의 종류와 양에 대해 가능한 구체적으로 설명토록 하기
- 다음의 방법을 활용해 고객 지원하기
  - 지지를 위한 역할극하기
  - 추가적인 지원처 확인하기
  - 만약 고객이 당신에게 의존하기 시작한다면 지원을 줄여가기(예: 만남의 횟수 줄이기)

자기 재평가 – 새로운 자기 이미지 만들기

- 고객이 변화를 일으키기 시작한 후에 자신에 대해 어떻게 생각하고 느낄지에 대해 생각해보도록 한다.
- 시각화 연습 활용하기(예: 3~6개월 혹은 1년 후의 자신을 상상하기)
  - 자신에 대해 어떻게 생각하는가
  - 자신의 이미지가 어떻게 변했는가
  - 자신의 건강이 어떻게 변했는가
  - 자신의 외모가 어떻게 변했는가
- 시각화를 위한 추가적인 지침(6):
  - 방해받지 않는 조용한 장소를 찾아 긴장을 풀고 깊은 호흡을 한다.
  - 먼저 파란 큰 원을 시각화한다. 그것이 작은 점으로 줄어들고 마침내 사라지는 것을 보도록 한다. 파란색은 이완의 색이다.
  - 운동하는 이미지를 가능한 구체적이고 자세하게 연상하도록 한다.
  - 자신을 매우 상세하게 떠올릴 수 있도록 구체적인 세부사항을 점차적으로 추가한다.
  - 자신이 운동하는 상황을 상상하게 한다. 규칙적인 운동이 자기 이미지를 얼마나 변화시킬지 구체적으로 상상하게 한다.
  - 고객을 깊은 호흡으로 인도하고, 천천히 눈을 뜨고, 실제 외부 환경에 적응하도록 안내하며 마친다.

실습 도구상자 4.3

준비단계 활동 예시: 선언하기

운동 프로그램을 시작하기 전에 주의 및 금기사항을 확인하기 위해 의사의 검진을 받는 것이 중요하다. 일단 녹색등이 켜지면, 가속페달을 밟을 일만 남은 것이다.

1. 목표 설정

다음 사항 중 하나를 체크하여 당신의 특정 목표로 정해본다.

- ❑ 150분 동안 중강도 유산소 운동하기(최소 주 5일, 하루에 30분 이상)
- ❑ 75분 동안 고강도 유산소 운동 하기(최소 주 3일, 하루에 25분 이상)
- ❑ 위의 목표치에 도달하는 중강도와 고강도를 조합하여 유산소 운동하기(중강도 2분 = 고강도 1분)
- ❑ 대근육군을 포함한 저항운동을 주 2~3일 실시하기(근육군별 8~12회)
- ❑ 평형성, 협응성, 민첩성을 향상시키기 위한 운동을 주 2~3일 실시하기
- ❑ 유연성 운동(주요 근육군들을 동작마다 60초) 최소 주 2일 실시하기

2. 운동 종목 찾기

당신의 운동 목표와 일치하고 즐길 수 있는 종목을 발견하면 운동을 습관화하는 일은 훨씬 쉬워진다.

미국에서 가장 대중적인 운동은 걷기지만 고정식 자전거나 수영, 피트니스 수업, 줌바 댄스, 요가, 농구, 웨이트 트레이닝을 선호할 수도 있다.

핵심은 운동을 통해서 무엇을 얻고 싶은가이고 그것이 정해지면 적합한 형태의 운동을 찾게 될 것이다.

내가 선택한 운동은 ________________.

3. 시작날짜 정하기

언제 규칙적으로 운동을 시작할 것인가? 연구는 다음과 같은 방법이 도움이 된다고 한다.

- 다음 달에 날을 정한다.
- 통제 가능한 요일을 택한다.
- 스트레스가 많지 않은 요일을 고른다.
- 날짜를 상기시켜 줄 곳에 표시를 해둔다(계획표나 전화 등).
- 나는 __________에 운동을 규칙적으로 시작할 것이다.

4. 다른 사람들에게 당신의 다짐을 말하라

공개적인 선언은 혼자만의 약속보다 훨씬 강하다. 매번 누군가에게 규칙적으로 운동을 하겠다고 선언하면 당신의 다짐을 더 강화시킨다.

다음을 통해 운동에 대한 결심을 강화하라.

- 누구에게 당신의 다짐을 말할지 결정하고,
- 당신의 계획에 대해 이야기한다. 누구에게 당신의 계획에 대해 이야기할 것인가?

나는 ________________에게 이야기할 것이다.

그럼 어떻게 사람들에게 이야기 할 것인가? 여기에 몇 가지 아이디어가 있다.

- 페이스북이나 트위터에: "운동 프로그램을 시작할거야!" 라고 적는다.
- 친구, 가족, 직장 동료에게 다음과 같이 말한다: "내가 규칙적으로 운동을 시작할 계획이라는 것을 주위 사람에게 알리고 싶었어. 사람들에게 이야기하면 계획을 지키는 데 도움이 될 것 같아. __________에 시작할 계획인데, 날 찾으려면 체육관이나 수영장, 산책로로 오라구!"
- "나는 이제부터 운동계획의 실행에 전념할 것이다" 라는 문구를 이메일이나 문자메시지, 또는 컴퓨터 팝업 메시지(instant message)를 통해 자신에게 보낸다.
- 냉장고에 다음 문구를 쪽지 형태로 붙여둔다: 운동계획을 ______부터 실천에 옮길 것이다!
- 스마트폰에 앱을 다운받는다: Runkeeper와 같은 앱은 운동 진행경과를 기록해 줄 뿐만 아니라 운동의 구체적 내용 및 결과가 페이스북이나 트위터에 업로드될 수 있도록 해준다.

주저하지 마십시오! 자신이 운동을 규칙적으로 실행할 계획이라는 사실을 가능한 한 많은 사람들에게 알리시오.

계속

실습 도구상자 4.3 (계속)

5. 행동계획(Action Plan) 수립

운동을 위한 실행 전략을 미리 수립하면 보다 큰 성과를 거둘 수 있다. 실행 전략은 가능한 한 상세한 내용으로 구성하되 그 과정에서는 운동에 방해가 될 수 있는 요인들에 대한 대처방법, 날씨 상태가 운동을 하기에 부적합할 경우일 때의 보완 계획 등도 내용에 반영해야 한다.

나의 행동계획
운동 개시일자:
주당 운동 일수:

나의 운동계획

	운동시작 시각	운동종류	운동장소	운동소요시간/소요거리	보완 계획
월요일					
화요일					
수요일					
목요일					
금요일					
토요일					
일요일					

운동을 반드시 실행에 옮기기 위해서는 나에게는 다음과 같은 실천이 필요하다: (예: 헬스클럽에개설돼 있는 운동과정에 등록한다. 운동 하루 전 날밤에는 복근운동을 미리 해둔다 등)

____

운동을 실행에 옮기기에 앞서 나에게는 다음과 같은 실천이 필요하다: (예: 새로운 운동화를 산다. 헬스클럽 일정표를 확보해 둔다 등)

____

그 외에 운동을 실행에 옮기기에 앞서 내가 실천해야 할 사항은?

____

개인별 상황의 전환 – 대안의 활용

- 대상자를 주저하게 만들 수도 있는 건강하지 못한 생각을 건강한 생각으로 바꾸도록 유도한다. 유도의 말로써 사용할 수 있는 내용의 예는 다음과 같다:
  - "피곤하다는 느낌이 들면 '운동을 하고 난 후엔 기력이 아주 좋아질 거야'라고 스스로에게 말해보시오."
  - "스트레스를 많이 받은 하루였다면 운동이 그 날의 걱정들을 날려 버리는 시간이 될 것이라고 생각해 보시오."
  - "너무 바빠 운동을 할 수가 없다는 생각이 들면 운동이 건강한 삶을 위한 중요한 요소라는 생각을 떠올려 보시오."

행동단계

행동단계의 목표는 대상자가 운동을 규칙적으로 계속해 나가도록 돕는 데 있다, 우선, 대상자로 하여금 운동실행의 계획을 미리 세우도록 유도함으로써 운동을 도중에 거르거나 하는 일이 생기지 않도록 한다: 계획을 세우지 않는 것은 실패를 계획하는 것과 같다는 점을 대상자에게 상기시킨다. 운동 실행을 어렵게 만들 수도 있는 상황(예: 휴가, 직장에서의 스트레스, 헬스클럽 폐업 등)에 대한 대응방안을 포함하여 계획을 구체적이고 상세하게 수립하게 하는 것이 대단히 중요하며 이는 대상자의 자신감이 높게 유지되도록 하는 데 효과적이다. 한편, 운동을 거르는 일은 흔한 일이므로 운동을 거른다고 해서 자책할 필요는 없다는 점도 대상자에게 주지시킨다. 이와 관련, 대상자에게 '어떤 상황으로 인해 운동을 거르게 되었는지 스스로 평가해 보고 향후의 유사 상황 발생에 대비한 계획을 추가로 수립한 후 규칙적 운동 실행으로 가능한 한 신속히 복귀하는 것이 가장 중요하다'는 점을 인식시킨다.

행동단계와 관련한 대상자의 실천 사례는 아래 '운동 및 중재를 위한 실습 도구상자 4.4'의 내용을 참고하기 바란다.

행동단계: 핵심 중재 전략

개인별 상황의 전환 – 대안의 활용

- 대상자가 자신의 부정적 행동을 긍정적 행동으로 바꿀 수 있도록 돕는다(예: "운동을 하려면 하루 일과가 마무리될 때까지 기다려야 된다(그것조차도 불가능할 수 있다)"라고 얘기하는 대상자에게 "그 대신 하루 일과 시작 전인 오전에 운동을 하겠다"라는 생각으로 그것을 행동에 옮기도록 유도한다).
- 대상자에게 자신의 부정적인 생각을 배제하고 긍정적인 생각으로 바꾸도록 지도한다(예. "운동을 잡다한 일상사 중의 하나로 생각하는 대신 내가 내 자신에게 주는 선물이라고 생각하겠다").
- 문제에 대한 공동 해결의 자세로 대상자에게 효과적일 수 있는 행동 대안들을 대상자와 함께 논의하여 도출한다.

자극의 통제 – 주어진 환경에 대한 통제

- 대상자에게 운동을 실행하지 않을 가능성을 높게 만드는 사람, 장소, 상황 등(예: 밤에 앉아서 꼭 봐야 하는 TV 프로그램이 있는 경우, 하루 일과가 바쁜 경우, 친구들 중에 운동을 하는 사람이 없는 경우, 다른 장소로 출장을 가야 하는 경우 등)이 구체적으로 무엇인지 파악하게 한 후 그러한 요인들로부터 일정한 거리를 둘 수 있는 방안을 마련할 수 있도록 돕는다.
- 쪽지 붙여두기, 달력에 운동일정 표시해 두기, 특정 시각에서의 운동을 조건으로 하는 과정에 등록하기 등과 같이 운동의 실행을 상기시키는 사항들을 대상자가 스스로 활용할 수 있도록 유도한다.
- 대상자가 규칙적인 운동을 좀 더 쉽게 할 수 있도록 자신의 환경을 재구성하는 방법들(예: 점심시간을 이용해 직장동료와 함께 운동하기, 퇴근 후 집에 먼저 들러야 하는 일이 없도록 헬스클럽에서 사용할 가방과 운동화를 자신의 차에 미리 실어두기 등)을 찾아낼 수 있게 돕는다.

실습 도구상자 4.4

행동단계 활동 예시: 대체안 적용

과거의 습관적 행동이나 사고방식을 대안으로서의 새로운 행동이나 사고방식으로 바꾸는 것이 운동을 규칙적으로 지속할 수 있게 하는 비결 중 하나이다. 다음은 건강한 대안으로 자신을 변화시킨 사람들의 사례를 제시한 것이다.

이름	과거 사고방식	대안으로서의 건강한 사고방식
Paul	"헬스클럽에 가고 거기서 또 운동기구를 고르고 하는 일이 짜증스러웠다. 그래서 운동도 하지 않고 헬스클럽 안을 어슬렁거리며 돌아다니기만 했다."	"나는 이제 너무 바쁘지만 않으면 오전에 일찍 헬스클럽에 간다. 그게 안되면 집 밖에 나가 조깅을 한다든지, 쪼그려 뛰기나 윗몸 일으키기, 푸시업, 짧은 거리를 빨리 뛰기와 같은 운동을 한다. 그리고 집 안에서는 무게에 상관없이 아령을 들고 운동을 한다. 이렇게 하니까 확실히 하루도 거르지 않고 운동을 하게 된다."
Jake	"나에겐 늘 우선순위로 해야 할 다른 일들이 있기 때문에 운동시간을 따로 내는 건 힘들다고 생각했다."	"운동을 확실히 할 수 있도록 내 일정표에 운동을 위한 시간을 별도로 설정해 두었는데 정말로 큰 효과가 있었다. 지금은 운동시간을 내가 꼭 지켜야 할 공식적인 약속시간으로 생각하고 있다. 아주 가끔 운동을 하기 싫을 때가 있기도 한데 그럴 때는 '몇 분간 운동하다가 필요하면 멈추고 하면 돼' 라는 자기 독백을 한다. 이런 식으로 하다 보니 지금까지 운동을 한번도 거른 적이 없다. 만족스럽다."
Danielle	"스트레스를 받은 날은 운동을 거르곤 했다"	"지금은 운동이 스트레스를 다스리는 가장 좋은 방법 중 하나라는 생각을 하고 있다. 실제로 운동을 하고 나면 기분이 좋아진 걸 늘 느낀다. 거기다가 직장에서 내 자신의 업무 생산성이 향상되는 경험도 하고 있다."
Lila	"저녁시간에 TV를 너무 많이 보곤 했다."	"지금은 내가 보는 TV 프로그램들 중 30분짜리 프로그램 하나를 빨리 걷기 운동을 하는 시간으로 바꿀 수 있다는 다짐을 스스로에게 하고 있다. 작년에 'TV를 너무 많이 보면 결국은 체중이 늘어난다'라고 하는 기사를 읽은 적이 있다. TV를 30분 보면 36칼로리가 소모되지만 그 시간에 빨리 걷기 운동을 하면 148칼로리 가까이 소모된다고 한다."
Terry	"운동을 하면 쉽게 지겨워졌었다."	운동에 대한 관심이 계속 유지되도록 운동의 종류를 다양하게 하고 있다. 그러니까 일주일 중에 이틀은 걷기, 이틀은 수영, 그리고 또 이틀은 헬스클럽에서 stair climber(*계단 오르내리기 방식의 운동기구)나 elliptical machine(*팔과 다리를 동시에 사용해 작동시키는 타원형 운동기구)를 사용해 운동을 하고 있다. 이렇게 운동 종류를 다양하게 하다 보니까 새로운 것들을 시도하는데 자신감이 붙고 내 자신이 전체적으로 더 강해졌다는 느낌이 든다."

과거의 사고나 행동방식을 보다 건강한 대안으로 바꿀 필요가 있다는 생각을 가져보자. 과거의 사고나 행동방식 각각에 대해 최소한 하나의 대안을 마련해 실천해 보자.

다음과 같은 사고나 행동은 그만두는 대신…	앞으로는 다음과 같은 사고나 행동을 실천하겠다.

관계의 지원 – 지지 확보
- 대상자로 하여금 다른 사람들 특히, 현재 규칙적으로 운동을 하고 있는 사람들의 지지를 확보하도록 유도한다.
- 대상자가 원하는 지지나 격려의 유형과 수준을 대상자 자신이 가능한 한 상세하게 결정할 수 있도록 유도한다.
- 대상자에게 자기 주변의 일반 사람들뿐만 아니라 전문가들(예. 트레이너, 건강 보건 전문가 등)로부터의 지지도 확보할 수 있다는 점을 주지시킨다.
- 기간이 경과함에 따라 자신에게 지지를 보내는 사람들의 유형에 변화를 줄 필요가 생길 수도 있음을 대상자에게 상기시킨다.

강화를 위한 관리 – 보상의 활용
- 대상자가 규칙적 운동이 가져다 주는 내적인 보상들(예: 기력 향상, 혈압 저하, 자신감 상승, 자존감 증가, 생산성 향상 등)을 지각할 수 있도록 유도한다.
- 대상자에게 긍정적 내용의 자기 독백으로 스스로를 강화해 나가도록 유도한다.
- 운동을 통해 이루거나 도달하고 싶은 장단기적 목표나 수준을 성취해 냈을 때 스스로에게 해주고 싶은 구체적 보상(예: 3개월간 규칙적 운동을 하고 난 후 새 운동화나 새 운동복을 구입하는 것)이 있는지 대상자에게 질문해 본다.

자아해방 – 운동에의 전념
- 대상자에게 규칙적 운동에의 전념 의지를 되새기게 하면서 자신의 능력에 대한 믿음을 가질 수 있도록 유도한다.

유지단계

유지단계의 목표는 대상자가 규칙적 운동을 평생의 습관으로서 유지해나갈 수 있도록 돕는 데 있다. 우선, 예상치 못한 심신의 힘든 상태(주요 스트레스 요인)로 인해서 운동을 중단하는 일이 생기지 않도록 대상자를 도와 대응 계획을 미리 세워두게 한다. 대상자가 운동을 중단한 경우에는 중단 이전의 상태로 신속히 복귀할 수 있도록 유도함으로써 운동 중단이 보다 큰 역효과를 초래하게 되는 상황을 예방한다.

유지단계와 관련한 대상자의 실천 사례에 관해서는 '운동 및 중재를 위한 실습 도구상자 4.5'를 참고하기 바란다.

유지단계: 핵심 중재 전략

자극의 통제 – 통제의 지속
- 운동의 지속을 위해서는 구체적으로 어떠한 사람과 장소, 상황을 피해야 하는지 대상자가 파악할 수 있도록 돕는다.
- 운동의 실행을 상기시켜 주는 사항들을 대상자가 계속적으로 활용해 나가도록 유도한다.
- 운동을 중단하는 일이 더 이상 발생하지 않을 만큼 자신의 환경을 충분히 재구성하였는지 대상자에게 질문해 본다.

개인별 상황의 전환 – 대안의 지속적인 활용
- 대상자에게 긍정적인 생각을 계속해서 갖도록 유도한다(원칙 – 한 가지의 부정적인 생각이 들 때 세 가지의 긍정적인 생각을 떠올려 볼 것).
- 힘든 상황에 대한 대응 계획을 대상자가 미리 세워둘 수 있게 도움으로써 해당 상황의 발생 시 그가 자신감의 하락을 겪는 일이 없도록 한다.
- 대상자에게 대부분의 경우 심신이 힘든 상태일 때 운동을 중단하게 된다는 점과 그러한 심신 상태는 예방이 불가능하더라도 운동 중단은 예방이 가능하다는 점을 상기시킨다.
- 대상자에게 스트레스 완화와 기분 상승의 가장 적절한 방법이 운동이라는 점을 상기시킨다. 한편, 운동 외에 심신적으로 힘든 상태일 때 대응할 수 있는 방법들로는 지지의 확보, 이완과정(relaxation)의 실행 등이 있다.

강화를 위한 관리 – 보상의 활용
- 대상자에게 운동을 통해 이루고자 한 목표를 달성하거나 운동 중단 상황을 극복해 낸 경우 자기 자신에게 보상을 해 보도록 유도한다.

실습 도구상자 4.5

유지단계 활동 예시: 자신감 향상을 위하여 미리 계획 세우기

운동을 규칙적으로 오랜 기간 동안 하다 보면 운동지속 능력에 대한 큰 자신감을 갖게 된다.
그럼에도, 세월이 흐르는 과정에서 자신감을 떨어뜨리게 만드는 상황에 직면하게 될 수도 있다. 다른 사람들은 그런 힘든 상황에 어떻게 대처하였는지 다음의 사례들을 통해 살펴보고 각 사례에 이어 제시되어 있는 질문에 대답해 보자.

힘든 상황: Stacey의 사례

Stacey는 자신의 건강과 체중 유지를 위해 일년 넘게 걷기 운동을 해왔다. 그런데 겨울철에 걷기 운동을 하다 빙판길에서 미끄러져 넘어졌고 그로 인해 발목이 접질리는 부상을 당했다.

그녀의 부상이 완치될 즈음 봄이 찾아왔다. 빙판길도 이젠 사라지고 없었지만 Stacey는 밖에 나가 걷기 운동을 하고 싶은 마음이 생기지 않았다. 그러다가 운동이 꼭 필요하다는 사실을 – 봄 옷으로 갈아 입었을 때 옷이 몸에 꽉 낀다는 걸 알게 된 후 – 다시금 깨닫게 되었다.

결국, 기간이 상당히 걸리긴 했지만 어느 날 그녀는 운동화를 신고 걷기 운동을 하러 무작정 밖으로 나갔다. "믿을 수 없을 만큼 기분이 정말 좋았답니다! 왜 그렇게 오랫동안 주저했는지 모르겠어요. 내 몸을 위해선 걷기 운동이 꼭 필요해요!"

이후 그녀는 걷기운동을 규칙적으로 하는 일상으로 되돌아왔고 그 어느 때보다도 만족스러운 기분을 느끼고 있다. 심지어 그녀는 겨울철을 대비해 러닝머신을 구입할 돈까지 모으고 있는 중이다. 이번 겨울에는 빙판길에서 넘어지는 일이 결코 없을 것이다!

당신이 규칙적으로 해오던 운동을 할 수 없게 된 상황이 발생했다고 가정해 보자. 그렇다면 당신은 이제 어떻게 하겠는가?

힘든 상황: Brian의 사례

Brian은 직장에서의 승진을 위해 열심히 일해왔다. 업무 능력이 매우 뛰어난 그는 승진 경쟁에서 뒤처지지 않으려고 초과 근무도 마다하지 않았다.

비록 스트레스를 받긴 했지만 Brian은 모든 시간을 직장에서 보내면서 자신이 얼마나 열심히 일에 매진하고 있는가를 사람들에게 보여줄 필요가 있다고 생각했다. 이것이 그가 수년 만에 처음으로 달리기 운동을 그만 둔 이유였다. 그런데 달리기 운동을 그만두자 금새 그 영향이 나타났다. 운동을 그만둔 후 그 다음 주가 되자 Brian은 집중력이 떨어졌고 밤에 잠을 제대로 잘 수 없었으며 스트레스는 계속해서 쌓였고 입에서는 하루 종일 불평과 불만의 소리가 터져 나왔다. 마침내 "운동 없이 일만 하는" 상태로 열흘이 지났을 때 그는 업무 생산성이 높던 오후와 저녁시간을 뿌리치고 달리기 운동을 하러 뛰쳐나갔다. "운동을 규칙적으로 하는 데 익숙해지면 운동은 그냥 하는 것이라고 대수롭지 않게 생각하게 됩니다. 하지만 2~3주 가량 운동을 중단해 보니 지금까지 내 머리가 맑고 내 삶이 균형을 유지할 수 있었던 게 밖에 나가 달리기 운동을 해온 덕분이라는 사실을 알게 되었습니다. 결국, 내가 일에서 집중력을 잃지 않으려면 운동을 멈추지 말았어야 했던 겁니다".

이후, Brian은 비가 오는 날씨든 맑은 날씨든 상관없이 하루도 거르지 않고 점심시간을 이용해서 달리기 운동을 해 나갔다. 운동의 중단이 그에게 자기절제에 관한 교훈 – 운동없이 일에만 매진하면 생산성이 오히려 떨어진다 – 을 알게 해 준 것이다. 아무튼 그는 자신만의 바람직한 방식을 토대로 업무에 보다 충실할 수 있는 능력을 상사에게 입증해 보임으로써 결국 승진이라는 목표를 이룰 수 있었다!

실습 도구상자 4.5 (계속)

Brian은 규칙적 운동이 없이는 자신의 기능을 제대로 발휘할 수 없다는 사실을 깨닫게 되었다. 만약 당신이라면 같은 상황에서 자신의 기능을 어느 정도로 발휘할 수 있겠는가?

운동이 당신이 이루고자 하는 목표에 얼마나 도움이 된다고 생각하는가?

당신으로 하여금 운동을 중단하도록 만들 수 있는 기타의 예상 불가능한 상황들(예: 출장기간의 연장, 통근거리의 확대와 같은 일상적 루틴의 변화, 부모의 발병과 같은 가족관련 요구의 변화 등)에는 어떠한 것들이 있을 수 있겠는가?

기타의 예상 불가능한 상황이 발생할 경우 당신은 어떻게 대처하겠는가?

지지 확보
- 대상자로 하여금 필요한 만큼의 지지를 확보하도록 유도한다.
- 대상자에게 다른 사람들에 대해 자신의 지지를 제공하는 것도 그들로부터의 지지를 강화하는 방안이 될 수 있다는 점을 상기시킨다.

운동으로의 복귀
- 운동의 유지가 영구화되기 전까지 많은 대상자들이 운동의 중단을 경험한다.
- 대상자에게 운동의 중단을 운동의 필요성을 다시금 깨닫고 자신을 보다 철저히 준비시키는 방향으로 나아갈 수 있는 기회의 시간으로 생각하도록 유도한다.
  - 대상자에게 운동 중단을 일시적인 상황으로 간주하도록 유도한다.
  - 대상자에게 자신의 운동 중단 상황에 대해 고찰해 보고 해결점을 찾아 다음 번에는 다른 식으로 행동할 수 있도록 돕는다.
  - 대상자가 운동을 통해서 되고자 하는 사람의 이미지(image), 그런 이미지의 사람이 되는 과정을 성공적으로 해나가고 있다는 생각을 마음에 계속 품고 있을 수 있도록 유도한다.
  - 규칙적인 운동을 그만둔 대상자에게 자신의 현재 상태를 재평가해보도록 유도한다.

지루함의 방지

진행과정이 정해져 있는 운동을 지속해 나가는 것은 자기 자신에 대한 끊임없는 동기부여를 필요로 하기 때문에 사실상 버거운 일이다. 따라서 운동을 처음 시작했을 때는 그 운동에만 집중하다가 운동을 해나가는 도중에 몇 가지라도 원래 운동과는 다른 신체활동(*다른 종류의 운동)에 관심을 두게 되는 사람들이 많은 것도 그리 놀랄만한 사실은 아니다. 아무튼, 끊임없는 동기부여의 필요성이 이유가 됐든 아니면 다른 이유가 됐든 진행과정이 정해져 있는 운동은 사람들에게 지루함을 느끼게 하기 마련이다. 이런 지루함이 생기지 않도록 대상자에게 실천을 유도해 볼 수 있는 사항들에는 다음과 같은 것들이 있다:

- 정해진 과정의 기존 운동에 다른 종류의 신체활동을 포함시킨다.
- 정해진 과정의 순서를 임의로 변경해 봄으로써 운동에 대한 흥미가 사라지지 않게 한다.
- 운동 할 때 듣는 음악의 종류를 바꾼다.
- 친구들을 초대해 운동을 함께 한다.

아래 제시된 전략들도 대상자가 지루함을 느껴 운동을 그만두고 그 이전 상태로 되돌아가는 것을 방지하는 데 도움이 된다. 가장 바람직한 것은 아래 전략들을 바탕으로 대상자와 함께 문제 해결 과정을 실행해 나가면서 지루함을 방지할 수 있는 방안을 도출해 내는 것이다. 단 이때 문제 해결 과정은 대상자에게 어떠한 지시를 내리는 방식이 되어서는 안 된다. 달리 말하면, 문제 해결 과정은 대상자와의 상호간 적극적인 논의를 통해서 대상자가 기존에 행하고 있는 운동에 다양성을 접목시키는 방안을 찾아내도록 유도하는 방식이 되어야 한다.

한편, 지루함 방지를 위한 운동 모니터링 양식서의 예는 '운동 및 중재를 위한 실습 도구상자 4.6'을 참고하기 바란다.

지루함 방지를 위한 전략

- 진행과정이 정해져 있는 기존의 운동에 지루함을 느끼고 있는 대상자에게 그 같은 지루함을 운동의 장애요인이 아닌 구체적인 스포츠 활동에의 참여, 새로운 신체활동 과정에의 등록, 자신이 원하는 대로의 진행과정 변화 등을 시도해 볼 수 있는 적절한 기회로 재인식하도록 유도한다.

- 대상자가 자신이 운동을 통해 이루고자 하는 것이 무엇인지, 어떤 종류의 운동이 그런 느낌이나 결과를 가져다 줄 수 있다고 생각하는지 명확히 판단해 보도록 유도한다. 예를 들어, 운동을 통해 신체 근력을 강화시키길 원하는 대상자는 운동의 종류로서 역기 들기나 급류 래프팅(white water rafting), 줌바(zumba) 댄스 등을 선택해 볼 수 있다. 그리고 운동을 통해 자신이 보다 창조적인 사람이 되기를 원하는 대상자라면 스케이트보딩(skateboarding)이나 스노우보딩(snowboarding), 산악 자전거 타기, 어반 힙합(urban hip hop), 프리 스타일 댄스, 인라인 스케이팅(inline skating) 등과 같은 운동을 시도해 볼 수 있다. 한편, 스태미너 강화를 원하는 대상자라면 운동의 종류로서 하이킹이나 장거리 달리기, 수영, 무술 등을 시도해 볼 수 있을 것이다.

- 대상자가 다른 종류의 운동에 관한 유용한 정보를 찾아 탐색해 보도록 유도한다.

- 대상자로 하여금 다른 종류의 신체활동 시도가 가져다 준 만족스러운 기분에 초점을 맞춰 운동에 대한 동기를 내면화시키고 새로운 신체활동 참여에 따른 느낌을 계속 경험해 나갈 수 있도록 돕는다.

- 대상자에게 다른 사람들로부터 도움을 받아 보도록 유도한다. 새로운 헬스클럽에의 등록, 운동과정 반 가입, 레크레이션 목적의 스포츠 팀 가입, 지역사회 차원에서 운영되고 있는 레크레이션 활동 단체에의 가입 등은 그러한 도움을 확보할 수 있는 적절한 방법이 될 수 있다. 한편, 대상자에게 친구나 가족, 직장동료에게 요청하여 운동을 함께 해볼 수 있도록 유도한다.
- 대상자 중에는 운동 전문가로부터 도움을 받을 수 있는 관계를 기대하는 경우가 많다는 점을 인정한다. 대상자에게 스스로가 운동 전문가의 입장이 되어 자신이 현재 하고 있는 운동에서 구체적으로 어떤 점들(예: 운동 내용이 재미가 없다, 운동을 해도 자신이 원하는 성과/결과가 충족되지 않는다 등)이 지루함을 느끼게 하는지 고찰해 보고 문제 해결 과정을 통해 자신이 원하고 있는 성과를 달성하게 해줄 다른 방안들로 어떤 것들이 있을 수 있겠는지 판단해 보도록 유도한다.

- 대상자에게 자신이 세운 목표와 기대치를 현실성이라는 관점에서 평가해 보도록 유도한다. 대상자에 적절한 수준의 단기, 중기, 장기 목표를 세우게 하는 동시에 그러한 목표를 향해 더욱 더 매진할 수 있게 하는데 도움이 될 수 있는 기타 다른 신체활동들에 관한 정보를 제공한다.

실습 도구상자 4.6

모니터링 양식 예시

일자: ______________________ 운동장소: ______________________

운동 종류	운동의 강도/노력 수준	운동소요시간

오늘 한 운동이 자신이 정해놓은 **단기적 목표**를 계속 추구해 나갈 수 있도록 해주었는가? 예 아니오

오늘 한 운동이 자신이 정해놓은 **중기적 목표**를 계속 추구해 나갈 수 있도록 해주었는가? 예 아니오

오늘 한 운동이 자신이 정해놓은 **장기적 목표**를 계속 추구해 나갈 수 있도록 해주었는가? 예 아니오

오늘 운동을 하기 전에는 어떤 기분이었나?

오늘 운동을 하는 중에는 어떤 기분이었나?

오늘 운동을 마치고 나서는 어떤 기분이었나?

의욕과 열정을 잃지 않고 자신이 정해놓은 모든 목표를 향한 여정을 계속해 나가기 위해서 기존에 하고 있는 운동의 진행 과정 중 변화를 줄 필요가 있다고 생각되는 부분이 있다면 무엇인가?

그 외 추가 의견:

- 대상자로 하여금 운동에 따른 자신의 진전 상태를 일일 단위로 점검해 보도록 유도한다. 대상자가 하고 있는 운동과 관련하여 연관된 모든 측면들을 상세히 검토해보고 정확히 어떤 측면이 지루함을 유발시키고 있는지 파악한다. 이때 필수적으로 검토해야 할 측면에는 다음과 같은 것들이 있다:
  - 대상자가 하고 있는 운동의 종류와 그 운동을 할 때 느끼는 흥미도
  - 대상자가 인식하고 있는 자신의 운동 능력 발휘 수준
  - 운동의 각 과정별 대상자의 만족도
  - 대상자가 운동을 통해 이루고자 하는 단기, 중기, 장기 목표가 있다고 할 때 그런 목표들이 추구해도 될 만큼 정말로 현실성이 있는 것들인지, 목표를 조정할 수는 없는 것인지 고찰해 본다.

재발 방지

어떤 경우이든 개인이 지금까지 자신의 신체를 사용해 열심히 매진해 온 과정을 중도에 그만두고 그로부터 완전히 이탈해버리는 일이 발생하지 않도록 하기 위해서는 그와 같은 중단 및 이전 상태로의 회귀가 누구에게나 흔하게 발생할 수 있는 상황이라는 사실을 이해하는 것이 우선되어야 한다. 그러한 이해가 바탕이 될 때 운동을 그만두고 운동 이전의 상태로 되돌아가는 상황을 방지할 수 있다. 이와 관련, 운동 중단의 예방을 위한 전략들은 대상자로 하여금 운동 이전 상태로의 회귀에 대한 유혹을 느끼게 하는 점들이 무엇인지 거기에 초점을 맞추고 실행되어야 한다.

재발 방지를 위한 전략

- 대상자로 하여금 운동 중단에의 유혹을 느끼는 순간들을 스스로 지각할 수 있도록 유도한다. 그런 다음, 그러한 유혹에 굴복 당하는 일이 발생하지 않도록 하기 위한 전략을 대상자에게 적용한다. 해당 전략으로는 다음과 같은 것이 있다:
  - 대상자에게 헬스클럽의 회원으로 가입하도록 유도하고 달리기 운동을 좋아하면서도 비가 오는 날씨엔 외출을 하고 싶어하지 않는 대상자에게는 러닝 머신을 구입해 집에서 운동을 해보도록 유도한다.
  - 대상자에게 운동을 하고 싶은 기분이 들지 않을 때는 친구에게 전화를 걸어 운동을 계속하려면 약간의 도움이 필요하다는 이야기를 해보도록 유도한다.
  - 대상자에게 기분 저하로 인해 운동을 거르고 싶을 때에는 운동을 통해 기분이 향상되었던 경험에 생각을 집중해 보도록 유도한다.
- 대상자에게 운동을 통해 과거에 달성했던 성과와 결과, 운동 및 건강에 관해 현재 지니고 있는 새로운 지식 등을 떠올려 보게 한다. 그리고 현재 운동을 방해하고 있는 요소들을 과거에는 어떤 식으로 극복했었는지, 그 외 과거 규칙적으로 운동을 할 때 어떤 경험들을 했었는지 상기해 보도록 돕는다.
- 대상자에게 자신이 이룬 모든 성취에 대해 자기 보상을 해보도록 유도한다. 일주일에 4일간이나 운동을 했다든가, 운동 과정 중의 특정한 한 과정이 정해놓은 수준에 도달했다든가 하는 등과 같이 행동 측면에서의 실질적인 성취를 이룬 경우에는 자신에 대해 보상을 할 수 있는 명확한 근거가 된다. 하지만 그러한 실질적인 성취가 아닌 경우에도 긍정적인 자기 독백(잘했어! 내가 그렇게 해낼 수 줄 알고 있었어!)과 같은 형태로 자기 보상을 행해도 된다는 점을 대상자에게 상기시킨다. 예를 들어, 헬스클럽에 가입한다든지, 피트니스 잡지의 구독자가 된다든지, 트레이너나 단체 운동 모임의 구성원들과 약속날짜를 잡는다든지 하는 등의 사소해 보이는 일들에 대해서도 자기 보상이 가능하다.
- 대상자가 도움이나 지원을 받을 수 있는 사람이나 집단을 찾아낼 수 있도록 돕는다. 운동과정 반, 레크레이션 목적의 스포츠 단체, 지역 차원의 걷기나 달리기 행사, 신체활동 목적의 집단 모임 등에 관한 정보를 수록하고 있는 웹사이트들의 목록을 대상자에게 제공한다.
- 대상자의 생활 패턴 중에 운동 이전 상태로의 회귀를 유발할 수 있는 요인들이 존재하고 있는 것은 아닌지 파악해 본다. 예를 들어, 운동을 위한 기구나 도구들(예: 역기/아령, DVD, 고무밴드 등)을 흔히는 운동을 하기 어렵게 만드는 장소(예: 거실, 침실, 재택근무 공간 등)에 비치해 두고 있는 것은 아닌지 질문해 본다.

- 대상자에게 운동과 관련한 부정적 상황을 긍정적 상황으로 전환시키도록 유도해 본다. 긍정적 상황으로의 전환을 위해 대상자가 실천해 볼 수 있는 사항들로는 다음과 같은 것이 있을 수 있다:
  - 직장 내에 걷기운동 모임을 만든다.
  - 집에서 TV를 볼 때 소파에 앉아서 보는 대신 실내용 자전거로 운동을 하면서 본다.
  - 친구에게 커피를 마시며 앉아서 이야기를 나누기보다는 가까운 곳을 보폭을 맞춰 함께 걸으면서 이야기를 나누어 보자고 요청한다.
- 대상자에게 피트니스 잡지를 구독하거나 자신이 가장 좋아하는 운동관련 웹사이트를 컴퓨터 즐겨찾기 메뉴에 포함시키거나 운동 지속과 관련한 문제에 대해 다른 사람들과 대화를 나누면서 서로 질문과 응답을 주고받거나 해보도록 유도함으로써 대상자가 운동을 위한 전략과 기회, 운동에 따른 이점 등과 같은 내용을 항시로 접할 수 있게 돕는다.
- 대상자로 하여금 자신이 반복적으로 해온 운동의 진행 과정, 운동에 따른 자신의 진전 상태, 자신이 세운 목표, 자신의 운동 중단 상황 등을 스스로 점검해 보도록 유도한다. 특히, 운동 중단 상황의 발생 가능성이 높은 시기와 장소들을 파악하는 데 있어서는 그와 같은 점검을 매일 실시하는 것이 대단히 중요하다.

앞서 서술한 바 있는 '행동단계' 단락의 내용을 통해서도 운동 중단의 예방을 위한 추가적인 방안들을 찾아볼 수 있다.

대상자를 위한 자료

추가적 지원의 일환으로서 대상자에게 행동 변화 과정에 관한 자료를 제공한다. 보다 구체적으로는 행동 변화 과정에 관한 내용을 담고 있는 것으로서 무료로 활용할 수 있는 다양한 자료들을 대상자에게 소개한다.

대상자의 행동 변화를 위한 자료원

웹사이트

질병통제예방센터: http://www.cdc.gov/physicalactivity/index.html

국립보건원: http://health.nih.gov/topic/ExercisePhysicalFitness;

노년층의 대상자라면 다음 웹사이트에서 자신을 위한 지침내용을 확인해 볼 수 있다: http://health.nih.gov/topic/ExerciseForSeniors

컴퓨터 기반의 맞춤형 중재

대상자에게는 입증된 사실을 토대로 한 컴퓨터 기반의 맞춤형 운동 중재 과정을 소개할 수도 있는데, 그 내용은www.prochange.com/myhealth 에 수록된 LifeStyle Management Suite 프로그램을 통해 확인할 수 있다. 맞춤형 중재 내용으로 구성된 해당 프로그램은 대상자와 개별적으로 상호작용을 주고 받을 수 있는 체계로 이루어져 있으며 대상자 개개인이 자신의 행동 변화 과정에 대한 피드백을 받으면서 어떤 수준으로든 향후 보다 발전된 방향으로 나아가는 데 필요한 방안들을 파악할 수 있도록 해준다. 상기 프로그램에 대한 동영상 자료는 www.prochange.com/exercisedemo에서 찾아볼 수 있다. 한편, 해당 프로그램에는 Personal Activity Center 라는 제목의 과정이 포함되어 있는데, 이 과정은 대상자와 상호작용을 하면서 행동 변화를 위한 가장 적절한 전략을 발견하여 실행에 옮길 수 있도록 하는 내용으로 구성되어 있다. 프로그램의 사용료는 1년간 무료이며 프로그램 참여자 개개인에게 자신에게 적용된 중재방안의 내용을 출력해서 볼 수 있게 하고 해당 내용을 다른 참가자들뿐만 아니라 건강 보건 전문가와도 공유해 볼 수 있도록 허용하고 있다.

사례 4.1

마리안(Marianne)은 56세의 여성으로서 혈압과 콜레스테롤 수치가 높으며 체질량 지수가 27에 달한다. 그녀는 사내 건강 프로그램을 통해 건강보건 전문가가 지도하는 한 과정을 소개 받았다. 해당 전문가는 건강위험평가 척도를 사용해 마리안이 현재 운동을 하고 있는 상태인지 아닌지를 판단할 수 있다.

그런데 해당 프로그램에의 참여를 처음 권유받았을 때, 마리안은 향후 6개월 안에는 자신이 규칙적인 운동을 시작할 의향이 없다고 하면서, 업무 일정이 바쁜 관계로 운동을 할 시간을 낼 수가 없다고 이야기하였다. 그녀는 또한 자신이 "매우 건강한" 상태이기 때문에 운동을 꼭 해야 할 필요는 없으며 지난 5년에 걸쳐 체중이 계속 불어난 것은 폐경 때문이라고 이야기하였다.

마리안은 지금 어떤 변화단계에 있다고 할 수 있는가, 그녀가 운동을 시작할 수 있게 하려면 어떤 중재 방안을 적용해 볼 수 있겠는가?

마리안을 위한 중재방안:

- 운동의 장점에 대한 인식을 제고시킨다.
- 자기변명을 줄이게 한다 – 마리안은 몸을 잘 움직이지 않으려는 자신의 생활패턴이 자신에게 영향을 미치고 있다고 인정하기 보다는 폐경에 체중 증가의 원인을 돌리고 있다. 그리고 명시적으로 표현하고 있지는 않지만 몸을 쓰지 않는 생활패턴과 과체중 상태가 만성질환 발생에 영향을 미치게 된다는 사실을 인정하지 않고 있다. 물론 그러한 생활패턴과 과체중 상태는 만성질환 그 중에서도 특히 심혈관 질환의 발생 위험을 증가시키는 게 사실이다. 따라서 마리안에 대해서는 사람들이 자기 변명을 하는 것은 보편적인 현상이라는 점을 지적해 주고 그녀로 하여금 자신의 현재 상태를 인정하고 앞으로는 자기변명을 줄여 보도록 유도하는 것이 바람직하다.
- 마리안에게 자신의 고혈압과 높은 콜레스테롤 수치를 낮추는 데 운동이 어떤 역할을 할 수 있을지에 관해 건강보건 전문가와 대화를 나눠 본 적은 없는지 질문해 본다. 만약 그런 적이 없다고 대답한다면 앞으로는 그렇게 해볼 의향은 있는지 질문해 본다. 아울러, 그녀가 현재 복용하고 있는 약을 끊고 그 대신 운동을 더 많이 해볼 수 있겠는지, 운동이 당뇨병과 같은 다른 질환의 발병 위험도 감소시킨다는 생각을 가질 수 있겠는지 질문해 본다.
- 운동에 대한 뉴스나 헤드라인 기사에 관심은 있는지, 차후 운동 프로그램의 참여를 권유를 받기 전까지 그러한 뉴스나 기사를 찾아서 살펴볼 의향은 있는지 질문해 본다.
- 마리안에게 가족 구성원 중에 친 자녀나 기타 어린 사람들(예: 남자 조카나 여자 조카)이 있는지 질문해 본다. 그런 다음, 자신이 가능한 한 그들에게 도움이 될 수 있는 삶을 살겠다든지, 그들 삶의 중요한 전환점(예: 결혼, 첫 자녀 출산 등)을 보고 싶다든지 하는 생각을 진지하게 해 본 적은 있는지, 그와 같이 특별한 의미를 지닌 사람들에게 자신이 운동을 하는 모습이 도움이 될 수도 있다고 생각하지는 않는지 질문해 본다. 아울러, 자신이 언젠가 운동을 시작하게 된다면 그런 사람들에게 어떠한 측면에서 모범 사례가 될 수 있을 것으로 보는지 질문해 본다.

사례 4.1

이상의 중재방안 외에 마리안에게 유효할 수 있는 기타 중재방안으로 어떤 것이 있을 수 있겠는가?

향후 6개월 동안은 규칙적 운동을 할 의향이 없다는 점에서 마리안은 계획전(pre-contemplation)단계에 있다고 할 수 있다. 해당 단계에 있는 사람들에게 유효할 수 있는 또 다른 중재 전략은 그들로 하여금 규칙적 운동을 해온 다른 사람으로부터 영감을 얻도록 유도하는 것이다. 이와 관련, 마리안에게 아는 사람들 중에 규칙적 운동을 시작함으로써 건강과 삶의 질이 향상된 사람이 있는지 질문해 보고, 만약 그런 사람을 알고 있다고 한다면 그 사람이 어떤 식으로 운동을 계속할 수 있었는지, 그 사람이 운동을 통해 이룬 성과가 마리안 자신에게 운동 욕구에 대한 영감을 불러 일으키지는 않는지 추가로 질문해 본다.

사례 4.2

빌(Bill)은 33세의 남성으로서 지금껏 특별히 병원 신세를 져 본 적이 없고 체질량 지수도 22 정도이다. 고등학교와 대학 시절에 야구를 했었지만, 지금은 그럴 시간이 거의 없다. 왜냐하면 직장에서는 감독자(supervisor)라고 하는 과중한 책임이 요구되는 직책을 새로 맡게 되었고 집에는 새로 태어난 아기가 있기 때문이다. 그에 따르면, 향후 6개월 정도 내에는 운동을 다시 시작할 생각을 갖고 있기는 하지만, 구체적인 계획을 세워 두지는 않은 상태라고 한다. 그는 또한 자신이 집에 늦게 들어가는 날은 아내가 (아기를 돌보는데) 더 힘들어하는 모습을 보이기 때문에 퇴근 후 운동시간을 낸다는 것이 죄책감을 느끼게 만든다고 이야기하였다.

빌은 지금 어떤 변화단계에 있다고 할 수 있는가, 그가 운동을 다시 시작할 수 있게 하려면 어떤 중재 방안을 적용해 볼 수 있겠는가?

____

____

____

빌을 위한 중재방안:

- 빌의 입장에서는 스트레스, 과중한 책임이 부여된 업무, 새롭게 태어난 가족 구성원과 보내는 시간을 낼 수 없을지도 모른다는 죄책감 등이 운동을 방해하는 주된 요인들이다. 빌로 하여금 주변에서 실용적인 방안들을 찾아내 실천함으로써 운동 방해 요인들을 극복해 보도록 돕는다(도움 과정에서는 빌과 관련해 다음과 같은 점들을 고찰해 본다: 빌이 점심시간을 이용해 사내 피트니스 시설에서 운동을 할 수 있을지의 여부, 빌이 교통정체에 시달리는 일이 없이 자전거를 타고 출퇴근을 하면서 출퇴근 시간이 곧 운동시간이 되게끔 할 수 있을지의 여부, 빌이 아기를 유모차에 태우고 걷기나 조깅을 함으로써 자신의 아내에게는 휴식의 시간이 되는 동시에 자신에게는

계속

사례 4.2 (계속)

운동의 시간이 되도록 할 수 있을 지의 여부 등). 그리고 그러한 도움 제공이 빌에게 가져다 줄 결과를 빌이 운동에 따른 이득으로서 이미 인식하고 있을 수도 있는 점들(예: 스트레스가 감소한다, 업무 생산성이 높아진다, 자신의 수명이 늘어남으로써 새로 태어난 아기에게도 유리하다 등)과 비교해 본다

- 빌에게 직장동료, 친구 등과 같은 다른 사람들은 자신들의 일정표에 운동시간을 어떤 식으로 결부시키고 있는지 그들과의 대화를 통해 파악해 보도록 유도한다. 그런 다음, 빌의 경우에도 자신의 일정표에 운동시간을 결부시킬 수 있도록 그에게 어떠한 대안(예: 출근 길에 들러 운동을 하고 퇴근 후 저녁시간에는 집에 계속 있을 수 있도록 오전 일찍 문을 여는 헬스클럽에 등록한다)을 제시할 수 있겠는지 고찰해 본다.
- 빌에게 어떠한 가치관을 갖고 있으며 자신에게 중요한 것은 무엇인지 질문해 본다. 그런 다음, 운동을 하고 있지 않는 현재의 생활패턴이 자신의 가치관과 부합된다고 생각하는지, 자신의 현재 모습이 새로 태어난 아기가 아빠에 대해 가져 주었으면 하는 이미지와 맞다고 생각하는지 질문해 본다.
- 빌에게 운동을 일정에 따라 꾸준히 실행한 결과로 구체적인 이득을 얻은 경험이 있는 사람으로부터 영감을 받아 본 적은 없는지 질문해 본다. 아울러, 직장동료 중에 적절한 운동과 음식섭취를 소홀히 함으로써 건강에 문제가 발생한 사람의 이야기를 들어본 적은 없는지 질문해 본다.
- 소소한 단계라도 빌로 하여금 운동을 삶의 일부로서 다시 시작하게 만들 수 있는 단계에는 어떠한 것이 있을 수 있겠는지 고찰해 본다.

이상의 중재방안 외에 빌에게 유효할 수 있는 기타 중재방안으로 어떤 것이 있을 수 있겠는가?

빌은 현재 계획(contemplation)단계에 있다고 할 수 있다. 해당 단계에 있는 사람들에게 유효할 수 있는 또 다른 중재전략은 그들로 하여금 자신이 운동을 하지 않을 경우 자신에게 중요한 의미를 갖는 사람들에게 어떠한 영향을 미치게 될지 스스로 자문해보도록 하는 것이다. 이와 관련, 빌에게는 자신이 규칙적으로 운동을 하게 될 경우 자신의 아기와 자신의 주변 사람들에게 보다 바람직한 롤 모델이 될 수 있다는 생각이 들지는 않는지 질문해 본다.

사례 4.3

미쉘(Michell)은 대학을 졸업한지가 얼마 되지 않은 25세의 여성이며 체질량 지수는 25이다. 건강 상태는 전반적으로 양호하다. 하지만, 체중을 몇 파운드라도 줄이고 싶어한다. 그녀도 운동을 해본 적이 있긴 하나 하루에 30분 정도 자신이 사는 아파트 단지 내에 있는 헬스클럽에서 elliptical machine(타원형 운동기구)을 사용해 본다든가 동네 한 바퀴를 걸어서 돌아본다든가 하는 게 전부였다. 그런데 최근에는 그런 고정된 방식의 운동에 대한 의욕이나 집착조차도 생각만큼 빨리 줄어들지 않는 체중에 대한 실망감 때문에 시들해진 상태에 있다. 겉으로는 자신의 직장 일이나 사회적으로 행해야 할 의무 같은 것들이 운동을 꾸준하게 하기 힘들게 만든다고 이야기하고 있지만 그녀를 살펴보면 운동을 통해 소모될 수 있는 칼로리 수치와 자신이 해왔던 운동의 강도(intensity)에 대해 과대 평가를 하고 있는 것으로 판단된다.

사례 4.3 (계속)

현재 그녀는 당장 다음주부터라도 운동을 다시 시작할 생각이지만 그러기 위해서는 자신에게 도움이 될 만한 조언이 필요하다고 말하고 있다.

미쉘은 지금 어떤 변화단계에 있다고 할 수 있는가, 그녀가 운동을 다시 시작할 수 있게 하려면 어떤 중재 방안을 적용해 볼 수 있겠는가?

미쉘을 위한 중재방안:

- 미쉘에게 규칙적 운동에 대한 의지를 다시금 되새기게 하면서 단순히 체중 감량의 가능성 보다는 운동이 가져다줄 모든 이득에 초점을 맞춰 보도록 유도한다. 그리고 운동이 자신을 에너지와 자신감이 넘치는 보다 더 건강한 사람으로 만들어 줄 것이라는 생각을 가질 수 있겠는지 질문해 본다.
- 미쉘에게 자신이 운동을 다시 시작할 의지를 가지고 있다는 사실을 친구, 가족, 직장동료 등 다른 사람들에게 알리도록 유도한다.
- 미쉘로 하여금 운동을 시작할 경우의 그 방식과 시점에 대해 잠재적 방해요인의 발생 가능성까지 고려하여 상세한 계획을 수립하도록 돕는다. 이와 관련, 늦은 시간까지 직장 일을 해야 하거나 날씨가 좋지 않을 때는 어떻게 할 것인지 질문해 본다.
- 미쉘이 운동 강도에 관한 정확한 정보를 찾을 수 있도록 도우면서 칼로리가 실제로 소모되기 위해서는 운동의 지속시간이 얼마나 되어야 하고 운동의 강도는 어느 정도가 되어야 하는지 파악할 수 있게 한다. 더불어, 자신이 원하는 결과를 얻기 위해서라면 과거에 했던 운동보다 운동의 강도를 높일 필요가 있다고 생각하는지 질문해 본다.
- 미쉘에게 운동을 하는데 방해요인이 될 수 있는 부정적인 생각들을 긍정적인 생각들(예: 직장 일로 바쁘긴 하지만 대중 교통을 이용해 출근할 때 몇 정거장 앞에 내려서 직장까지 걸어서 가거나 자전거를 타고 가는 것은 가능해, 사회적으로 수행해야 할 의무가 있기는 하지만 잠시 제쳐두고 친구를 동참시켜 운동 – 하이킹이나 자전거 타기 – 을 함께 할 정도의 시간은 낼 수 있어, 타원형 운동기구만 사용하는 것도 운동을 통해 얻고자 하는 결과가 나타나지 않는 것도 지겨우니까 기존에 했던 운동에 좀 더 다양한 과정을 접목시켜 보자 등)로 바꿔 보도록 유도한다.

이상의 중재방안 외에 미쉘에게 유효할 수 있는 기타 중재방안으로 어떤 것이 있을 수 있겠는가?

미쉘은 현재 준비(preparation)단계에 있다고 할 수 있다. 그녀는 과거에 운동을 했었고 현재는 운동을 다시 시작할 계획을 갖고 있다. 미쉘에 대해 운동에 따른 목표 달성에 도움이 될 수 있게 그녀가 현재 참여하고 있는 사회 관계망(social network)을 운동에 대한 지지를 확보할 수 있는 관계망으로 바꿔 보도록 제안한다. 그리고 자신의 삶에 중요한 의미를 갖는 사람들에게 격려를 요청해 보도록 제안하면서 그러한 요청의 구체적인 방법에 관해 함께 논의를 해본다. 미쉘에게 친구와 함께 Nike+ 와 같은 앱에 정식 회원으로든 임시 회원으로든 가입해 볼 의향은 없는지 질문해 보고 만약 그녀가 주저하는 모습을 보이면 LoseIt!과 같은 비공개를 원칙으로 하는 관계망(앱)에 가입하는 것은 어떨지 권유해 본다.

핵심정리

1장에서는 여러 가지 행동 이론 및 행동 모델들을 다루고 있다. 이번 장에 수록된 내용들은 그런 다양한 행동 이론과 모델들 곧, TTM(범이론적 모형)을 대상자로 하여금 규칙적 운동을 받아들이고 그것을 지속해 나가는 데 도움이 되는 유용한 중재 구도로 간주하여 보다 자세하게 살펴본 것이라고 할 수 있다. 대상자의 운동 실행을 위한 중재에 있어 중요한 핵심은 대상자 각각의 규칙적 운동에 대한 의지를 평가한 후 각 대상자가 현재 속해있는 변화단계(*계획전단계, 계획단계, 준비단계)에 상응하는 맞춤형 중재방안을 제시하는 데 있다. 같은 맥락에서, 변화단계 중 가능한 한 초기 단계에서 대상자 각각의 개별적인 욕구를 파악한 후 그들에게 현재의 단계에서 그 다음 단계로의 이행을 위한 발전의 필요성을 새로이 인식시키는 일은 중재 효과의 유의미한 향상이라는 결과로 이어질 수 있다. 아울러, 대상자에 대해 운동 시작에 앞서 스스로 충분한 준비를 갖추도록 유도하는 일은 운동 시작 후의 중도 탈락 비율을 감소시킬 뿐만 아니라 운동을 중단하고 과거 상태로 되돌아간 대상자를 운동 실행 상태로 보다 신속하게 복귀하도록 하는 데 도움이 될 수 있다. 정리해 보면, 본 장에서 제시하고 있는 사례들과 그에 따른 중재방안들은 대상자의 현재 변화단계와 부합되는 도움을 제공할 수 있게 해줄 것이다 – 그런데 사실, 이 장에 수록된 중재방안들은 어떤 내용의 방안이라도 현재 중재 제공 관계에 있는 대상자들 중 운동 시작의 준비를 갖춘 일부의 대상자에 대해서만이 아니라 그러한 준비 여부를 불문하고 대상자 모두에 대해 적절한 전략이 될 수 있을 것으로 기대된다.

참고문헌

1. American College of Sports Medicine. *ACSM's Guidelines for Exercise Testing and Prescription*. 9th ed. Baltimore (MD): Lippincott Williams and Wilkins; 2014.
2. American College of Sports Medicine. Quantity and quality of exercise for developing and maintaining cardiorespiratory, musculoskeletal, and neuromotor fitness in apparently healthy adults: Guidance for prescribing exercise. *Med Sci Sports Exerc*. 2011;1334–59.
3. Bandura A. Self-efficacy. In: Ramachaudran VS, editor. *Encyclopedia of* Human Behavior. New York: Academic Press; 1994. p. 71–81.
4. Blaney C, Robbins M, Paiva A, et al. Validation of the TTM processes of change measure for exercise in an adult African American sample. In: *Proceedings of the 31st Annual Conference of the Society of Behavioral Medicine*, 2010, Seattle WA.
5. Butterworth SW. Influencing patient adherence to treatment guidelines. J Manage Care Pharm. 2008;14(6 suppl b):21.
6. Centers for Disease Control and Prevention. *Health Behaviors of Adults: United States 2005–2007. Vital Health Stat Series 10*, Number 24, 2010.
7. Cox RH. *Sports Psychology*. 7th ed. New York: McGraw-Hill; 2012.
8. DiClemente CC, Prochaska JO, Fairhurst SK, Velicer WF, Velasquez MM, Rossi JS. The process of smoking cessation: an analysis of precontemplation, contemplation, and preparation stages of change. *J Consult Clin Psychol*. 1991 Apr;59(2):295–304.
9. Dunn AL, Marcus BH, Kampert JB, Garcia ME, Kohl III HW, Blair SN. Comparison of lifestyle and structured interventions to increase physical activity and cardiorespiratory fitness. *JAMA*. 1999;281(4):327–34.
10. Hall KL, Rossi JS. Meta-analytic examination of the strong and weak principles across 48 health behaviors. *Prev Med*. 2008;46(3):266–74.

11. Johnson S, Paiva A, Castle PH. Cluster analysis within the Maintenance stage: Profiles predicting relapse from regular exercise. In: *Proceedings of the 31st Annual Conference of the Society of Behavioral Medicine*, 2010, Seattle WA.
12. Johnson SS, Paiva AL, Cummins CO, et al. Transtheoretical Model–based multiple behavior intervention for weight management: Effectiveness on a population basis. *Prev Med.* 2008 Mar;46(3):238–46.
13. Krebs P, Prochaska JO, Rossi JS. A meta-analysis of computer-tailored interventions for health behavior change. *Prev Med.* 2010 Sep;51(3–4):214–21.
14. Marcus BH, Emmons KM, Simkin-Silverman LR, et al. Evaluation of motivationally tailored vs. standard self-help physical activity interventions at the workplace. *Am J Health Promot.* 1998;12(4):246–53.
15. Marcus BH, Lewis BA, Williams DM, et al. A comparison of Internet and print-based physical activity interventions. *Arch Intern Med.* 2007;167(9):944.
16. Marcus BH, Lewis BA, Williams DM, et al. Step into motion: A randomized trial examining the relative efficacy of Internet vs. print-based physical activity interventions. *Contem Clin Trials.* 2007;28(6): 737–47.
17. Marcus BH, Napolitano MA, King AC, et al. Telephone versus print delivery of an individualized motivationally tailored physical activity intervention: Project STRIDE. *Health Psych.* 2007;26(4):401.
18. Marcus BH, Rossi JS, Selby VC, Niaura RS, Abrams DB. The stages and processes of exercise adoption and maintenance in a worksite sample. *Health Psych.* 1992;11(6):386.
19. Mauriello LM, Ciavatta MMH, Paiva AL, et al. Results of a multi-media multiple behavior obesity prevention program for adolescents. *Prev Med.* 2010;51(6):451–6.
20. Neville LM, O'Hara B, Milat A. Computer-tailored physical activity behavior change interventions targeting adults: A systematic review. *Int J Behav Nutr and Phys* Act. 2009;6(1):30.
21. Nigg CR, Courneya KS. Transtheoretical Model: Examining adolescent exercise behavior. *J Adolesc Health.* 1998;22(3):214–24.
22. Noar SM, Benac CN, Harris MS. Does tailoring matter? Meta-analytic review of tailored print health behavior change interventions. *Psychol Bull.* 2007 Jul;133(4):673–93.
23. Norman GJ, Zabinski MF, Adams MA, Rosenberg DE, Yaroch AL, Atienza AA. A review of eHealth interventions for physical activity and dietary behavior change. *Am J Prev Med.* 2007;33(4):336–45.
24. Pro-Change Behavior Systems, Inc. Mastering Change: *A Coach's Guide to Using the Transtheoretical Model with Clients.* Kingston (RI): Pro-Change Behavior Systems, Inc.; 2004.
25. Pro-Change Behavior Systems, Inc. *Roadways to Healthy Living: A Guide for Exercising Regularly.* Kingston (RI): Pro-Change Behavior Systems, Inc.; 2009.
26. Prochaska JO, DiClemente CC, Norcross JC. In search of how people change: Applications to addictive behaviors. *Am Psychol.* 1992 Sep;47(9):1102–14.
27. Prochaska JO, Evers KE, Castle PH, et al. Enhancing multiple domains of well-being by decreasing multiple health risk behaviors: A randomized clinical trial. *Popul Health Manag.* 2012 Oct;15(5):276–86.
28. Prochaska JO, Velicer WF, DiClemente CC, Fava J. Measuring processes of change: Applications to the cessation of smoking. *J Consult Clin Psychol.* 1988 Aug;56(4):520–8.
29. Prochaska JO, Velicer WF, Fava JL, Rossi JS, Tsoh JY. Evaluating a population-based recruitment approach and a stage-based expert system intervention for smoking cessation. *Addict Behav.* 2001 Jul;26(4):583–602.
30. Tseng YH, Jaw SP, Lin TL, Ho CC. Exercise motivation and processes of change in community-dwelling older persons. *J Nurs Res.* 2003;11(4):269.
31. Velicer WF, DiClemente CC, Prochaska JO, Brandenburg N. Decisional balance measure for assessing and predicting smoking status. *J Pers Soc Psychol.* 1985 May;48(5):1279–89.

32. Williams DM, Papandonatos GD, Jennings EG, et al. Does tailoring on additional theoretical constructs enhance the efficacy of a print-based physical activity promotion intervention? *Health Psych*. 2011;30(4):432.

33. Woods C, Mutrie N, Scott M. Physical activity intervention: A Transtheoretical Model–based intervention designed to help sedentary young adults become active. *Health Ed Res*. 2002;17(4):451–60.

CHAPTER 5

신체활동의 행동 변화를 유도하기 위한 의사소통 기술: 대상자와 대화하는 방법

Heather Patrick, Ken Resnicow, Pedro J. Teixeira, and Geoffrey C. Williams

개념 요약

상담사들이 직면하는 가장 큰 과제는 신체활동에 대한 상담 시 개인의 동기부여(예: 운동을 원하는지 여부와 신체활동을 함에 있어서 장애요인)와 우리가 살고 있는 사회문화적 상황을 모두 고려해야 한다. 보통 상담사들은 내담자에게 공포를 유발하는 메시지나 이미 잘 만들어진 운동계획을 처방함으로써 동기를 부여한다. 그러나 이러한 접근 방식이 바람직하지 않은 결과를 만드는 경우가 종종 있다. 실제로 선진국의 대부분의 사람들은 흡연이 건강에 해롭다는 것을 알고 있다. 신체활동도 대다수의 사람들이 건강을 위해서 '해야'하는 행동이라고 생각한다. 그러므로 알고는 있지만 실천을 하고 있지 않기 때문에 정보를 제공하는 것이 행동의 변화를 유발하는 데 핵심요소는 아닐 수 있다.

상담사는 내담자에게 신체활동을 하게 하고 동기를 부여할 수 있는 특별한 위치에 있다. 내담자에게 적절한 동기를 부여하려면 내담자가 신체활동을 즐기지 못하는 이유를 먼저 이해해야 한다. 신체활동을 하지 않는 이유로는 신체활동에 대한 두려움, 불편함 혹은 거부감 등과 같은 원인뿐만 아니라 신체활동이 건강과 삶의 가치에서 얼마나 의미가 있는지 등도 포함된다. 내담자 중심의 상담법은 내담자가 왜 변화해야 하는지에 대한 동기를 지속적으로 탐색하고 지원함으로써 지속적으로 오랫동안 건강행동을 지속할 수 있게 하였다. 이러한 방식으로 내담자에게 주의를 기울이고 협력하여 내담자 자신이 원하는 특정한 요구, 가치, 감정, 일상생활에서의 방해요인을 알아내서 내담자에게 가장 적합한 규칙적인 신체활동을 개발하는 것이 필요하다. 내담자가 처해 있는 장애를 해결할 수 있는 방안을 찾고, 신체활동의 의미를 설명하고, 신체활동에 대한 계획을 수립 시 내담자가 적극적으로 참여시키는 것은 지속적인 신체활동을 유지하는 데 도움을 준다.

이 장에서는 상담사가 내담자의 신체활동을 증가하도록 하는 내담자 중심의 동기강화상담(Motivational Interviewing, MI)(32)과 "자기결정이론"(Self-Determination Theory, SDT)(36,38)을 소개하고자 한다. 우리는 행동 변화에 대해서 회의적인 사람뿐만 아니라 변화할 준비가 되어 있는 사람도 같이 다룰 것이다. 두 번째로 두 이론의 과학적 근거는 행동 변화의 시작뿐 아니라 유지 시에도 효과가 있음을 뒷받침한다. 비록 동기강화와 자기결정이론은 서로 다른 방법으로 출현했으나 이 두 가지 접근법은 여러 측면에서 서로 상호보완적이다(20,51). 담배 판매 중단, 알코올 섭취 감소, 과일과 채소의 섭취 증가, 건강한 체중관리와 규칙적인 신체활동 등의 건강행동은 장기적인 행동의 변화가 필요한 중재가 필요한데, 이러한 중재 프로그램을 개발 시 많이 적용되었다(19,38). 동기강화상담과 자기결정이론에 대하여 여러 이론에서 보다 정교한 논의를 하고 있다(29,50,51). 동기강화상담과 자기결정이론은 다양한 상황과 환경에 유용한 이론일지라도, 이 장에서는 두 이론의 보완적인 접근방식에 대하여 주로 다룰 것이다. 그러므로 어떤 주어진 상황에서 항상 한 사람의 방식이 다른 사람의 방식보다 "더 나은" 경우가 있는 것은 아니다. 인간의 동기에 대한 기본 개념을 명확히 하는 동시에 동기강화상담과 자기결정이론의 개념을 간략히 살펴볼 것이다. 그런 다음 동기강화상담과 자기결정이론에서 사용하고 있는 구체적인 전략, 임상 실습에서 활용할 수 있는 기법과 성공적인 교육을 수행하기에 필요한 교육도 함께 설명할 것이다. 신체활동에 적용되는 내담자 중심의 상담 틀(5A와 동기강화상담의 탐색하기, 안내하기, 선택하기)을 제시할 것이고, 또한 과학적 증거도 같이 살펴보겠다. 이러한 기법들을 독자들이 실천에 옮기고, 쉽게 이해할 수 있도록 가능한 많은 예시를 제시하려고 한다.

동기강화상담과 자기결정이론의 주요 개념

동기강화상담(Motivational Interviewing)

동기강화상담(MI)은 내담자의 변화의 양가감정을 해결하고, 변화에 대한 저항을 극복하고, 자율적인 동기를 탐색하는 임상적인 반응 방식이다. 동기강화상담은 상담사가 지시하거나 강제적인 접근 방식에서 벗어나 행동 변화 목표를 내담자의 관점에서 목표와 가치를 탐색하는 것이다. 동기강화상담의 시작은 원래 중독치료에서 출발하였으나 현재는 건강한 식습관, 신체활동, 체중관리 등 만성질환 예방 및 관리와 관련된 다양한 건강행동의 변화를 유도하는 데 사용하고 있다(19). 동기강화상담은 이 장의 뒷부분에서 설명하는 반영적 경청하기(reflective listening), 즉 의사결정을 공유하고, 분명한 행동 변화를 유도하기 위해서 사용되는 의사소통 전략이다.

효과적인 동기강화상담은 "고통받는 사람을 편안하게 하기(comforting the afflicted)"와 "편안한 사람들을 불편하게 하기(Afflicting the comfortable)" 간에 전략적으로 균형을 이루는 과정이라고 표현할 수 있다(30). 즉, 동기강화상담 기법은 변화에 대한 공감을 유발하기 위해서 충분하게 불일치(즉, 개인의 현재의 행동, 행동목표, 다른 개인적 가치 간의 불일치)를 구축할 필요가 있는 사람들에게 균형적으로 공감을 표현해야 한다. 변화에 양가감정을 가진 사람에게 동기강화상담이 효과적인 것으로 나타났다(3,15,24,28,31). 이는 부분적으로 동기강화상담의 특성이 현재의 상태를 비판하지 않고, 용기를 북돋는 어조를 사용하기 때문이다. 상담사들은 내담자들에게 자신이 좋아하는 행동과 싫어하는 행동에 대해서 판단하지 않고 편안히 표현할 수 있게 하여 지지적인 분위기를 형성한다. 동기강화상담의 관점은 변화를 추구하기 전에 내담자의 양가감정을 탐색하는 것을 중요시한다(30).

대부분의 상담사들은 전문 지식과 경험을 바탕으로 전문적인 조언을 어떻게 제공해야 하는지를 학습한다. 일반적으로 상담사들은 시간을 절약하거나 내담자에게 동기를 부여하기 위하여 "나는 무엇이 최선의 방법인지 알고 있다"라는 방식으로 진행하는 경향이 있다. 그러나 처방적인 지시를 강조하는 접근은 종종 역효과가 발생하여 내담자가 저항할 수 있다. 동기강화상담 접근법을 사용하면 내담자 스스로 심리적인 작용이 많이 발생하게 된다. 따라서 상담사는 이 과정을 통해 안내자의 역할을 하며, 내담자가 현재 행동과 목표행동에 대해서 자신의 장점을 알게 하고, 실제로 왜 자신이 목표행동에 도달하지 못했는지 인식시키고, 양가감정을 탐색하고 난 후에 행동을 어떻게 할 것인지 계획을 개발한다. 동기강화상담 내에서, 상담사들은 기본적으로 부정이나 비합리적 또는 부적응적인 신념에 직접적으로 대립하지 말아야 한다. 대신에 내담자가 자신의 생각과 행동에서 오는 모순을 인식할 수 있도록 도움을 줘야 하고, 현재 행동과 이상적으로 원하는 행동 간의 불일치를 경험할 수 있도록 도움을 준다. 동기강화상담 시 상담사들은 좀처럼 내담자를 설득하려고 시도하지 않는다. 대신, 동기강화상담은 내담자가 변화하겠다는 결정을 하지 않을지라도, 내담자가 충분히 이해할 수 있도록 정보를 제공하고, 그래서 심사숙고해서 행동을 선택할 수 있도록 도와주는 역할을 한다. 상담사는 내담자의 반발이나 저항을 유발하지 않도록 주의해야 하고 강요하지 않는다.

자기결정이론(Self-Determination Theory)

동기강화상담은 임상적인 기법을 현장에서 적용하면서 출발하였다. 이와 반대로 자기결정이론(SDT)은 기초 사회과학에서 인간의 동기에 대한 이론적 개념에서부터 출발하여 발전하였다(5,36). 현재는 신체활동 분야뿐만 아니라 여러 방면에서 임상적으로 적용되고 있다(13,39). 자기결정이론과 동기강화상담 간에는 개념적으로 중복되는 점과 차이점이 있으나 이 장에서는 동기강화상담과 자기결정이론 사이의 상호보완성과 구분에 대한 정교한 논의는 다루지 않을 것이다. 그러나 최근 몇몇 연구들은 이 문제에 대해서 중점적으로 다루고 있다(20,26,29,47,50,51). Williams 등은 자기결정이론에 기반을 둔 신체활동, 금연, 체중감소 및 약물 사용에 대한 건강행동 변화에 대한 필요성을 지지하고 기법을 개발하고 검증하였다(41,54,55). 자기결정이론의 접근법은 많은 동기강화상담의 기법 등을 공통적으로 사용하고 있다. 또한 연구자와 상담사들은 모두 동기강화상담이 어떻게, 왜 효과적인지를 설명하기 위해서 이론적인 관점에서 자기결정이론을 사용하기 시작했다(30).

동기의 연속성

자기결정이론은 동기는 두 가지 핵심 요소, 즉 심리적 에너지와 에너지가 지향하는 목표를 갖고 있다. 자기결정이론은 동기(행동 변화를 할 이유가 없는 에너지 부족과 특정한 건강목표를 추구하는 행동), 외적인 동기(결과에 대한 기대를 통한 동기유발), 내적인 동기(자신의 즐거움이나 관심으로 인해서 행동)와 같이 동기를 연속선상에 있는 개념으로 표현했다. 그림 5.1은 동기의 연속성에 대해서 자세히 보여준다. 많은 건강행동은 외적으로 동기화되어 있는 행동이다. 즉, 그들은 외적으로 분리 가능한 결과(예를 들어 건강하지 못한 증상을 제거하거나 감소시키고, 삶의 질 또는 수명을 연장하고, 배우자나 임상가들의 잔소리를 최소화하기 위해서)에 관여를 한다. 다른 한편으로 신체활동이나 건강한 요리는 내적 동기를 유발하는 행동이다. 즉, 그러한 행동을 흥미롭고 즐거워서 하는 행동

동기 (Motivation)	무동기 (Amotivation)	외적 동기(Extrinsic motivation)				내적동기 (Intrinsic motivation)
		외적인 규제	도입된 규제	파악된 규제	통합적 규제	
정의 (Definition)	동기 또는 심리적 에너지 결핍	사회적 제제를 포함하여 부정적 결과를 회피하면서 얻는 보상	인터넷 압력은 수치심이나 죄책감을 초래하였음.	행동의 개인적 중요성 가치에 대한 믿음.	행동은 다른 사람의 목표와 가치와 일치함.	행동 스스로가 즐겁고 중요한 것으로 인식함.
사례 (Example)	내담자는 신체활동을 참여하고 싶은 동기가 없음.	내담자는 티셔츠를 얻기 위해서 운동을 함. 헬스 트레이너는 내담자가 운동 목표를 달성하지 못해도 비난하지 못함.	내담자는 개인 트레이너에게 돈을 많이 지불하면서 운동을 하지 않으면 죄책감이나 많은 돈을 지불하고 운동하지 않을 때 죄책감을 느낌.	내담자는 운동이 건강에 중요하므로 운동을 함.	내담자는 체중감량과 더 건강하고자 하는 자신의 목표와 일치하므로 운동을 함.	내담자는 운동하는 것이 재미있어서 정기적으로 참석을 함.

그림 5.1 동기의 연속성

이다.

동기의 연속성 내에서는 외적 동기가 많든지 적든지 간에 각각에 내재된 정도(즉, 이러한 동기가 얼마나 자신의 목표에 일치하는가, 그리고 그것들이 내적 동기와 얼마나 연관이 있는지)에 따라 다양한 계층의 변화가 있을 수 있다(5,35). 가장 최소한으로 내재된 외적 동기, 외적인 규제(external regulation)는 보상, 즉 금전적인 유인책 혹은 타인으로 부터 승인을 받지 못하거나 실망과 같은 사회적인 제제와 같은 부정적인 결과를 피하는 것 등이 여기에 해당한다. 도입된 규제(introjected regulation)는 행동에 대한 압력이나 기준이 되는 행동을 하지 않을 경우 발생하는 부끄러움이나 죄책감 등이므로 외적 규제와 유사한 측면이 있다.

많은 내담자들이 이러한 "통제된(controlled)" 형식(억압감)으로 인해서 신체활동에 참여할 수 있다. 그리고 이러한 형태의 동기는 얼마 동안은 활력을 제공할 수 있을지라도, 자율적이거나 내적 동기와 비교 시 심리적으로 행복한 기간이 짧다. 중요한 것은 외적인 보상이 사람들로 하여금 시작하게 하는 데 도움을 줄 수 있을지라도 사회과학 연구에서는 특히, 자기결정이론에서는 이러한 전략이 방해가 된다고 주장하고 있다(6,36,37). 예를 들어, 금연(4), 체중조절(26)의 연구에서 경제적인 보상으로 인한 행동 변화는 장기적으로 유지되지 않았다. 그러나 보상, 사회적 처벌, 즉 죄책감과 수치심의 유발은 단기적으로 이득이 있어서 장기변화를 유도하는 행동에서도 강조되었다. 그러나 내적 동기가 행동을 지속하는데 더 효과적이므로 이를 개발하고 지지하는 것이 중요하다(40).

파악된 규제(identified regulation)는 비교적 자율적인 형태의 외적 동기이다. 그것은 목표행동이 개인적으로 중요한 의미가 있고, 시간이 흘러도 계속 그 행동을 유지하게 하는 신념으로 작용할 수 있다. 예를 들어, 내담자가 마라톤 훈련에서 끝까지 완주하는 것을 목표로 한다면 지속적으로 신체활동을 하는 것을 추구할 것이다. 마지막으로 가장 자율적인(즉, 내재화된) 형태의 외적 동기는 통합적 규제(integrated regulation)이다. 통합된 규제를 통해 개인은 행동은 자신에게 중요하고 의미기 있다고 여기고, 목표가 자신의 가치와도 일치한다는 신념을 가진다. 따라서 통합된 규제 하에서는 개인이 중요시하는 목표와 가치와 일치하기 때문에 마라톤 완주를 위해서 행동을 할 것이다.

자기결정이론은 동기를 중요한 역동적인 개념으로 본다. 즉, 사람들이 행동을 하게 하는 데 많은 외적 이유가 있을지라도 시간이 지남에 따라 더 자율적이고 내적인 이유가 발생할 수 있다고 여긴다. 상담사들은 이 과정을 촉진(또는 방해)하기 위한 유일한 존재이다. 또한 다른 유형의 동기도 신체활동뿐만 아니라 모든 행동과 관련해서 공존하고 수행될 수 있음을 명심해야 한다. 예를 들어, 어떤 사람이 자율적인 이유로 운동을 할 때에도 나타날 수 있다. 자기결정이론의 관점에서 준수와 복지를 위한 중요한 측면은 어떤 유형의 동기가 더 지배적이냐이다.

기본적인 심리학적 욕구

기본적인 심리적 욕구(basic psychological needs)를 지지하거나 방해하는 것은 동기부여와 자기규제가 서로 바뀔 수 있다는 점이 주요 기전(mechanism)이다(6). 자기결정이론은 능력감(역량), 유대성(관련성), 자율성의 세 가지 기본적인 심리욕구를 강조한다. 이러한 욕구는 동기강화상담 원칙의 기술과도 일치한다(20).

1) 능력감/역량(Competence)

능력감/역량은 "원하는 결과를 달성할 수 있다는 능력감"이다. 그것은 다른 건강행동 이론(1)(1장 및 3장 참조)에서 말하는 자기효능감(즉, 자신감)의 개념과도 관련이 있다. 신체활동에 대한 심리적, 실질적인 장애요인 파악과 목표설정, 행동계획을 논의하는 것은 내담자의 역량감을 고취시킬 때 도움이 된다. 내담자가 준비 중인 신체활동 수준(즉, 너무 많거나 너무 적지는 않은 최적의 도전에 도달하는 것)을 파악하면 역량감을 증가시키는 데 도움이 된다.

2) 유대성/관련성(Relatedness)

유대성/관련성은 "중요한 다른 사람들과 연결되어 있으며, 이를 이해하고자 하는 욕구"이다. 상담사는 내담자가 무엇을 표현하는지 공감하고, 내담자에게 경청하고, 질문함으로써 이러한 욕구도 지지될 수 있다. 유대성 욕구는 신체적으로 활발하게 됨으로써 이 욕구는 지지될 수 있다. 어떤 사람들에게는 다른 사람들과 함께 운동하거나 신체활동이 어떻게 사회적 관계를 개선하게 하는지를 조사하는 것을 의미할 수도 있다.

3) 자율성(Autonomy)

자율성은 "자신이 행동을 스스로 하는 출발자로서의 욕구"이다. 상담사는 내담자 자신의 자기탐색과 목표설정에 대해서 안내자의 역할을 함으로써 이러한 욕구를 지지할 수 있다. 내담자에 대한 최적의 지속적으로 동기를 유지하고, 자기통제를 개발하도록 촉진자의 역할을 한다. 내담자 중심의 상담은 내담자의 자율성을 최대한 지지한다. 즉, 내담자로 하여금 행동 변화를 어떻게 수행할 수 있는지 선택할 수 있는 여러 메뉴를 제공하고, 특히 내담자가 행동 변화에 대해서 회의적이거나 하고 싶어 하지 않을 경우 상담사의 의견을 강요하지 않는다. 예를 들어, 운동이 건강과 심혈관 건강을 증진시킨다고 내담자와 대화할 경우 일부 내담자들은 코치나 체육 선생님이 "달리는 것이 좋다"라는 지시를 자동적으로 생각할 수 있다. 이때 상담사는 내담자에게 건강상 동일한 유익이 있고, 더 즐겁게 운동할 수 있는 활동 목록을 제공할 수 있다(예: body pump나 줌바와 같은 운동수업, 춤추기, 친구들과 농구 게임).

상담사는 이 본문의 뒷부분에서 설명하는 것처럼 반영적 경청하기(reflective listening)와 같은 기법을 사용하여 상담사 자신의 주장을 강요하지 말아야 한다. 상담사들은 특정한 결과나 의견에 집착하지 말아야 한다. 이것은 내담자로 하여금 현명한 선택을 하게 하여 자신이 원하는 방향으로 가도록 도와주는 역할을 한다.

동기강화상담 및 자기결정이론의 기술과 전략

이제 신체활동 변화와 관련하여 내담자와 상담 시 사용할 수 있는 동기강화상담 및 자기결정이론 기술과 전략에 대해서 전반적인 개념을 살펴보겠다. 이 장에서는 다양한 기법에 대해서 알아보겠지만 이 모든 기법을 사용할 필요는 없다. 실제로 내담자와 상호작용하면서 보내는 시간, 내담자를 알고 지내는 기간과 신체활동에 대한 내담자의 태도(신뢰와 중요성) 등은 어떤 기법을 사용하는 것이 가장 적합한지 결정하는 데 도움을 준다. 이러한 전략은 내담자와 보낼 수 있는 시간, 내담자의 특성에 따라 선택할 수 있는 임상메뉴인 것이다. 동기강화상담은 처음에 임상 기법으로 시작되어 이 용어를 사용하였으나 행동 변화를 위한 자기결정이론의 필요한 보조 기법과 유사하다고 할 수 있다. 동기강화상담과 자기결정이론은 모두 내담자 중심의 접근 방식이다. 본 장에서 내담자 중심의 상담에 대해서 몇 가지 구체적인 기법을 소개하고자 한다.

반영적 경청하기

반영적 경청하기(reflective listening)는 내담자 중심의 상담이 특징이다. 가설검정이나 내담자가 체크한 것을 개념화할 수 있다. 실제로, 이것은 "만약 내가 너의 말을 정확히 듣고 있다면, 나는 네가

~로 말하고 있다고 생각한다." 또는 좀 더 직접적인 말로 표현하면 "그러니까, 당신은...와 같은 문제점이 있다"로 이해할 수 있다. 반영적 경청하기의 목표는 당신이 들은 적이 있으며, 그 이야기가 어디로부터 왔는지 이해를 하려고 하고, 그들의 감정과 경험을 확인하거나 검증함으로써 궁극적으로 하고 자기를 발견하는 과정을 돕는 것이다. 이것은 부분적으로 내담자가 그들이 현재하고 있는 행동과 처방된 행동 변화의 긍정적, 부정적 측면을 탐구해 봄으로써 비판단적 환경을 만드는 방법이다. 또한 반영적 경청하기는 자기결정이론 관점에서, 내담자의 유대성 욕구(즉, 내담자가 어디에서 왔는지 이해하는 데 관심을 전달함)와 자율성(즉, 내담자에 대한 판단을 보류함)을 지지해 주는 역할을 한다. 만약 당신이 내담자가 말하고자 하는 것에 대해서 "잘못된 추측"을 한다고 할지라도, 이것은 내담자가 자신의 생각을 솔직히 이야기하는 데 도움이 되며, 상담사가 수정하는 것에 대한 열린 마음은 관계형성(rapport)을 강화시킬 수 있다.

반영의 범위는 내담자의 이야기에 관한 기본적인 사실을 이해하는 것에서 부터 감정을 탐구하는 것까지 다양하다. 반영은 최소 7가지 유형이 있고, 그 유형은 다음과 같다.

1. 내용 반영
2. 감정/의미 반영
3. 확대된 부정적 반영
4. 양면성 반영
5. 생략에 대한 반영
6. 행동반영(행동 제안, 행동 제외 및 인지 제안을 포함함)
7. 저항 다루기

1) 내용반영

내용반영(content reflections)은 아마 가장 단순한 형태의 반영이고, 내담자의 이야기에 대한 기본적인 사실들을 반영하여 진술하는 것이다. 간단하지만 내용반영은 배경정보를 수집하고 관계를 구축하는데 중요하다. 이것은 "당신은 과거에 규칙적으로 운동을 하려고 노력했으나 그것을 지속적으로 할 수 없었다는 것이네요"와 같이 진술한다.

2) 감정/의미 반영

감정/의미 반영(feeling/meaning reflections)은 종종 내담자가 느끼는 것, 그 사람이 어떤 식으로 느끼는지 이유 또는 어떤 것이 사람의 다른 중요한 측면과 관련이 있는지에 대한 직접적으로 말하는 것의 형태를 취한다. 앞서 언급한 내용반영을 바탕으로 예를 들면 "당신은 계속 운동을 하는 것을 지킬 수 없었기 때문에 또 실패할까봐 두려워하는 것이네요"로 진술함으로써 한 단계 더 진보한 의사소통이라고 할 수 있다.

3) 확대된 부정적 반영(확대반영)

확대된 부정적인 반영(amplified negative reflections)은 행동 변화의 부정적 혹은 긍정적인 것을 과장해서 진술하는 것이다. 역설적으로, 변화를 반대하는 것에 논쟁을 함으로써, 상담사는 내담자가 저항하는 것을 지치게 할 수 있다. "그래서 당신은 규칙적으로 운동을 하는 것을 실패하는 것 보다는 운동을 하지 않는 편이 합리적이라고 하시는 거네요." 또는 "규칙적으로 운동하는 것이 하나도 이롭지 않다는 것이네요."라고 하는 것이다. 이 의사소통 기술은 내담자가 "네, 그렇지만"과 같이 저항하는 사고를 할 때 특히 유용하다.

4) 양면 반영

양면 반영(double-sided reflections)은 내담자가 행동 변화를 할 이유가 없고, 반대가 있을 때 상담사에게 특히 중요하다. 또한 상담사는 내담자의 양가감정을 받아들이고, 내담자가 변화를 강요하는 것이 아니라는 사실을 전달함으로써 내담자의 자율성에 대해서 요구한다. 예를 들어, "한 편에서는 신체적인 활동을 하는 것이 이로운 점이 있으나 다른 한편으로는 규칙적으로 운동을 하게 되면 저녁에 가족과 보내는 시간을 방해할 수 있다고 염려하시는 것이죠"라고 할 수 있다.

5) 생략에 대한 반영

생략에 대한 반영(reflections on omission)을 통해서 상담사는 내담자가 말하지 않은 부분에 대해서 언급한다. 예를 들어, 행복하게 결혼한 여성이 운동할 사람이 없다고 말하면 상담원은 "남편이 답은 아닌 것 같습니다"라고 회상할 수 있다. 이는 의사를 더욱 강화하고 상담사가 내담자가 이미 생각하고 시도하고 거부한 전략(자율적 동기부여를 지원)으로 동기를 부여하려고 하지 않음을 내담자에게 더욱 공감적으로 표현할 수 있다.

6) 행동반영

행동반영(action reflections)에는 내담자의 장벽에 대한 잠재적인 해결책을 포함하거나 행동과정의 일부요소를 포함한다. 가능한 경우, 행동반영은 내담자에게 자율성을 주고, 선택할 수 있는 효과적인 메뉴를 제공한다. 실천 가능한 아이템에 초점을 두고 있기 때문에 행동반영은 내담자의 역량에 대한 필요성을 지지하는 역할을 할 수 있다. 이러한 진술은 내담자가 직접 생성하거나 생각한 아이디어로 이루어진 것이 특징이다. 그러므로 이것들은 원치 않은 충고가 포함되지 않는다. 행동반영에는 행동제안, 행동배제 및 인지적 제안의 세 가지 하위 유형이 있다(8).

① 행동제안

행동제안은 다음과 같은 몇 가지 형태를 취할 수 있다.

1. 장애를 뒤집기(예: "짧게 시작하는 것, 10분간의 몸 풀기, 중등도 활동을 30분간 하는 것은 당신에게 부담스럽지 않고, 성취가 가능한 목표로 생각되시죠!"라고 하는 것이다.)
2. 비전문적 또는 우산 전략(예: "그래서, 집주변을 운동한다든지, 근무하면서 운동하는 방법이 도움이 될 수 있어요.")
3. 내담자와의 이전에 했던 상담을 바탕으로 한 구체적인 전략(예: "아마 당신이 살고 있는 이웃 주변의 보행 지도를 만들어서 규칙적으로 운동하는 것이 합리적인 방법일 것 같아요.")

② 행동배제

행동배제는 내담자가 말한 것으로 고려할 경우 상담사가 내담자에게 효과가 없을 수도 있음을 내담자가 반영하도록 하는 것이다. 앞에서 설명한 '생략에 대한 반영'은 행동배제를 실행계획에 포함할 수 있는 방법 중 하나이다.

③ 인지적 제안

마지막으로, 인지적 제안은 행동반영의 방법 중 하나이다. 내담자로 하여금 행동 그 자체보다는 신체적 활동에 대해서 어떻게 생각하는지에 더 초점을 맞추고 있으며, 이는 인지행동 요법의 인지적 요소와 유사하다.(예를 들어, "당신이 실패했다는 생각이 들면 당신은 정말로 노력을 완전히 포기하려고 할 수 있으며, 이는 당신의 목표 달성에 방해가 돼요. 규칙적으로 운동을 하는 것을 전부 혹은 아예 하지 않는 것으로 생각하지 않을 수도 있어요. 목표를 달성할 수도 있고 달성하지 못할 수도 있어요. 더 활동적인 경우에는 운동 목표에 도달하는 데 도움이 될 거예요.")

7) 저항 다루기

저항 다루기(rolling with resistance)는 독특한 종류의 반영이다. 내담자의 저항에 대해 대면하는 것은 역효과를 초래할 수 있고, 행동 변화와 관련하여 방어력, 교감 피해 및 열악한 결과를 초래할 수 있다(23). 따라서 동기강화상담은 내담자와 논쟁하기보다는 대신 상담사들이 "저항을 다룬다"라고 제안한다. 상담사들은 저항으로, 내담자가 실제로 부정확한 진술을 하는 상황에서도 본질적으로 내담자에게 동의를 한다. 저항에 반영하는 특징의 예로는 "매우 바쁘고 일이 많아서 집에 와서 소파에 앉아서 TV를 시청하는 것이 하루의 긴장을 푸는 것이죠"와 같은 접근방식은 앞에서 설명한 확대된 부정적 반영과는 정반대이다.

저항반영으로 변화를 원하지 않는 내담자가 드는 이유에 대해서 인정을 한다. 또한 내담자가 변화에 대한 압박감을 느끼거나 판단에 대한 걱정 없이 자유롭게 저항을 말할 수 있는 사회적 분위기를 만드는 데 도움을 준다. 저항으로 어떤 특정한 방법으로도 변화를 강요하지 않고, 그들이 자율적으로 변화를 탐색할 수 있는 기회를 제공함으로써 내담자의 자율성에 대한 필요성을 방해하지 않고, 신체적 활동을 해야 하는 이유를 파악하게 해 준다(자율성). 저항은 그들이 의지가 약하다고 느끼거나 자신이 원하지 않는 것을 하지 않기 때문에 마음에 들지 않는다고 느끼게 하는 것을 피한다(무조건적 긍정적인 고려 또는 관련성). 그것은 또한 당신이 그들을 변화시키도록 강요하지 않고 그들의 투쟁에 공감하게 할 것을 전달한다.

변화 대화를 유도하기

변화 대화를 유도하는 것(fliciting change talk)은 내담자 중심 상담의 또 다른 중요한 요소이다. 동기강화상담과 자기결정이론은 동일하게 "모든 인간은 자연스럽게 성장, 건강, 그리고 행복 및 복지를 지향한다"는 것을 가정으로 시작한다. 실제로, 이것은 사람들에게 건강하다고 말할 필요가 없다. 임상 우울증이나 완전한 동기부여와 같은 드문 상황을 제외하고는 자연스럽게 이를 원한다. 따라서 상담사의 역할은 내담자가 스스로 명시하는 목표와 계획에 대해서 더 많이 수용하고, 행동할 가능성이 높기 때문에 내담자와 협력하여 개인의 동기부여를 파악하는 것이다. 상담사들이 내담자들이 자신이 왜 변화해야 하는지에 대한 이유와 변화를 위한 계획을 표현하도록 장려하는 과정이 변화대화를 유도하는 것이다.

중요도와 자신감 측정하기(Measure Importance and Confidence)

중요도와 자신감이 본인에게 얼마나 중요한지, 자신감이 있는지를 "수치(ruler)"로 표현하는 것으로 이야기를 유도하는 팁 중 한 가지 방법이다. 이 접근법은 동기강화상담과 자기결정이론의 중재에서 모두 사용된다. 신체활동에 대한 전략으로 다음과 같이 두 질문을 사용한다.

1. 척도 점수 0점에서 10점까지, 0점은 '전혀 중요하지 않다', 10점은 '매우 중요하다'라고 한다면 당신은 신체적으로 더 활동하는 것이 당신에게 얼마나 중요한가요?
2. 척도 점수 0점에서 10점까지, 0점은 '전혀 자신감이 없다', 10점은 '매우 자신감이 있다'라고 한다면 당신은 얼마나 신체적 활동을 할 수 있는 자신감이 있습니까?

이렇게 질문한 다음 상담사들은 각 질문의 응답을 조사한다. 예를 들어 내담자가 7점이라고 응답할 경우, 우선 "0점에서 10점의 척도 중 당신은 7점이라고 했네요. 4점이나 5점처럼 더 낮은 점수를 선택하지 않은 이유는 무엇인가요?"라고 한다. 내담자에게 행동 변화에 대한 이유를 생각할 수 있는 기회를 제공하고, 더불어 장애요인과 잠재적인 해결책을 스스로 찾을 수 있도록 해준다. 중요도를 평가하게 하는 것은 내담자의 동기와 그들의 가치를 표현하도록 하고 그것에 대해 더 자세히 이야기 할 가능성을 열어줄 수 있는 방법이다.

자기결정이론 애플리케이션을 이용하여 때때로 이 질문을 약간 수정하여 내담자들에게 행동 변화에 얼마나 관여하고 싶은지 물어 보았다(예: 신체적으로 더 적극적임). 신뢰도 평가는 내담자의 인지된 역량에 근접한 것이며 잠재적인 장애요인을 파악할 수 있는 기회를 제공해 준다.

불일치 개발하기(Develop Discrepancy)

변화 대화를 유도하고 동기를 부여하는 또 다른 기술은 내담자의 현재 행동과 다른 삶의 목표와 가치 사이의 불일치를 개발하는 것이다. 내담자는 가치 목록(예: 좋은 배우자/파트너, 매력적, 운동, 사물 위에, 정력적(30)) 중에서 선택하거나 3~5개의 개인적인 목표 광석 가치를 스스로 창출할 수 있다. 다음과 같은 방법으로 목표 또는 가치의 자체 생성에 접근할 수 있다. "이제 여러분의 삶의 다른 측면과 중요한 것들에 대해 조금 더 알고 싶습니다. 당신에게 가장 중요한 것, 또는 앞으로 단기적으로 5년 안에 인생에서 무엇을 성취하고 싶은가요?"

그런 다음 상담사는 내담자에게보다 신체적으로 활동을 하거나 규칙적인 운동을 시작하는 것이 그러한 목표를 추구하고 달성하데 어떻게 도움이나 방해가 될 수 있는지를 내담자와 함께 탐구한다. 예를 들어, 내담자는 "가족과 함께 보내는 시간"을 매우 중요한 것으로 인정할 수 있다. 신체적으로 더 많이 활동하게 되면 가족과 함께 보내는 시간이 적을 수 있으며, 이는 신체활동이 덜 매력적으로 여겨질 수 있다. 그러나 내담자는 더 활발히 신체적으로 활동하게 되면 수명의 연장과 삶의 질이 개선되어 건강한 삶을 추구하게 된다는 점, 이는 장기적으로 가족과 더 많은 시간을 가질 수 있음을 알게 할 수 있다. 따라서 상담사는 내담자에게 자신이 해야 할 일과 왜 중요한지를 말하기보다는 스스로 탐구하고 행동 변화를 더 넓은 삶의 목표와 가치에 맞추게 할 수 있다. 내담자의 자발적인 탐색은 자율적 욕구를 지지하고, 신체활동의 목표를 가져오게 함으로써 신체활동에 대한 동기부여의 내재화를 촉진한다.

훈련: 동기강화상담과 자기결정이론 기술을 성공적으로 활용하기

동기강화상담 훈련 기법에 관하여 문헌이 상당히 있으며, 자기결정이론은 건강증진 맥락에서 자기결정이론과 동기강화상담 기법을 활용하는 프로토콜을 상담사를 가르치는 데 사용한다. 따라서 여기서는 자기결정이론에 근거한 상담훈련과 많이 비슷하나 여기서는 동기강화상담에 근거한 상담훈련에 대해서 간략히 설명하고자 한다.

입문훈련(Introductory Training)

많은 상담사들은 처음에는 "그랜드 라운드"와 같이 간략하고, 일반적이고 교훈적인 세션으로 동기강화상담 기법에 노출된다. 보다 공식적인 입문교육은 인쇄물 및 교육 비디오를 공부하는 것으로 시작할 수 있다. 또한 동기강화상담의 기본 원칙과 실제로 동기강화상담 기법의 기초를 다루는데 최대 1~3일 동안 지속되는 도입훈련 세션에 참여할 수 있다.

입문 워크숍은 일반적으로 교육, 데모 및 실습 경험이 혼합되어 구성되어 있다. 이 세션의 목적은 훈련 참가자들에게 동기강화상담의 정신과 방법에 대한 전반적인 이해를 시키고, 접근법에 대한 실습 경험을 하게 하는 것이다. 동기강화상담의 기초를 배우고, 시간이 지남에 따라 동기강화상담 기법을 실습을 했던 상담사들은 추가적으로 숙련도를 달성할 수 있다.

중급/고급 훈련(Intermediate/Advanced Training)

중간/고급 임상 훈련은 종종 강사가 녹화한 상담사 세션의 오디오 혹은 비디오 녹화를 제공하고, 동기강화상담 기술을 더 발전시킬 수 있도록 피드백을 제공한다. 중간/고급 교육과정은 일반적으로 2일 또는 3일 워크숍이며, 훈련 참가자가 임상 실습에서 가져온 시연, 연습 기회 및 녹음 세션의 검토에 초점이 맞추어져 있다. 최근 일부 연구에서 온라인과 기타 동기강화상담 교육에 대한 온라인 및 기타 자동 교육 방법의 효능감을 평가하고 있다. 이러한 접근방식이 동기강화상담이 대규모로 사용하는 것이 가능한지를 파악하는데 중요하다. 동기강화상담 매뉴얼 및 교육에 대한 추가 정보는 http://www.motivationalinterview.org에서 확인할 수 있다.

신체활동 행동 변화를 위한 대상자 중심 접근법

The Traditional Approach: 5A

"국립암연구소(National Cancer Institute)"에 의해 1차진료에서 금연을 해결하기 위한 접근법으로 4A 모형(질문하기, 충고하기, 도와주기, 일정 수립하기)이 개발되었다. 여기서 동의하기(혹은 변화하고자 하는 의지를 진단하기)로 추가하여 5A 모형로 확대되었다. 미국의 예방서비스 대책본부 팀에서 설명하고 있는 5A 모형(질문하기, 충고하기, 동의하기, 도와주기, 일정수립하기)은 다양한 분야의 보건 실무자들이 행동 변화를 위하여 수행하는 간단한 중재방법의 이론적 개념의 틀로 사용하고 있다.

단계별 설명[Step-by-Step]

1. Ask(질문하기)

질문에는 건강행동과 위험, 그리고 그러한 변화에 적용되는 목표와 방법뿐만 아니라 그들의 변화 결정에 영향을 미치는 요인에 대해 내담자에게 물어보는 것이 포함된다.

2. Advise(충고하기)

조언은 내담자에게 변경하지 않을 때의 건강 위험과 변화할 때의 편익에 대한 정보를 포함하여 명확하고 구체적인 행동 변화 조언을 제공하는 것을 포함한다. 5A의 모델 내에서, 조언은 그 사람이 치료를 원했던 이유와 직접 연결되었을 때 가장 효과적인 것으로 나타났다. 예를 들어 내담자가 심혈관 질환에 대한 위험을 우려하여 시술자에게 온 경우, 시술자는 심혈관 위험을 낮추는 운동(예: 중간적이고 활발한 신체활동)을 권고할 수 있다.

3. Agree(동의하기)

변화 의지에 동의하거나 평가하고자 하는 의지는 내담자가 변경하고자 하는지를 결정하기 위해 상담사와 내담자가 협력하는 협업 과정을 말하며, 만약 그렇다면 내담자의 관심과 목표 행동을 변화시키려는 의지에 근거하여 행동 변화 목표와 전략을 식별한다. "합의"의 제5차 "A"를 포함시킴으로써, 이 모델은 계획 개발에 의뢰인을 참여시키고, 역량에 대한 내담자의 요구를 탐구하고 인정하는 것과 자연스럽게 제휴되기 때문에 자율성을 직접 지원한다.

4. Assist(도와주기)

도와주기란 필요한 기술, 자신감, 사회적 또는 환경적 지원을 얻음으로써 환자가 합의된 행동 목표를 달성하도록 돕는 과정을 말한다. 도와주기는 직접적으로 내담자의 역량을 위하여 내담자의 욕구를 지지한다.

5. Arrange(일정 수립하기)

합의에는 내담자와 협력하는 상담사가 후속 연락 일정을 수립하여 지속적인 지원을 제공하고 필요에 따라 치료 계획을 조정해야 한다. 여러 차례의 방문과 무조건적인 지원은 신체활동의 건강한 패턴을 확립하는 것과 같은 장기적 변화를 유발하는 데 유용할 수 있다. 그러나 내담자가 이러한 방문(결국 종료될 것)을 외부 강화 및 동기부여의 원천으로 인식할 위험도 있다("개인 트레이너/의사 등에게 내가 얼마나 잘 하고 있는지"), 그것은 새로운 행동을 지속시킬 수 있는 보다 내부적이고 지속적인 이유의 개발을 저해할 수 있다.

동기강화상담, 자기결정이론과 5A의 관련성

동기강화상담, 자기결정이론 및 5A는 독립적으로 개발되어 왔으나, 동기강화상담과 자기결정이론은 주로 실무자가 특정한 임상 행동의 너트와 볼트의 관계라기보다는 상담사가 내담자와 서로 상호작용하는 방식이다. 동기강화상담, 자기결정이론의 방법으로 보다 간단한 5A의 접근법을 사용하는 것도 가능하다. 예를 들어, 동기강화상담과 자기결정이론은 첫 번째 A인 Ask(질문하기)에 해당하는 보다 포괄적인 접근방식으로 간주할 수 있다. 또한 Agree(동의하기)는 내담자가 변화하고자 하는 욕구를 보이고, 내담자의 양가감정을 탐색하고 인정하려고 할 때 사용할 수 있다. 내담자가 변화하고자 하는 열망을 표현했을 때 하며 Assist(도와주기)로 진전할 수 있다. 동기강화상담, 자기결정이론에서 빠져 있어서 보완될 수 있는 영역이 Advise(충고하기)이다.

신체활동 상담의 맥락에서, 충고하기는 특정 건강 목표(예: 건강에 이로운 점, 심혈관 질환의 위험 감소, 체중 감소 등) 달성을 위해서 필요한 신체활동 수준과 유형에 대해서 현재 권고되고 있는 사항을 정보로 제공할 수 있다. 충고하기는 운동처방이나 계획을 제공하는 형태일 수 있다. 동기강화상담과 자기결정이론은 내담자의 가장 높은 동기를 유발을 끌어내기 위하여, 권위주의적이고 처방을 내리는 방법이 아니라 보다 협조적이고 내담자 중심의 방법이다. 앞에서 설명한 바와 같이, 동기강화상담은 직접적인 내담자를 설득하지 말라고 권고하고 있는데, 그 이유는 내담자는 양가감정을 가져서 편향될 수 있고 역효과를 초래할 수 있기 때문이다. 그래서 자기결정이론은 내담자의 건강과 웰빙(well-being)을 유지하거나 개선하기 위해서 내담자 혹은 환자에게 다양한 선택을 할 수 있도록 하게 해야 한다는 입장을 취하고 있다. 예를 들어, 내담자가 특정 건강/건강 결과를 성취하기 위해서 가장 효과적인 운동의 형태나 운동량에 대한 확신이 없는 정도일 경우 보다 명확한 충고를 하는 것이 좋다. 그러나 심지어 자기결정이론에서도 충고는 내담자를 통제하려고 하기보다는 효과적인 치료를 선택할 수 있도록 정보를 제공하는 것이다. 더 나아가서 의료나 보건적 맥락에서 분명한 충고는 상담사와 내담자 사이의 상호작용에서 예상할 수 있는 요인이 될 수 있다. 따라서 상담사가 방향을 제시하지 않는 것은 환자의 세 가지 심리적인 욕구를 좌절시키게 되고, 상담사에 의해서 포기를 경험할 수도 있다.

실제로, 보다 최근의 동기강화상담은 후반부에 3단계 모델(설명하기, 안내하기, 선택하기)에 대해서 설명하겠지만 행동(action), 반영(reflection)을 통해서 환자들이 충고에 대해서 구체적으로 질문할 경우 추천행동을 권고하라고 하고 있다. 동기강화상담과 자기결정이론의 양쪽의 관점에서 살펴보면 직접적으로 추천행동을 권고하는 것은 내담자가 표현하는 욕구와 목표에 따라서 5A 모델의 어느 지점에서든 할 수 있다. 예를 들어, 질문의 맥락에서 내담자는 체중 감소 목표를 달성하기 위해 어떤 종류의 운동을 해야 하는지에 대해 불확실함을 나타낼 수 있다.

실제로 동기강화상담의 보다 최근의 공식은 3상 모델(설명하기, 안내하기, 선택하기)에서 나중에 논의된 것과 같이 환자가 특별히 조언을 요청할 때 그리고 앞에서 설명한 행동 반사를 통해 상담사가 권고할 수 있도록 허용했다. 동기강화상담과 자기결정이론 양쪽의 관점에서, 직접적으로 다시 요약을 해 주는 것은 내담자의 구체적인 욕구나 목표에 따라 5A 모델의 어느 지점에서든 발생할 수 있다. 예를 들어, 질문하기(Ask)는 내담자가 체중 감소 목표를 달성하기 위해 어떤 종류의 운동을 해야 하는지에 대해 확신을 못할 때 할 수 있다. 이는 상담사가 현재 추천하고 있는 것에 대해서 정보를 제공하거나 내담자가 참여할 수 있는 연습방법에 대한 선택을 제공하는 상황에서 할 수 있다. 마찬가지로, 내담자와 상담사가 연습 계획을 수립하기 위해서 서로 협조하는 동안에 내담자는 구체적인 실천 목표를 수행할 수 있는 방법에 대해서 질문할 수 있다. 직접적으로 충고를 제공할 수 있는 기회가 언제이든지 간에 동기강화상담과 자기결정이론의 관점에서는 상담사는 내담자의 욕구에 대응하고, 상담사 자신의 관심보다는 내담자의 목표에 부합하는지 내담자와 같이 점검하는 것이 중요하다.

동기강화상담과 자기결정이론은 직접적인 조언을 제공하기 위해 반응유도-제공-반응유도의 틀(elicit-provide-elicit framework)을 사용해 왔다. 즉, 상담사들은 내담자와의 지식의 차이가 있을 수 있으므로 행동 변화에 대해서 내담자의 지식과 태도에 대해서 파악하여 실천을 유도하고, 내담자가 요청하는 것에 대해서 증거를 기반으로 한 정보와 추천행동을 제공한다. 그런 다음 상담사들은 내담자들이 제공된 정보를 어떻게 해석하며, 그 정도가 내담자들의 행동적인 맥락에서 어떤 의미가 있는지 물어보면서 유도한다. 사례 5.1은 5A에 대한 접근방식이 이 장에서 강조하고 있는 동

사례 5.1

동기강화상담과 자기결정이론 맥락(CONTEXT)에서의 5A 모형

당신의 고객은 두 명의 자녀가 있는 45세의 기혼여성이다; 대학에서 운동선수(college athlete)였으며 성년 초반에는 신체적으로 활동적이었다. 그러나 지난 10년간은 활동적이지 않았다. 체중이 많이 늘었고(현재 체질량지수(BMI)=28), 부정적인 신체모습으로 인해 고군분투하고 있다. 또한 비만이 될까 봐 걱정하고 있다. 그녀가 당신의 피트니스 시설에 와서 보다 더 활동적이 되기 위한 계획을 구하고자 한다. 다음에 이어지는 대화에서, P는 신체활동전문가(Practitioner)이며, 그녀는 고객(C, Client)이다.

사례 5.1

질문하기

P: 안녕하세요, Jones 부인. 오늘 컨디션은 어떠세요?

C: 네, 괜찮습니다. 운동을 다시 시작하려고요. 지금의 제 모습이 끔찍해요, 체중에 대한 걱정도 되고요. 예전에는 활동적이었어요, 다시 그때로 돌아가고 싶습니다.

P: 신체적으로 더 활동적인 상태가 되는 것을 염두에 두고 계시는 것 같군요. 우선 고객님의 평상시 생활이 어떤지 조금 더 구체적으로 알고 싶습니다.

C: 글쎄요, 직업상 거의 내내 컴퓨터 앞에 앉아 있어요, 그리고 사무실에는 항상 맛있는 음식이 있어요, 냄새도 끝내주는 도넛, 머핀, 사탕들이요. 잠깐 일을 쉴 때 그런 것들을 먹어요. 그러고는 내내 앉아 있답니다.

P: 어느 시간에 운동하는 것을 좋아하시죠?

C: 글쎄요, 이론상으로는 아침에 운동을 할 수 있어요.

P: 그런데 말씀하시는 것을 들어보면 실천으로 옮기지 못하고 계시는 것 같군요.

C: 네, 그런 셈이에요. 아이들을 챙겨야 해서 아침이 너무나 바쁘거든요.

P: 만일 아침이 여의치 않으시다면 가능한-혹은 기꺼이 시도해보고 싶으신 시간은 언제일까요?

C: 저는 저녁 운동형 인간(evening exercise person) 같아요. 예전에도 늘 저녁에 운동을 하고는 했어요. 그리고 체육관이 직장과 집 사이에 있으니까 저녁 시간이 좋겠네요.

P: 네, 좋습니다. 제가 제대로 이해하고 있는지 확인해보겠습니다. 고객님은 현재의 체중에 불만이 있으시고 또 비만이 될까 봐 걱정하고 계십니다. 예전에는 활동적이셨지만, 최근에는 그렇지 않으시고요-바쁘신 게 제일 큰 이유이고요. 아침에 운동을 하려고 시도는 하셨지만 고객님의 스케줄과는 맞지 않았습니다. 제가 제대로 이해한 게 맞나요?

C: 정확하세요. 지금 말씀 나누는 김에 이런 점도 인정해야겠네요, 활동적인 게 저를 봐서라도 좋은 거지만 제가 정말 원하는 것은 체중감량이에요. 지금의 제 모습이 너무나도 저를 불행하게 하고 있어요. 정기적으로 운동을 하던 때 좋았던 그 느낌이 무척 그립네요.

코멘트(Comment): 이 대화의 마지막 부분에서의 요점 정리는 동기를 고양시키는 데 있어서 중요하다. 왜냐하면 고객으로 하여금 당신이 고객의 말을 경청했다는 것을 알 수 있게 해주기 때문이다. 그리고 고객 자신이 통제 당하고 있다는 느낌 없이 당신의 충고를 들을 수 있게 될 것이기 때문이다. 그녀 자신의 체중과 신체 모습에 대한 염려를 인정하는 것은 나중에 다뤄질 운동과 관련해서 중심 동기를 이해하는 데 있어서 또한 핵심이 될 거다.

충고하기

P: 이제 고객님을 어느 정도 이해한 것 같습니다. 그렇다면 신체활동을 위한 몇 가지 추천에 대해 이야기를 나눠볼까요?

C: 네, 저도 일반적인 아이디어는 알고 있다고 생각하지만 특히 체중감량을 하기 위해 필요한 것을 알고 싶어요.

사례 5.1 (계속)

P: 운동에 대해 생각하실 때 고객님에게 맞는 틀(routine)을 찾는 데 더 집중하시는 게 도움이 될 것 같습니다, 무엇을 할 필요가 있는가에 대해 생각하는 것보다는요. 아마 들어보셨을 겁니다. 일주일에 중강도 신체활동(moderate-intensity physical activity)을 150분 정도 하는 게 필요하다는 것을요-아니면 거의 매일 30여 분의 활동이 필요하다는 것을요. 예를 들면 이러한 활동들이지요: 활발한 보행(brisk walking), 자전거 타기, 혹은 수중 에어로빅(water aerobics). 그러나 체중을 감량하기 위해서는 더 많은 활동이 필요할 겁니다. 어떨 것 같으세요?

C: 와우! 150분은 너무 긴 시간 같은데요. 거기다 체중감량을 위해서는 더 해야 한다고요? 그러기 위해서는 제 일을 줄여야만 할 걸요.

동의하기(Agree)/진단하기(Assess)

P: 150여 분은 굉장히 긴 시간으로 들릴 수 있습니다-그리고 150분보다 더 해야 한다는 생각은 고객님을 주눅들게 할 수도 있지요. 그렇다면 조금 더 작은 목표로 시작하는 것은 어떨까요? 예를 들어 하루에 10~15분 정도로요. 천천히 이뤄나갈 무언가로 생각하면서요. 어떠세요?

C: 그렇게 말씀하시니 확실히 덜 무섭네요. 하지만 저는 목표를 너무 작게 설정하고 싶지는 않아요. 그러면 제가 원하는 체중감량에 절대 도달하지 못할 것 같아서요.

P: "하는-할 수 있는 목표(do-able goals)"와 충분히 도전적이지 않은 목표 사이에서 균형을 찾기란 어려울 수 있습니다. 세부사항들에 대해 이야기를 나눠본 뒤 어떤 기분이 드시는지 보면 좋겠습니다.

도와주기

P: 고객님께서 좋아하시는 활동부터 시작할까요? 그걸 바탕으로 만들어가면 될 것 같습니다.

C: 저는 역기 드는 것을 많이 좋아합니다, 달리기도 했었고요. 그런데 현재의 제 체중으로는 정말 불편할 거예요. 실내자전거를 탈까요?

P: **고객님께서 좋아하는 운동 종류에 대해 아이디어가 있으시군요. 아주 좋습니다!** 일주일에 몇 번 체육관에 오실 수 있을까요? 아니면 집에서 몇 번 정도 운동을 하실 수 있을까요?

C: 매일이라고 말하고 싶지만 현실적이라는 생각은 안 드네요. 체육관에 이틀 정도 갈 수 있을 것 같은데요?

P: 그 정도만 돼도 훌륭한 시작입니다. 무슨 요일에 나오시고 싶은지요?

C: 요일을 콕 집어서 말씀 드리기는 그렇고요. 평일에 한 번, 주말에 한 번으로 말씀 드리면 안 될까요?

P: 합리적인 생각이십니다. 집에서는 운동을 하실 수 있나요?

C: 아이들이 자전거 타는 걸 아주 좋아해요. 일주일에 한두 번 정도 아이들과 함께 밤에 자전거를 타러 나갈 수 있어요.

P: 정말 훌륭한 시작입니다! 지금까지 고객님께서 하신 말씀을 정리하면, 고객님은 작은 목표를 갖고 시작하시지만 궁극적으로는 체중감량을 원하십니다. 지금 고객님의 계획은 이렇습니다:

- 주중에 하루, 주말에 하루 체육관에 오셔서 역기를 들고 자전거를 타실 겁니다.
- 자녀분들과 일주일에 한두 번 밤에 나가셔서 자전거를 타실 겁니다.

어떠실 것 같으세요?

C: 한번 해보겠습니다.

계속

사례 5.1 (계속)

일정 수립하기

P: 상황이 어떻게 진행되는지 그리고 이 계획이 고객님과 맞는지(아니면 약간의 변화를 가질 필요가 있는 지점에서) 얘기 나눌 기회를 드리고 싶어서 고객님과 후속조치(follow up)를 취하고 싶습니다. 2주 뒤에 다시 뵐 수 있을까요?

C: 물론이에요. 제가 가끔씩 이곳에 올 때 뵐 수 있을까요?

P: 당연하지요. 중간에 문제가 생기거나 저와 만나시기를 원하시면 저에게 이메일을 보내시면 됩니다. 전화로 얘기를 나누거나 여기 체육관에서 만날 시간을 잡으면 되니까요. 아니면 제가 다른 고객님과 운동 중이 아닐 때 고객님이 체육관에 와 계시면 그냥 저에게 오셔서 말씀 나누시면 됩니다.

C: 좋네요. 저에게 딱 맞는 계획 같네요.

P: 좋습니다. 기억해 주세요, 좀 더 활동적이 되기 위한 방법은 많습니다. 고객님께 맞는 방법을 그리고 고객님 맞춤 최고의 스케줄을 찾기 전에 몇 번의 시도가 필요합니다. 그리고 우리는 고객님의 체중감량 목표들과-그것들을 어떻게 성취하는지-다음에 만날 때 더 많은 얘기를 나눌 겁니다.

기적 관점에서 어떻게 사용되고 있는지 강조하고 있다. 이러한 기술에 대해서 순차적으로 논의하겠지만, 모든 내담자는 모든 단계가 순서에 따라서 진행되지 않음을 유의해야 한다.

대안적 접근: 탐색, 지도, 선택

동기강화상담(MI)에 근거해, Resnicow와 Rollnick(30)에 의해 기술된 3단계 모형(three-phase model)은 행동 변화를 향해 고객들과 함께 작업할 또 다른 틀(another framework)을 나타낸다. 5A 모형처럼, 이 접근(this approach)은 짧은 충돌(brief encounter)에서 사용될 수 있다.

단계별 설명[Step-by-Step]

앞서 설명한 5A 모형에서처럼, 비록 직선형(linear fashion)으로 이러한 과정들을 토론한다고 하더라도, 모든 고객들 혹은 임상적 충돌(clinical encounters)이 명시된 순서 안에서 이러한 단계(phases)들을 진행해 나가지 않을 거라는 사실에 주목하는 게 중요하다. 사실, 일부 고객들은 커다란 주저(ambivalence) 없이 상호작용을 할 것이므로 "탐험"에 소요되는 시간은 많지 않을 거다. 덧붙여, 동기의 질(출처)과 양은 행동 변화 과정을 통틀어 변동(fluctuate)을 거듭할 거다. 고객들은 실패를 경험할 때, 주저와 다른 동기적 슬럼프들이 다시 나타날 것이기 때문에, 이러한 새로운 경험의 맥락 안에서 "탐색"와 "지도"를 다시 다룰 필요가 생길 수 있다.

탐색(Explore)

5A 모형의 질문(Ask)과 비슷하게, 탐색단계(explore phase)에서의 주요 목적은 행동 변화에서의 이전 시도들을 포함해 행동 변화를 구하는 것이다. 동기강화상담(MI)과 자기결정이론(SDT)은 이런 부분을 좀 더 깊게 받아들이면서 이 단계를 신체활동전문가(practitioner)가 "괴로워하는 사람

들을 위로하고," 신뢰관계를 정립하며, 고객의 이야기를 더 잘 이해하는 기회로 본다. 탐색단계에서 사용된 주요한 기술과 기법은 반영적 경청(reflective listening), 공감하는 결정 과정(특히 과제 설정[agenda-setting]과 관련해서), 그리고(정정, 추가 등의) 조정이 가능한 질문들(open-ended questions)을 포함한다. 신뢰관계 형성이 이 단계에서 중요한 요소이기 때문에, 신체활동전문가는 공감을 전달하고 신체활동전문가로서 고객의 자율성을 지지하고 변화과제를 밀어붙이지 않을 거라는 사실을 고객에게 증명해야 한다. 탐색단계에는 행동계획(action planning)이 거의 포함되지 않는다. 대화 중에 행동 아이디어가 떠오른다고 하더라도, 신체활동전문가는 세션의 나중에 그런 것들을 다시 논의하자는 계획을 구두로 인정하는 게 더 낫다.

지도(Guide)

일단 신체활동전문가가 고객의 이야기를 듣고 이해하게 되면 친밀한 관계가 형성되며 토론은 지도로 이어질 수 있다. 이 단계는 "편안한 것들을 괴롭히는 것"으로 특징지어질 수 있는데 이는 대화를 동기 형성으로 발전시키고 그로 인해 변화의 가능성이 생기는 것을 포함하기 때문이다. 이 단계에서 사용되는 주요한 기술은 변화 대화(change talk)를 이끌어 내는 것인데, 여기에는 고객의 현재 행동(예: 운동이 아닌)과 고객의 더 넓은 목표와 가치(예: 건강한 것, 가족과 시간을 보내는 것) 사이에서의 차이를 확립하는 것, 그리고 0부터 10까지의 중요도/신념 척도(0-to-10 importance/confidence rulers)를 사용하는 것이 포함된다. 지도 단계는 신체활동전문가가 토론을 요약하면서, 변화를 꾀하는 고객의 잠재적인 이유를 강조하면서, 그리고 변화를 추구하면 어떻게 되는지에 관해 고객과 점검하면서 결론을 내리게 된다. 만일 고객이 변화에 책임을 다하겠다는 표현을 하면, 비록 사소한 거라고 하더라도, 앞에서 언급한 변화를 어떻게 보충하는지에 대한 것보다 더 실질적인 토론으로 넘어갈 수 있다.

선택(Choose)

이것은 토론의 행동 단계이며 5A 모형의 마지막 4에 의해 다루어지고 있는 영역의 많은 부분을 다루고 있다. 주요 목적은 행동계획을 세우고, 장애물을 예측하고, 그리고 진행 중인 것을 점검하는 계획에 동의하면서 고객들이 목표를 확인하게 도와주는 것을 포함한다. 선택단계(choose phase)에서 사용되는 기술과 기법(skills and techniques)은 행동반영(action reflections)을 수반하며, 변화를 위한 선택 메뉴(a menu of options)를 개발하고, 목표를 설정하는 것(소-목표(mini-goals) 혹은 단기 목적(short-term objectives)을 포함한다. 다른 반영들과 마찬가지로, 행동 반영은 고객이 말한 것 혹은 이야기가 흐르고 있는 곳에 대해 신체활동전문가가 제일 잘 "추측"("best guess")할 수 있다는 사실을 명심하는 게 중요하다. 그래서 고객은 제안을 부인(refute)하거나 "네-하지만(yes-but)"이라는 사고방식(mindset)에 빠질 수 있다. 이는 근저에 깔려 있는 저항 혹은 아직 해결되지 않은 주저(ambivalence) 또는 고객이 시도했던 행동 변화와 실패의 이전 경험에 기인할 수 있다.

고객들이 제안들을 부인할 때조차도, 이것은 효과가 있는 것과 없는 것에 대해 그리고 고객이 따르기를 바라거나 바라지 않는 것에 대해 중요한 정보를 제공한다. 노골적인 거부를 최소화하고 자율성을 지지하는 데 도움이 되는 한 가지 기술은 반영 안에서 다수의 선택권을 제공하는 거다. 예를 들어, "점심 시간에 산책을 시도해보는 것 또는 당신이 동네 산책을 나갈 때 아이들에게 함께 가자고 하는 것은 당신에게 중요한 가족과의 시간을 잃지 않고 신체적으로 활동적이 되는 방법일 수 있다." 선택을 제공하는 것이 자율성에 대한 필요를 지지하기 때문에 저항이 감소된다. 사례 5.2는 탐색(Explore), 지도(Guide), 선택(Choose) 접근법을 예시로 보여주는 비네트(특정한 사람, 상황 등을 분명히 보여주는 짤막한 글, 행동)를 제공한다.

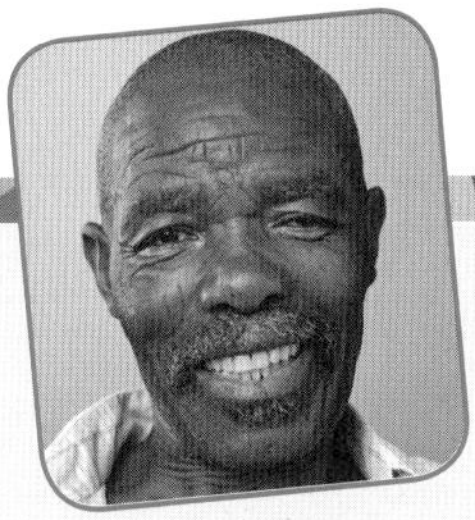

사례 5.2

탐색, 지도, 선택

당신의 고객은 58세의 기혼남성으로 장거리 트럭 운전기사다. 그는 최근에 심장마비를 겪었고 신체적으로 좀 더 활동적이 되는 게 그의 심장재활(cardiac rehabilitation)의 부분이 되고 있다. 고등학교 때는 운동에 있어서 활동적이었지만 성인인 지금은 신체적으로 활동적이지는 않다. 그러나 최근의 심장마비로 인해 그는 염려하고 있는 것 같다. 다음 대화에서 P는 신체활동전문가(Practitioner)이며 그는 C(Client) 고객이다.

탐색(Explore)

P: 조금 더 신체적으로 활동적이 되라고 고객님의 주치의께서 권유한다고 알고 있습니다. 일상생활에서 좀 더 활동적이 되는 것에 대해 어떻게 느끼십니까?

C: 글쎄요, 심장마비로 인해 관심이 많이 생긴 것은 확실합니다. 그리고 저 스스로도 제가 지금보다는 훨씬 더 활동적이 되어야 한다는 사실을 알고는 있었습니다. 어려서는 운동을 정말 좋아했었거든요, 그런데 지금 와서는 너무 까마득한 옛날 얘기 같네요.

P: 말씀을 들어보니 심장마비로 인해 상당히 놀라신 것 같군요. 고객님께서 직업상 많은 시간을 앉아서 보내야 하는 것에 대해 염려도 많으시고요. 그리고 고객님의 인생 이 시점에서 더 활동적이 되는 게 어떨지에 대해서 약간 불안하신 것도 같고요-예전처럼 뛰어난 운동선수(star athlete)가 될 수 없을 거라고 생각하고 계시고요.

C: 네. 계단만 걸어도 숨을 헐떡거리는데 상상이 가지 않죠... 주치의가 뭐라고 말했더라? 중강도에서 고강도 활동(moderate to vigorous activity)? 하루에 30분을요?!

P: 운동이 재미있게 보이지는 않을 수 있지요. 그리고 30분 동안 운동을 한다는 게 벅차 보이기도 하고요.

C: 네. 하지만 해야만 한다는 것은 알고 있어요. 또다시 심장마비를 경험하고 싶지 않거든요, 어쩌면 더 나쁜 상황이 올 수도 있으니까요, 혈관우회로술(bypass surgery)을 해야만 할 테니까요.

지도(Guide)

P: 그러면 0부터 10까지로 봤을 때, 10이 최고치입니다. 신체적으로 더 활동적이 되는 게 고객님께는 얼마나 중요하게 다가오는지요?

C: 오, 정말 중요한 거네요. 저는 6 또는 7이라고 말하고 싶습니다.

P: 그렇다면 신체적으로 더 활동적이 되는 것의 중요도는 7이라고 점수를 메기시는 겁니다. 왜 4나 5와 같은 더 낮은 숫자를 선택하시지 않았는지 궁금하네요.

C: 글쎄요, 이미 말씀 드렸던 것처럼 심장마비를 또다시 경험하고 싶지 않으니까요. 그리고 운동을 더 많이 하는 게 제 건강에 좋다는 것을 알고 있으니까요.

P: 그러면 8과 9처럼 더 높은 숫자를 선택하시는 것은요?

사례 5.2 (계속)

C: 오, 저도 잘 모르겠습니다. 활동적이어야 하는 게 중요하다고 생각합니다. 그런데 그것을 제 일상생활에 맞춰서 하는 게 얼마나 현실적이 될지는 정말 모르겠어요. 제가 원할 때마다 체육관에 갈 수 있지 않으니까요. 그리고 제 직업이 변하지는 않을 거고요. 저는 여전히 앉아서 지내고 있으니까요.

P: 고객님께서는 신체적으로 더 활동적이 되어야 하는 것의 이점을 알고 계시면서도 다른 한편으로는 앉아 계셔야만 하는 선생님 직업의 본질상 그런 이점들이 없어질 수 있다고 느끼고 계시는군요.

C: 네. 어떻게 해야 할지 모르겠습니다. 하지만 저는 건강하고 싶고 아이들과 활발하게 놀아주고 싶고 그 아이들이 커가는 것도 지켜보고 싶습니다.

P: 시작해야만 하는 중요한 변화가 필요한 것 같습니다, 그러나 고객님의 생활에 중요한 요소들이 있습니다-예를 들면 건강해지는 것, 자녀분들이 성장하는 것을 지켜보는 것-그런 것들은 신체적으로 더 활동적이 됨으로써 고객님 자신을 더 잘 돌보면서 얻을 수 있는 이점들입니다.

선택(Choose)

P: 고객님께서 지금까지 말씀하신 것을 정리하면, 정기적으로 신체적으로 활동적이 되기 위한 데에는 2가지의 장벽이 있다고 보고 계시는 거군요: (1) 고객님의 바쁜 근무 생활에 신체활동을 적절하게 맞추는 것(fitting)에 대해 염려하고 계십니다, 그리고 (2) 고객님의 직업상 여전히 많은 시간을 앉아계셔야 하는 만큼 이것이 정기적으로 운동을 함으로써 얻을 수 있는 이점을 약화시킬지도 모른다고 느끼고 계시고요.

C: 글쎄요, 노력을 하는 만큼 그 가치가 있을지 아는 것이 중요하다고 생각합니다. 만일 하루에 10시간을 앉아 있는다고 했을 때 제가 중강도에서 고강도 운동을 겨우 30여 분 남짓 하는 게 정말 의미가 있을까요?

P: 하루 중 거의 대부분의 시간을 앉아계시는데 운동이 효과가 있을지 궁금해 하시는군요. 그렇다면 그런 점에 대해 저희가 알고 있는 것을 나누고 싶네요. 정말로 효과가 있습니다. 조사에 따르면 중강도 수준(at a moderate level of intensity)에서 활동적인 것-그래서 고객님의 심박수가 약간 올라가지만 숨이 찰 정도까지는 아니면-하루에 30분의 운동은 고객님의 건강을 증진시키는 방향으로 가는 데 있어서 상당한 겁니다. 물론 더 활동적이 되시면 그것 또한 아주 좋고요. 이해가 가시는지요?

C: 좋네요. 하지만 어떻게 해야 하는지 여전히 막막하군요. 체육관에 가는 게 불가능하거든요.

P: 고객님의 직업과 맞는 방법으로 활동적이 되시기 위해 체육관에 가시는 것 말고 다른 방법을 찾고 계시는군요.

C: 트럭에 기름을 채우기 위해 멈출 때 가볍게 걸으면서 휴식을 취할 수는 있습니다.

P: 어떤 형식이 될까요?

C: 잘 모르겠습니다. 아마 10분 정도 될 것 같습니다. 30분을 채우지는 못할 것 같고요. 그것도 운동으로 칠 수 있나요?

P: 물론입니다. 걷기 휴식을 어떤 식으로 하실 건가요?

C: 운동화와 편안한 옷을 챙겨야겠지요.

P: 정리하자면 트럭에 주유를 하기 위해 멈추실 때 적어도 10분간의 걷기 휴식을 매일 3번은 하실 수 있다는 거군요. 그 계획이 고객님과 어떻게 맞는지 보기 위해 약 한 달 뒤에 다시 만나 뵙지요. 딱 맞는 운동일 수도 있고 아니면 약간의 수정을 가할 필요가 있을 수도 있으니까요. 어떤 쪽이든, 고객님께 효과가 어떻게 나타나는지, 그리고 어떤 점이 효과가 없는지, 고객님의 신체활동과 건강목표 성취에 더 가까이 갈 수 있으므로 대화를 나눌 계획을 잡아야겠네요.

대상자 중심 접근을 위한 근거

건강행동 변화환경(health behavior change settings)에 있어서 동기강화상담(MI)과 자기결정이론(SDT)에 대한 확실한 근거 중심(solid evidence base)이 있다. 초기의 동기강화상담과 자기결정이론은 스포츠와 신체 교육에 참여하는 것뿐만 아니라 약물 남용(substance abuse)과 흡연 중단(tobacco cessation)에 초점을 맞췄다(18,42,49). 우리는 여기서는 여가시간(leisure-time)에 하는 신체활동에 있어서의 동기강화상담과 자기결정이론에 대한 근거에 개요(overview)를 맞추려고 한다. 덧붙여, 비록 이 근거 중심(evidence base)에 대한 더 자세한 묘사는 이번 장의 범위를 벗어나는 것이지만, 5A 모형에 대해 상당한 지지가 있다. 특히 담배와 알코올 남용, 그리고 의존에 대한 간단한 처방(brief treatment)(2번에서 4번의 방문에 대해 3~10분)으로 사용하는 것에 대해서(10,53).

동기강화상담과 신체활동

만성질병 예방과 관리(management)와 관련 있는 행동(behaviors)에 적용된 동기강화상담에 대한 몇몇 체계적인 검토(systematic reviews)와 메타분석(meta-analyses)이 최근에 발간되고 있다. Dunn과 그의 동료들이 간단한 동기강화상담 중재를 검토한 바에 따르면, 동기강화상담은 다른 건강 행동들의 변화에서 보다 운동(그리고 식사) 변화를 활성화시키는 데 있어서 더 효과적인 것으로 밝혀졌다(8). 동기강화상담 적응(adaptations)의 효율성을 검토하는 30개의 무작위로 추출되어 통제되는 임상실험(clinical trials)에서(예: 표준근거 피드백(norm-based feedback)과 같은 비-동기강화상담(non-MI) 요소들도 포함하는 동기강화상담 중재), Burke, Arkowitz 그리고 Dunn(2)은 동기강화상담 적응이 몇몇 다른 건강행동들뿐만 아니라, 훈련 채택과 유지에 있어서(4주에서 1년에 걸친 팔로우-업 처치와 플라시보 제어(placebo controls)를 하지 않는 것보다 다른 활동적인 처치만큼 그리고 그 이상 효과적이라고 보고했다. 식사, 운동, 당뇨병 그리고 약물 남용을 포함하는 72건의 무작위로 추출되어 통제되는 메타-분석에서, Rubak, Sandbaek, Lauritzen과 Christensen(34)는 동기강화상담이 검토된 연구의 75%에서 전통적인 충고를 하는 것을 능가한다고 밝혔다. Resnicow, Davis 그리고 Rollnick(27)는 식사 혹은 신체활동, 당뇨병 그리고 담배와 같은 다른 행동들을 수정하기 위해 동기강화상담을 사용해서 청년 연구를 검토했는데 동기강화상담을 아이들과 청소년을 상대로 사용하는 것에 있어서의 실행가능성과 유용성에 대한 몇몇 증거를 찾아냈다. 그들의 검토는 식사 혹은 신체활동에 있어서 변화를 촉진하기 위해 동기강화상담을 사용한 몇몇 성인 연구 또한 포함했다(27). Van Dorsten(48)은 동기강화상담은 체중감량 그리고/혹은 운동을 목표로 정하고 있는 10개의 연구에서 식사, 운동 행동과 처치준수(treatment adherence) 그리고 체중감량을 상당히 향상시켰다고 보고했다.

다른 검토(review)에서, 식사 그리고/혹은 운동행동 중재를 위해 동기강화상담을 사용한 24개의 발간된 실증적인 연구(studies)가 확인되었다(21). 이러한 연구들을 보면, 동기강화상담은 단독으로도 식사와 운동행동에 효과적이었고 다른 중재들과 함께일 때도 효과적이었다. 운동과 관련해서 동기강화상담을 받는 고객들은 훨씬 큰 운동 자기효능감(self-efficacy)을 보고했고 신체활동행동도 증가했다. 동기강화상담은 또한 훨씬 건강한 먹기를 용이하게 하며(감소한 칼로리 섭취, 과일과 채소 소비 증가) 체중 감량이라는 결과를 향상시킨다(예: 체질량 지수 감소)(21). 마지막으로, Lundahal과 그의 동료들은(19) 약물 남용, 도박, 처치에 참여, 그리고-현재의 토론과 더 밀접한 관련이 있는 - 식사와 운동과 같은 건강과 관련된 것들을 포함하는 결과를 갖는 119개의 연구에 관한 메타 - 분석을 발행했다. 연구들에 따르면, 동기강화상담은 비록 약한 비교 그룹들(weak comparison groups)(평균 g = 0.28)과 비교했을 때 미미한 효과일지라도, 통계적으로 중요한 결과를 나타냈다. 특정한 치료에 반대해 판단할 때, 동기강화상담은 통계적으로 중요하지 않은 결과를 도출했다. 더 깊게 분석한 바에 따르면 피드백(예: 동기 향상 치료), 전달 시간(delivery time), 메뉴얼화(manualization), 그리고 전달 분위기(delivery mode)(그룹 대 개인)들이 결과를 조정했다. 앞에서 설명한 대로, 사전 검토(previous reviews)와 메타-분석에 따르면 동기강화상담은 약물남용 치료보다는 신체활동과 운동에 더 효과적임이 밝혀졌다. 종합하자면, 그들을 포함하는 이러한 검토와 연구들은 신체활동 행동 변화에 대해 임상의 유용성에 대해 강한 증거를 제시하며, 소아의 신체활동 증진과 비만 예방을 위해 동기강화상담의 임상적 유용성을 더 잘 설명하기 위해 추가적인 연구가 필요하다.

자기결정이론과 신체활동

인간 동기(human motivation)의 일반적인 이론으로서, 자기결정이론은 규정된 행동(prescribed behavior)에 대한 동기의 특징과(동기가 다소 자신에게 내부적인 정도까지), 동기의 보다 더 내부적인 형태의 발생을 용이하게 하는 사회적인 맥락으로부터 심리적 필요 지지의 중요성(개인의 자율성, 역량 그리고 관계에 대한 내재적인 필요성을 위해)의 특징 둘 다를 설명하고 있다. 자기결정이론을 신체활동에 적용하고 있는 몇몇 연구들은 내재화된 혹은 자율적인 형태의 동기(내재적인, 통합된, 동일시된)와 더 큰 운동 행동적인 약속(engagement), 시간이 지나면서 운동 추천 준수(adherence to exercise recommendations), 인지된 역량 그리고 심리적 안녕 사이의 연관성을 증명했다. 이런 것들은 주로 관찰 연구다(7, 17). 추가 증거는 자율, 역량, 그리고 관계에 대한 심리적인 필요의 지지에 의해 제공되는 사회환경적 맥락이 결국 운동행동과 연관 있는 동기의 내재화를 용이하게 한다는 사실을 밝혀냈다(9, 14).

최근에, 연구가들은 신체활동에 대한 자기결정이론에 근거를 둔 중재를 시험하기(testing) 시작했다. 예를 들어, 필요-지원 기법(need-supportive techniques)(앞서 묘사한)을 통해 실험적으로 보다 더 자율적인 동기를 준비시키는 연구는 증가된 운동 의도와 행동을 입증했다(9,14). 1차 의료(primary care)와 개인적인 훈련과 같은 적용된 환경에서 실행된 중재는 개발도 되며 시험되고 있는 중이다(9, 11, 25). 다양한 건강 결과(various health outcomes) 속에서 신체활동 행동의 특성을 고려해볼 때, 심혈관 건강, 당뇨병, 그리고 과체중/비만을 겨냥하고 있는 자기결정이론을 근거로 한 중재는 신체활동을 촉진시키기 위해 자기결정이론 기법을 또한 사용했다. 아주 최근 들어, 자기결정이론에 대한 66개의 실증적인 연구를 체계적으로 검토한 것과 운동/PA(관찰적이고 실험적인)는 외적인 그리고 내적인 동기의 자율적인 형태가 장기적으로 몇몇 사례에서 PA 참여를 증가시킬 거라고 예측했다(46). 이 검토에서, 운동에 대한 내부적인 목표의 더 높은 단계는(예: 제휴와 사회적 약속, 도전, 그리고 기술 개발) 운동 참여와도 분명한 연관이 있다. 검토자들은 운동에 대해 잘 인지하고 있는 보고(reporting)는 훨씬 더 적응할 수 있는 운동 행동 결과를 긍정적으로 예측한다고 결론 내렸다.

예를 들어, 지역사회 기반을 둔 일차 진료 체험(community-based primary care practice)에서, 자기결정이론으로 훈련된(SDT-trained) 신체활동 상담가와 작업한 주로 앉아서 활동하는 환자들은 통상적인 진료 체험을 사용하는 신체활동전문가와 작업하는 이들과 비교했을 때 건강 케어 분위기(health care climate)에 있어서 더 커다란 필요 지지(need support)를 경험했다. 이것은 신체활동에 대해 자율적인 자기-규제에 있어서 커다란 증가를 예견했고 그 결과 신체활동에 대해 인지된 역량에 있어서의 증가를 예견했다. 신체활동 행동에 대한 자율적인 자기-규제와 인지된 역량 둘 다 신체활동 행동에 있어서 더 커다란 증가를 예견했다(즉, 참가자가 가벼운, 적절한 혹은 강도 높은 여가-시간 활동에 20분 혹은 그 이상 참여하는 지난 6주 동안의 일수)(11).

1년 동안, 과체중과 비만인 여성들, 보통의 그리고 활발한 PA를 상대로 체중감량에 대해 자기결정이론을 근거로 한 집중적인 행동 중재는 중재 후(post-intervention) 통제(control) 그리고 중재 후 1~2년 뒤와 비교했을 때 중재 중에 있는 여성들에 있어서 상당히 높았다(40,41). 중재는 증가하는 내재적 동기를 정확하게 목표로 했다 - 즉 신체활동의 즐거움 - 그리고 보다 더 일반적으로 자율적인 규제를 목표로 했다. 자율적 규제에 대한 중재의 효과는 주목할만 했는데, 효과가 컸고, 2년 넘게 지속되었고, 중재가 끝난 뒤 1년 후 신체활동에 대해 중재의 효과를 이뤄냈기 때문이다(40). 이 연구에서 더 나아간 증거는 "동기 과잉(motivational spill-over)"을 제안했고 그래서 운동에 대해 자율적인 자기-규제를 하는 것은 건강한 식사를 위해 1년 넘게 자기-규제를 예측했다(22). 그래서 하나의 건강 영역에서 자율적인 자기-규제를 용이하게 하는 것은 다른 관련된 영역들에서 자율적인 자기-규제를 증가시킬 수도 있다. 요약하자면, 여기서 요약된 연구들은 신체활동 행동 변화를 촉진하기 위해 자기결정이론 주의(tenets)를 사용하는 것에 대해 강력한 증거 기반을 제시한다.

맞춤 그리고 문화적 고려

많은 환자들이 동기강화상담이나 자기결정이론과 같은 환자-중심 접근법(33,44,52)에 대해 상당한 만족감과 향상된 결과를 보고하고 있지만, 몇몇 개인들은 자신들은 보다 더 지시적이고 교육적인 스타일(45)을 선호한다고 지적하고 있다. 최근의 한 연구에서(43), 시골에 사는 아프리카계 미국인 여성들은 동기강화상담과 비동기강화상담 일치형 실행(non-MI-consistent practices) 둘 다를 보여주는 동기부여상담 훈련 비디오를 시청했고, 많은 이들은 동기강화상담은 너무나 환자-중심적이라며 우려를 표시했다. 한 참가자는 "그[제공자(provider)]는 환자에게 그의 결심에 대해 더 많이 질문했어요, 그[제공자]가 환자에게 말하는 대신"이라고 말했다. 다른 환자는 이렇게 말했다, "그[의료 서비스 제공자(health care provider)]는 환자에게 많은 정보를 주고 있지 않았어요. 그는 알고 있어야 하는 거예요; 그는 의사예요." 많은 환자들은 보다 더 신체활동전문가-중심(practitioner-centered)의, 직접적인 접근법이 바람직하다고 암시했는데 그런 접근법에서는 의료 서비스 제공자가 대부분의 대화를 하고 청하지도 않은 충고를 제공했다. 앞에서 묘사한대로, 자기결정이론은 고객이 요구할 때 충고를 제공하는 것을 지지한다. 그러므로 신체활동전문가는 고객의 선호와 문화적 배경에 그들의 중재를 맞추는 것이 필요하다.

보건 전문가와의 만남에 대해 서로 다른 기대를 가질 수 있는 다양한 사람들과 일할 때 몇 가지 이슈를 유념할 필요가 있다. 동기강화상담(MI)과 자기결정이론(SDT)은 대상자 중심 접근방식으로서 대상자의 표현된 선호, 우려, 목표를 바탕으로 하는 임상적 접근방식을 맞춤화하는 것을 지향한다. 따라서 다양한 수준의 구조, 조언 등을 제공하는 과정에서 동기강화상담(MI)과 자기결정이론(SDT)의 기법은 임상적으로 일관될 수 있다. 또한 자기결정이론(SDT)의 관점에서 자율성은 독립성과 동의어가 아니다. 오히려, 자율성이라는 것은 한 사람이 자신의 행동의 원인이라는 것을 인지하는 것을 포함하는데, 이것은 다른 사람들의 다양한 영향력을 수반할 수 있다.

이것은 기본적인 심리적 욕구에 대한 문화 간 연구 분야에서 중요한 주제로 다루어져 왔다. 근거는 일관되게 자율성의 필요성에 대한 보편성을 입증해 왔다(5). 그러나 사람들이 자율성을 경험하는 환경은 다를 수 있다. 예를 들어 보다 집합주의적인 문화에서, 사람들이 건강과 건강행동에 대한 결정을 포함하여 중요한 결정을 내리기 전에 가족, 친구 또는 다른 지역사회 지도자들과 상의하는 것은 드문 일이 아니다. 그들은 다른 사람들로부터 조언을 구할 수도 있고 거의 자율적인 방법으로 이 조언을 경험할 수 있다. 즉, 그들은 자발적으로 가치 있는 타인들로부터 조언을 구하거나 그렇게 하도록 압박받거나 강요를 받을 수 있다. 따라서 자율성을 지지하는 도움을 청하거나 직접적인 조언을 구하는 것은 아니다. 오히려 조언을 구하는 접근방식이나 조언이 전달되는 방식이 핵심이다.

핵심정리

건강행동 변화에 대해 양면적이거나 불분명한 대상자들과 일하는 것은 어려울 수 있다. 실제로 현대사회에는 육체적 비활동성을 기본으로 여기는 경우가 많으며, 그 기본으로부터 사람들을 움직이게 하는 것은 (심리학적으로나 행동적으로) 보건의료 전문가들에게 독특한 기회를 준다. 이 장에서는 이러한 어려운 환경에서도 대상자들의 신체활동을 촉진하기 위한 몇 가지 대안을 제공하였다. 첫째, MI와 SDT와 일관되게, 전문가들은 인간이 자연스럽게 성장, 건강, 그리고 웰빙을 지향한다는 가정에서부터 시작하기를 원할 수 있으며, 동시에 많은 대상자들이 행동 변화에 대해 양면적일 수 있다는 것을 인정한다. 이러한 가정부터 시작하여 전문가들은 대상자가 직면하는 문제에 대한 공감을 표시하고 대상자들이 어디에서 오는지를 이해하기 위하여 준비를 더 잘 갖추게 된다. 대상자들의 변화를 이끌 수 있도록 하는 입장에서부터 그들이 경험하는 어려움에 공감을 표현하는 것은 전문가들로 하여금 심리적인 욕구 지원을 통해 변화에 대한 양면성과 저항에 맞서기보다 함께 할 수 있도록 한다. 따라서 전문가들은 대상자들의 동기를 지속시키는 데 초석을 이룰 수 있고 더 건강한 신체할동을 실천하도록 지원할 수 있다.

SDT와 MI 모두의 관점에서, 운동과 신체활동 분야의 보건 전문가들은 비록 성과에 대한 내·외부 압력을 느끼더라도 대상자나 환자들의 즉각적인 행동 변화에 과도하게 집중하지 않는 것이 좋을 것이다. 대신 전문가들에게 다음의 내용을 권장한다:

1. 장기 행동 결과(월, 년)에 명확하게 집중하고 변화가 지속되는 것에 대한 중요성과 가치(그리고 그에 도달하기 위해 해야 할 노력)를 대상자와 공유한다.
2. 대상자의 동기부여가 상담자의 역할이라고 느끼기보다 대상자의 내적 동기를 끌어낼 수 있는 최선의 상담과 체험 환경을 조성하는 데 최선을 다한다.
3. 건강하고 활력있게 살고 싶은 대상자들의 자연스러운 욕망에 자신감을 가지고 인정한다. 적절하게 동기부여가 되었을 때, 대상자 자신과 신체적으로 더 활동적인 생활 사이의 간격을 극복하기 위한 최선책을 찾을 수 있는 사람이 누구인지를 믿는다.

참고문헌

1. Bandura A. *Self efficacy: The exercise of control.* New York: Freeman; 1997.
2. Burke BL, Arkowitz H, Dunn C. The efficacy of motivational interviewing and its adaptations. In: Miller WR, Rollnick S, editors. *Motivational Interviewing: Preparing People for Change.* New York: Guilford Press; 2002. p. 217-50.
3. Butler C, Rollnick S, Cohen D, Bachman M, Russell I, Stott N. Motivational consulting versus brief advice for smokers in general practice: A randomized trial. *British J Gen Pract.* 1999;49:611–6.
4. Cahill K, Perera R. Competitions and incentives for smoking cessation. *Cochrane Database of Systematic Reviews*, 4. Art. No.: CD004307; 2011.
5. Chirkov VI, Ryan RM, Kim Y, Kaplan U. Differentiating autonomy from individualism and independence: A self-determination theory perspective on internalization of cultural orientations and well-being. *J Pers Soc Psychol.* 2003;84:97–110.
6. Deci EL, Ryan RM. The "what" and "why" of goal pursuits: Human needs and the self-determination of behavior. *Psychol Inq.* 2000;11:227–68.
7. Duncan LR, Hall CR, Wilson PM, O J. Exercise motivation: A cross-sectional analysis examining its relationships with frequency, intensity, and duration of exercise. *Int J Behav Nutr Phys Act.* 2010;7:1–9.
8. Dunn C, DeRoo L, Rivara FP. The use of brief interventions adapted from MI across behavioral domains: A systematic review. *Add.* 2001;96:1725-43.
9. Edmunds JK, Ntoumanis N, Duda JL. Perceived autonomy support and psychological need satisfaction in exercise. In: Hagger MA, Chatzisarantis NLD, editors. *Intrinsic Motivation and Self-Determination in Exercise and Sport.* Champaign (IL): Human Kinetics; 2007. p. 35–51.
10. Fiore MC, Jaen CR, Baker TB et al. Treating tobacco use and dependence: 2008 update. http://www.surgeongeneral.gov/tobacco/treating_tobacco_use08.pdf; 2008.
11. Fortier MS, Sweet SN, O'Sullivan TL, Williams GC. A self-determination process model of physical activity adoption in the context of a randomized controlled trial. *Psychol Sport Exer.* 2007;8:741–57.
12. *Guide to Clinical Preventive Services*, 2012. AHRQ Publication No. 12-05154, October 2012. Agency for Healthcare Research and Quality, Rockville (MD).
13. Hagger MS, Chatzisarantis NL. *Intrinsic Motivation and Self-Determination in Exercise and Sport.* Champaigne (IL): Human Kinetics; 2007.
14. Hagger MS, Chatzisarantis NLD, Barkoukis V, Wang CKJ, Baranowski T. Perceived autonomy support in physical education and leisure-time physical activity: A cross-cultural evaluation of the trans-contextual model.*J Educ Psychol.* 2005;97:376–90.
15. Heather N, Rollnick S, Bell A, Richmond R. Effects of brief counselling among male heavy drinkers identified on general hospital wards. *Drug Alc Rev.* 1996;15(1):29–38.
16. John LK, Lowenstein G, Troxel AB, Norton L, Fassbender JE, Volpe KG. Financial incentives for extended weight loss: A randomized-controlled trial. *J Gen Inter Med.*; 2011.
17. Kwan BM, Caldwell Hooper AE, Mangan RE, Bryan AD. A longitudinal diary study of the effects of causality orientations on exercise-related affect. *Self Ident.* 2011;10:363–74.
18. Lonsdale C, Sabiston CM, Raedeke TD, Ha ASC, Sum RKW. Self-determined motivation and students' physical activity during structured physical education lessons and free choice periods. *Prev Med.* 2009;48:69–73.
19. Lundahl BW, Kunz C, Brownell C, Tollefson D, Burke BL. A meta-analysis of motivational interviewing: Twenty-five years of empirical studies. *Res Soc Work Prac.* 2010;20:137–60.
20. Markland D, Ryan RM, Tobin VJ, Rollnick S. Motivational interviewing and self-determination theory. *J Soc Clin Psychol.* 2005;24:811–31.
21. Martins RK, McNeil DW. Review of motivational interviewing in promoting health behaviors. *Clin Psychol Rev.* 2009;29:283–93.
22. Mata J, Silva MN, Vieira PN, et al. Motivational "spill-over" during weight control: Increased self-determination and exercise intrinsic motivation predict eating self-regulation. *Health Psychol.*

2009;28:709–16.
23. Miller W. Motivational interviewing with problem drinkers. *Behav Psychotherapy.* 1983;11(2):147–72.
24. Miller W, Rollnick S. *Motivational interviewing: Preparing people to change addictive behavior.* New York: Guilford Press; 1991.
25. Patrick H, Canevello A. Methodological overview of a self-determination theory-based computerized intervention to promote leisure-time physical activity. *Psychol Sport Exer.* 2011;12:13–9.
26. Patrick H, Williams GC. Self-determination theory: Its application to health behavior and complementarity with motivational interviewing. *Int J Behav Nutr Phys Act.* 2012;9:18.
27. Resnicow K, Davis R, Rollnick S. Motivational interviewing for pediatric obesity: Conceptual issues and evidence review. *J Amer Diet Assoc.* 2006;206:2024-33.
28. Resnicow K, Jackson A, Wang T, De AK, McCarty F, Dudley WN, et al. A motivational interviewing intervention to increase fruit and vegetable intake through black churches: Results of the Eat for Life trial. *Am J Pub Health.* 2001;91(10):1686–93.
29. Resnicow K, McMaster F. Motivational interviewing: Moving from why to how with autonomy support. *Int J Behav Nutr Phys Act.* 2012; 9:1–15.
30. Resnicow K, Rollnick S. Motivational interviewing in health promotion and behavioral medicine. In: Cox WM, Klinger E, editors. *Handbook of Motivational Counseling: Goal-Based Approaches to Assessment and Intervention with Addiction and Other Problems.* 2nd ed. New York: John Wiley & Sons; 2011.
31. Rollnick S, Miller W. What is motivational interviewing? *Behav Cog Psychotherapy.* 1995;23(4):325–34.
32. Rollnick S, Miller W, Butler C. *Motivational Interviewing in Health Care: Helping Patients Change Behavior.* Rev. ed. New York: Guilford; 2008.
33. Roter DL, Hall JA. Physician gender and patient-centered communication: A critical review of empirical research. *Annual Rev Public Health.* 2004;25:497–519.
34. Rubak S, Sandbaek A, Lauritzen T, Christensen B. Motivational interviewing: A systematic review and meta-analysis. *British J Gen Prac.* 2005;55:305-12.
35. Ryan RM, Connell JP. Perceived locus of causality and internalization: Examining reasons for acting in two domains. *J Pers Soc Psychol.* 1989;57:749–61.
36. Ryan RM, Deci EL. Self-determination theory and the facilitation of intrinsic motivation, social development, and well-being. *Am Psychol.* 2000;55:68–78.
37. Ryan RM, Deci EL. When rewards compete with nature: The undermining of intrinsic motivation and self-regulation. In: Sansone C, Harackiewicz JM, editors. *Intrinsic and Extrinsic Motivation: The Search for Optimal Motivation and Performance.* New York: Academic Press; 2000. p. 13–54.
38. Ryan RM, Patrick H, Deci EL, Williams GC. Facilitating health behaviour change and its maintenance: Interventions based on self-determination theory. *Eur Health Psychol.* 2008;10:2–5.
39. Ryan RM, Williams GC, Patrick H, Deci EL. Self-determination theory and physical activity: The dynamics of motivation in development and wellness. *Hellenic J Psychol.* 2009;6:107–24.
40. Silva MN, Markland DA, Carraca EV, Vieira PN, Coutinho SR, Minderico CS et al. Exercise autonomous motivation predicts 3-yr weight loss in women. *Med Sci Sports Exer.* 2011;43:728–37.
41. Silva MN, Vieira PN, Coutinho SR, et al. Using self-determination theory to promote physical activity and weight control: A randomized controlled trial in women. *J Behav Med.* 2010;33:110–22.
42. Smith A, Ntoumanis N, Duda JL. An investigation of coach behaviors, goal motives, and implementation intentions as predictors of well-being in sport. *J App Sport Psychol.* 2010;22:17–33.
43. Stephania TM, Khensani NM, Bettina MB. Perceptions of physical activity and motivational interviewing among rural African-American women with type 2 diabetes. *Women's Health Iss.* 2009;1–7.
44. Stewart MA. Effective physician–patient

communication and health outcomes: A review. *CMAJ Can Med Assoc J.* 1995;152(9):1423–33.
45. Swenson SL, Buell S, Zettler P, White M, Ruston DC, Lo B. Patient-centered communication: Do patients really prefer it? *J Gen Intern Med.* 2004;19(11):1069–79.
46. Teixeira PJ, Carraça EV, Markland D, Silva MN, Ryan RM. Exercise, physical activity, and self-determination theory: A systematic review. *Int J Behav Nutr Phys Act.* 2012; 9:78.
47. Teixeira PJ, Palmeira A, Vansteenkiste M. The role of self-determination theory and motivational interviewing in behavioral nutrition, physical activity, and health: An introduction to the IJBNPA special issue. *Int J Behav Nutr Phys Act.* 2012;9:17.
48. Van Dorsten B. The use of motivational interviewing in weight loss. *Curr Diabetes Rep.* 2007;7:386-90.
49. Vansteenkiste M, Mouratidis A, Lens W. Detaching reasons from aims: Fair play and well-being in soccer as a function of pursuing performance-approach goals for autonomous or controlling reasons. *J Sport Exer Psychol.* 2010;32:217–42.
50. Vansteenkiste M, Resnicow K, Williams GC. Self-determination theory and motivational interviewing as examples of development from a meta-theory (top-down) vs. from clinical experience up (bottom-up): Implications for theory development, research and clinical practice and interventions. *Int J Behav Nutr Phys Act.* 2012;9:23.
51. Vansteenkiste M, Sheldon KM. There's nothing more practical than a good theory: Integrating motivational interviewing and self-determination theory. *British J Clin Psychol.* 2006;45:63–82.
52. Wanzer MB, Booth-Butterfield M, Gruber K. Perceptions of health care providers' communication: Relationships between patient-centered communication and satisfaction. *Health Comm.* 2004;16(3):363–83.
53. Whitlock EP, Orleans CT, Pender N, Allan J. Evaluating primary care behavioral counseling interventions: An evidence-based approach. *Am J Prev Med.* 2002;22(4):267–84.
54. Williams GC, Minicucci DS, Kouides RW, et al. Self-determination, smoking, diet and health. *Health Educ Res.* 2002;17:512–21.
55. Williams GC, Niemiec CP, Patrick H, Ryan RM, Deci EL. The importance of supporting autonomy and perceived competence in facilitating long-term tobacco abstinence. *Ann Behav Med.* 2009;37:315–24.

CHAPTER 6

신체활동 메시지 전달

Gregory J. Norman, Julia K. Kolodziejczyk, Eric B. Hekler, and Ernesto R. Ramirez

"운동을 해야 한다는 건 알고 있지만,
언제 시작해야 할지는 모르겠어!"

학습 목표

신체활동 메시지 전달을 위한 커뮤니케이션 채널로의 전자 테크놀로지

전자 미디어 및 무선 통신의 시대에 신체활동 프로그램을 전달하기 위한 여러 가지 방법이 있다. 인터넷과 컴퓨터, 휴대전화는 교육, 동기부여 메시지, 목표설정 및 피드백을 전례 없는 방식으로 제공할 수 있도록 신체활동 중재 프로그램을 개인화하고 자동화할 수 있게 해 주었다. 또한 개인의 활동 양식에 대한 개인 정보를 수집하기 위해 이러한 기술과 함께 사용할 새로운 유형의 기기들이 등장했다. 예를 들면, 가속도계, 자이로스코프 및 온도 센서가 내장된 기술을 통해 만보계(pedometers), 심박수 모니터(heart rate monitors) 및 GPS 장치와 같은 기기들은 개인이나 코치, 보건의료인(health care providers)에게 활동 수준 및 기타 건강 지표에 대한 모니터링과 피드백을 제공할 수 있다. 이 장에서는 전자기술의 공세와 이러한 기술이 신체활동 프로그램을 전달하는 채널로 어떻게 구현되고 평가되는지를 설명하고 있다. 각각의 기술 유형을 탐구하고 기술 사용에 대한 단계별 권장 사항을 제시하기에 앞서 먼저 커뮤니케이션 시스템에 대한 사고방식의 배경을 설명하고자 한다.

신체활동 중재 전달에 적용된 커뮤니케이션 모델

벌로(Berlo)(10)의 S–M–C–R 커뮤니케이션 모델은 커뮤니케이션을 정보원이 메시지를 채널을 통해 수신자에게 전달하는 과정으로 정의한다. 우리가 SMCR 모델을 신체활동 중재에 적용할 때, 정보원(Source)은 당신과 당신의 중재시스템이며, 여기에는 전송할 적절한 메시지를 정하는 결정 규칙(decision rules)이 포함된다. 메시지는 중재의 내용(content)이며, 다양한 채널을 통해 전달되는데, 신체활동 수준을 변경하거나 유지하는 데 관심이 있는 사용자는 인쇄물이나 웹사이트, 문자메시지, 또는 트위터의 “트윗” 등 다양한 채널을 통해 내용을 전달받는다. 벨리셔와 동료들(111)은 SMCR 모델에 피드백 채널을 추가하여 행동 변화 중재가 수신자에 대한 중재를 조정하는 특정 요소를 어떻게 결정하는지 설명하였다. 이 정보는 신체활동의 동기와 장애요인에 대한 설문 응답이나 신체활동 수준과 패턴을 결정하기 위한 만보계, 가속도계 또는 기타 데이터 장치에서 수집된 센서 데이터로부터 얻을 수 있다.

이 장에서 정보원 – 메시지 채널과 피드백 채널 (S–M–C–R–F) – 역할을 하는 기술의 경우 컴퓨터 매개 커뮤니케이션(computer mediated communication, CMC)이라기보다 인간 컴퓨터 상호작용(human computer interaction, HCI)을 통해 신체활동에 영향을 미치는 중재 설계를 강조한다. HCI에서 수신자는 컴퓨터 알고리즘에 의해 정해진 내용이 전달되는 휴대전화의 문자메시지나 웹사이트의 컴퓨터화된 메시지 채널 및 신체활동 수준을 수집하는 센서 기기 등의 피드백 채널과 상호작용한다. 반면에 CMC는 인스턴트 메시지나 스카이프(Skype), 웹엑스(WebEx)와 같은 기술을 통해 개인 대 개인의 커뮤니케이션을 촉진시킨다. HCI와 CMC의 구별은 미묘하지만 중요하다. 중요한 차이점 중 하나는 CMC가 일대일 커뮤니케이션은 허용하지만 적시에 비용 효율적인 방식으로 많은 수의 개인에게 도달할 수 있도록 “확장”하지 않는다는 것이다. HCI의 자동 접근방식은 CMC와 면대면 상호작용을 통해 발생하는 경험을 모방하도록 설계되었다.

HCI는 신체활동 중재를 전달할 수 있는 다양한 가능성을 열어준다. 일대일, 면대면 상호작용은 사람들이 트레이너나 보건의료서비스 공급자를 통해 신체활동 중재를 전달받는 전형적인 방식이었다. 마찬가지로 중재를 전달하기 위한 일대다(1:多) 상호작용은 일반적으로 그룹 세션이나 수업을 통해 이루어졌다. 현재 HCI는 일대일 상호작용의 여러 측면을 시뮬레이션할 수 있지만 대화형 웹사이트(interactive Web sites), 모바일 앱(애플리케이션) 및 컴퓨터 맞춤형 인쇄물(computer-tailored print materials)을 통해 많은 사람들에게 "개인화된(customized)" 프로그램을 제공할 수 있다. 즉, HCI는 일대일 상호작용을 확장하여 일대다(1:多) 상호작용이 가능하다. 게다가 페이스북(Facebook)과 같은 소셜 미디어 기술은 신체활동 증진을 위한 다대다(多:多) 전달을 가능하게 한다. 예를 들어, 페이스북 페이지에 신체활동 팁을 게시하면 많은 사람들이 게시물을 보고 자신의 페이지에 팁을 다시 게시하여 직접 연락하지 않는 사람들과 연결하는 식으로 다대다(多:多) 전달이 일어날 수 있다. 이 장에서는 다양한 커뮤니케이션 기술로 가능해진 여러 가지 HCI 활동 유형을 소개한다.

S-M-C-R-F 모델이 신체활동 중재 전달을 위한 기술에 어떻게 적용되는지에 따라, 수신자에 대해 고려해야 할 중요한 측면이 있다. 이상적으로, 당신은 신체활동 "준비"의 다른 단계에 있는 사람들에게 중재 프로그램을 개발하고 지도하고자 한다. 예를 들어, 어떤 사람이 신체활동에 익숙하지 않고 채택자 단계(Adopter phase)에 있다는 것을 알면 당신은 이미 활동적이고 활동을 유지(Maintainer)하기 위해 동기가 필요한 누군가를 위해 설계된 프로그램과는 다른 프로그램을 개발하게 될 것이다. 마찬가지로, 예를 들어 부상이나 임신으로 인해 이전에는 활동적이었지만 현재 활동적이지 않은 사람은 복귀 단계(Relapse phase)에 맞추어 다른 종류의 중재를 받게 될 것이다. 나이, 성별 및 신체활동의 목표와 같은 수신자의 다른 많은 측면들은 중재 메시지를 개인화하는 데 도움을 줄 수 있는 결정을 하는 데 중요한 역할을 하게 된다. 후자는 중재 프로그램의 핵심 부분이 될 수 있으며, 누군가가 신체활동의 계획적인 여가 유형(예: 달리기, 수영, 팀 스포츠)에 관심이 있거나 엘리베이터 대신 계단을 오르거나 운전 대신 목적지로 걸어가는 것과 같은 부수적이고 실용적인 유형의 활동 증가에 관심이 있는지 판단해야 한다.

이는 신체활동 중재 시 제공되는 메시지 내용의 유형을 어떻게 개발해야 하는지 알 수 있다. 크루이터 (Kreuter)(61)는 완전히 일반적인 콘텐츠에서 완전히 개별화된 맞춤형 콘텐츠에 이르기까지 다양한 커뮤니케이션 콘텐츠 유형을 개념화하였다. 일반적인 콘텐츠의 경우 "하나의 크기가 모두 맞는 것"이라는 가정이 있으며 중재 내용은 개인의 특성에 따라 변경될 필요가 없다. "맞춤형" 중재 콘텐츠는 사람들의 개별적인 특성(예: 신체활동에 대한 동기부여 수준, 활동에 대한 인지된 장애)을 기반으로 한 특정 개인을 위해 설계된다. 일반적 커뮤니케이션과 맞춤형 커뮤니케이션 사이에는 대개 하나 이상의 인구통계학적 특성(예: 연령 및 성별)을 기반으로 하는 하위 그룹을 "목표로" 하는 콘텐츠가 있다. 중재에 사용하는 메시지 콘텐츠의 유형은 중재의 메시지나 피드백 채널에서 사용되는 대상 인구의 성격과 규모, 예산 및 HCI 기술과 같은 요인에 의해 결정될 수 있다.

이 장의 이 부분에서는 정보원에 대한 콘텐츠와 피드백 커뮤니케이션 채널에 중점을 둔다. 컴퓨터에서 생성된 인쇄물로 시작하여 인터넷, 비디오 및 대화형 음성인식(IVR)과 같은 전자매체를 다룰 것이다. 다음으로 중재 전달을 위한 두 가지 새로운 기술인 SMS 문자메시지와 소셜 미디어(social networking platforms)를 소개한다. 나아가 보수계, 가속도계, 심박수 모니터 및 GPS 장치와 같은 피드백 장비까지 다루게 된다. 그리고 메시지 및 피드백 채널을 스마트 모바일 애플리케이션 및 기타 기술 플랫폼에 통합할 수 있는 방법으로 이 장을 마무리 하게 된다. 이 장은 "맞춤형" 시스템을 개발하거나 "기성" 제품을 사용하여 자신의 신체활동 중재 프로그램을 만드는 데 관심이 있는 사람들을 대상으로 한다.

컴퓨터 기반 인쇄 미디어

신체활동 프로그램을 전달하기 위한 "황금 기준(gold standard)"은 건강전문가 또는 공인된 개인 트레이너와의 대면 접촉이다. 그러나 이러한 프로그램은 시간과 비용으로 인해 종종 많은 사람들이 접근하기 어렵게 만든다. 오래전부터 책이나 팸플릿, 뉴스레터를 통해 신체활동 지침 및 사용자(self-help) 매뉴얼들이 전달되었다. 인쇄물은 구조화된 사용자 프로그램을 제공하거나 대면교육 세션을 보충하는 데 사용될 수 있다. 인쇄물은 운동 클럽이나 헬스장, 건강관리 클리닉 및 사업장 같은 곳에서 서비스 시점에 배포거나 환자, 직원, 클럽 회원 및 고객에게 직접 우편으로 보낼 수 있다. 전자 인쇄물은 개인에게 전자 메일로 보내거나 웹사이트에서 이용할 수 있다. 인쇄물을 제공하는 것은 진료소 방문 시 시간이 충분하지 않거나 상담 시 주는 메시지를 강화하는 수단으로 건강전문가(health professionals)가 환자에게 정보를 전달하는 방법이다. 인쇄된 자료는 개인에게 상기시켜 주는 역할을 하며 진료소 방문 또는 세션 사이에 참고할 수 있는 정보를 제공한다.

2000년대 초반부터 신체활동에 대한 많은 정보를 인터넷에서 이용할 수 있게 되었는데, 미국의 경우 10개 중 8개 정도는 인터넷에서 이용하게 되었다. 인터넷 이용자는 웹에서 건강정보를 검색하고 있다(http://pewinternet.org). 따라서 인터넷 정보원은 관심 있는 소비자에게 광범위하게 도달하지만 정보의 품질과 개인에 대한 적합성은 상당히 다를 수 있다. 전자인쇄물은 기존의 일반 인쇄물을 단순히 웹에서 직접 제공하는 것으로 구성할 수 있다. 미국심장학회(American Heart Association, AHA), 미국스포츠의학회(American College of Sports Medicine, ACSM), 미국가정의학회(American Academy of Family Physicians, AAFP), 미국운동협회(American Council on Exercise, ACE)와 같은 기관에서 온라인 자료를 이용할 수 있다. 그러나 전자 인쇄 매체의 주요 장점은 집단이나 개인별로 맞춤형 자료를 줄 수 있다는 것이다. 집단에 정보를 맞춤화 하는 것을 흔히 "시장 세분화(market segmentation)" 또는 "표적화(targeting)"라고 한다. 예를 들어, 노년층만을 대상으로 하는 월간 신체활동 뉴스레터를 개발하는 것은 해당 인구 연령대에 요구하는 신체활동 유형에 대한 특정 정보를 제공할 수 있게 한다.

다른 한편으로, 맞춤형 자료는 대인 접촉, 상호 작용 및 즉각적인 피드백과 같은 개인 상담의 강점을 모방하여 설계되었다. 맞춤화된 정보는 개인의 이름을 사용하여 관심을 불러오지만, 일반적인 정보를 전달하는 초특급 "직접" 자료에서부터 평가된 지식, 태도, 행동 이력에 기초하여 피드백을 제공하는 고도로 개별화된 맞춤 맞춤화까지 다양할 수 있다.

맞춤형 전자 인쇄 자료는 메시지와 피드백에 맞게 정보를 수집해야 한다. 정보는 우편, 키오스크 또는 온라인으로 수집할 수 있다. 데이터 수집 및 정보 전달 방법에 따라 정보의 즉시성이 결정된다. 개인이 설문 조사를 우편으로 보내야 하고 맞춤형 피드백 보고서를 생성하기 위해 설문 조사 정보를 컴퓨터 시스템에 입력해야 하는 경우 상당한 지연이 발생한다. 이에 비해 컴퓨터 키오스크 또는 온라인 평가는 완료 즉시 개인에 맞춤형 피드백을 전달할 수 있다.

근거

맞춤형 건강 행동(tailored health behavior)에 대한 많은 연구 리뷰는 일반적으로 맞춤이 "효과적(works)"이라고 결론지었다(84). 예를 들어, 맞춤형과 비맞춤형 인쇄물을 비교한 8개의 연구를 리뷰해 보면, 스키너와 동료들(Skinner and colleagues)(102)은 특히 맞춤형이 아닌 인쇄물로 비교된 8개의 연구에서 맞춤형 자료가 비맞춤형 자료에 비해 중재 인쇄물의 영향(보다 잘 기억하고, 읽고, 이해하는 관점애서)을 향상시킨다는 것을 발견하였다. 스키너 등은 또한 맞춤형 인쇄물은 비맞춤형 인쇄물보다 건강 행동(health behavior) 변화(예: 식이, 신체활동, 흡연, 유방 촬영 검사)에 더 효과적임을 확인하였다. 하지만 리뷰한 8개의 연구 중 한 연구만이 신체활동에 초점을 맞추어 연구를 진행하였다. 이와 유사하게, 신체활동과 식이행동 변화에 대한 30개의 연구를 검토한 결과 크로에체(Kroeze)(63)는 식이요법에 대한 컴퓨터 맞춤형 중재가 효과적임을 뒷받침하는 근거가 강력하다고 결론지었다. 그러나 신체활동 맞춤형 중재에 대한 10개의 연구에서는 컴퓨터 맞춤형 중재의 효과를 확인할만한 충분한 근거를 찾지 못하였다.

여러 연구에 따르면 맞춤형 인쇄 자료 중재가 신체활동을 촉진하는 데 효과적이라고 보고하였다. 예를 들어, 마르커스와 그의 동료들(Marcus and colleagues)(72)은 단계별 맞춤형 자료(stage-targeted materials)가 미국 심장학회의 표준 인쇄물보다 더 효과적임을 확인하였다. 마르커스(73)는 맞춤형 인쇄물을 맞춤형 인터넷 전달과 표준 인터넷 전달을 비교하였는데, 이는 공개적으로 이용가능한 6개의 신체활동 웹사이트에 대한 링크로 구성되었다. 맞춤형 인쇄 및 인터넷 그룹은 동일한 정보를 받았으며 그룹은 신체활동 기록을 완료하도록 지시 받았다. 세 그룹의 모든 참가자들(N = 249)은 12개월에 걸쳐 좌식 습관의 상태에서에서 주당 80분에서 90분의 신체활동으로 활동량이 증가하였다. 이 결과는 세 가지 유형의 프로그램 모두 중요한 행동 변화 전략으로 알려진 신체활동 기록으로 자가 모니터링을 촉진시키는 것을 포함하고 있어 효과적일 수 있음을 시사한다.

유사하게 설계된 연구에서는 좌식생활을 하는 성인을 인쇄물과 전화로 맞춤형 중재를 전달하는 그룹과 통제그룹으로 무작위 분류하였다. 이 연구에서는 12개월 동안 각각 인쇄물 및 전화 중재 그룹에서 건강 상담원이 전화를 하거나 우편을 통해 자료를 제공하는 등 총 14번의 중재가 행해졌다. 6개월이 지난 시점에서 인쇄물 및 전화 중재 그룹은 모두 통제집단과 비교했을 때 주당 40분의 추가적인 신체활동이 증가했으나, 12개월이 지난 시점에서는 인쇄물 그룹만이 전화 중재나 통제 집단보다 유의하게 신체활동이 증가하였다. 이러한 결과는 인쇄물과 전화 두 가지 중재 모두 신체활동을 증가시키는 데 도움이 될 수 있지만, 인쇄물이 전화 상담보다 신체활동을 유지하는 데에는 보다 효과적일 수 있음을 의미한다. 이는 맞춤형 인쇄물 중재가 언제든지 다시 확인할 수 있다는 점에서 사람들이 보다 활동적이게 동기부여 하는데 도움이 될 수 있다는 것이다.

몇몇 연구는 신체활동과 식이 행동 모두를 대상으로 하는 맞춤형 인쇄 자료의 효과를 검증하였다. 반 클렌(Van Keulen)(55)은 4번의 컴퓨터 맞춤형 편지 중재 그룹, 4번의 동기부여 전화 중재 그룹, 복합 중재 그룹(2번의 컴퓨터 맞춤형 편지, 2번의 동기부여 전화)과 통제 그룹으로 개인을 무작위로 나눠서 네 집단의 중재 효과를 검증하였다. 12개월에 걸쳐 진행된 중재 효과 연구에서 중재를 받은 세 그룹 모두 통제 그룹보다 신체활동과 식이 행동이 개선되는 결과를 보였다. 또 다른 연구는 유방암과 전립선암 생존자들을 신체활동과 식이 행동을 개선하기 위해 10개월간 맞춤형 또는 비맞춤형 우편물로 중재를 받도록 무작위로 배정하였다. 맞춤형과 비맞춤형 중재 모두에서 암 생존자의 건강 행동이 개선되었으나 맞춤형 프로그램이 보다 효과적임이 밝혀졌다.

안타깝게도 얼마나 많은 인쇄물이 맞춤형으로 제공되어야 하는지, 어떤 요인을 맞춤형으로 제공해야 하는지에 대한 명확한 근거는 없다. 예를 들어, 인구통계학적 특성, 동기부여 수준, 지각된 장애요인 및 행동 변화 구성의 사용은 중재 자료를 맞춤화하는 기초가 될 수 있는 요소 중 일부일 뿐이다. 맞춤형 중재를 얼마나 자주 제공해야 하는지도 알려져 있지 않다. 예를 들어, 직관적인 생각과는 달리, 인쇄물을 1회 제공하는 것이 여러 번 제공하는 것보다 신체활동 증진에 보다 효과적이라는 연구 결과도 있다(75).

단계별 설명[Step-by-Step]

크루이터(Kreuter)(61)는 맞춤형 중재 자료 개발을 위해 5단계 과정을 설명하였다. **표 6.1**은 크루이터의 단계에 더해 인쇄기반 맞춤형 중재 프로그램을 개발할 때 필요한 추가적인 결정을 포함하여 각 단계를 설명하고 있다.

표 6.1 인쇄 기반 맞춤형 중재 개발 프로세스의 단계

단계	주요 질문과 과제
1. 예비 단계 (Preliminary Steps)	프로그램의 목적은 무엇인가? "면대면(face-to-face)" 프로그램을 보완하거나 향상시키는 것인가? 아니면 "독립형" 사용자 프로그램인가? 목표 대상은 누구인가? 프로그램은 채택(시작), 유지 및 재발(relapse)과 같은 신체활동의 여러 단계를 대상으로 할 것인가? 인쇄된 자료는 어떤 환경에서 배포되는가? 개인의 집, 직장, 체육관, 건강관리 클리닉이 포함될 수 있으며, 환경은 인쇄 자료의 외형(look), 내용 및 "브랜드화(branding)"에 영향을 줄 수 있다.
2. 중재 내용 (Intervention Content)	중재는 뉴스레터, 보고서 또는 팜플렛으로 전달되는가? 중재 내용은 과학적 이론과 근거에 기초했는가? 설득 및 행동 변화 이론과 모델은 커뮤니케이션학, 심리학 및 사회학 분야에서 도출할 수 있다(Newhauser, 2003). 신체활동의 어떤 결정요인에 초점을 맞추고 싶은가? 중재 내용은 얼마나 광범위하게 맞춤 제작될 것인가?
3. 전문가와의 파트너십 (Partnering with Experts)	1단계와 2단계의 결정으로 인쇄물을 개발할 파트너를 결정할 수 있다. 그래픽 디자이너, 컴퓨터 프로그래머, 인쇄업체, 편집자, 또는 건강 전문가가 필요한가?
4. 정보 수집 및 저장 (Gathering and Storing Information)	신체활동의 결정요인을 어떻게 측정할 것인가? 검증된 설문 조사가 있는가? 수집된 정보는 데이터베이스에 어떻게 저장할 것인가?
5. 중재 시스템 만들기 (Creating the Intervention System)	측정된 결정요인의 수준에 따라 달라지는 맞춤형 메시지를 제작하라. 결정요인에 대한 설문 응답이 특정 맞춤형 메시지로 연결되는 방식을 결정하는 알고리즘과 컴퓨터 프로그램을 개발하라. 알고리즘은 컴퓨터가 인간 전문가(예: 코치, 상담자, 보건의료인)처럼 "행동"하기 위해 따르는 규칙이나 결정을 말한다.
6. 다른 고려사항 (Other Considerations)	인쇄물에 적합한 가독성을 고려해야 한다. 문해력이 낮은 개인도 이해할 수 있도록 6학년 정도의 읽기 수준으로 건강 문헌을 작성하는 것이 좋다. 중재 자료를 전달하기 위한 주기는 어떠한가? 예를 들어 주간, 월간, 반년 단위인가? 발행 주기는 인쇄물의 전체 구조 및 개발해야 하는 콘텐츠 양이 어느 정도인가와 관련이 있으므로 중요한 고려사항이다.

사례 6.1

당신은 대기업에 고용되어 1년 동안 직원들을 위한 "사업장 건강(Workplace Wellness)" 프로그램을 착수하는 일을 돕게 되었다. 당신의 업무는 직원들의 신체활동 수준을 높이는 데 도움이 되는 자료를 제작하는 것이다.

사업부서: 고객센터
직원 수: 500명
연령대: 18~60세
성별 분포: 여성 65%
교육수준: 고졸 25%, 대졸 60%, 대학원졸 10%
주요 신체활동 장애요인: 대부분의 직원들은 주당 5일, 하루 8시간 동안 컴퓨터 앞에 앉아 있음

이들에게 다른 추가적인 상담은 제공하지 않을 것이므로 자료는 독립적이어야 하여, 다른 설명이 없어도 내용이 명확해야 한다. 자료는 신체활동의 여러 단계(예를 들어, 채택, 유지, 재발)에 맞춰 제작되어야 하는데, 이는 이 프로그램이 1년간 진행될 예정이며, 직원들은 서로 다른 신체활동 수준에서 시작할 수 있기 때문이다. 당신은 이 인쇄물을 이메일을 통해 전달하기로 결정하는데, 이는 이메일이 가장 효율적이고 저렴하기 때문이다. 게다가 직원들은 인사부서나 건강 서비스 부서와 같은 신뢰할만한 정보원이 보내온 이메일인 경우 자료를 읽을 가능성이 더 높다. 자료는 직원들이 쉽게 인쇄하거나 컴퓨터로 읽을 수 있는 뉴스레터에 담아 보낸다. 자료의 내용은 사회인지이론을 기반으로 한다. 직원들은 일주일의 대부분을 앉아서 생활하기 때문에 자료는 시간 부족과 같은 신체활동의 환경적 결정요인에 초점을 맞추고자 한다. 내용의 약 40%는 일반적인 것으로 채우고, 나머지 60%는 회사의 인구통계학적 특성에 따라 연령과 성별, 현재 신체활동 단계에 따라 맞춤형으로 구성하는 것이 좋다. 행동 변화 이론에 기반하여 내용 작성에 도움을 줄 수 있는 행동건강 컨설턴트와 컴퓨터 알고리즘 제작에 도움을 줄 수 있는 소프트웨어 엔지니어를 고용한다. 제품이 전문적인 외형과 관심을 끌 수 있도록 카피편집자 및 그래픽 디자이너 또한 고용할 계획이다. 신체활동의 결정요인은 이메일을 통해 배포된 온라인 설문으로 분기별로 측정할 것이며, 수집된 정보는 안전한 데이터베이스에 보관한다. 마지막으로, 컴퓨터 알고리즘은 정보를 연결할 것이다. 이러한 설문에서 수집된 정보를 맞춤형 인쇄물로 제작된 특정 맞춤형 메시지로 연결할 것이다.

전자 미디어: 인터넷 및 음성 자동응답(IVR)

인터넷 기반 및 자동 전화 시스템과 같은 전자 미디어는 저렴한 비용으로 많은 개인과 연락할 수 있다. 예를 들어, 인터넷은 전 세계를 연결하는데, 대표적으로 미국은 인터넷이 널리 보급되어 있으며 (예: 성인의 79%가 인터넷 사용: pewinternt.org, 2011년 8월 23일) 전 세계 인구의 약 30.2% (약 21억 명), 아프리카(2000년 이후 2,527% 성장) 및 중동(2000년 이후 1,987% 성장: Internet World Stats, 2011)과 같은 개발도상국에서 급속한 성장이 관찰되었다. 건강행동 변화를 위한 컴퓨터나 웹

기반 중재는 배포의 용이성, 접근성, 익명성, 상호작용 및 그래픽 인터페이스 등의 측면에서 장점이 많다. 게다가 초기 설치 비용 외에 웹사이트 유지 및 관리비용은 상대적으로 매우 저렴하다(8). 음성자동응답(IVR) 시스템은 전화를 통해 컴퓨터와 직접적인 상호작용(예: 당신이 어떤 회사에 전화를 할 때, 첫 응답은 대개 컴퓨터 자동화 음성인데, 이것이 바로 음성자동응답인 IVR 시스템이다)하는 것을 의미한다. 이러한 기술은 콜센터뿐만 아니라 건강증진 분야에서도 인기를 얻고 있는데, IVR 시스템은 자동화된 약속 알림에서부터 데이터 수집 및 신체활동 코칭에 이르기까지 다양한 건강서비스를 제공하는 데 있어 자동화를 할 수 있기 때문이다.

인터넷 중재에 대한 근거

몇몇 과학적 리뷰는 인터넷 기반 중재의 가치를 연구해 왔다(16,28,82,114). 일반적으로, 대부분의 연구는 신체활동 중재에 대한 효과적인 전략으로써 인터넷 기반 중재에 대한 근거가 불충분함을 시사하였다. 그럼에도 불구하고, 30건의 연구에 대한 메타 분석은 신체활동 증진뿐만 아니라 행동 변화에 대한 사회적 마케팅으로서의 인터넷 기반 중재 효과가 "작지만 통계적으로 유의미한 영향"이 있음을 보여주었다(28). 대부분의 이러한 선행 리뷰는 추가 연구의 필요성과 함께 인터넷 기반 프로그램의 초기 특성을 강조한다.

중재가 효과가 있다는 근거를 보여주었을 때는 통제집단과 비교 시 나타나는 경향이 있었다(12,49,50,78,103). 맞춤형 인쇄기반 미디어와 같은 다른 적극적인 형태의 중재에 비해 인터넷 기반 중재를 지지할 만한 근거가 적었다(73). 두 웹사이트를 비교한 연구에 따르면, 업데이트된 이웃 중심 웹사이트는 종종 비맞춤형 동기부여에 초점을 둔 웹사이트에 비해 26주 동안 신체활동 참여가 현저하게 향상되는 것으로 나타났다(34).

단기 중재 프로그램은 장기 프로그램보다 더 효과적인 것 같다(28). 대부분의 인터넷 기반 중재의 주요 문제는 사람들이 웹사이트에 대한 낮은 방문율을 보이면서 정기적으로 프로그램 사용하지 않는다는 것이다(32). 인터넷 기반 중재는 20% 이상의 해지율을 보여, 웹사이트에 지속시키는 방법을 개선하는 것이 필요함을 시사했다.

웹 기반 중재를 설계할 때는 크게 두 가지 유형의 설계 특징을 고려해야 한다: 웹사이트 사용의 재방문율을 향상시키는 것과 신체활동을 증진시키는 것이다. 이러한 각 유형의 특징들은 선행 문헌에 기초하여 차례로 논의될 것이며, 구체적인 권고사항이 주어질 것이다.

선행 연구는 모집 전략(예: 임상 시험 vs. 상용 웹사이트)에 기반하여 발생하는 해지율 차이를 조사하였다. 임상 시험 연구는 웹 기반 중재의 지속성을 향상시키기 동료집단의 상호작용(peer interaction)/사회적 지지(social support)와 함께 다양한 커뮤니케이션 방법(예: 이메일, 문자메시지)을 포함하는 것이 가치 있음을 시사한다(16,18,114). 일부 연구에서는 임상 시험의 일부가 아닌 개인 간 웹 기반 중재 사용 시 프로그램 지속 여부를 살펴보았다(81,112). 한 연구 결과에 따르면 오픈 액세스 웹사이트를 방문한 개인 중 4.8%만이 웹사이트를 이용하기 위해 가입하였고, 가입한 사용자 중 대다수(즉, 약 92%)가 한 달 후에는 웹사이트 이용을 중단하고, 이메일 알림에도 불구하고 재방문하지 않았다. 이 탈락율은 동일한 웹사이트에 접속하도록 지시받은 임상 시험 참가자(1개월에 40% 탈락)에 비해 현저히 높은 수치였다.

또 다른 연구는 상업적으로 이용 가능한 체중 감량 웹사이트 〈The Biggest Loser, Australia〉의 탈락 및 유지율을 조사하였다(81). 이 웹사이트는 〈The Biggest Loser, Australia〉 TV 쇼에 광고하였는데, 여기에는 12주부터 52주 범위의 유료 요금제를 포함하였다. 유료로 가입한 사람들의 데이터를 살펴보면, 첫 달 후에 웹사이트를 이용하기 위해 재방문한 참가자의 수는 12주 요금제에 가입한 사람들 중 9~12주차까지 참여한 참가자의 50% 미만으로 떨어졌다. 52주 요금제에 가입한 참가자들 가운데 웹사이트의 비사용률은 프로그램의 첫 16주 동안 가장 많이 증가했으며, 21주 이후부터는 약 60%의 비사용률이 비교적 꾸준히 나타났다.

웹사이트는 사이트의 모든 페이지 수준에서 쉽게 접속할 수 있는 내용으로 디자인해야 한다. 한 연구에서는 어떤 요인(예: 인구통계학, 자기결정 신념)이 신체활동 및 영양 행태 변화 웹사이트에서 서핑 깊이(surfing depth)를 예측하는지를 조사하였다(51). 이 연구는 웹사이트 개발을 위한 다양한 모범 사례를 강조하였다. 디자인 관점에서, 연구자들은 목표 모집단의 작은 표본으로 작은 시제품 제작 단계를 수행했다. 또한 참여자는 웹사이트 내에서 다양한 정보를 얻는 것이 얼마나 어려운지 (즉, 몇 번의 클릭) 판단하여, 어떻게 정보 구조가 이용에 영향을 주는지 이해하는 데 도움을 주었다. 그 결과, 연구자들은 이용자 행동을 이해하기 위한 귀한 지표들(예: 클릭 수, 각 페이지에 소요된 시간 – 구글 애널리틱스와 같은 도구를 사용하여 수집할 수 있는 정보)을 수집하였다. 이 연구 결과는 웹사이트가 평균적으로 두 개의 계층(즉, 홈페이지 이외의 콘텐츠 영역에서 두 번의 추가 클릭)에만 진입했음을 시사했는데, 이는 다른 성공적인 웹사이트에서 일반적으로 관찰되는 4~8회의 클릭보다 낮았다. 이메일 알림은 탐색 깊이를 높이는 데에는 도움이 되었지만, 참여자가 웹 페이지에 입력한 상대적으로 작은 깊이에 따라 결과가 크게 결정되지 않은 것으로 간주되었다.

앞서 언급한 연구들은 이러한 웹사이트 중재 이용이 고학력자, 과체중자, 여성들 사이에서 더 높다는 것을 강조하였다(19,80,112). 실무자들에게 흥미로운 기회는 다른 인구 계층, 특히 신체활동 증진 연구에서 일반적으로 더 강조되는 남성들에게 보다 효과적으로 작동하는 중재 웹사이트의 개발이다(87,113).

행동 변화 증진과 관련하여, 웹 기반 중재를 개발할 때 다양한 이론들이 사용되어 왔는데, 이중 사회인지이론, 범이론적 모형(1장 및 4장 참조) 및/또는 계획된 행동 이론을 사용한 경우 가장 효과적이었다(16,115). 게다가 결과가 결정적이지는 않지만, 맞춤형 메시지, 이익 프레임 메시지 및 자아효능감 향상을 기반으로 정보를 구성하는 신체활동 중재는 신체활동을 개선할 수 있는 가장 큰 가능성을 가지고 있다(67). 두 개의 질적 연구는 효과적인 체중-감량 중재 웹사이트에서 5개의 핵심 구성요소를 각각 확인하였다. 한 연구는 자가 모니터링, 상담사 피드백 및 커뮤니케이션, 사회적 지지, 체계적 프로그램 이용 및 개별 맞춤형 프로그램을 주요 구성요소로 사용하는 것을 제안하였다(56). 다른 연구는 중재 개발자가 인간 경험을 재현하고, 개인에 맞게 개인화하고, 역동적인 경험을 만들고, 지지 환경을 제공하며, 건전한 행동 변화 이론을 구축하는 것을 목표로 삼아야 한다고 결론지었다(3장 참조). 여기서 볼 수 있듯이, 두 연구의 공통점은 개인화/맞춤화, 사회적 지지, 견고한 커뮤니케이션 기술, 그리고 구조적/근거중심의 정보/이론적 기반 프로그램에 중점을 두고 있다.

음성 자동 응답(IVR) 시스템에 대한 근거

여러 연구에 따르면 사람이 전달하는 전화-기반 중재는 널리 보급될 수 있으며 신체활동이 향상될 수 있다고 보고하였다(30,117). 연구자들은 또한 건강 관리 도구로서 음성 자동 응답(IRV) 시스템(자동 전화 연결 컴퓨터 시스템이라고도 함)을 이용하는 연구를 하였다. 이 시스템은 약속 알림과 같은 간단한 작업과 신체활동 및 기타 건강 행동에 대한 완전 자동화된 조언 및 피드백을 제공하는 복잡한 작업에 사용할 수 있기 때문에 잠재적 가치가 높다. IVR 전화 시스템의 메타 분석 결과, 자동화된 통화가 개선된 치료 과정(예: 진료 예약) 및 질병 상태(예: 혈당 조절 개선)를 개선하는 데 효과적인 것으로 나타났다(69).

신체활동을 촉진하기 위한 IVR 시스템에 관한 연구는 제한적이지만, 몇몇 결과는 의미가 있는 것으로 알려져 있다(59). 예를 들어, 현재까지 IVR 전화 시스템의 유용성을 조사한 가장 엄격한(정밀한) 연구에 따르면 자동화된 전화 시스템은 12개월 동안 신체활동을 촉진하는 데 주의 통제 조건(attention control condition)보다 효과적이며 사람이 제공하는 전화 상담 프로그램만큼 효과적인 것으로 나타났다(59).

몇몇 연구는 IVR 사용자 수용을 향상시키는 특성을 확인하였다. 특히, IRV 시스템은 다음과 같은 경우 덜 수용된다: (a) 유사한 콘텐츠가 반복적으로 제공되고, (b) 상호작용이 유연하지 않고 사용자가 아닌 컴퓨터의 요구에 의해 구동된다고 느끼는 경우, (c) 사용자가 시스템이 잘난체하는 것 같은 느낌이 드는 경우, d) IVR 시스템은 사용자가 죄책감을 느끼게 하고, 작은 도입은 시스템이 텔레마케터라는 인식을 포함하여 시스템에 대한 나쁜 인식으로 이어지고, (f) 중재 콘텐츠가 충분히 빨리 전달되지 않는 경우(3,33,42). 여러 연구에서는 IVR 시스템을 개선하는 방법 또한 확인되었다. 예를 들어, 일반적으로 받아들여진 IVR 시스템에는 사용 전에 IVR 시스템에 대한 자세한 설명과 프로그램에 문제가 발생한 경우 사람에게 연락할 수 있는 기회가 포함되어 있다(42,59). 흥미롭게도 일부 참여자는 멘토 또는 가까운 친구와 유사한 자동 음성에 대해 강한 친근감 표현하였다(54).

다른 기술 시스템과 마찬가지로 IVR 시스템의 기본 아키텍처(구조)를 이미 개발한 여러 회사가 있다. IVR 시스템 개발은 종종 이러한 회사들과 계약을 맺고 적절한 결정 시간과 적절한 호출 시간에 대한 규칙을 포함하여 적절한 콘텐츠를 개발하는 작업에 관여한다.

단계별 설명[Step-by-Step]

표 6.2는 전자 미디어 개입을 개발할 때 필요한 주요 단계를 요약한 것이다. 비록 표 6.2는 표 6.1에서 살펴본 예비 단계와 유사하게 시작하지만, 표 6.2에는 대화식 전자 미디어 프로그램을 구축하는 데 중요한 프로토 타입 개발, 반복 개발 주기 및 사용자 테스트와 같은 추가 개발 단계가 포함되어 있다.

문자 메시지(Text Messaging)

짧은 문자 메시지 서비스(SMS; 문자 메시지라고도 함)는 휴대전화를 통해 간단한 메시지를 전달하는 저렴하고 즉각적인 양방향 통신 방법이며, 이는 가장 널리 자주 이용되고 있는 모바일 데이터 서비스이다(66,104). 2010년 12월 현재 미국인 중 3억 2,900만 명 정도 거의 대부분의 사람들이 휴대전화를 보유하고 있다(즉, 미국 전체 인구의 96%, 무선 전용 가구의 26.6% 이상, www.ctia.org). 또한 전 세계 휴대전화의 98%가 SMS 기능을 갖추고 있으며, 미국에서는 월간 1억 8,770억 개의 문자 메시지가 보내지고 있다. 휴대전화 회사가 통화 요금제에 무제한 문자 메시지 요금제를 만들면서 문자 메세지의 인기도 증가하였다. 유선 또는 인터넷과 같은 다른 형태의 통신과 비교하여 휴대전화는 사회 경제적 저소득층에도 일반 사회층처럼 널리 퍼져 있다. SMS는 종종 "푸시" 기술이 사용되는데, 이는 사용자가 요청을 하지 않아도 정보가 사용자에게 전송되는 것이다. 푸시 기술을 전화번호로 전화를 걸거나 인터넷 웹사이트에 엑세스 하는 등 사용자의 "풀 PULL"이 필요하는 다른 모바일 기술과는 대조된다. "풀 PULL" 기술은 사용자에게 응답을 요청하거나 사용자가 정보를 수신

표 6.2 전자 미디어 개입 개발단계

단계	주요 질문 및 목표
1. 사용자 그룹 확인	시스템 사용자는 누구인가? 어떤 행동을 독려하고자 하는가? 알려진 제약 조건은 무엇인가? 가능한 구체적으로.
2. 관찰	최근 잠재적 사용자는 행동과 관련하여 무엇을 하고 있는가? 이유는? 잘 하고 있는 사람들 중에서, 잘하고 있는 이유는 무엇인가? 잘 못하고 있는 사람들 중에서, 이유는?
3. 이론 확인	어떤 행동 변화 이론이 그룹에서 관찰된 문제에 가장 적합한가? 어떤 이론이 가장 경험적으로 뒷받침하는가? 현재의 이론이 관찰된 것을 포함하지 않는 것은 무엇인가?
4a. 프로토타입 개발	잠재적 아이디어 개발. 차이점을 강조하고 경쟁가설을 세운다.
4b. 사용자 테스트	컨셉 단계: 목표는 개념을 정의한 방법이 잠재적인 사용자에게 어떻게 보이는지를 확인하는 것이다. 프로토타입을 보여주고 예상한대로 그들이 "얻고" 있는지를 관찰한다. 사용자 경험: 목표는 사용자의 기대치를 이해하려는 데 초점을 맞춘 시스템을 통해 이동하는 가장 단순하고 직관적인 방법을 확인하는 것이다. 사용자 경험의 감각을 얻기 위해 전체 시스템이 기능적일 필요는 없다(예: backend storage, 데이터 프로세싱) 기능적 프로토타입: 백엔드(back-end)를 포함하여 모두 넣고 계획대로 작동하는지 확인한다. 이전 단계는 고통스러운 수업(lesseon)을 최소화하는 데 도움이 된다.
4c. literate	종합 레슨은 사용자 테스트에서 배운 것으로 결과에 따라 1단계에서 4a까지 거슬러 올라가는 것을 배운다. 반복하는 동안 목표는 컨셉 프로토 타입에서 사용자 경험 프로토 타입으로, 완전한 기능을 갖춘 프로토 타입으로 이동하는 것이다.
5. "전문가"를 통한 시스템테스트	완전한 기능을 갖춘 프로토 타입이 가동되면 사용자 테스터는 아니지만 지식이 풍부하고 주변에 있는 사람(예: 동료)을 포함하여 시스템의 명백한 버그를 식별하는 데 도움을 줄 수 있는 개인을 포함하여 여러 사람들이 있어야 한다. 배운 내용을 바탕으로 반복한다.
6. 소규모 그룹 테스트	목표는 시스템의 두드러진 다른 문제점을 식별하는 것이다.
7. 시스템 시작(모니터링 및 업데이트 기억할 것)	시스템이 작동하고 있는 동안 문제를 해결/발생 시키기 위해 Google Analytics와 같은 도구를 이용한 모니터링 시스템으로 시스템을 모니터하기 위한 준비를 한다.

하기 위해 대화를 시작할 때 SMS에서도 사용된다. "PUSH & PULL" 기술 및 SMS의 다른 기능은 스크린 시간을 줄이거나 운동 참여와 같이 지속적으로 건강한 생활습관을 결정하는데 도움을 줄 수 있다.

휴대폰에는 건강 증진에 사용할 수 있는 기능이 많이 있기 때문에 건강 행동을 증진시키기 위해 SMS를 사용하는 것은 빠르게 성장하고 있는 분야이다(88). SMS 기술은 간결하게 읽을 수 있는 간단한 메시지로 시간 및 상황에 맞는 정보를 수집하고 전달할 수 있다. 이러한 메시지는 비동기식이다. 즉, 사용자는 언제 어디서나 편리하게 접속할 수 있다. 메시지는 전화기 전원이 꺼져 있어도 전화기에 저장되며 전원을 다시 켤 때 메시지가 전달될 수 있다. SMS 기능은 간단한 약속 알림 또는 체중 감량 상담과 같은 복잡한 작업처럼 다양한 건강 행동 및 상황에 널리 유용하게 사용될 수 있다.

SMS가 건강 행동을 증진시키는데 효과적인 이유 중 하나는 많은 SMS 기능이 행동 계기, 강화, 목표 설정, 목표 알림, 피드백과 같은 행동 변화 이론의 중요한 구성과 관련이 있기 때문이다. 또한 연구 결과에 따르면 SMS 프로그램은 사회적 지지, 자가 모니터링, 인지 제어, 불안, 자기 효능을 개

사례 6.2

당신은 연약한 배우자를 돌보는 노인들을 위해 걷기 및 근력 트레이닝 중재를 개발하는 중이다.

성: 대부분 여성
나이: 65세 이상

당신은 그들의 가정에서 웹 페이지를 이용하여 노인들을 관찰하고 활동 기회에 대해 인터뷰를 시작한다. "그들의 발로 1마일 걷기"를 시작합니다. 다음으로 당신은 셀프 모니터링, 목표설정 및 프레임 정보와 같은 이론 기반 행동 변화 전략을 이득 중심 방식에 포함하기로 결정한다. 그런 다음, 프로토 타입 및 사용자 테스트 개발 프로세스를 시작한다. 컨셉단계에서, 여러 목표 설정 형식의 여러 도면과 텍스트 설명을 만든다. 참가자들에게 다른 목표 프레임을 보여줄 때, 문구가 의도한 개념을 이끌어 내지 못하고 목표 설정을 위해 새로운 종이 프로토 타입을 만들어야 한다는 것을 알게 된다. 사용자 경험 단계에서, 사용 편의성을 탐색하고 사용자가 시스템에 정보를 입력하는 방법을 관찰하여 다양한 자체 모니터링 형식을 테스트한다. 완전한 기능을 갖춘 프로토 타입이 구축되면 새로운 사용자가 더 오랜 시간 동안 시스템을 테스트하게 된다. 또한 여러 동료를 초대하여 며칠 동안 시스템을 시험해 보고 시스템 충돌, 불완전한 링크 및 내용이 잘못된 콘텐츠를 여러 차례 발견한다. 이러한 오류가 수정되고 다른 사용자 그룹이 시스템을 테스트한다. 사용자는 웹사이트에 대한 일반적인 관심을 갖고 반응하지만 일부 부분은 번거롭게 느껴진다. 사용자의 요구에 더 잘 맞게 사용자 인터페이스를 수정한다. 이 단계에서 시스템은 철저히 검사되며 IT 팀은 웹사이트를 유지 관리하기 위해 사소한 문제를 계속 해결하고 모니터링할 수 있다.

선시킨다고 알려져 있다(3장 참조).

근거

SMS는 당뇨병 관리 및 금연과 같은 많은 건강 관련 행동을 개선하는데 효과적인 것으로 나타났다. 신체활동에 중점을 둔 2개의 연구에서 긍정적인 결과를 보여주었는데, Hurling과 동료들이 수행한 연구에서 77명의 건강한 성인들을 대상으로 9주간 상호작용적 웹사이트 피드백 기술, 손목 가속도계를 통한 자가 모니터링, 맞춤형 보충 메시지를 제공하는 프로그램을 시행하였으며, 참가자는 이메일 또는 SMS로 메시지를 받는 것을 선택하도록 하였다. 참가자들이 인지하고 있는 방해(장애)요인에 대한 솔루션과 주간 신체활동 스케줄 알림 메시지는 제공하였다. 이러한 문자 메시지는 일주일에 약 2.25 시간 정도 중강도의 신체활동을 증가시키는데 도움이 되었다. Shapiro와 동료들이 수행한 또 다른 연구에서 58명의 어린이와 부모님들에게 8주간 SMS를 이용한 자가 신체활동 모니터를 실시하였다. 90분간 세 번의 교육을 마친 후, 어린이와 부모님은 매일 신체활동을 의미하는 두개의 메시지를 보내도록 지시 받았으며, 각 메시지 마다 자동 SMS 피드백을 받았다. 연구 결과, SMS 사용은 자가 신체활동 모니터링에 대한 이행이 향상되었다. 그러나 Newton의 세번 째 연구에서는

SMS가 신체활동을 증가시키는데 효과적이라는 점을 발견하지 못하였다. 12주간 78명의 청소년들은 걸음수를 늘리기 위해 만보계와 일반적인 동기부여 메시지를 받았다. 연구 결과, 청소년들에게 문자 메시지를 보내는 것은 걸음수를 감소시키고, 체질량지수를 변화시키지 못하였다. 이러한 결과는 맞춤 메시지가 아닌 일반 메시지를 사용하였기 때문인 것으로 여겨진다.

일차적 목표로 신체활동이 아닌 체중 감량에 중점을 둔 다른 SMS 연구 중 4개의 연구에서 참가자들에게 식이요법과 신체활동 메시지를 전달하였다. Joo와 Kim이 공중보건센터에서 실시한 체중 감량프로그램 연구에서는 만보계, 인쇄물, 등록된 영양사에 의한 초기 영양 평가, SMS를 이용하였으며 12주 후 1.6kg 정도의 체중을 감량하는데 도움을 주었다. Patric과 동료들이 수행한 연구에서 SMS 프로그램에 간단한 월간 상담 전화, 인쇄물을 보충한 결과, 4개월 동안 2.88kg 정도 체중 감량 효과를 나타냈다. Haapala와 동료들(44)이 수행한 보충 중재 전략을 포함하지 않은 SMS 프로그램에서 12개월 만에 체중 4.5kg이 감소하였다. Gerber 등(41)의 연구에서는 사용에 대한 인식에 중점을 둔 SMS 단독 체중 관리 프로그램을 수행한 결과 체중 감량에 관한 문자 메시지를 받는 여성이 수신 메시지에 대한 긍정적인 태도를 가지고 있음을 확인하였다. 제2형 당뇨병 관리에 중점을 둔 2개의 연구에서 신체활동 메시지를 프로그램에 적용하였으며, 두 연구(57,120) 모두 일차적으로 SMS을 기반으로 하고 웹사이트로 보완하였다. 12개월 후, 두 연구 모두 SMS는 당뇨병 관리와 관련된 다른 측정지표들 중에서 HbA1c를 개선시켰다. 단 하나의 연구를 제외하고, 앞에서 설명한 모든 연구에서 SMS가 신체활동 수준을 개선하거나 신체활동과 관련된 건강 증진을 돕는데 효과적임을 보여주었다.

문자 메시지 전송 빈도와 프로그램 기간은 중요한 요인이다. 메시지 빈도는 일반적으로 예상되는 목표 행동 빈도를 반영한다(35). 신체활동 SMS 연구에서 빈도는 프로그램마다 다양하였으며, 신체활동 구성요소를 사용한 한 연구에서 하루에 최대 5개의 메시지 보낸 경우(89)와 매주 메시지를 보낸 또 다른 연구에서 성공한 것으로 나타났다(41,49,52,57,120). 또 다른 연구에서는 참가자들이 그들이 받고자 하는 문자 메시지 수를 결정하도록 하기도 하였다(44). 프로그램 기간의 경우, 성공적인 신체활동 또는 건강 증진 연구의 대부분은 6~12개월 사이였다.

SMS 프로그램은 종종 상호작용 웹사이트, 자가 모니터링을 위한 종이 다이어리, 건강 전문가 상담, 인쇄물과 같은 다른 중재 전략 또는 자료를 함께 사용한다. 모든 신체활동 SMS 연구는 그들의 프로그램에 보충 자료들을 포함시키며, 가장 일반적인 것인 웹사이트(44,49,57,120), 상담 전화(41,89) 또는 건강 전문가와의 상호작용이었다(57,120).

단계별 설명[Step-by-Step]

개인이나 기업에 SMS 서비스를 제공하는 많은 회사가 있다. 개인 소비자가 이용하는 가장 인기 있는 건강 SMS 기반 프로그램 중 하나가 여성들에게 임신에 관한 내용을 제공하는 "text4baby"이다. 현재까지 개인이 상업적으로 이용할 수 있는 신체활동 SMS 프로그램은 없지만 일부 회사에서는 이러한 프로그램을 업무(비즈니스)에 제공하고 있다. 예를 들어 Santech Inc.(www.santechhealth.com)는 일반 성인 또는 청소년 인구의 체중 감량을 목표로 하는 프로그램인 "Text4Diet"와 같은 맞춤형 휴대전화 다이어트 및 신체활동 기반 프로그램을 제공하는 회사 중 하나이다.

또한 고객을 위한 고유의 SMS 프로그램을 만들 수 있는 방법이 있다. 어떤 SMS 프로그램 특성이 귀하와 귀하의 클라이언트(예: 개인화, 상호작용)에 적합한지 결정한 후, 대량 메시지 서비스를 제공하는 회사를 온라인으로 검색할 수 있다. 이러한 프로그램 중 상당수는 무료이거나(예: Google

보이스) 메시지 당 약간의 수수료가 있다(예: www.bulksms.com; callfire.com). 이러한 웹사이트는 주소록을 쉽게 작성하고, 자동으로 메시지를 예약하고, 메시지 배달을 추적하는 등 많은 작업을 수행할 수 있도록 일반적인 비맞춤 메시지를 간단하고 간편하게 보내는 많은 고급 기능을 제공한다. 효과적인 문자 메시지 작성 방법에 대한 팁은 표 6.3을 참조하시오. 샘플 신체활동 메시지는 표 6.4를 참조하시오.

표 6.3 효과적인 문자 메시지 작성 방법

포함 내용	이유	예
긍정적인 영향	• 주의집중 • 메시지가 더욱 중요함 • 피드백 증가	• "행복" "달콤(듣기좋은)", "멋진" 과 같은 단어 사용
이득 중심	• 동기	• 신체활동의 노력보다는 이점에 대한 측면에서 메시지 구성
비언어적 단서	• 독자들은 메시지를 더 잘 이해함 • 사회-감정적 어필(호소) 증가 • 장난스러운 언어, 대화체를 사용하면 친근하고, 편안한 관계를 조성할 수 있음 • 문법표지 사용: 정지(…), 느낌표(!), 또는 음성신호음(SHOUT) • 마이너스 기능: 문장 시작 부분에 대문자를 사용하지 않는 것과 같이 일반적인 글쓰기에 확실한 언어 표준이 존재하기 않는 경우	• 음성 철자: "weeeeeelllll" • 어휘 표시: "mhmm" • 공간 배열 (이모티콘)
강력한 언어	• 주의집중 • 메시지가 더 강조됨	• 강한: "항상" 또는 "절대" • 약한: "뭐랄까," "아마도," 질문 태그("그렇지 않아요?"), 망설임("음"), 강의어("정말"), 또는 불완전한 문장
명확성	• 사고 활동 노력을 덜 하기 위해 • 집중을 덜 방해하기 위해	• 정기적인 문자 보충(필요한 경우에만) • 사진 • 애니메이션 • 오디오 • 단축키를 사용할 때 단축 단어(예., "week" 대신 "wk") 를 사용하면 바꾸어 표시하는 것보다 더 명확함(예: "see you" 를 "c u" 로 표기)

표 6.4 신체활동 문자 메시지 예

교육
하루에 30분만 운동하면 당신의 건강이 개선되고 더 오래 살 수 있습니다!
신체활동은 정신 웰니스를 증진시킬 수 있습니다. - 이는 휴식, 집중력, 행복을 증가시킵니다.
전략
작은 목표로 시작하고 규칙적으로 시행한다.
흥미를 증가시키기 위해 다양성을 이용한다. 하루 산책, 다음에 수영, 주말에 자전거 타러 가기
팁
당신의 심장 건강을 효과적으로 개선시키는 가장 단순한 변화는 걷기를 시작하는 것이다. 이것은 즐겁고, 자유롭고, 쉽고, 훌륭한 운동이다.
하루 동안 더 활동적인 방법을 찾아본다. 쇼핑하기 전에 쇼핑몰을 걷거나 에스컬레이터 대신 계단을 이용한다.
상기
오늘 만보계 착용하는 것을 기억하세요!
오늘 하루가 끝나기 전에 친구를 잡고 30분 동안 걸으세요!
동기화
지금 움직일 시간이예요!
오늘의 목표 12,000보 꼭 지키세요! 당신은 할 수 있습니다!

사례 6.3

이 사례는 행동을 시작하도록 하는 맞춤형 및 한 방향 메시지 사용을 보여준다.

고객: 브라이언(Brian)
고객정보:

- 18세 남성
- 고등학교 크로스컨트리 선수

브라이언은 가을에 있는 크로스 컨트리 팀 시험을 준비할 수 있도록 도와달라고 요청하였다.

운동계획을 세운 뒤, 여름 동안에 그가 쉽게 트랙운동을 지속할 수 있도록 SMS 일일 알림 서비스를 보내고자 한다. 브라이언의 요구에 따라 하루에 한 번 맞춤형, 한 방향 푸시 메시지를 보낼 것이다. 다가오는 크로스컨트리 시즌을 준비하기 위해 브라이언에서 보낼 문자 메시지 예는 **표 6.5**를 참조하시오.

계속

사례 6.3 (계속)

표 6.5 브라이언의 크로스컨트리 달리기 트레이닝을 위한 문자 메시지 예

요일	문자 메시지
월요일	안녕 브라이언의 오늘 운동 스케줄: 45분 템포 달리기. 오늘은 무더운 날에 야외 훈련이니까 수분 공급을 기억하세요.
화요일	브라이언, 오늘의 운동 스케줄은 60분 인터벌 트레이닝(10×400m)
수요일	오늘의 운동 스케줄 : 30분 운동 15분 추가 스트레칭. 운동 열심히 하세요, 브라이언!
목요일	안녕 브라이언의 오늘 운동 스케줄. 45분 파틀렉, 적어도 3개 언덕을 포함할 것
금요일	운동의 운동 스케줄은 45분 인터벌 트레이닝(5×1000). 브라이언, 4시 전까지 트랙에 도착해야 해. 오늘 6시에 문을 닫거든.
토요일	브라이언, 오늘의 운동 스케줄이야: 10k 장거리 달리기. 대화 가능한 페이스로 달리는 거 있지마.
일요일	이번 주도 잘했어, 브라이언!

사례 6.4

이 사례는 개별화된 피드백, 사회적 지지, 목표설정을 돕는 맞춤형, 양방향 메시지 사용을 보여준다.

고객: 메건(Megan)

고객 정보:

- 35세 여성
- 전일제 근무, 기혼, 자녀 2명
- 과체중(BMI = 29)

의사는 메건에게 체중감량을 위해 적어도 하루 30분 운동할 것을 권고하였다. 그녀는 바쁜 스케줄로 상담을 받으러 갈 시간이 없어서 당신에게 도움을 요청하려 왔다. 그녀의 요구대로 하루에 한 번 양방향 맞춤형, 푸시 메시지를 보내고자 한다. 그녀의 운동 목표를 달성하기 위해 메건의 개인적인 장벽요인들을 알아내기 위해 일부 메시지는 대화식이 필요할 수도 있다. 메건이 하루에 30분 이상 운동하는 데 도움이 될 수 있는 샘플 문자 메시지는 **표 6.6**을 참조하시오.

사례 6.4 (계속)

표 6.6 메건의 하루 30분 운동을 돕기 위한 문자 메시지 예

요일	문자 메시지
월요일 오전	메건, 당신이 하루에 30분 운동을 못하는 이유가 뭘까요? A) 잊어버림 B) 시간부족 C) 너무 힘듦 D) 기타 (메건 답 B)
월요일 오후	한 번에 3분씩 10번씩 쪼개서 운동하는 것과 30분 운동하는 것은 똑같은 운동 효과가 있어요.
화요일 오전	엘리베이터 대신 계단을 이용하는 것으로 신체활동을 증가시킬 수 있어요.
화요일 오후	친구나 가족과 신체활동을 함께 해보세요. 같이 산택을 하거나 공원에서 놀아보세요.
수요일 오전	안녕 메건. 어제 신체활동을 얼만큼 했나요? A) < 30분 B) 30분 C) > 30분 (메건 답 A) 메건, 하루에 최소 30분 신체활동을 목표로 해야 해요. 내일 다시 도전해보세요.
수요일 오후	당신의 매일매일의 신체활동을 증가시키기 위해, 동료들과 야외에서 걷기 모임을 만들어보세요.
목요일 오전	운동을 위해 하루 중 더 많은 시간이 필요한가요? 퇴근 후 운동을 위해 아침에 운동복을 차에 넣으세요.
목요일 오후	집안일을 할 때 손목 웨이트를 착용해보세요. 운동과 집안일을 결합하는 좋은 방법입니다.
금요일 오전	안녕 메건. 어제 신체활동을 얼만큼 했나요? A) < 30분 B) 30분 C) > 30분 (메건 답 B) 잘했어요, 메건! 계속 열심히 하세요! 내일은 5분이라도 늘리도록 노력해보세요.
금요일 오후	집중력을 분산시키면 신체활동을 늘리는 것이 더 쉬워요. 걸을 때 좋아하는 음악을 듣거나 친구들과 채팅을 해보세요.

제한점

비록 SMS는 신체활동을 촉진하는 데 사용할 수 있는 많은 유용한 기능을 제공하지만 이 기술에는 제한이 있다. 첫째, 각 메시지의 길이는 160자 이하여야 하므로 SMS를 통해 전송되는 정보는 짧아야 한다. 발신자는 한 번에 여러 메시지를 보낼 수 있지만 휴대전화의 작은 화면으로 인해 긴 메시지를 읽기가 어렵다(예: 설문 조사). 둘째, 일반적으로 SMS 프로그램(예: 메시지 작성, 휴대폰 번호 가져 오기)을 설정하는 데 시간이 걸린다. 셋째, 휴대폰 연결이 끊어지거나 받은 편지함 용량이 다 찼을 경우 일부 메시지가 수신되지 않을 수 있지만 일반적으로 통신 서비스가 다시 이용될 때 메시지가 수신된다. 휴대폰을 분실하거나 도난당한 경우 SMS 프로그램이 중단될 수도 있다. 그러나 우편 시스템과 같은 다른 형태의 통신에도 동일한 제한이 있다. 넷째, SMS 기술은 재정적인 이유로 문맹이거나 휴대폰에 액세스할 수 없는 사람들과 같은 특정 인구들이 소외될 수 있다. 그러나 모바일 기술이 발전함에 따라(음성 응답 시스템 통합 또는 문자 대신 사진 전송) 그리고 휴대폰 소유 비용이 줄어듦에 따라 이러한 제한이 줄어들 것이다. 마지막으로 건강 증진을 위해 SMS를 사용하는 것은 초기 연구단계에 있으며 효과적인 행동 변경을 위한 모범 사례에 대해 해결해야 할 질문들이 여전히 많이 남아 있다.

소셜 미디어

소셜 네트워크 서비스(예: 페이스북이나 마이스페이스 등)는 다른 사용자와 커뮤니케이션을 용이하게 하는 개인 웹페이지로 구성된 소셜미디어의 유형이다. 이러한 웹 페이지에서 사용자는 온라인 프로필을 작성하고, 즐겨 찾는 그룹이나 이벤트에 대한 사진이나 링크 및 다른 이용자의 업데이트에 대한 댓글을 포함하여 자신에 대한 업데이트를 공유한다. 이들 사이트의 주요 특징은 이용자가 다른 사람의 프로필에 연결할 수 있다는 점인데, 이는 소셜 네트워크가 발전하는 방식이다(31). 사용자는 그들이 관심있는 수천 개의 다양한 건강 관련 그룹 및 애플리케이션 중(예: 페이스북의 Diabetes Daily, Ultra Running, National Health and Wellness 등)에서 선택할 수 있다. 이들 사이트는 건강 이슈에 대해 배우고, 비슷한 관심사를 지닌 개인 커뮤니티와 상호작용할 수 있는 소스를 제공하기 때문에 대상자나 건강전문가에게 교육, 참여 및 역량을 강화할 수 있다. 소셜 네트워킹 사이트는 가장 인기있는 소셜 미디어 형태 중 하나이며(98), 이는 건강 증진을 발전시킬 수 있는 큰 가능성을 지니고 있다.

지난 5~10년 동안 소셜 네트워킹 사이트는 인터넷에서 가징 인기있는 사이트 중 하나이다. 2010년 11월을 기준으로 십대(12~17세)의 93%가 온라인에 접속했으며, 이들 중 73%가 SNS를 이용했다. 성인(18세 이상)들도 크게 뒤지지 않아 77%가 온라인에 접속했으며, 이들 중 61%가 SNS를 이용한 것으로 나타났다. 게다가 모든 인터넷 사용자의 80%가 SNS를 방문한다(http://pewinternet.org). 여전히 젊은층에서 SNS에 접속할 가능성이 높지만, 페이스북 사용자 중 가장 빠르게 증가하는 인구는 노인층(65세 이상)으로 2010년 5월에 가입한 노인들은 2009년 5월보다 3배가 늘었다(119). 또한 미국의 소셜 미디어 이용은 교육, 인종/민족이나 의료보험시스템과 무관하다(21). 소셜 네트워킹 기술이 발전하고 접속(access)이 증가함에 따라 온라인 소셜 네트워킹의 인기는 전 세계적으로 계속 증가할 것으로 예상된다(48).

SNS의 인기는 SNS의 독특한 특징들 덕분이라 하겠다. 이들 사이트는 이용하기 쉽고 비용 효율적일 뿐만 아니라 이용자가 통제하고 생성하기도 한다. 다시 말해, 소셜 미디어 사이트는 정적이지 않다. SNS는 상호작용적이고, 이용자가 자신의 콘텐츠를 게시하거나 다른 사람의 콘텐츠에 댓글을 달 수 있다. 이들 사이트는 다양한 기기(예: 컴퓨터, 휴대전화, 태블릿 등)에서 채택될(be adopted) 수 있기 때문에 쉽게 접속할 수 있다. SNS는 이용자의 사회적 연결망을 보여줄 수 있는 능력으로 인해 다른 온라인 커뮤니티들과는 다르다. 다른 사람들이 접속할 수 있는 친구 목록을 시각적으로 표시하는 독특한 기능은 그렇지 않았다면 만들어지지 않았을 개인 간의 연결을 초래하는 것으로 가정된다(13). 전반적으로 온라인 소셜 네트워크는 다른 형태의 소셜 미디어보다 이용자들이 다른 이용자들과 쉽고 빠르게 연결하고 커뮤니케이션하도록 한다.

온라인 소셜 네트워크를 통한 연결은 개인이 사회적 환경이 신체활동을 포함한 다른 유형의 건강 행태(86,116)에서 중요한 역할을 하기 때문에 건강에 긍정적인 영향을 미칠 가능성이 크다(6). 한 가지 이유는 소셜 네트워크가 행태를 형성하는 지배적인 힘인 사회적 규범이나 집단에서 행태를 지배하는 관습 규칙 인식에 영향을 미칠 수 있다(22). 사회적 지지의 인식은 일반적으로 긍정적 건강 행동과 건강 결과와 관련된 개인의 사회적 환경 내의 또 다른 요인이다(110). 개인의 사회적 환경에 대한 영향에 더하여 온라인 SNS는 정보와 자원에 대한 접근을 허용하고(91), 이러한 역량강화를 증가시키는 것으로 나타났다(38,70). 역량 강화는 개인이 긍정적 건강 행동과 생활양식 변화를 추구함에 따라 행태를 지지하는 데 중요한 역할을 한다(4,5). 이러한 심리적 구조들은 함께 작용하여 개인의 건강 행동과 결과에 강력한 영향을 줄 수 있다.

근거

건강증진을 위한 소셜 네트워크 사용에 대한 연구는 제한적이지만, 헬스 커뮤니케이션 분야에서 관련 연구는 증가하고 있다. 당뇨병에 대한 페이스북 연구에서 연구자들은 약 65%의 게시물이 당뇨병 관리 전략을 자발적으로 공유하였고, 13% 이상의 게시물은 다른 사람이 요청한 정보에 대한 구체적인 피드백을 제공했으며, 거의 29%의 게시자가 다른 커뮤니티 회원들에게 정서적 지지를 제공하려고 노력했다(43). 페이스북의 유방암 생존자 그룹을 대상으로 한 또 다른 연구에서는 이 사이트에 1백만 명 이상의 회원수와 620개의 그룹이 있음을 확인했다. 이들 그룹 중 44.7%는 기금 모금을 위해 만들어졌으며, 38.1%(회원수 약 90만 명)는 인식을 위해, 9%는 기금 모금 또는 인식과 관련 있는 제품이나 서비스 프로모션을 위해, 그리고 7%는 환자/간병인의 지지를 위해 만들어졌다(65). 이 연구들은 페이스북이 개인적 경험을 보고하고 피드백을 받는데서부터 중요한 건강 문제에 대한 인식을 위해 많은 집단에게 도달하는 것에 이르기까지 다양한 유형의 헬스 커뮤니케이션을 위한 포럼을 제공하고 있음을 설명하고 있다.

지금까지 건강 행동 변화 중재는 온라인 소셜 네트워크를 사용해 왔다. 신체활동에 기반한 페이스북 중재에서 연구자들은 StepMatron이라는 신체활동에 동기를 부여하기 위해 날마다 보수계를 판독하여 사회적이고 경쟁적인 맥락을 제공하기 위해 고안된 페이스북 어플리케이션을 평가하였다(37). 연구자들은 걸음수를 기록하기 위해 페이스북 어플리케이션을 사용하는 참가자들은 사회적 맥락이 없이 걸음수만 단순히 기록할 때보다 더 많은 걸음수를 기록한 것으로 나타났다. 행동 변화와 SNS 영역에서 보다 많은 연구가 필요하지만, StepMatron 연구 결과는 행동 변화에 동기를 부여하는 온라인 소셜 네트워크의 가능성을 보여주는 고무적인 결과를 가져왔다(37).

단계별 설명[Step-by-Step]

표 6.7은 몇몇 인기있는 SNS 목록이다. 이들 사이트를 숙지하고 어느 사이트가 사용자의 요구를 충족하는 기능을 가지고 있는지 확인해 보자. 실습 도구상자 6.1.에서는 보다 심도있는 단계별 정보를 위해 참조할 수 있는 다른 자원들을 추천하고 있다.

표 6.7 인기 있는 SNS

소셜 네트워크 사이트	설명
페이스북(http://www.facebook.com)	세계 최대 규모의 SNS
마이스페이스(http://www.myspace.com)	엔터테인먼트(음악, 영화, 셀럽, TV, 게임) SNS
링크드인(http://www.linkedin.com)	비즈니스 및 전문가 대상 SNS
Hello Health(http://www,hellohealth.com)	이메일, 메시지, 비디오채팅을 통해 건강 관리자와 개인 중개 SNS
Dlife For Your Diabetes Life! (http://www.dLife.com)	당뇨병 환자, 소비자, 간병인 간 SNS
Athlinks(http://athlinks.com)	지구력 경기 선수들을 위한 경기 결과와 소셜 네트워크
트위터(http://twitter.com)	인스턴트 메시지, SMS, 웹 인터페이스를 이용한 소셜 네트워킹과 마이크로 블로깅 서비스

페이스북

페이스북은 가장 인기있는 SNS이며, 기존 또는 잠재 대상자에게 다가갈 수 있도록 도와준다. 여기에서 설명하는 페이지나 그룹과 같은 페이스북의 많은 기능들은 다른 SNS에도 있으므로, 여기서 다루는 많은 정보는 다른 사이트에도 적용된다.

- **페이지:** "페이지"는 사람, 기업 또는 조직에 대한 정보를 모아 놓았다. 페이스북 회원이 되려면 프로필 페이지를 설정해야 하는데, 이는 개인용 또는 전문가용 페이지일 수 있다. 잠재대상자들은 당신의 프로필을 보거나 그 반대로 당신을 찾을 수 있다(팁: 대상자들이 유용하다고 생각하는 당신의 비즈니스 웹사이트나 다른 웹사이트의 링크를 포함할 수 있음)
- **네트워크:** "네트워크"는 실제 연결이 되어 있지만 서로 알지는 못하는 사람들(예: 같은 학교, 지역, 직장으로 연결된 사람들)의 집단이다. 네트워크에 있는 사람들의 프로필을 탐색하여 연령이나 특정 관심사와 같은 다양한 종류의 정보에 기초하여 잠재 대상자를 찾을 수 있다. 마찬가지로 네트워크의 다른 사람들도 당신이나 당신의 서비스를 찾거나 연결할 수 있다. 네트워크를 통한 소개는 모르는 사람들에게 자신을 소개하는 것보다 안전하고 덜 어색하다.
- **그룹:** "그룹"은 동일한 관심사를 가진 사람들(예: 클럽, 기업, 공공 부문 조직)의 집합이다. 그룹은 많은 사람들이 온라인상에서 정보를 공유하고 특정 주제에 대해 토론할 수 있도록 하는 방법이다. 당신은 그룹에 가입하거나 직접 그룹을 개설할 수 있다. 이는 새로운 대상자를 연결하거나(예: 산업 관련 그룹, 이벤트, 토론에 참여) 기존 대상자과 커뮤니케이션 하는(예: 메시지 전송, 아이디어 교환, 미팅 잡기) 좋은 방법이다.
- **이벤트:** "이벤트"는 그룹과 유사하지만, 사용자는 직접 이벤트에 대한 초대 응답요청(RSVP)을 한다. 페이스북을 통해 이벤트를 광고하거나 홍보하는 것은 많은 사람들을 한 번에 초대할 수 있는 빠르고 쉬운 방법이다. 예를 들어, 자전거 타고 출근하는 날을 위한 이벤트를 만들고 대상자에게 초대장을 보낼 수 있다.

실습 도구상자 6.1

소셜미디어 사용에 참고할 수 있는 추가 자료

보다 심층적인 단계별 접근을 위하여 다음과 같이 참고할 수 있는 많은 책들이 있다.

- *The Twitter Book* (저자: Tim O'Reilly & Sarah Milstein)
- *From Facebook to Twitter and Everything in Between: A Step-by-Step Introduction for Social Networks for Beginners and Everyone Else* (저자: Todd Kelsey)

또한 페이스북을 웹사이트에 추가하는 등 페이스북을 활용해서 사업을 확장하거나 고객을 확보하는 데 도움이 되는 사업과 관련된 내용들이 더 많이 있다. 이러한 내용들은 소셜네트워크를 보다 전문적인 영역에 활용하는 방안에 초점을 맞추고 있는 다음과 같은 책을 참고할 수 있다.

- *Reaching Your Online Community with Facebook, LinkedIn, and More* (저자: Tom Funk)
- *Doing Business on Facebook* (저자: Vander Veel)

대부분의 소셜미디어 사이트들은 입문단계에서부터 심화단계에 이르기까지 사이트의 이용자들이 사용하기 쉬운 단계별 가이드를 제공하고 있다.

- https://support.twitter.com
- http://developers.facebook.com

- **뉴스피드:** "뉴스피드"는 페이스북 친구들이 사이트에서 하고 있는 일들을 지속적으로 업데이트하는 목록이다(예: 어플리케이션 추가, 이벤트 참석, 담벼락에 글쓰기, 노트와 사진에 댓글 달기, 친구 추가 등). 이 기능을 통해 대상자의 최근 활동을 빠르게 따라잡을 수 있다.
- **마켓플레이스 어플리케이션:** 이 어플리케이션은 구인광고를 게시하고 답변할 수 있다. 마켓플레이스를 사용하여 비즈니스를 광고하거나 감정전문가(health professionals)을 찾는 사람들을 발견할 수 있다. 이 어플리케이션은 Craigslist[1]와 같은 사이트나 신문의 구인광고보다 상대방에게 연락하기 전에 상대방의 프로필을 볼 수 있어 안전한 거래를 가능하게 해 주어 특별하다.

트위터

트위터는 또 다른 인기있는 SNS로, 트위터는 이용자가 프로필이 있고 실시간으로 업데이트하며, 네트워킹을 통해 새로운 사람들을 만나는 등 많은 면에서 페이스북과 유사하다. 하지만 트위터는 140자 이내의 "트윗"이라고 불리는 단문을 통해 커뮤니케이션하는 것에 초점을 맞추고 있다.

- **트윗:** "트윗"은 짧고 간결하며, 메시지를 읽고 쓰기가 쉽기 때문에 문자 메시지와 비슷하지만 실시간으로 주고받으며, 다양한 채널(예: 컴퓨터, 전화, 태블릿)을 통해 보낼 수 있다. 트윗은 전체 공개나 나만 보기로 선택하여 올릴 수 있다.
- **팔로잉:** 트위터에서는 구독하거나 팔로우 할 메시지를 선택한다. 당신은 당신의 대상자들에게 트위터에서 당신을 팔로우하여 운동 아이디어나 댓글, 조직된 이벤트에 대한 뉴스를 배포하도록 요청할 수 있다. 마찬가지로, 당신이 대상자를 팔로우할 수도 있다. 예를 들어 트윗을

1) Craigslist는 판매를 위한 개인 광고, 직업, 주택 공급, 이력서, 토론공간 등을 제공하는 안내 광고 웹사이트로, 우리나라의 벼룩시장과 유사함. – 역주

통해 대상자의 신체활동이나 체중감량 진행상황을 모니터링할 수 있다. (팁: 트위터의 가장 큰 장점은 공개메시지를 보내도록 선택할 수 있다는 것이다. 따라서 잠재 대상자가 현재 대상자와의 대화를 볼 수 있으며, 이는 잠재 대상자가 현재 대상자에 대한 응답이나 대상자 서비스를 볼 수 있기 때문에 비즈니스를 홍보하는 기회를 제공한다.)

- **링크:** 트위터는 창의적인 헤드라인이 있는 링크를 게시하여 잠재 대상자 또는 현재 대상자에게 다른 사이트(예: 비즈니스 프로필, 블로그, 페이스북 페이지)를 참조하게 할 수 있다.

소셜 네트워크 성장

어떤 SNS를 사용하든, 페이지나 그룹의 성공은 주변 사람들의 사회적 연결망인 소셜네트워크(social network)에 달려 있다. 소셜 네트워킹은 공유와 상호작용에 관한 것으로, 사용자의 팔로잉을 만드는 게 중요한데, 팔로잉 수가 많을수록 소셜 네트워크가 더 빨리 발전한다(53). 충성도 높은 사용자를 만들기 위해서는 사이트의 콘텐츠를 지속적으로 업데이트하여 관심있는 대상에게 흥미를 유발해야 한다. 사이트 참여가 많을수록 더 많은 사용자가 다른 친구들에게 사이트를 좋아하거나 구독하라고 제안할 것이다. 결과적으로 네트워크는 성장하게 된다. 가입한 온라인 커뮤니티의 문화 및 역동성을 관찰하는 등 장기적인 관계 구축 전략에 중점을 두어야 한다. 타깃 대상자가 관심을 갖는 대상과 흥미롭고 즐겁고 가치있는 것이 무엇인지 조사해야 한다(53). 처음에는 팔로잉을 개발하는 데 시간이 필요하므로 사이트에 대한 응답이 느리다고 낙심해서는 안 된다(31). 소셜 네트워킹 팁과 전략에 대한 더 많은 정보는 실습 도구상자 6.1에 나와 있다. 실습 도구상자 6.2에서는 SNS를 사용하는 의료인이 지녀야 할 주의사항을 제공한다.

사례 6.5

이 사례는 신체활동 증진을 위한 페이스북과 트위터 사용법을 보여준다. 이 시나리오는 페이스북과 트위터가 어떻게 개인에게 사회적 지지를 제공하고, 사회적 규범에 대한 인식을 제공하며 역량 강화 느낌에 영향을 미칠 수 있는지를 보여준다.

대상자: 다니엘(Daniel)

대상자 정보:

- 33세 남성
- 제2형 당뇨병 진단
- 비만(BMI=31)

다니엘은 신체활동 수준을 증가시키기 위해 당신에게 도움을 청하러 왔다. 그는 최근에 병 때문에 우울해져 운동할 의욕을 잃었다. 당신은 다니엘에게 당뇨병 환자들을 위한 페이스북 자조 모임인 Diabetes Daily에 가입하도록 제안한다(**그림 6.1~6.3** 참조). 또한 당신은 다니엘에게 트위터의 걷기 모임인 Everybody Walk을 팔로우하라고 권한다(**그림 6.4~6.5** 참조).

사례 6.5 (계속)

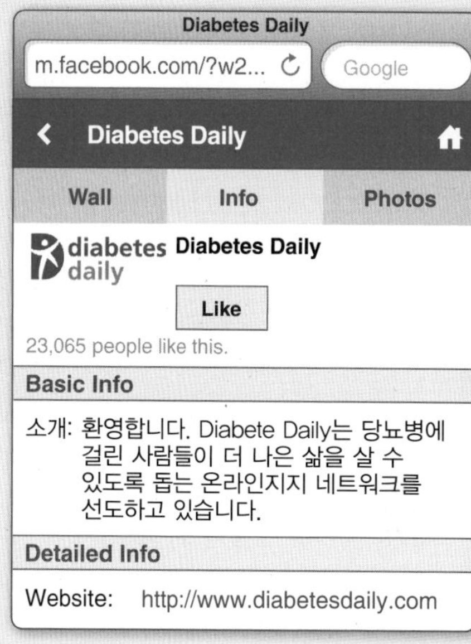

그림 6.1 페이스북 그룹 Diabetes Daily(Diabete Daily의 허가를 받아 재인용)

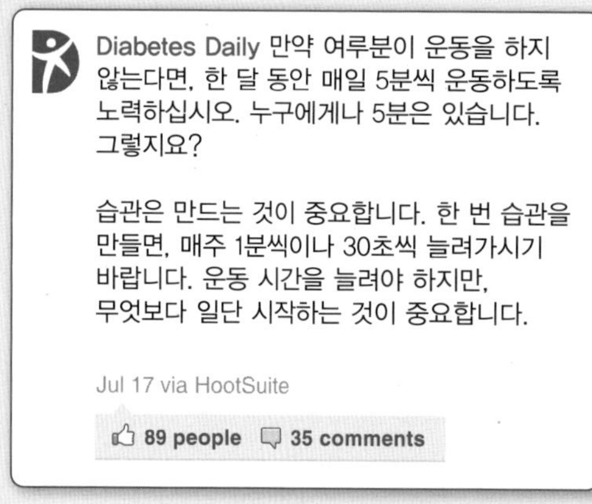

그림 6.2 Diabetes Daily 그룹의 샘플 게시물(Diabete Daily의 허가를 받아 재인용)

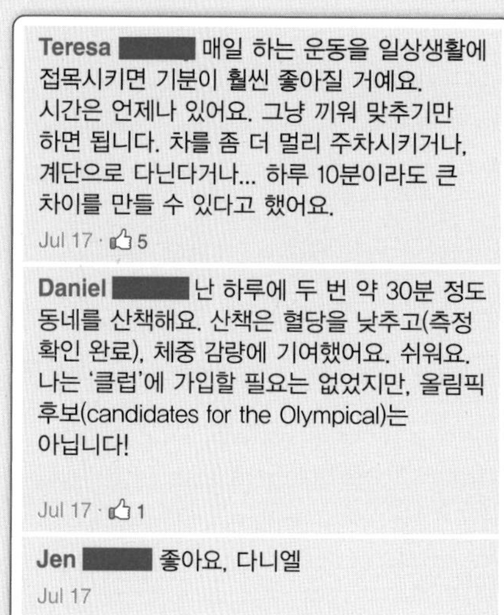

그림 6.3 페이스북 그룹 Diabetes Daily(Diabete Daily의 허가를 받아 재인용)

계속

사례 6.5 (계속)

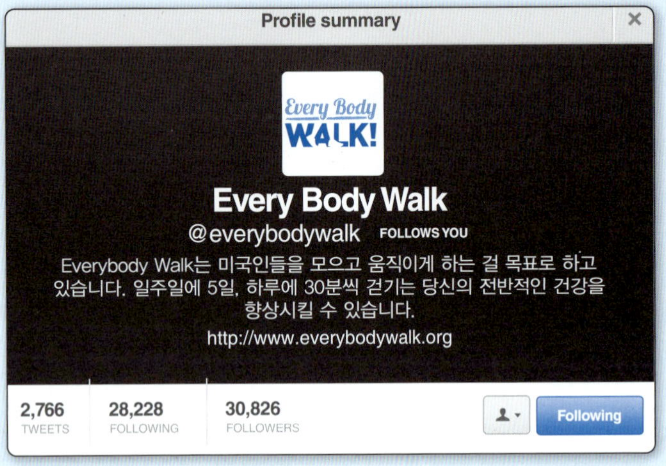

그림 6.4 트위터 그룹 Everybody Walk
(Every Body Walk의 허가를 받아 재인용)

그림 6.4 Everybody Walk의 게시물 샘플
(Every Body Walk의 허가를 받아 재인용)

실습 도구상자 6.2

소셜네트워크 사이트 사용시 주의사항

보건전문가로서 소셜네트워크 사이트를 사용할 때, 다음과 같은 중요한 고려사항을 기억해야 한다.

1. 항상 전문가로서의 자세를 유지해야 한다. 게시한 사진이나 정보는 많은 이용자들이 볼 수 있으며, 영역 간 왜곡을 촉진하거나 이용자들 간의 신뢰를 손상시킬 수 있다(64). 사적인 목적으로 활용하는 개인 계정과 독립적으로 전문가용 계정을 설정하거나 개인 계정의 개인정보 보호 설정을 적용하는 것이 좋다(예: 내가 태그된 사진이나 영상을 볼 수 있는 사용자 선택 등).
2. 개인정보 공유와 관련된 법적인 문제에 유의해야 한다. 특히 가장 중요한 것은 HIPAA(Health Insurance Portability and Accountability Act; 건강보험 이전 및 그 책임에 관한 법률)를 준수하는 것이다. 공공 웹사이트(47, 76)에 게재된 개인정보로 인해 보건의료 서비스 제공자들이 소송문제와 관련되었던 보도가 있었다.
3. 사람들은 온라인에서 제공된 의견을 잘못 이해할 수 있다(31). 온라인 커뮤니케이션에서는 억양이나 어조, 몸짓 등 대인으로 대면하여 이루어지는 커뮤니케이션에서 주로 사용되는 일련의 단서들이 배제된다. 특히 중요하거나 민감한 주제에 대한 커뮤니케이션을 위해서는 전통적인 형태의 커뮤니케이션(전화, 사무실 방문 등)이 더 적합할 수 있다. 일반적으로 소셜네트워크 사이트에서 진행하는 커뮤니케이션을 실제 생활에서 하는 것과 같이 진행해야 하며, 온라인 소셜네트워크에서는 작은 사고들이 더 빠르게 이동할 수 있다는 것을 기억해야 한다.

신체활동 모니터링 장치

현대의 건강 및 피트니스 전문가는 이전 세대보다 뚜렷한 이점을 가지고 있는데, 센서 시스템을 사용하여 대상자의 건강 행태 결과를 모니터링하고, 대상자에게 이 정보에 대한 피드백을 제공할 수 있게 되었다. 이런 종류의 피드백은 프로그램의 목표를 조정하고 대상자들에게 동기를 부여하는 데 도움이 될 수 있다. 싼 값의 마이크로 전자기기 시스템(MEMS)의 증가와 데이터 분석의 빠른 개선으로 인해 건강 행동 모니터링을 위한 센서 기반 기기는 지난 10년 동안 급증했다. 이전에는 개인이 신체활동이나 운동을 측정하려면 펜과 종이, 스톱워치 또는 간단한 기계식 만보계에 의존해야 했다. 오늘날은 운동이나 일상활동을 추적하고자 하는 사람은 누구나 자신의 필요에 따라 다양한 도구를 선택할 수 있다(2장 참조). 모니터링 장치는 동기부여를 위한 정보 피드백과 자체 모니터링을 위한 객관적 측정을 통합하는 신체활동 프로그램의 핵심 구성요소가 될 수 있다. 이 절에서는 건강 행동을 측정, 추적 및 변경하는 데 사용할 수 있는 일반적인 센서 시스템에 대해 설명한다. 우리는 이러한 센서 시스템이 최근 들어 널리 개발되었으므로 신체활동 행태에 주로 초점을 맞출 것이다.

근거

보수계(Pedometers)

현재 일상적인 신체활동의 정도를 알아내는 가장 일반적인 방법은 보수계다. 보수계는 엉덩이에 착용하고 하루 동안 총 걸음수를 표시하며 경우에 따라 사람이 움직이는 데 걸리는 시간을 표시하기도 한다. 저렴한 비용과 사용 편의성으로 보수계는 신체활동 프로그램을 시작하고 진행 상황을 추적하려는 개인들에게 이상적인 도구가 되었다. 보수계는 보다 정교한 감지 기술로 해결된 중요한 제약이 있다. 이들 제약에는 도출된 걸음수의 정확성, 이동 강도를 식별할 수 없음과 일일 에너지 소모 정보 부족 등이 포함된다(108).

현재 공중 보건 권고안은 건강한 성인의 경우 하루 10,000보, 여아의 경우 11,000보, 남아는 13,000보를 요구한다(President 's Council on Physical Fitness and Sports, 2002; Hatano, 1993). 모든 운동 및 활동 프로그램과 마찬가지로, 수치적인 걷기 지침을 제공하기 전에 개인의 활동 및 건강 이력을 고려하는 것이 중요하다(109). 보수계는 개인이 이러한 활동 권장안을 이해하고 이를 위해 노력할 수 있게 한다. 많은 연구에서 보수계는 성인과 청소년의 신체활동을 증가시키는 효과적인 도구임이 밝혀졌다(17,71). 중재 및 관찰 연구는 보수계 사용이 하루에 약 2천 보 증가(17)와 적정 체중 감소를 유발할 수 있음을 보여주었다(92). 보수계 중재는 자가 추적 프로그램(예: 일일 걸음일지)이나 일일 걸음수에 엮인 목표 설정과 함께 사용하거나 연구 참여자가 중재 초기 주로 앉아서 생활하는 경우 보다 효과적이었다. 가장 널리 검증된 저비용 전자기계식 보수계 중 하나는 Yamax Digiwalker 시리즈로, 걸음수를 가늠하는 데 매우 정확한 것(±1%)으로 나타났다(27). 전자기계식 보수계 사용 시 주의사항 중 하나는 움직임 속도가 정확도에 미치는 영향이다. 느린 속도(3.0mph 미만)로 걷는 것은 기계식 레버를 작동시키는 데 필요한 힘이 생성되지 않을 수 있으므로 보수계가 걸음수를 실제보다 낮게 보고한다(27). 이는 활동이 없거나 노년층을 대상으로 기기를 선택하는 데 있어 중요한 고려사항이다.

많은 현대식 보수계는 걸음수를 정확하게 가늠하기 위해 전자기계식 장치 대신 가속도계를 사용한다는 점에 유의해야 한다. New Lifestyles(NL 시리즈)와 Omron HJ-710 ITC는 모두 유효한 가속도계 기반 보수계이며(26,27,45), 신체활동 중재에 사용되어 왔다. 이러한 장치는 에너지 소모를 과대평가하는 경향이 있으므로 단점이 없는 것은 아니다(27). 독립생활을 하는 개인을 대상으로 한 최근 연구에 따르면, Omron 보수계는 4초 필터로 인해 걸음수를 과소평가할 수 있으며, 걸음수 기록은 4초 이상 지속되는 경우만으로 제한된다(101).

가속도계(Accelerometers)

저비용 가속도계의 확산으로 인간의 움직임을 측정하는 보수계 및 기타 유사 센서의 능력을 빠르게 변화시켜왔다. 가속도계는 일반적으로 장치에 작용하는 중력(g-force) 측정 시스템을 포함하는 소형 마이크로 칩이다. 각 센서는 특정 범위의 중력을 감지하기 위해 특정 감도를 가지고 있다는 점에 유의해야 한다. 일반적으로 가속도계는 주어진 축을 따라 중력을 측정한다. 단축 가속도계(uni-axial accelerometer)는 방향이 올바르면 "y"또는 수직 축을 따라 중력을 측정하며, 이중축 가속도계(dual-axial accelerometer)는 "y"축과 수평 "x"축이 포함되고, 삼중축 가속도계(tri-axial accelerometer)는 "y"축과 "x"축 외에 "z"축이 포함된다. 한 축만 따라 이동을 측정하면 센서의 수직

변위만 감지되므로 한계가 있으나, 수평(x)과 시상(z) 변위를 추가하면 움직임 감지 정확도를 높일 수 있다.

가속도계는 이동 감지 장치의 마이크로프로세서와 함께 사용된다. 이러한 마이크로프로세서는 가속도계에 제공된 중력 측정값을 해석한다. 대부분 장치에는 가속도계 데이터를 가져와 (a) 걸음 수, (b) 이동 시간, (c) 이동 강도, (d) 이동 거리 및 (e) 이용자의 칼로리 소비와 같은 유용한 이동 정보로 변환하는 독점 알고리즘이 있다. 가속도계는 주로 지면 반력과 관련된 다리 기반 움직임을 측정할 때 가장 잘 사용된다는 점을 유의해야 한다. 걷기와 달리기 같은 이들 움직임은 일반적으로 인간의 일상적인 움직임의 대부분을 차지한다(107). 움직임이 잘 포착되지 않는 활동으로는 수영과 같은 수중 활동이나 사이클링과 같은 지면반력이 거의 없는 활동이 있다(20).

신체활동 측정을 위한 가속도계에 대한 방대한 양의 증거는 액티그래프 모델(Actigraph model)과 같은 연구용 장치에 초점을 맞추었다. 앞에서 언급했듯이, 대부분의 가속도계는 활동 강도, 시간 소비 이동, 장치 착용 시간을 결정하는 데 사용되는 원시 중력 신호와 시간 스탬프 데이터(일반적으로 "카운트"라고 함)를 처리한다(7). 다양한 제조업체에서 생산한 다양한 가속도계 모델의 유효성을 결정하기 위해 수많은 연구가 진행되어 왔다. 이러한 연구는 독점적 "카운트"와 "카운트"를 신체활동 강도로 변환하기 위해 연구적으로 도출된 결절점을 나란히 비교한다(96). 이들 기기들은 기계식 보수계보다 정확도가 높지만 더 비싸고(기기 및 소프트웨어가 $300 이상), 이용자에게 피드백을 제공하기 위한 외부 화면(디스플레이, display)이 없다. 따라서 연구 목적으로 제조된 이러한 유형의 가속도계는 신체활동 중재에서 피드백을 위한 도구로 사용되는 경우는 거의 없다.

심박수 모니터

심박수 모니터는 가장 일반적으로 사용되는 활동 관련 바이오센서(생체감지기) 중 하나다. 심박수 모니터에는 심전도(ECG)라고 부르는 심장 근육의 수축과 이완으로부터 파생된 전기신호를 측정하는 센서가 있다. 현재 이용가능한 심박수 모니터는 일반적으로 가슴끈과 수신기(보통 시계 또는 기타 디스플레이 시스템)의 두 가지 구성요소로 구성된다. 심전도 신호는 처리되어 심박수가 표시되는 수신기로 전송할 수 있다. 경우에 따라 원시 심전도 신호는 수신기로 전송되고, 심박수 및 심박변동성(HRV, 심장 기능 중 R 스파이크 사이의 기간)과 같은 다른 변수로 처리된다. 심박수 모니터는 신체활동 강도에 대한 실시간 피드백이 필요한 경우 이상적 장치다. 이는 대상자나 운동선수의 심혈관 건강을 향상시키는 방법을 설명할 수 있다.

여러 연구에서 다양한 심박수 모니터의 유효성을 검사하였고(일반적으로 Polar Electro에서 제조), 이 장치가 임상 ECG 모니터와 일치함을 보여주었다(11,68). 많은 연구자들이 에너지 소모를 추정하기 위해 심박수 모니터 사용을 조사했으며, 가변적이지만 긍정적인 결과를 발견했다(1,25,77). 에너지 소모를 조사하는 연구 중 공통 주제는 최대 심박수와 VO2와 같은 객관적 생체 정보를 추정 소프트웨어에 추가할 때 정확도가 크게 증가한다는 것이다.

심장 모니터링에는 제한이 없다. 일반적으로 심박수 모니터의 종일 착용은 개인에게 부담이 되고, 장기 모니터링 중에는 데이터 품질 문제가 발생한다(14). 심박수 모니터링에서 파생된 데이터는 수화 수준, 온도, 질병 및 고도와 같은 여러 다른 요인에 의해 영향을 받을 수 있음을 이해하는 것이 중요하다(1,2).

글로벌 포지셔닝 시스템(GPS)

실외 활동을 정확하게 추적하려는 사용자에게는 GPS(Global Positioning System)가 이상적이다. 개인용 GPS 장치는 차량 내비게이션 시스템에서 흔히 사용되는 것과 동일한 기술을 기반으로 한다. 이 장치의 작은 컴퓨터 칩은 지구 궤도를 도는 GPS 위성과 통신하여 정확한 위치 정보를 결정한다. 이 위치 정보가 처리되고 위치(위도/경도), 이동 속도 및 이동 거리에 관한 데이터를 이용할 수 있다. 신체활동 추적용으로 제작된 대부분의 상용 GPS 장치는 달리기와 사이클링에 사용되지만, 전부는 아니더라도 대부분의 야외 활동을 추적하는 데 사용할 수 있다. 독립형 GPS 장치를 사용할 수 있지만 대부분은 심박수를 측정하거나 자전거에 필요한 페달 운동량(분당 회전수)과 같은 또 다른 중요한 변수를 특정하기 위해 추가 센서를 번들로 제공한다.

GPS 장치에서 도출된 객관적인 데이터(즉, 속도, 거리, 보폭)는 활동 유형이나 개별 특성 기능으로써 다르지 않다. 그러나 GPS 장치를 사용할 때 가장 일반적인 우려는 정확성이다. 상업용 GPS 장치를 조사한 연구에 따르면 정지된 위치뿐만 아니라 주행 및 보행 속도를 가늠하는데 정확함을 보여주었다(95,106,118). 이들 연구는 곡선 방식으로 이동(예: 트랙의 곡선) 및 고속으로 이동(예: 스프린트)을 포함하여 데이터 정확도에 영향을 줄 수 있는 몇 가지 알려진 문제를 강조했다. 이는 정확도에 영향을 줄 수 있는 이동형태 외부의 환경 요인에 추가된다. 여기에는 신호 간섭을 유발할 수 있는 고층 빌딩이 많은 곳이나 그 주변을 여행하는 것과 청명하고 방해받지 않는 하늘의 경치가 없는 장소를 여행하는 것이 포함된다(105).

단계별 설명[Step-by-Step]

모니터링 시스템을 사용하는 것이 대상자나 환자에게 적합한지 결정할 때는 먼저 수집된 데이터 유형, 다양한 활동을 모니터링할 수 있는 능력, 장치 비용 간의 관계를 이해하는 것이 가장 좋다(**표 6.8** 에 제시). 이 목록에는 강도 및 저항 훈련과 관련된 활동이 명시되어 있지 않다. 유산소 운동과 비교하여 근육 활동 감지 발달이 조사되고 있고, 측정 및 추적에 유용 할 수 있지만 현재 근력 운동의 객관적 측정은 현재 부족하다.

표 6.8 ACSM의 체중감소와 증가방지를 위한 권고사항

	기계식 보수계	가속도계	심박수 모니터	GPS
산출물(Outputs)				
걸음	×	×		
거리	×	×		×
강도		×	×	
에너지 소모		×	×	
속도/보폭		×		×

표 6.8 ACSM의 체중감소와 증가방지를 위한 권고사항 (계속)

	기계식 보수계	가속도계	심박수 모니터	GPS
활동(Activities)				
걷기	×	×	×	×
달리기(실내)	×	×	×	
달리기(실외)		×	×	×
자전거타기			×	×
수영			일부 모델	일부 모델
비용	$20~$50	$50~$150	$75~$300	$150~$350
이점	사용 용이	높은 가격, 보다 정확	보다 정확한 강도	매우 정확한 속도와 거리
단점	부정확, 강도 정보 없음	산출물 계산을 위한 독점 알고리즘	착용 부담	비용, 실외 활동에서만 사용

사례 6.6

클라이언트: 조나단(Jonathan)

대상자 정보:

- 그는 50세이다.
- 최근에 퇴원한 심장 수술 환자. 그는 외래에서 운영되는 전형적인 재활 프로그램을 받았다.
- 의사는 그에게 활동을 유지하고 체중 감량을 시도해야 한다고 말했다.
- 그는 새로운 기술에 익숙하지 않다.
- 그는 헬스장에 출입할 수 없다.

조나단은 당신에게 활동 계획을 세우고 책임을 지라고 요청받았었다.

이 시나리오에서는 저비용 보수계와 일일 걸음 목표 계획을 사용하여 조나단이 일상생활에 적극적으로 참여하도록 장려한다. 현재 활동 레벨을 이해하고 걸음수를 점차적으로 늘리는 적절한 계획을 세우기 위해 기초 평가를 수행하는 것이 유용할 수 있다. 기술에 익숙하지 않은 사람으로서, 그가 공유할 수 있는 일일 걸음 추적 시트를 개발하는 것이 이상적이다.

사례 6.7

클라이언트: 그레이스(Grace)
대상자 정보:

- 35세
- 현지 체육관에서 실내 훈련을 선호한다.
- 그녀는 기술에 익숙하다.

그레이스는 신체적으로 적당히 활동하며 다가오는 하프 마라톤에서 훈련하고 경쟁하기 위해 활동 및 체력 수준을 높이기를 원한다. 그녀는 매주 훈련 계획을 세우도록 돕기 위해 당신을 고용했다.

이 사례에서는 최고의 활동 모니터링 도구로 심박수 모니터를 추천한다. 그녀는 아마도 러닝머신과 실내 트랙을 사용하여 유산소 활동에 참여할 것이다. 심박수 모니터는 그녀의 현재 체력 상태를 측정하고 활동 강도에 대한 피드백을 제공하는 데 이상적인 도구다. 많은 심박수 모니터는 컴퓨터나 기기별 웹사이트에 데이터를 다운로드하고 저장하는 방법을 제공한다. 그레이스가 훈련 프로그램을 따르는지 여부를 더 잘 이해하고 자신의 체력 수준과 처방된 운동으로부터의 회복에 미치는 영향을 파악하기 위해 그레이스가 이 데이터를 공유하도록 권장할 수 있다.

여러 기술 채널에 통합

비디오 스트리밍, 빠른 처리 능력, 무선 연결, 배터리 수명 연장 및 저장 용량과 같은 테크놀로지의 발전은 이전에 언급된 많은 메시지 및 피드백 기술을 개발하는 데 크게 기여했다. 이 장에서 설명했듯이 신체활동에 대한 측정, 추적 및 피드백을 제공하는 다양한 유형의 기술이 존재한다. 상업적으로 이용 가능한 일부 시스템 및 서비스에서 이러한 기술의 다양한 조합을 찾을 수 있다. 이러한 통합 시스템을 통해 이용자는 자신의 데이터와 상호작용하고, 다른 이용자들과 상호작용하며 전문 지식을 얻을 수 있다. 많은 통합 시스템의 관문은 스마트폰이다. 이 절에서는 신체활동 중재를 위해 기술을 통합하는 방법으로 스마트폰의 기능을 소개한다. 상용 가능한 통합 시스템에 대해 설명한 다음, 신체활동과 데이터를 여러 시스템에 공유하여 독창적이고 고도로 맞춤화 된 중재 방법을 설명한다.

스마트폰과 신체활동 중재 가능성

스마트폰은 건강증진에 활용할 수 있는 기능이 많다(88). 음성이나 문자 메시지를 통한 양방향 커뮤니케이션이라는 기본 기능 외에도 많은 휴대전화에는 카메라, 기가바이트의 저장장치를 비롯해 인터넷 브라우저가 내장되어 있어 외부 네트워크로 데이터를 전송할 수 있으며, 일부는 GPS와 내장 가속도계, 와이파이 연결 및 블루투스를 통한 외부 기기와의 무선 통신(예: 심박수 모니터, 외부 가속도계)까지 가능하다. 이러한 스마트폰 기능은 통합 중재 시스템을 구축하는 데 이상적이다.

최근의 연구는 인터넷 서비스와 결합된 휴대전화가 신체활동을 증가시킬 수 있음을 보여준다(49). 또한 이전의 연구에 따르면 PDA는 평가용 통제에 비해 8주간 신체활동을 증가시키는 데 효과적이었다(58). 일부 연구에서도 휴대전화의 배경을 개인에게 피드백을 제공하는 "한눈에 볼 수 있는 디스플레이"로 사용할 가능성을 보여주었다(23). 하지만 새로운 휴대전화 기능을 신체활동을 촉진하기 위해 사용할 수 있는지 여부를 체계적으로 탐구한 연구는 거의 없다.

Consolvo와 동료들(24)은 신체활동을 증진하기 위한 효과적인 설득 기술 중재를 개발할 때 다음의 8가지 사항들이 고려되어야 함을 확인하였다: (a) 개략적이고 반영적이어야 함(원시 데이터를 표시하는 것이 아니라 그 정보를 개인에게 의미 있는 것으로 추상화하고 반영), (b) 방해받지 않아야 함(시스템을 원하고 필요할 때에만 존재하고, 그렇지 않을 때에는 귀찮게 하지 말아야 함), (c) 공개적이어야 함(개인 정보 표시는 사용자를 불편하게 하지 않고 공개적으로 표시될 수 있도록 해야 함), (d) 미적이어야 함(사용을 유지하려면 시스템이 사용자의 스타일 및 미적 감각에 부합해야 함), (e) 긍정적이어야 함(나쁜 행태에 대한 처벌보다 좋은 행태에 대한 보상을 주어야 함), (f) 추세/역사적이어야 함(과거 행태에 대한 감지), (g) 포괄적이어야 함(개인의 라이프스타일에 맞는 주요 행태를 고려해야 함). 이러한 고려사항은 중재에 있어 개념적으로 중요할 뿐만 아니라 스마트폰에서 성공적으로 구현할 수 있다.

상용 통합 중재 시스템

상업적으로 이용 가능한 많은 통합 시스템에는 일반적으로 상호작용형 웹 및 모바일 경험과 함께 자체 추적 기능이 포함된다. 인터랙티브 플랫폼(인터랙티브 미디어, 인터랙티브 플랫폼을 더 많이 사용)은 소스, 메시지, 채널, 수신기, 피드백에 보다 탄력적인 기회를 제공하며, 이론적으로는 개인이 시스템에 적응하기보다 시스템이 이용자에게 적응하도록 이끌어야 한다. 이상적인 통합 시스템은 (a) 이용자의 노력을 최소화하면서 여러 기기(예: 보수계, 웹사이트, 스마트폰) 간의 빠르고 쉬운 커뮤니케이션을 촉진하고, (b) 기술적 요구로 인해 이용자에게 추가적인 부담을 주지 않으면서 신체활동 촉진을 위한 역할을 수행하도록 시스템의 각 구성요소를 최적화한다(예: 시스템 편의에 의한 것이 아니라 필요로 할 때 언제 어디서나 피드백이 제공됨). 더 넓은 목표는 개인의 생활과 일상에 통합되어 이용자에게 최소한의 부담으로 부가가치를 제공하는 시스템을 개발하는 것으로, 이런 이상을 충족시키기 위해서는 아직도 많은 노력이 필요하다.

현재 시스템은 위에서 언급된 이상에 도달하기 위한 다양한 도구와 기능을 제공하며, 대부분 4가지 주요 기능이 포함된 개요를 따른다. 첫째, 플랫폼에서 이용자는 기기나 센서 시스템에서 수집한 데이터를 업로드 하고 볼 수 있다. 이들 데이터는 일반적으로 기기별 어플리케이션을 사용하여 기기에서 다운로드하거나 웹사이트에 무선으로 업로드한다. 둘째, 플랫폼은 센서에서 파생된 데이터를 시각화하는 방법을 제공한다. 시각화는 매우 상호작용적이며 이해하기 쉽고 유익한 정보를 제공하지만, 매우 상호작용적인 것이 반드시 유익한 정보일 필요가 없음을 강조하는 것이 중요하다(122). 셋째, 이용자는 시스템을 사용하여 신체활동이나 식이요법, 체중 및 수면과 관련한 목표 또는 경우에 따라 복합적인 목표를 설정할 수 있다. 그런 다음 시스템은 목표에 대한 일별 또는 주별 진행 상황을 나타내는 피드백을 제공한다. 어떤 경우에 목표 달성은 배지나 긍정 메시지와 같은 가상의 보상에 애착을 보인다. 마지막으로 대부분의 상용 시스템은 소셜 네트워킹 요소를 플랫폼에 통합하기 시작했다. 이들은 종종 이용자의 행태 정보를 이용자를 대신해 페이스북이나 트위터와 같은 SNS로 보내는 플랫폼으로 나타난다. 일부 통합된 상용 시스템에서는 이용자가 플랫폼을 통해

서로 "친구"를 만들고 친근한 경쟁과 도전에 참여할 수 있게 하는데, 가장 일반적인 방법으로는 하루 걸음수나 소모한 칼로리 등에 대한 순위표를 제공하여 자신의 기록을 친구와 비교할 수 있게 해준다.

통합 중재 시스템의 대표적인 예로는 FitBit(Fitbit Inc., www.fitbit.com)이 있는데, FitBit은 소형 가속도계 기반 신체활동 모니터로, 크기는 일반적인 플래시 메모리 스틱과 같다. 핏빗은 컴퓨터에 연결된 USB 수신기 범위 내에 있을 때, 신체활동 데이터를 웹 인터페이스에 무선으로 동기화한다. FitBit의 소형 화면은 걸음수, 이동한 거리, 소모한 칼로리 및 행동 기록에 대한 피드백을 보여준다. 행동기록은 꽃으로 한눈에 확인할 수 있다. 꽃은 사람이 활동할 때 자라며, 지난 3시간 동안 달성한 활동량을 시각적인 은유로 나타낸다.[2)]

웹 인터페이스에서 이용자는 현재 및 과거 데이터를 보고 목표를 설정하고, 활동을 기록하며, Fitbit을 사용하는 친구들의 순위를 확인할 수 있는데, 웹 인터페이스는 컴퓨터나 스마트폰으로 접속할 수 있다. 사용 통합 시스템의 또 다른 예로는 Garmin Connect(Garmin, Ltd.)[3)] Nike + (Nike, Inc.) 및 Runkeeper(FitnessKeeper, Inc.)가 있다.

시스템과 테크놀로지 간의 데이터 공유

위에서 언급한 상용 가능한 통합 시스템은 행태 추적 및 메시징을 위한 플랫폼을 제공하지만 이러한 많은 시스템의 진정한 기술적 강점은 통합 시스템에 있어 중요한 데이터를 수집하고 공유하는 능력이다. 신체활동 중재 제품을 제공하는 많은 회사는 핵심 플랫폼의 기능을 잠재적으로 향상시키는 추가 서비스나 시스템을 만들도록 사용자와 다른 애플리케이션 개발자들이 데이터에 접근하는 방법을 제공하기 시작했다. 이는 플랫폼과 이용자 데이터가 상호작용하기 위해 API(Application Programming Interface)를 사용함으로써 가능하다.

API는 애플리케이션이 서로 커뮤니케이션하고 정보를 주고받을 수 있도록 하는 특정 프로그래밍 코드다. API는 어플리케이션이 어플리케이션의 요구에 따라 데이터를 읽고(pull, read) 쓸(push, write) 수 있게 한다. 예를 들어, 인기 있는 피트니스 어플리케이션인 Runkeeper(FitnessKepper, Inc)는 자체 Health Graph API를 통해 다른 어플리케이션들이 이용자 프로필 데이터를 읽고 쓸 수 있도록 허용한다. 이용자가 Runkeeper 프로필이 있지만 휴대전화 기반의 다른 달리기 추적 어플리케이션 사용을 선호하는 경우 그로부터 수집된 데이터를 이용자의 Runkeeper 프로필로 푸시(쓰기)할 수 있다. API는 제품–어플리케이션 간 커뮤니케이션에만 국한되지 않는다. 개발자는 이용자 데이터를 가져와, 이용자 경험을 보완하고 향상시키는 대체 데이터 시각화 및 피드백 방법을 사용하는 자체 웹 기반 어플리케이션을 만들 수 있다. 이상적으로 기기 간 연결 증가는 신체활동 시스템이 여러 자원으로부터 데이터를 수집하고, 정보를 집계하며, 적절한 시간에 해당 개인이 선택한 채널을 사용해 개인에게 피드백을 제공할 수 있게 해준다.

기업이 제품의 API를 제공한다는 것은 "우리 제품을 구입하고 당신 제품과 통합하거나 우리 제품을 더 좋게 만드세요"라는 말이다. 이러한 접근성과 개방성은 다른 사람들에게 창의적인 방식과 특정 요구에 맞게 제품을 맞춤형으로 사용할 수 있는 기회를 제공한다. API의 확산은 훈련이나 관

2) Fitbit 화면을 꽃이 있는 시계 화면을 선택하는 경우 이용자의 활동 수준에 따라 꽃이 피거나 오므라든다(https://help.fitbit.com/articles/ko/Help_article/1987). – 역주

3) 건강 및 운동 데이터 활용을 위한 앱으로 레이스를 대비해 훈련하거나 단순히 걸음수를 측정하는 사용자에게도 어제의 기록을 경신하는 데 필요한 정보와 자극을 제공함(https://apps.apple.com/kr/app/garmin-connect/id583446403).

리에 통합 테크놀로지 플랫폼을 이용하는 대상자와 환자가 상호작용하는 흥미롭고 새로운 방법을 제공한다. API를 사용하려면 웹 또는 모바일 기기 어플리케이션을 위한 컴퓨터 프로그래밍 전문 지식이 필요하다. API 문서화는 일반적으로 API가 커뮤니케이션 스키마와 어떤 유형의 데이터에 접근할 수 있는지를 설명한다.

핵심정리

우리는 이 장이 현재 무엇이 가능한지, 그리고 어떻게 사람들이 신체활동을 촉진하기 위해 이용 가능한 테크놀로지 채널들을 사용하기 시작했는지에 대한 예시를 지닌 유용한 자료로 사용되었으면 한다. 그러나 신체활동에 대한 맞춤형 인쇄 및 웹 기반 중재 효과를 뒷받침하는 과학적 증거는 현재 제한되어 있으며, 이러한 프로그램에 어떤 요소가 포함되어야 하는지 결정하기 위한 연구가 진행 중이라는 주의사항도 제기하였다. 모바일 및 소셜 네트워크 테크놀로지를 사용하여 신체활동에 영향을 미치는 중재를 평가하는 연구는 훨씬 더 적었다. 이러한 기술을 사용하여 신체활동 중재를 수행하는 것은 학술 연구 및 상업 환경에서 빠르게 발전하는 분야다. 연구자와 실무자들은 기술 발전 속도에 맞추어 도전해야 한다. 이상적으로 과학과 증거는 테크놀로지의 적용을 주도해야 한다. 이러한 테크놀로지 채널은 행동 변화 이론의 신조를 철저히 준수하여 설득력 있는 중재 프로그램을 만드는 데 사용될 수 있다. 새롭고 흥미로운 테크놀로지가 계속해서 다양한 커뮤니케이션과 설득 메커니즘을 제공할지라도, 우리는 그러한 기술이 새롭고 흥미롭다는 이유만으로 그러한 테크놀로지를 사용하는 것을 경계한다.

인쇄물이 신체활동 증진 프로그램에서 계속 자리를 차지할 것 같지만 SMS, 소셜 네트워크 및 휴대폰 어플리케이션 등 다른 기술들은 매일 개인을 참여시키는 데 더 효과적인 도구가 될 것으로 보인다. 이러한 기술은 사용하기 쉽고 편리하며 대부분의 개인의 일상생활에 통합되어 있기 때문에 신체활동 중재를 변화시킬 수 있는 가능성이 있다. 인쇄물은 여전히 신체활동 메시지 시스템의 중요한 부분으로 간주될 수 있다. 테크놀로지 기반 중재를 전개할 때에도 교육이나 검토 목적으로 인쇄물이나 온라인 자원을 참조하도록 유도할 필요가 있다. 상호작용 웹사이트 및 웹 기반 중재는 보통 "자율 학습"을 위한 맞춤형 정보 및 자료에 접근할 수 있는 위치를 제공한다.

SMS 중재는 많은 사람들이 쉽게 사용하고 저렴한 테크놀로지로 접근할 수 있기 때문에 중재 프로그램의 기초로 특히 관심이 있을 수 있다. SMS는 개인이 신체활동 수준을 높이고, 체중을 줄이며, 당뇨병 관리를 개선하는 데 도움이 된다는 여러 연구 결과들이 있다. 마찬가지로 온라인 소셜 네트워크는 의료진과 환자, 그리고 유사한 관심사를 가진 사람들 간의 커뮤니케이션을 증가시켜 건강 증진을 촉진할 수 있는 기회를 제공하기 때문에 엄청난 가능성을 지니고 있다. 온라인 소셜 네트워크는 맞춤형 페이지 또는 IVR 시스템을 개발하기 위한 IT 지원이 없는 피트니스 전문가에게 이상적인 기술일 수 있다. 신체활동 중재의 일환으로 온라인 소셜 네트워크를 갖는 것은 개인에게 새로운 권한 부여 기회를 제공하고 중요한 건강 행동 결정 요인인 사회적 지지 및 사회적 규범에 대한 인식을 형성하는 데 도움이 된다.

이러한 다양한 테크놀로지 채널을 통합하여 개인에게 신체활동의 채택과 유지 관리에 대한 강력하고 지속적인 사용자 경험을 제공할 수 있다. 신체활동 중재에 사용할 테크놀로지 채널을 결정하려면 필요한 기술, 사용 가능한 자원 및 특정 유형의 중재 개발에 필요한 맞춤화 수준에 대한 균형잡힌 이해가 필요하다. 이러한 요소는 맞춤형 새로운(de novo) 중재 시스템 개발, 이전에 개발된 기기 및 시스템 사용, 또는 개방형 API를 통해 상용 플랫폼을 맞춤화할 때 고려해야 한다. 모바일과 무선 테크놀로지는 빠르게 변화하는 기기, 시스템 및 서비스 환경으로 신체활동 중재를 전달하기 위한 많은 잠재력을 계속 제공할 수 있다.

참고문헌

1. Achten J, Jeukendrup AE. Heart rate monitoring: applications and limitations. *Sports Medicine (Auckland, N.Z.)*. 2003;33(7):517–38. Available at: http://www.ncbi.nlm.nih.gov/pubmed/12762827.
2. Ainslie PN, Reilly T, Westerterp KR. Estimating human energy expenditure: A review of techniques with particular reference to doubly labelled water. *Sports Medicine*. 2003;33(9):683–98. Available at: http://www.ingentaconnect.com/content/adis/smd/2003/00000033/00000009/art00004 [Accessed August 31, 2011].
3. Albaina IM, Visser T, van der Mast CAPG, Vastenburg MH. Flowie: a persuasive virtual coach to motivate elderly individuals to walk. In: PervasiveHealth 2009, 3rd International Conference on Pervasive Computing Technologies for Healthcare; April 1–3, 2009:1–7.
4. Anderson RM, Funnell MM, Butler PM, et al. Patient empowerment. Results of a randomized controlled trial. Diabetes Care. 1995;18(7):943–49. Available at: http://care.diabetesjournals.org/content/18/7/943.abstract [Accessed August 11, 2011].
5. Backman D, Scruggs V, Atiedu AA, et al. Using a toolbox of tailored educational lessons to improve fruit, vegetable, and physical activity behaviors among African American women in California. *Journal of Nutrition Education and Behavior*. 2011;43(4 Suppl 2):S75–85. Available at: http://dx.doi.org/10.1016/j.jneb.2011.02.004 [Accessed August 11, 2011].
6. Bahr DB, Browning RC, Wyatt HR, Hill JO. Exploiting social networks to mitigate the obesity epidemic. *Obesity: A Research Journal*. 2009;17(4):723–8. Available at: http://dx.doi.org/10.1038/oby.2008.615 [Accessed July 25, 2011].
7. Bassett DR, Dinesh J. Use of pedometers and accelerometers in clinical populations: validity and reliability issues. *Physical Therapy Reviews*. 2010;15(3):135-142. Available at: http://openurl.ingenta.com/content/xref?genre=article & issn=1083-3196 & volume=15 & issue=3 & spage=135 [Accessed August 10, 2011].
8. Bennett GG, Glasgow RE. The delivery of public health interventions via the Internet: actualizing their potential. *Annual Review of Public Health*. 2009;30:273–92. Available at: http://www.ncbi.nlm.nih.gov/pubmed/19296777 [Accessed July 7, 2011].
9. Bensley RJ, Brusk JJ, Rivas J. Key principles in internet-based weight management systems. *American Journal of Health Behavior*. 2010;34(2):206–13. Available at: <Go to ISI>://000291932800008.
10. Berlo DK. *The Process of Communication: An Introduction to Theory and Practice*. New York: Holt, Reinhart, and Winston; 1960.
11. Bethell H, Letford S, Evans J, et al. Assessing exercise intensity in cardiac rehabilitation: The use of a Polar heart rate monitor. *British Journal of Cardiac Nursing*. 2008;3(11):534–8. Available at: http://www.internurse.com/cgi-bin/go.pl/library/abstract.html?uid531875.
12. Block G, Sternfeld B, Block CH, et al. Development of Alive! (A Lifestyle Intervention Via Email), and its effect on health-related quality of life, presenteeism, and other behavioral outcomes: Randomized controlled trial. *Journal of Medical Internet Research*. 2008;10(4):e43. Available at: http://www.pubmedcentral.nih.gov/articlerender.fcgi?artid52629370 & tool5pmcentrez & rendertype5abstract [Accessed September 7, 2011].
13. Boyd DM, Ellison NB. Social network sites: Definition, history, and scholarship. *Journal of Computer-Mediated Communication*. 2007;13(1):210–30. Available at: http://doi.wiley.com/10.1111/j.1083-6101.2007.00393.x [Accessed July 15, 2011].
14. Brage S, Brage N, Ekelund U, et al. Effect of combined movement and heart rate monitor placement on physical activity estimates during treadmill locomotion and free-living. *European Journal of Applied Physiology*. 2006;96(5):517–24. Available at: http://www.ncbi.nlm.nih.gov/pubmed/16344938 [Accessed August 10, 2011].
15. Bramley D, Riddell T, Whittaker R, et al. Smoking cessation using mobile phone text messaging is as effective in Maori as non-Maori. *The New Zealand Medical Journal*. 2005;118:1216.
16. Brassington G, Hekler EB, Cohen Z, King AC. Health enhancing physical activity. In: *Handbook*

of Health Psychology. Mahwah (NJ): Lawrence Erlbaum Associates Publishers; 2011.

17. Bravata DM, Smith-spangler C, Gienger AL, et al. Using pedometers to increase physical activity and improve health: A systematic review. *Journal of the American Medical Association*. 2007;298(19):2296–304.
18. Brouwer W, Kroeze W, Crutzen R, et al. Which intervention characteristics are related to more exposure to Internet-delivered healthy lifestyle promotion interventions? A systematic review. *Journal of Medical Internet Research*. 2011;13(1):23–41. Available at: <Go to ISI>://000287447100003.
19. Brouwer W, Oenema A, Raat H, et al. Characteristics of visitors and revisitors to an Internet-delivered computer-tailored lifestyle intervention implemented for use by the general public. *Health Education Research*. 2010;25(4):585–95. Available at: <Go to ISI>://000280260200007.
20. Chen KY, Bassett Jr. DR. The technology of accelerometry-based activity monitors: Current and future. *Medicine & Science in Sports & Exercise*. 2005;37(11 Suppl):S490–500. Available at: http://www.ncbi.nlm.nih.gov/entrez/query.fcgi? cmd5Retrieve & db5PubMed & dopt5Citation & list_uids516294112.
21. Chou W-YS. Social media use in the United States: Implications for health communication. *Journal of Medical Internet Research*. 2009;11(4):e48. Available at: http://www.jmir.org/2009/4/e48/ [Accessed August 11, 2011].
22. Cialdini RB. *Influence: Science and Practice*. 5th ed. Prentice Hall; 2008:272. Available at: http://www.amazon.com/Influence-Practice-Robert-B-Cialdini/dp/0205609996 [Accessed August 11, 2011].
23. Consolvo S, Klasnja P, Mcdonald DW, et al. Flowers or a robot army? Encouraging awareness & activity with personal, mobile displays. *Garden*. 2008:54–63.
24. Consolvo S, Mcdonald DW, Landay JA. Theory-driven design strategies for technologies that support behavior change in everyday life. *Thought, A Review of Culture and Idea*. 2009:405–14.
25. Crouter SE, Albright C, Bassett DR. Accuracy of Polar S410 Heart Rate Monitor to estimate energy cost of exercise. *Medicine & Science in Sports & Exercise*. 2004;36(8):1433–9. Available at: http://content.wkhealth.com/linkback/openurl?sid5WKPTLP:landingpage & an500005768-200408000-00024 [Accessed June 23, 2011].
26. Crouter SE, Schneider PL, Bassett DR. Spring-levered versus piezo-electric pedometer accuracy in overweight and obese adults. *Medicine and Science in Sports and Exercise*. 2005;37(10):1673–9. Available at: http://www.ncbi.nlm.nih.gov/pubmed/16260966.
27. Crouter SE, Schneider PL, Karabulut M, Bassett DR. Validity of 10 electronic pedometers for measuring steps, distance, and energy cost. *Medicine and Science in Sports and Exercise*. 2003;35(8):1455–60. Available at: http://www.ncbi.nlm.nih.gov/pubmed/12900704.
28. Cugelman B, Thelwall M, Dawes P. Online interventions for social marketing health behavior change campaigns: A meta-analysis of psychological architectures and adherence factors. *Journal of Medical Internet Research*. 2011;13(1):84–107. Available at: <Go to ISI>://000287447100007.
29. Demark-Wahnefried W, Clipp EC, Lipkus IM, et al. Main outcomes of the FRESH START trial: A sequentially tailored diet and exercise mailed print intervention among breast and prostate cancer survivors. *Journal of Clinical Oncology: Official Journal of the American Society of Clinical Oncology*. 2007;25(19):2709–18. Available at: http://www.ncbi.nlm.nih.gov/pubmed/17602076 [Accessed July 14, 2011].
30. Eakin EG, Lawler SP, Vandelanotte C, Owen N. Telephone interventions for physical activity and dietary behavior change–A systematic review. *American Journal of Preventive Medicine*. 2007;32(5):419–34. Available at: <Go to ISI>://000246416200010.
31. Eckler P, Worsowicz G, Rayburn JW. Social media and health care: An overview. *PM & R: The Journal of Injury, Function, and Rehabilitation*. 2010;2(11):1046–50. Available at: http://www.ncbi.nlm.nih.gov/pubmed/21093840 [Accessed July 25, 2011].
32. Eysenbach G. The Law of Attrition. *Journal*

of Medical Internet Research. 2005;7(1):e11. Available at: http://www.ncbi.nlm.nih.gov.laneproxy.stanford.edu/pmc/articles/PMC1550631/.

33. Farzanfar R, Frishkopf S, Migneault J, Friedman R. Telephone-linked care for physical activity: A qualitative evaluation of the use patterns of an information technology program for patients. *Journal of Biomedical Informatics*. 2005;38(3):220–8. Available at: <Go to ISI>://000229494300006.
34. Ferney SL, Marshall AL, Eakin EG, Owen N. Randomized trial of a neighborhood environment-focused physical activity website intervention. *Preventive Medicine*. 2009;48(2):144–50. Available at: <Go to ISI>://000263860600009.
35. Fjeldsoe BS, Marshall AL, Miller YD. Behavior change interventions delivered by mobile telephone short-message service. *American Journal of Preventive Medicine*. 2009;36(2):165–73. Available at: http://www.ncbi.nlm.nih.gov/pubmed/19135907 [Accessed August 7, 2010].
36. Fogg BJ. *Persuasive Technology: Using Computers to Change What We Think and Do*. San Francisco: Morgan Kaufmann Publishers; 2003:51–3.
37. Foster D, Linehan C, Kirman B, Lawson S, James G. *Motivating Physical Activity at Work*. New York: ACM Press; 2010:111. Available at: http://portal.acm.org/citation.cfm?id51930488.1930510 [Accessed July 25, 2011].
38. Fox NJ, Ward KJ, O'Rourke AJ. The "expert patient": Empowerment or medical dominance? The case of weight loss, pharmaceutical drugs and the Internet. *Social Science & Medicine*. 2005;60(6):1299–309. Available at: http://dx.doi.org/10.1016/j.socscimed.2004.07.005 [Accessed July 8, 2011].
39. Franklin V, Waller A, Pagliari C, Greene S. "Sweet Talk": Text messaging support for intensive insulin therapy for young people with diabetes. *Diabetes Technology & Therapeutics*. 2003;5(6):991–6.
40. Franklin VL, Waller A, Pagliari C, Greene SA. A randomized controlled trial of Sweet Talk, a text-messaging system to support young people with diabetes. *Diabetic Medicine: A Journal of the British Diabetic Association*. 2006;23(12):1332–8. Available at: http://www.ncbi.nlm.nih.gov/pubmed/17116184 [Accessed June 20, 2011].
41. Gerber BS, Stolley MR, Thompson AL, Sharp LK, Fitzgibbon ML. Mobile phone text messaging to promote healthy behaviors and weight loss maintenance: A feasibility study. *Health Informatics Journal*. 2009;15(1):17–25. Available at: http://jhi.sagepub.com/cgi/content/abstract/15/1/17 [Accessed June 13, 2011].
42. Goldman RE, Sanchez-Hernandez M, Ross-Degnan D, et al. Developing an automated speech-recognition telephone diabetes intervention. *International Journal for Quality in Health Care*. 2008;20(4):264–70. Available at: <Go to ISI>://WOS:000257578000005.
43. Greene JA, Choudhry NK, Kilabuk E, Shrank WH. Online social networking by patients with diabetes: A qualitative evaluation of communication with Facebook. *Journal of General Internal Medicine*. 2011;26(3):287–92. Available at: http://www.springerlink.com/content/nrtr7h2254764886/ [Accessed July 25, 2011].
44. Haapala I, Barengo NC, Biggs S, Surakka L, Manninen P. Weight loss by mobile phone: A 1-year effectiveness study. *Public Health Nutrition*. 2009;12(12):2382–91. Available at: http://journals.cambridge.org/abstract_S1368980009005230 [Accessed June 20, 2011].
45. Hasson RE, Haller J, Pober DM, Staudenmayer J, Freedson PS. Validity of the Omron HJ-112 pedometer during treadmill walking. *Medicine and Science in Sports and Exercise*. 2009;41(4):805–9. Available at: http://www.ncbi.nlm.nih.gov/pubmed/19276853.
46. Hatano Y. Use of the pedometer for promoting daily walking exercise. *Journal of the International Committee on Health, Physical Education and Recreation*. 1993;29:4–8. Available at: http://www.new-lifestyles.com/content.php?_p_510 [Accessed August 31,2011].
47. Hawn C. Take two aspirin and tweet me in the morning: How Twitter, Facebook, and other social media are reshaping health care. *Health Affairs (Project Hope)*. 2009;28(2):361–8. Available at: http://content.healthaffairs.org/cgi/content/abstract/28/2/361 [Accessed June 23,

2011].

48. Hesse BW, Nelson DE, Kreps GL, et al. Trust and sources of health information: The impact of the Internet and its implications for health care providers: Findings from the first Health Information National Trends survey. *Archives of Internal Medicine*. 2005;165(22):2618–24. Available at: http://archinte.ama-assn.org/cgi/content/abstract/165/22/2618 [Accessed July 25, 2011].
49. Hurling R, Catt M, Boni MD, et al. Using Internet and mobile phone technology to deliver an automated physical activity program: randomized controlled trial. *Journal of Medical Internet Research*. 2007;9(2):e7. Available at: http://www.pubmedcentral.nih.gov/articlerender.fcgi?artid51874722 & tool5pmcentrez & rendertype5abstract [Accessed September 13, 2010].
50. Irvine AB, Philips L, Seeley J, et al. Get moving: A web site that increases physical activity of sedentary employees. *American Journal of Health Promotion*. 2011;25(3):199–206. Available at: <Go to ISI>://000286790300009.
51. Jacobs N, Bourdeaudhuij I De, Claes N. Surfing depth on a behaviour change website: Predictors and effects on behaviour. *Informatics for Health & Social Care*. 2010;35(2):41–52. Available at: <Go to ISI>://000282060500001.
52. Joo N-S, Kim B-T. Mobile phone short message service messaging for behaviour modification in a community-based weight control programme in Korea. *Journal of Telemedicine and Telecare*. 2007;13(8):416–20. Available at: http://jtt.rsmjournals.com/cgi/content/abstract/13/8/416 [Accessed August 25, 2010].
53. Kaplan AM, Haenlein M. Users of the world, unite! The challenges and opportunities of social media. *Business Horizons*. 2010;53(1):59–68.
54. Kaplan B, Farzanfar R, Friedman RH. Personal relationships with an intelligent interactive telephone health behavior advisor system: A multimethod study using surveys and ethnographic interviews. *International Journal of Medical Informatics*. 2003;71(1):33–41. Available at: <Go to ISI>://WOS:000185040100005.
55. Keulen HM van, Mesters I, Ausems M, et al. Tailored print communication and telephone motivational interviewing are equally successful in improving multiple lifestyle behaviors in a randomized controlled trial. *Annals of Behavioral Medicine: A Publication of the Society of Behavioral Medicine*. 2011;41(1):104–18. Available at: http://www.pubmedcentral.nih.gov/articlerender.fcgi?artid53030742 & tool5pmcentrez &rendertype5abstract [Accessed July 14, 2011].
56. Khaylis A, Yiaslas T, Bergstrom J, Gore-Felton C. A review of efficacious technology-based weight-loss interventions: Five key components. *Telemedicine Journal and E-Health*. 2010;16(9):931–8. Available at: <Go to ISI>://000284576000004.
57. Kim H-S, Song M-S. Technological intervention for obese patients with type 2 diabetes. *Applied Nursing Research*: ANR. 2008;21(2):84–9. Available at: http://www.appliednursingresearch.org/article/S0897-1897(07)00020-1/abstract [Accessed June 20, 2011].
58. King AC, Ahn DK, Oliveira BM, et al. Promoting physical activity through hand-held computer technology. Am J Prev Med. 2008;34(2):138–42. Available at: http://www.ncbi.nlm.nih.gov/entrez/query.fcgi?cmd5Retrieve & db5PubMed & dopt5 Citation & list_uids518201644.
59. King AC, Friedman R, Marcus B, et al. Ongoing physical activity advice by humans versus computers: The community health advice by telephone (CHAT) trial. *Health Psychology*. 2007;26(6):718–27. Available at: <Go to ISI>://WOS:000250861700011.
60. Koivusilta LK, Lintonen TP, Rimpelä AH. Orientations in adolescent use of information and communication technology: A digital divide by sociodemographic background, educational career, and health. *Scandinavian Journal of Public Health*. 2007;35(1):95–103. Available at: http://sjp.sagepub.com/cgi/content/abstract/35/1/95 [Accessed April 28, 2011].
61. Kreuter MW, Strecher VJ, Glassman B. One size does not fit all: The case for tailoring print materials. *Annals of Behavioral Medicine: A Publication of the Society of Behavioral Medicine*. 1999;21(4):276–83. Available at: http://www.ncbi.nlm.nih.gov/pubmed/10721433.
62. Krishna S, Boren S, Balas E. Healthcare via

cell phones: A systematic review. *Telemedicine and e-Health*. 2009. Available at: http://www.liebertonline.com/doi/abs/10.1089/tmj.2008.0099 [Accessed June 20, 2011].

63. Kroeze W, Werkman A, Brug J. A systematic review of randomized trials on the effectiveness of computer-tailored education on physical activity and dietary behaviors. *Annals of Behavioral Medicine: A Publication of the Society of Behavioral Medicine*. 2006;31(3):205–23. Available at: http://www.ncbi.nlm.nih.gov/pubmed/16700634.
64. Krowchuk, HV, Lane, SH, Twaddell JW. Should social media be used to communicate with parents? *American Journal of Maternal Child Nursing*. 2010:6–7. Available at: http://www.mendeley.com/import/ [Accessed August 31, 2011].
65. Bender JL, Jimenez-Marroquin M-C, Alejandro R. Seeking support on Facebook: A content analysis of breast cancer groups. *Journal of Medical Internet Research*. 2011;13(1):e16. Available at: http://www.jmir.org/2011/1/e16/ [Accessed August 11, 2011].
66. Lasica J. The mobile generation: Global transformation at the cellular level: A report of the fifteenth annual Aspen Institute Roundtable on Information Technology. 2007. Available at: http://scholar.google.com/scholar?as_q=the+mobile+generation & num=10 & btnG=Search+Scholar & as_epq= & as_oq= & as_eq= & as_occt=any & as_sauthors=lasica & as_publication= & as_ylo= & as_yhi= & as_sdt=1. & as_sdtp=on & as_sdtf= & as_sdts=5 & hl=en#0 [Accessed June 20, 2011].
67. Latimer AE, Brawley LR, Bassett RL. A systematic review of three approaches for constructing physical activity messages: What messages work and what improvements are needed? *The International Journal of Behavioral Nutrition and Physical Activity*. 2010;7(1):36. Available at: http://www.ijbnpa.org/content/7/1/37 [Accessed October 15, 2011].
68. Laukkanen RMT, Virtanen PK. Heart rate monitors: State of the art. *Journal of Sports Sciences*. 1998;16(4):3–7. Available at: http://www.vivasunsports.com/view_faq.php?article_id5201 [Accessed August 31, 2011].
69. Lee H. Interactive voice response system (IVRS) in health care services. *Nursing Outlook*. 2003;51(6):277–83. Available at: http://linkinghub.elsevier.com/retrieve/pii/S0029655403001611 [Accessed September 26, 2011].
70. Lenhart A. *Adults and Social Network Sites*. Washington, DC: Pew Internet & American Life Project; 2009. Available at: http://www.pewinternet.org/Reports/2009/Adults-and-Social-Network-Websites.aspx.
71. Lubans DR, Morgan PJ, Tudor-Locke C. A systematic review of studies using pedometers to promote physical activity among youth. *Preventive Medicine*. 2009;48(4):307–15. Available at: http://www.ncbi.nlm.nih.gov/pubmed/19249328 [Accessed July 23, 2011].
72. Marcus BH, Bock BC, Pinto BM, et al. Efficacy of an individualized, motivationally-tailored physical activity intervention. *Annals of Behavioral Medicine: A Publication of the Society of Behavioral Medicine*. 1998;20(3):174–80. Available at: http://www.ncbi.nlm.nih.gov/pubmed/9989324.
73. Marcus BH, Lewis BA, Williams DM, et al. A comparison of Internet and print-based physical activity interventions. *Archives of Internal Medicine*. 2007;167(9):944–9. Available at: http://www.ncbi.nlm.nih.gov/pubmed/17502536.
74. Marcus BH, Napolitano M A, King AC, et al. Telephone versus print delivery of an individualized motivationally tailored physical activity intervention: Project STRIDE. Health Psychology: Official Journal of the Division of *Health Psychology, American Psychological Association*. 2007;26(4):401–9. Available at: http://www.ncbi.nlm.nih.gov/pubmed/17605559 [Accessed June 20, 2011].
75. Marcus BH, Owen N, Forsyth LH, Cavill NA, Fridinger F. Physical activity interventions using mass, media, print media, and information technology. *American Journal of Preventive Medicine*. 1998;15(4):362–78.
76. McBride D, Cohen E. Misuse of social networking may have ethical implications for nurses. *ONS Connect*. 2009;24(7):17. Available at: http://www.ncbi.nlm.nih.gov/pubmed/19645160 [Accessed July 25, 2011].

77. Montgomery P, Green D, Etxebarria N, et al. Validation of heart rate monitor-based predictions of oxygen uptake and energy expenditure. *Journal of Strength & Conditioning Research*. 2009;23(5):1489–95. Available at: http://journals.lww.com/nsca-jscr/Abstract/2009/08000/Validation_of_Heart_Rate_Monitor_Based_Predictions.18.aspx [Accessed August 10, 2011].
78. Napolitano MA, Fotheringham M, Tate D, et al. Evaluation of an Internet-based physical activity intervention: a preliminary investigation. *Annals of Behavioral Medicine: A Publication of the Society of Behavioral Medicine*. 2003;25(2):92–9. Available at: http://www.ncbi.nlm.nih.gov/pubmed/12704010.
79. Napolitano MA, Marcus BH. Targeting and tailoring physical activity information using print and information technologies. *Exercise and Sport Sciences Reviews*. 2002;30(3):122–8. Available at: http://www.ncbi.nlm.nih.gov/pubmed/12150571.
80. Neve M, Morgan PJ, Jones PR, Collins CE. Effectiveness of web-based interventions in achieving weight loss and weight loss maintenance in overweight and obese adults: A systematic review with meta-analysis. *Obesity Reviews*. 2010;11(4):306–21. Available at: <Go to ISI>://000275885200005.
81. Neve MJ, Collins CE, Morgan PJ. Dropout, nonusage attrition, and pretreatment predictors of nonusage attrition in a commercial web-based weight loss program. *Journal of Medical Internet Research*. 2010;12(4):81–96. Available at: <Go to ISI>://000285637900008.
82. Neville LM, O'Hara B, Milat A. Computer-tailored physical activity behavior change interventions targeting adults: A systematic review. *International Journal of Behavioral Nutrition and Physical Activity*. 2009;6:12. Available at: <Go to ISI>://000267804500001.
83. Newton KH, Wiltshire EJ, Elley CR. Pedometers and text messaging to increase physical activity: Randomized controlled trial of adolescents with type 1 diabetes. *Diabetes Care*. 2009;32(5):813–5. Available at: http://care.diabetesjournals.org/cgi/content/abstract/32/5/813 [Accessed June 20, 2011].
84. Noar SM, Benac CN, Harris MS. Does tailoring matter? Meta-analytic review of tailored print health behavior change interventions. *Psychological Bulletin*. 2007;133(4):673–93. Available at: http://www.ncbi.nlm.nih.gov/pubmed/17592961 [Accessed June 13, 2011].
85. Oake N, Jennings A, Walraven C van, Forster AJ. Interactive voice response systems for improving delivery of ambulatory care. *American Journal of Managed Care*. 2009;15(6):383–91. Available at: <Go to ISI>://WOS:000267292600006.
86. Olsen E, Kraft P. ePsychology: A pilot study on how to enhance social support and adherence in digital interventions by characteristics from social networking sites. *Proceedings of the 4th International Conference on Persuasive Technology–Persuasive '09*. 2009:1. Available at: http://portal.acm.org/citation.cfm?doid=1541948.1541991 [Accessed July 25, 2011].
87. Patrick K, Calfas KJ, Norman GJ, et al. Outcomes of a 12-month web-based intervention for overweight and obese men. *Annals of Behavioral Medicine: A Publication of the Society of Behavioral Medicine*. 2011. Available at: http://www.ncbi.nlm.nih.gov/pubmed/21822750 [Accessed November 17, 2011].
88. Patrick K, Griswold W, Raab F, Intille S. Health and the mobile phone. *American Journal of Preventive Medicine*. 2008. Available at: http://www.ncbi.nlm.nih.gov/pmc/articles/PMC2527290/ [Accessed June 20, 2011].
89. Patrick K, Raab F, Adams M, et al. A text message–based intervention for weight loss: Randomized controlled trial. *Journal of Medical Internet Research*. 2009. Available at: http://www.ncbi.nlm.nih.gov/pmc/articles/PMC2729073/ [Accessed June 20, 2011].
90. President's Council on Physical Fitness and Sports. *The Presidential Active Lifestyle Award (PALA)*. Washington, DC 2002. Available at: http://www.fitness.gov/ [Accessed August 31, 2011].
91. Putnam RD. *Bowling alone: The collapse and revival of American community*. New York: Simon & Schuster; 2001:541. Available at: http://books.google.com/books?hl5en & lr5 & id5rd2ibodep7UC & pgis51 [Accessed August 11, 2011].
92. Richardson C, Newton T, Abraham J, et al. A

meta-analysis of pedometer-based walking interventions and weight loss. *Annals of Family Medicine*. 2008;6(1):69–77. Available at: http://annfammed.org/cgi/content/abstract/6/1/69 [Accessed August 10, 2011].

93. Riva G, Preziosa A, Grassi A, Villani D. Stress management using UMTS cellular phones: a controlled trial. *Studies in Health Technology and Informatics*. 2005;119:461.

94. Rodgers A, Corbett T, Bramley D, et al. Do u smoke after txt? Results of a randomised trial of smoking cessation using mobile phone text messaging. *Tobacco Control*. 2005;14(4):255–61. Available at: http://www.pubmedcentral.nih.gov/articlerender.fcgi?artid51748056 & tool5pmcentrez & rendertype5abstract [Accessed July 14, 2011].

95. Rodriguez DA, Brown AL, Troped PJ. Portable global positioning units to complement accelerometry-based physical activity monitors. *Medicine & Science in Sports & Exercise*. 2005;37(Supplement):S572–81. Available at: http://content.wkhealth.com/linkback/openurl?sid5WKPTLP:landingpage & an500005768-200511001-00010.

96. Rothney MP, Schaefer EV, Neumann MM, Choi L, Chen KY. Validity of physical activity intensity predictions by ActiGraph, Actical, and RT3 accelerometers. *Obesity: A Research Journal*. 2008;16(8):1946–52. Available at: http://www.pubmedcentral.nih.gov/articlerender.fcgi?artid52700550 & tool5pmcentrez & rendertype5abstract [Accessed August 2, 2011].

97. Sallis JF, Hovell MF. Determinant of exercise behavior. In: Exercise and Sport Sciences Reviews. Baltimore (MD): Williams & Wilkins; 1990:307–30.

98. Samoocha D. Effectiveness of web-based interventions on patient empowerment: A systematic review and meta-analysis. Journal of Medical Internet Research. 2010;12(2):e23. Available at: http://www.jmir.org/2010/2/e23/ [Accessed August 11, 2011].

99. Shapiro JR, Bauer S, Andrews E, et al. Mobile therapy: Use of text-messaging in the treatment of bulimia nervosa. The International Journal of Eating Disorders. 2009;43(6):513–9. Available at: http://www.ncbi.nlm.nih.gov/pubmed/19718672 [Accessed August 14, 2010].

100. Shapiro JR, Bauer S, Hamer RM, et al. Use of text messaging for monitoring sugar-sweetened beverages, physical activity, and screen time in children: A pilot study. Journal of Nutrition Education and Behavior. 2008;40(6):385–91. Available at: http://www.pubmedcentral.nih.gov/articlerender.fcgi?artid52592683 & tool5pmcentrez & rendertype5abstract [Accessed June 8, 2011].

101. Silcott NA, Bassett DR, Thompson DL, Fitzhugh EC, Steeves JA. Evaluation of the Omron HJ-720ITC pedometer under free-living conditions. Medicine and Science in Sports and Exercise. 2011;(January). Available at: http://www.ncbi.nlm.nih.gov/pubmed/21311356 [Accessed August 10, 2011].

102. Skinner CS, Campbell MK, Rimer BK, Curry S, Prochaska JO. How effective is tailored print communication? *Annals of Behavioral Medicine: A Publication of the Society of Behavioral Medicine*. 1999;21(4):290–8. Available at: http://www.ncbi.nlm.nih.gov/pubmed/10721435.

103. Spittaels H, Bourdeaudbuij I De, Vandelanotte C. Evaluation of a website-delivered computer-tailored intervention for increasing physical activity in the general population. *Preventive Medicine*. 2007;44:209–17.

104. Stewart J, Quick C. Global mobile—Strategies for growth. *The Nielsen Company*. 2009. Available at: http://blog.nielsen.com/nielsenwire.online_mobile/global-mobile-strategies-for-growth/ [Accessed June 20, 2011].

105. Stopher P, Fitzgerald C, Zhang J. Search for a global positioning system device to measure person travel. *Transportation Research Part C: Emerging Technologies*. 2008;16(3):350–69. Available at: http://linkinghub.elsevier.com/retrieve/pii/S0968090X07000836 [Accessed July 29, 2010].

106. Townshend AD, Worringham CJ, Stewart IB. Assessment of speed and position during human locomotion using nondifferential GPS. *Medicine and Science in Sports and Exercise*. 2008;40(1):124–32. Available at: http://www.ncbi.nlm.nih.gov/pubmed/18091013 [Accessed August 10, 2011].

107. Troiano RP, Berrigan D, Dodd KW, et al. Physical activity in the United States measured by accelerometer. *Medicine and Science in Sports and Exercise*. 2008;40(1):181–8. Available at: http://www.ncbi.nlm.nih.gov/pubmed/18091006.

108. Tudor-locke C, Williams JE, Reis JP, Pluto D. Utility of pedometers for assessing convergent validity. *Sports Medicine*. 2002;32(12):795–808.

109. Tudor-Locke CE, Myers AM. Methodological considerations for researchers and practitioners using pedometers to measure physical (ambulatory) activity. *Research Quarterly for Exercise and Sport*. 2001;72(1):1–12. Available at: http://www.ncbi.nlm.nih.gov/pubmed/11253314.

110. Umberson D. Gender, marital status and the social control of health behavior. *Social Science & Medicine (1982)*. 1992;34(8):907–17. Available at: http://www.ncbi.nlm.nih.gov/pubmed/1604380 [Accessed July 25, 2011].

111. Velicer WF, Prochaska JO, Bellis JM, et al. An expert system intervention for smoking cessation. *Addictive Behaviors*. 1993;18(3):269–90. Available at: http://www.ncbi.nlm.nih.gov/pubmed/8342440.

112. Wanner M, Martin-Diener E, Bauer G, Braun-Fahrlander C, Martin BW. Comparison of trial participants and open access users of a web-based physical activity intervention regarding adherence, attrition, and repeated participation. *Journal of Medical Internet Research*. 2010;12(1). Available at: <Go to ISI>://000274633100003.

113. Waters LA, Galichet B, Owen N, Eakin E. Who participates in physical activity intervention trials? *Journal of Physical Activity & Health*. 2011;8(1):85–103. Available at: <Go to ISI>://000286449700011.

114. Webb TL, Joseph J, Yardley L, Michie S. Using the Internet to promote health behavior change: A systematic review and meta-analysis of the impact of theoretical basis, use of behavior change techniques, and mode of delivery on efficacy. *Journal of Medical Internet Research*. 2010;12(1). Available at: <Go to ISI>://000274633100004.

115. Webb TL, Sniehotta FF, Michie S. Using theories of behaviour change to inform interventions for addictive behaviours. *Addiction*. 2010;105(11):1879–92. Available at: <Go to ISI>://000282635300006.

116. Wellman B, Wortley S. Different strokes from different folks: Community Ties and Social Support. *The American Journal of Sociology*. 1990;96(3):558.

117. Wilcox S, Dowda M, Leviton LC, et al. Active for life final results from the translation of two physical activity programs. *American Journal of Preventive Medicine*. 2008;35(4):340–51.

118. Witte TH, Wilson AM. Accuracy of non-differential GPS for the determination of speed over ground. *Journal of Biomechanics*. 2004;37(12):1891–8. Available at: http://www.ncbi.nlm.nih.gov/pubmed/15519597 [Accessed August 10, 2011].

119. Wortham J. As older users join Facebook, network grapples with death. *The New York Times*. 2010. Available at: http://www.nytimes.com/2010/07/18/technology/18death.html [Accessed August 11, 2011].

120. Yoon K-H, Kim H-S. A short message service by cellular phone in type 2 diabetic patients for 12 months. *Diabetes Research and Clinical Practice*. 2008;79(2):256–61. Available at: http://www.diabetesresearchclinicalpractice.com/article/S0168-8227(07)00469-X/abstract [Accessed June 20,2011].

121. Young S. What digital divide? Hispanics, African-Americans are quick to adopt wireless technology. *The Wall Street Journal Classroom Edition*. 2006. Available at: http://www.wsjclassroomedition.com/archive/06jan/tech_minoritywireless.htm [Accessed June 20, 2011].

122. Zikmund-Fisher BJ, Dickson M, Witteman HO. Cool but counterproductive: Interactive, web-based risk communications can backfire. *Journal of Medical Internet Research2*. 2011;13(3):e60.

CHAPTER 7

신체활동 행동 변화 촉진을 위한 정책과 환경 바꾸기

Adrian E. Bauman, Rona Macniven, and Klaus Gebel

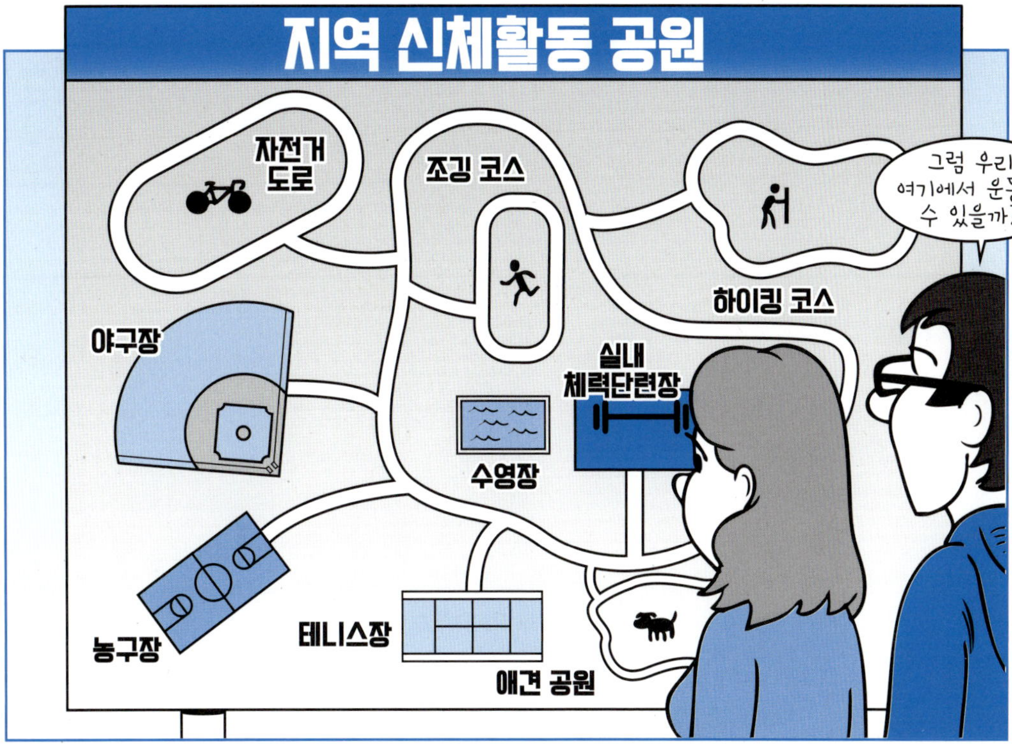

개요

이 장은 정책과 환경변화 그리고 신체활동의 관계에 대해 알아본다. 이러한 영역의 업무는 주로 공중보건 담당자가 국민의 신체활동 실천율을 향상하기 위하여 수행한다. 따라서 지역사회 혹은 광역단위의 모든 성인과 아동들이 더 많은 신체활동을 실천하여 건강향상을 위한 신체활동 권장량에 준하는 신체활동량을 실천하는 "건강의 목표"에 다다를 수 있는 것에 초점을 맞추고 있다(43). 이러한 공중보건 관점의 업무는 개인에 초점을 맞춘 신체활동 상담이나, 개인 혹은 집단 신체활동 프로그램, 혹은 활동에 관한 개인 행동 변화에 대한 접근과는 거리가 멀다. 이 장에서는 공중보건 담당자의 업무와 신체활동 전문가의 일상적인 업무의 연결고리를 보여주고자 한다.

이 장의 목적은 신체활동에 있어 정책과 환경변화의 역할을 정책입안자나 결정자의 입장이 아닌 신체활동 전문가의 입장에서 설명하는 것이다. 정책과 현장 업무수행의 차이점은 가끔 강조되었지만 이 장의 목적과 같은 내용은 이제까지 거의 다루어지지 않았다. 여기서 우리는 신체활동 정책과 현장업무의 인위적인 차이를 최소화하고자 한다. 또한 정책과 물리적 환경에 대한 이해가 어떻게 신체활동 전문가의 고객과 환자들의 신체활동 실천과 운동 행동을 증가시킬 수 있는지에 대해 보여주고자 한다. 몇몇의 행동 과학자나 운동 과학자에게 생소할 수 있는 용어들은 표 7.1에 정의돼 있다.

근거

신체활동 정책

이 절에서는 신체활동 정책의 실행에 대해 먼저 소개하고 물리적 환경에 대한 논의와 신체활동에서의 그 역할을 제시한다.

정책의 정의

신체활동 정책은 세 가지로 정의될 수 있다: (i) 성문화된 규칙 혹은 규정으로써의 정책, (ii) 정의된 지침으로써의 정책, (iii) 성문화되지 않은 사회적 규범(4).

성문화된 규칙 혹은 규정으로써의 정책

가장 흔하게 쓰이는 정책의 정의는 신체활동과 관련있는 행동을 용이하게 하는 "성문화된 규칙 혹은 규정"이다. 이 정의는 규칙과 규정, 지역의 조례, 정해진 상황에서의 특정한 규칙을 포함한다(27). 신체활동과 관련된 신체활동 정책은 교통과 도시설계 정책, 교육 정책, 체육 정책에서부터 보건체계, 일차진료와 예방, 그리고 지역사회 진료를 위한 보건정책으로까지 광범위하다. 정책의 예를 들면 "학교 체육교육 시간의 의무화", 혹은 "도시 및 주택 개발 시 특정 넓이의 녹지 의무배정"과 같은 지자체의 건축법규 등이 해당된다. 이 정책 정의의 핵심적인 부분은 시행과 수용의 평가이다. 말하자면, 얼마나 많은 기관 혹은 상황에서 규칙을 차용하고 시행하는지가 신체활동에 대한 정책의 영향을 좌우할 것이다(45).

표 7.1 신체활동, 정책, 그리고 환경 용어에 대한 정의

용어	정의
중강도 신체활동	중간 정도의 강도로 행하는 신체활동과 운동, 예) 4.8km/h로 걷기, 9.6km/h로 사이클 타기, 골프 칠 때 걷기, 힘든 정도의 정원 가꾸기, 혹은 집안 일(3.5~5.9 METs)
고강도 신체활동	많은 에너지를 필요로 하는 신체활동과 운동, 예) 조깅 혹은 달리기, 스키, 16km/h 이상의 싸이클링, 왕복 수영, 싱글 테니스, 헬스(gym) 교실, 장작 패기, 오르막 하이킹(≥6 METs)
복합 사용(mixed use)	토지 사용에 관한 설명으로서 도시 혹은 마을 부지가 여러 종류의 용도로 사용됨 - 예를 들어 사람들이 사는 곳(주거지), 상점, 회사, 학교, 공공 공간과 공원들이 함께 있는 것을 말함
만보계	걸음수를 측정하기 위해 주로 골반에 착용하는 작은 기기 - 신체활동 상담과 관련하여 자신의 신체활동 수준을 스스로 측정할 수 있음("나는 오늘 얼마나 걸었는가? 혹은 나는 오늘 몇 걸음을 걸었는가?")
옹호(advocate)	어떠한 이슈에 대해 다른 이에게 입장을 표명하는 일, 신체활동을 위한 "옹호자"란 지역사회와 직장, 그리고 자치단체와 정책결정자들을 대상으로 신체활동에 대해 홍보(promote)와 권장, 그리고 지지 활동을 하는 이를 말함
행동 변화 환경(setting)	행동 변화가 일어나는 환경; 사람들은 각기 다른 장소에서 활동적일 수 있음 - 집 혹은 회사 혹은 시내에서 활동적일 수 있지만 공원이나 산책로에서 활동적이기가 더 쉬울 수 있음(신체활동을 하기에 더 용이한 장소임)
거시적 수준/미시적 수준의 정책, 혹은 환경	물리적 환경이나 정책에 적용됨; 거시적 수준은 도시 혹은 자치주 수준; 미시적 수준은 동네 수준; 신체활동은 거시와 미시적 수준 모두 관련이 있음; 정책의 경우 거시적 수준의 정책은 대도시, 자치주, 주에 영향을 끼침(미시적 수준의 정책은 동네나 지역에 영향을 끼침)
도시 디자인	도시, 마을, 혹은 공공 공간이 어떻게 건설되거나, 설계 혹은 사용되는지는 신체활동에 영향을 끼칠 수 있음. 도시 디자인이란 마을과 도시를 걷기와 대중교통을 이용하기 좋게 하고 공원과 공공 공간을 여가, 스포츠, 그리고 활동적인 놀이를 위해 설계하는 과정임. 도시공간의 기획자와 설계자는 지역사회를 더욱 활동적이게 할 수 있음
미관	사람들이 신체활동을 하는 장소는 매력적이고 편하며 자연적인 아름다움으로 충만하고 볼거리가 있을 수 있음 - 예를 들어 강을 따라 조성된 산책로 걷기; 쾌적한 장소는 고속도로 보다 걷거나 자전거 타기가 좋음 - 이것이 "미관"의 정의임
스프롤(sprawl) 현상	도시 스프롤 현상이란 주거지역이 시내에서 멀리 떨어진 곳에 개발되어 성장하는 것임; 이러한 교외지역에서는 어디를 가던 자동차가 필요하고 토지의 "복합사용"(이전 용어 정의 참고)은 거의 없으며 지역사회 내에서 짧은 거리 걷기를 장려하지 않을 수 있음(사람들이 가려고 하는 목적지나 장소가 걷기에는 너무 멀기 때문임)
주거밀도	일정한 구역안의 집, 주택, 그리고 아파트의 수; 주거 밀도가 중간에서 높은 수준이면 더 많은 상점, 학교, 일터가 걸어갈 수 있는 반경에 있어서 지역사회를 더욱 걷기 좋게 만들 것임(위에서 설명한 "도시 스프롤 현상"의 반대 개념)
부(-)적 에너지 균형	체중 감소 혹은 체중 증가는 에너지의 불균형에서 옴; 정(+)적 에너지 균형은 섭취하는 에너지가 소비하는 에너지 보다 많은 것을 뜻함(음식을 통해 섭취하는 칼로리가 활동을 통해 소비되는 칼로리보다 많음); 부적 에너지 균형은 반대의 개념임 - 섭취보다 더 움직이고 더 에너지를 소비함

계속

표 7.1 신체활동, 정책, 그리고 환경 용어에 대한 정의 (계속)

용어	정의
"신체활동 친화적"	"신체활동 친화적" 환경과 지역사회는 걷기, 스포츠, 운동을 위한 좋은 시설을 갖추고 있고 "활동적 생활"을 위해 잘 설계된 높은 밀도, 복합사용, 훌륭한 미관을 고루 갖추고 있어 신체활동을 일상에 접목할 수 있게 함
사회생태학적 모형	행동 변화에 대한 개인, 개인간, 사회물리적 환경, 사회적 수준의 신체활동 결정요인의 중요성과 신체활동에 기여하는 영향요인들 간의 상호작용을 설명함

임상운동생리학자와 임상 신체활동 전문가들은 다른 사람들보다 정책 개발에 참여하는 일이 많을 것이다. 신체활동에 관한 조언을 제공하는 모든 전문가는 신체활동을 위한 "옹호자"가 되어야 하고 건강을 위한 신체활동 권장량을 준수하는 사람의 비율이 낮은 것에 대해 생각해야 한다. 그럼에도 불구하고 어떤 정책들은 임상 상담에 직접적으로 더 많은 연관이 있다. 예를 들면 직장에서의 신체활동을 장려하는 프로그램이다. 신체활동 프로그램 운영에 따른 건강보험 보조금 지급을 고려하거나 개인이 활동적일 수 있게 인센티브를 제공하는 정책들은 행동 변화 환경과 직접적으로 관련이 있다(40). 정보제공과 개인을 지원하는 정책은 자신의 행동을 변화하려고 하는 사람들을 도울 수 있기 때문에 간접적으로 중요하다. 개인이 더욱 활동적일 수 있게 정보를 제공하고 설득하며 권장하는 지역사회 전체에서 정책적으로 운영되는 프로그램, 대중매체를 통한 노력, 그리고 소셜 마케팅 캠페인이 이에 해당한다. 이러한 정책들은 대중교통, 도시 디자인, 공원의 사용, 그리고 학교기반 의무 프로그램과 같은 환경 정책과 규제력을 지닌 거시적 수준 정책에 의해 보완된다. 이러한 정책은 국가차원의 신체활동과 체력수준의 변화를 위한 폭넓은 노력에 있어 중요하다.

그림 7.1은 정책, 환경, 그리고 개인 행동 변화의 관계에 대한 중요한 모형을 보여주고 있다. 첫 번째 단계는 주장을 뒷받침하기 위한 근거를 제공하는 것이다; 이는 모형의 왼쪽 부분에서 볼 수 있는데, 신체활동을 위한 명확한 근거를 만드는 데 기여한다. 다른 분야에서는 신체활동이 부산물일 수 있다 – 예를 들면 대중교통 체계의 정비이다. 교통 분야 정책의 주된 목적이 대중교통의 이용을 늘리는 것이라고 할지라도 더 많은 버스나 기차가 이용 가능하다면 대중교통을 이용한 활동적인 통근이 늘어날 것이다(32,55). 만약에 지역사회와 정치적 과정이 관심을 가질만한 신체활동을 해야 하는 명확한 이유가 있다면 "실행"을 위한 계획 과정이 시작될 수 있다(그림 7.1 참조). 이러한 과정의 결과는 책임소재와 목표가 명확한 국가, 주, 혹은 시군구/동 수준의 신체활동 계획이다. 정책의 개발은 목표들을 달성하기 위한 수단이며 스포츠, 보건, 교육, 운송, 그리고 환경 분야 기관들 간의 파트너십이 필요할 수 있다. 또한 파트너십에는 민간 부문, 비정부 기관, 그리고 다른 이해당사자 집단이 포함될 수 있다. 정책의 실행은 많은 노력, 충분한 시간, 지역사회의 지원, 그리고 적절한 자원의 분배가 필요할 것이다.

정의된 지침으로서의 정책

정책의 두 번째 정의는 "표준" 혹은 "지침"이다. 신체활동의 경우, "신체활동 지침"이 미국을 포함한 많은 나라에서 개발되었고 최근에는 세계보건기구(WHO)에서 "국제신체활동지침"을 개발하였다(13). 이 가이드라인은 역학적 근거의 철저한 고찰에 의해 개발되었고 건강의 편익을 얻기 위한 신체활동 실천량을 명확하게 제시하고 있으며 아동과 청소년, 성인, 그리고 노인에 적용되는 지침이 각

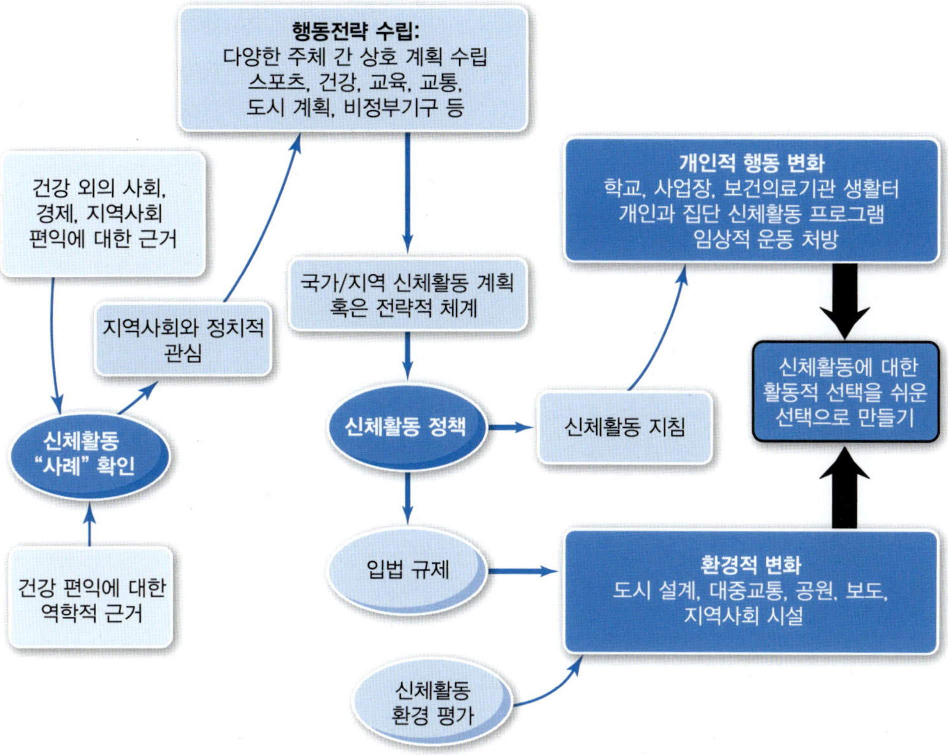

그림 7.1 정책, 환경, 그리고 개인 신체활동 프로그램과 행동 상담의 관계

각 개발되었다. **표 7.2**는 미국과 WHO의 가이드라인을 재구성한 내용이다. 표 7.2는 신체활동 전문가에게 필요한 새로운 메시지와 커뮤니케이션을 파악하여 상담을 제공할 때 지침을 어떻게 활용할지에 대해 알려주고 있다. 이러한 새로운 메시지는 새로운 근거의 출현에 맞춰 갱신되고 모든 신체활동 전문가가 제공하는 조언의 기반이 된다.

표 7.2의 권고사항은 핵심이 되는 메시지만을 수록한 것이다. 더 많은 정보를 위해서는 원문을 찾아보기를 권장한다(13,43). 하지만 이 핵심 메시지는 임상현장에서 상당한 의미를 가진다. 이는 청소년의 건강과 아동비만 예방에 일조하는 지침의 예시라고 할 수 있으므로 임상의와 상담 전문가를 위한 정보 제공에 유용하게 쓰인다. 아동청소년은 하루에 한 시간의 신체활동이 필요한데 이를 달성하기 위해서는 한 종류의 신체활동만으로는 부족하다. 그러므로 신체활동을 권고할 때는 "활동적인 생활"을 늘리는 것이 필요하다는 취지 아래, 아동과 청소년이 학교와 활동적인 "방과 후 학교" 프로그램에서 학교 스포츠와 체육시간 그리고 될 수 있으면 활동적인 등하교를 통하여 활동적이도록 해야 한다. 덧붙여 어떤 지침들은 좌식생활 감소를 명시하는 경우도 있고(3), 또 다른 지침들은 현재 좌식생활에 대한 근거가 쌓이고 있는 중이므로 적정량을 명시하지 않고 있다.

성인과 노인은 건강을 위해서 최소한 하루에 30분씩 일주일에 5일의 중강도 신체활동이 권고되고 있다(1). 여기서는 신체활동을 고강도로 하지 않아도 괜찮다는 사실이 상담을 위해서 중요하다. 거기다 신체활동은 한 번에 최소 10분씩 실천하여 하루 종일 축적할 수 있다(1). 일정시간 비활동적이었던 사람들은 어떠한 신체활동이던지 조금씩 실천하는 것을 목표로 하고 점차할 수 있을 만큼 실천량을 늘려나가 하루에 30분씩 일주일에 5일의 중강도 신체활동을 실천해야 할 것이다. 다른 미

표 7.2 WHO와 미국의 신체활동 지침 핵심내용 - 행동 상담에서의 의미(52,55)

연령 집단	주된 권고	기타 권고	상담에서의 의미
아동 청소년 5~17세	60분 이상의 중강도에서 고강도의 신체활동을 매일 실천	좌식시간 감소(스크린타임은 매일 2시간 미만으로)	아동 청소년은 매일 60분 "활동적인 생활"을 달성해야 함을 홍보(스포츠나 체육시간으로만은 부족함)
성인 18~64세	주 150분 이상의 중강도 신체활동 혹은 주 75분 이상의 고강도 신체활동, 혹은 중강도와 고강도를 적절하게 섞어서 실천(고강도 1분=중강도 1분)	더 많은 신체활동 실천은 추가적인 편익이 있음; 주 300분 이상의 중강도 신체활동(혹은 주 150분 이상의 고강도 신체활동, 혹은 중강도와 고강도를 적절하게 섞어서); 중강도 혹은 고강도의 근강화 활동은 주에 2회 이상 실시	중강도 활동은 건강을 위해 충분함, 하루 종일 30분을 축적하도록 목표를 설정; 새로운 "높은 수준의 활동" 최대 주 300분 이상(하루에 한 시간 정도) - 이러한 높은 수준의 활동량은 암 예방과 체중조절에 중요한 역할을 함
노인 ≥65세	주 150분 이상의 중강도 신체활동 혹은 주 75분 이상의 고강도 신체활동, 혹은 중강도와 고강도를 적절하게 섞어서 실천	근강화 활동은 주 2회 이상 실시	성인과 같은 높은 수준의 활동량(주 300분 이상), 그러나 노인에게는 근강화 훈련 및 저항 훈련이 중요함

국의 지침들(42,43)은 하루에 30분을 명시하고 있지 않고 단순히 주에 150분 이상을 명시하여 며칠간의 긴 신체활동 세션 역시 적절하다고 권고하고 있다. 성인과 노인 모두 주 300분 이상 신체활동을 실천하면 더 큰 건강상의 이득을 얻을 수 있고(43) 모든 신체활동은 중강도 150분 혹은 고강도 75분을 실천하면 된다. 고강도 신체활동 75분은 중강도 신체활동 150분과 같다. 미국스포츠의학회(American College of Sports Medicine)는 2011년 입장 성명서에 활동(활동량)은 건강과 체력을 위한 권장량에만 도달할 수 있다면 여러 방법과 여러 종류의 활동으로 축적할 수 있다는 내용을 명시하여 이러한 지침들을 지지하고 있다(57). 상담의 관점에서는 중강도와 고강도를 혼합하는 것이 허용된다. 예를 들어 조깅을 일주일에 30분씩 두 번 하고 이틀은 강아지 산책을 20분씩 시키는 고객의 경우 "충분한 활동"을 한 것으로 평가한다(전체 활동량이 중강도 160분으로 계산되기 때문에 권장량을 넘어선 활동량임, [고강도 30분 + 고강도 30분] × 2 + [중강도 20분 + 중강도 20분])(2).

신체활동 전문가가 빠질 수 있는 함정 중에 하나는 체중 감소에 있어 신체활동이 차지하는 비중이다. 고객이 신체활동을 체중감소를 위한 방법으로 사용하기를 원할 때 행동 상담가는 특히 "활동적인 생활"의 개념을 고려해야 한다. 체중 감소를 위해서는 일주일에 150분보다 더 많은 신체활동이 필요하다; *ACSM's Guidelines for Exercise Testing and Prescription*은 최소 일주일에 300분의 중강도 활동에 참여할 것을 권장하고 있다(1). 체중감소와 체중증가 예방을 위한 신체활동에 관한 The ACSM Position Stand 역시 유사하게 최소 일주일에 250분의 중강도 신체활동을 권장하고 있다(38).

표 7.2의 지침에 더하자면, 모든 성인은 일주일에 2번 근강화 훈련운동이 장려된다. 또한 노인의 경우에는 낙상에서 비롯되는 부상 방지를 위하여 평형성 유지와 근육 강화가 장려된다. 요약하면 어떠한 활동이던지 활동을 안 하는 것보다는 나은데, WHO 지침에서는 노인을 위해 다음과 같이 명확하게 제시하고 있다: "노인이 건강상의 문제로 신체활동 권장량을 실천하지 못 할 때는 본인의

능력과 상황 안에서 최대한 신체적으로 활동적이어야 한다"(12). 위의 개념은 임상상담과 관련이 있다. 왜냐하면 임상상담 시 첫 번째 행동 변화의 목표는 완전히 비활동적인 사람을 활동적이게 하는 것이고 그들이 최소한 어느 정도의 규칙적인 신체활동을 시도하고 실천하며 유지할 수 있게 장려하는 것이기 때문이다.

성문화되지 않은 사회적 규범으로써의 정책

정책의 세 번째 정의는 사람의 행동에 영향을 끼치는 성문화되지 않은 사회적 규범을 포함한다. 신체활동이 여러 나라에서 좌업과 만연하는 자동차, 그리고 텔레비전 문화를 포함하는 강력한 사회적 결정요인을 가지고 있는 것은 명백하다(46). 사회적 영향은 비활동적인 행동을 갖게 되는데 있어 강력한 계기로 작용한다. 청소년들의 경우 또래들로부터 오는 직접적인 영향이 해당될 수 있다. 사회적 규범으로써의 "정책"의 정의는 이 장에서 다루고자 하는 범위를 벗어나기는 하지만 가정과, 또래집단, 그리고 직장동료들이 비활동적인 선택과 롤 모델의 계기가 될 수 있기 때문에 고객의 사회적 상황은 중요하게 고려해야 할 사항으로 남는다.

물리적 환경과 신체활동

정책과 신체활동의 관계는 그림 7.1의 가운데 부분과 오른쪽 부분에서 볼 수 있다. 계획은 정책으로 이어지며 이는 환경이 신체활동에 친화적이게 만들어지도록 영향을 끼칠 것이다. 신체활동 친화적 환경은 성인과 아동이 신체활동을 선택하고 실천을 유지하도록 지원하는 데 있어 중요하다(54). 최근에는 "신체활동"의 개념에 여가시간, 활동적인 이동, 그리고 일과 관련된 활동 같은 각기 다른 영역의 활동들을 포함하여 그 개념을 확장하는 "활동적인 생활"의 개념이 생겨났다(37). 이러한 개념의 확장은 신체활동에 있어 환경이 끼치는 영향의 중요성을 강조하는 사회생태학적 모형의 사용으로 이어졌다(19,39,48).

건조환경은 신체활동의 수준에 영향을 줄 수 있는 모든 토지의 사용 방식, 교통 체계, 그리고 설계의 특성을 포함한다(4). 건물의 수준에서는 계단으로의 접근성과 여러 설계 사안들이 신체활동의 장려와 관련이 있을 수 있다(15). 거기에다 직장에서의 샤워시설과 자전거보관 장소의 제공은 활동적인 통근을 용이하게 한다(53).

마을의 수준에서는 인도와 자전거 도로, 상점으로의 접근성, 공원과 열린 공간, 운동시설, 관심장소, 좋은 미관, 적절한 가로등의 보장과 토지의 복합사용이 활동적인 생활에 영향을 끼칠 수 있다. 반면에 도시 스프롤 현상, 거리의 연결성 부족, 그리고 많은 교통량은 신체활동에 있어 걸림돌이 될 수 있을 것이다(16).

지역 수준에서 물리적 환경이란 사람들이 사는 장소와 일하는 장소, 쇼핑하는 장소, 그리고 통학하는 장소 간의 거리가 해당된다. 먼 거리로의 이동은 대중교통의 체계가 잘 조성된 경우를 제외하고는 활동적인 이동(걷거나, 자전거를 이용하거나, 대중교통을 이용한 통근 혹은 장보러가기)의 선택을 더욱 어렵게 만든다. 활동이 부족할 수 있는 위험을 가진 집단에게는 대중교통을 이용하기 위하여 정류장까지 걸어서 이동하는 것만으로도 신체활동 권장량을 달성하는 데 도움이 된다(10,32).

근거의 요약

지난 두 세기 동안 건조환경과 신체활동의 관계를 밝히는 많은 연구들이 진행되었고 다양한 문헌고찰이 이들 연구결과를 기반으로 근거를 종합하여 발표하였다(11,21,23).

현재까지 대부분의 연구는 횡단설계방식을 사용하였고 따라서 인과관계의 근거를 제공하지 않아 문헌의 한계점으로 남았다(23,34). 이러한 연구들은 대부분 신체활동이 주거밀도, 토지의 복합사용, 거리의 연결성, 공원, 인도, 산책로, 그리고 상점이나 여가시설까지 걸어갈 수 있는지와 관련이 있다고 보여주었다. 하지만 미관, 그리고 범죄와 교통으로부터 안전성은 그 결과가 일관성이 조금 떨어졌다(8,28,35,45). 추가로, 이주를 다룬 몇몇 연구들은 각기 다른 걷기 환경에 노출되었을 때 신체활동의 수준이 어떻게 변화하는지 조사하였다(24,25,41). 그 중 한 연구는(5) 걷기 좋은 마을로의 이주가 신체활동의 증가와 관련이 있다는 것을 밝혀냈다. 환경을 변화시키거나 개선하여 신체활동 수준에 영향을 끼치고자 했던 연구들의 결과는 양방향으로 나타났다(17,29,33,44,51,55,56). 그럼에도 불구하고 이 연구들의 결과는 사람들의 신체활동 실천 여부는 환경과 연관이 있다고 말해주고 있다.

단계별 설명[Step-by-Step]

1단계. 현장 관점에서의 정책 이해

정책과 신체활동에는 여러 유형의 관계가 존재한다.

첫째, 당신은 동네 병원, 보건기관, 구청, 혹은 다른 기관들이 지역사회에 신체활동에 대한 인지도를 높이고 신체활동 관련 시설을 더 많이 조성하게끔 옹호하여 신체활동의 옹호자가 될 수 있다(26). 이러한 일은 사람들을 더욱 활동적이게 장려하는 목적을 가진 지역사회 기반의 통합프로그램을 지원하고 개발하는 신체활동 전문가에게 중요한 역할이다. 신체활동을 옹호하는 첫 번째 단계는 지역사회나 지역의 정책결정권자가 신체활동 프로그램에 투자하게 설득하는 것이다(49).

신체활동을 증진시키는 정책은 이 책 전반부에서 논의한 행동 변화 이론과 모형을 사용할 수 있다(1장과 4장 참조). 행동 변화 이론은 정책이 효과적일 것인가에 대한 정책결정자의 결정을 도울 수 있다(47). 예를 들어, 대중을 더욱 활동적이게 하려는 커뮤니케이션 정책은 이론을 기반으로 개발된 메시지를 사용할 수 있고(합리적 행동이론)(14), 메시지가 더 많은 사람에게 닿을 수 있도록 혁신의 확산 방식을 사용할 수 있을 것이다(7). 이러한 접근방식은 목표로 하는 행동(여기서는 신체활동 실천)이 대중에게 "하기 쉽고, 할만하고, 접근가능하며, 편리하다"고 널리 받아들여질 때 많은 변화를 가져올 것이다. 여기서 많은 변화란 더 많은 사람이 활동적이게 됨을 뜻한다. 건강한 환경을 장려하는 정책은 사회생태학적 모형(34,39)을 사용하여 개인의 행동 변화를 위한 상담과 프로그램을 제공하는 한편 신체활동 실천이 용이하도록 환경을 개선할 수 있다. 많은 연구들이 개인적 요인과 환경적 요인을 독립적으로 적용할 때보다 이 둘을 동시에 적용하는 경우에 신체활동에 대한 행동을 더욱 잘 설명할 수 있다고 보고하고 있다(31). 이러한 내용은 그림 7.1에서 찾아볼 수 있는데 개인과 환경의 변화가 동시에 이루어지면 "활동적인 선택이 쉬어진다". 이러한 연구에서 얻어진 데이터는 개인 접근 방법과 친화적인 환경의 관계가 시너지를 만든다고 제시하고 있다. 예를 들면 사람들이 주거하는 곳이 고속도로로 둘러싸여 있고, 대중교통이 한정돼 있으며 환경이 안전하지 않다면 사람들에게 걷기를 장려하는 것은 아무 의미가 없다. 이러한 문제들을 고려해볼 때 이런 환경에서 주거하는 사람들은 대부분의 신체활동을 동네의 YMCA 같은 운동시설에서 운동 프로그램을 통해 실천해야 할 것이 명백하다.

개인 프로그램에 다른 정책을 포함시킬 수도 있을 것이다. 예를 들어 대중교통, 활동적인 통근, 의료비용 감소, 혹은 직장에서 단체로 걸음수를 누적하는 일들에 대한 인센티브 정책이다. 이러한 정책은 개인 상담과 연결될 수 있다. "결정의 기로에서 활동적인 선택을 유도"하는 정책의 경우로 예를 들 수 있다. 사람들에게 엘리베이터 대신 계단 이용을 유도한다면 사람들이 일상에서 실천하는 신체활동량을 조금이라도 늘리는 데 도움을 줄 수 있을 것이다(15). 비용대비 효과 분석의 연구들의 결과를 살펴보면, 이러한 비용이 저렴하고 효과가 큰 환경을 통한 중재는 유닛당 에너지의 소비 관점에서 볼 때 굉장히 저렴한 중재방법이다(12).

새로운 차원의 정책 중 하나는 앉아 있는 시간과 좌업시간을 줄이는 것과 관련이 있다. 신체활동으로 하루의 에너지를 소비하는 것보다 앉아 있는 것으로 에너지를 더 많이 소비하면 비만으로 이어질 수 있다(6). 앉아 있는 시간 감소를 위한 전략은 앉아 있는 시간의 위험에 대한 역학적 근거가 밝혀지면 아마도 미래의 정책안에 포함될 것이다(52).

2단계. 물리적 환경을 사용하여 신체활동을 촉진

"활동적인 생활"은 어렵거나 돈을 많이 들일 필요가 없고, 모든 신체활동 프로그램에 포함되어야 한다. 신체활동을 일상생활, 직장이나 집에서, 그리고 여가시간과 이동의 선택에 접목하는 것은 간단한 일이다. 활동적인 생활의 예시는 **표 7.3**에서 볼 수 있다. 이러한 예시들이 신체활동 상담의 관점에서 비활동적인 성인을 위해 추천할 수 있는 체계적이지 않은 신체활동의 주요 구성요소이다. 체계적으로 구성된 신체활동 프로그램을 하는 것에 더하여 활동적인 생활환경은 특히 프로그램에 참여할 수 없거나 참여를 꺼려하는 사람들을 위해서 신체활동을 실천하기 위한 필수적인 조건이 된다.(이장 뒷부분에 나오는 사례 7.1에서 7.4를 참조.)

행동 변화와 관련이 있는 환경요소 중의 하나는 "보행성"이다. 지역사회의 보행성이란 얼마나 동네가 걷기 좋은가를 측정하는 것이다. 걷기 좋은 동네는 주거 밀도가 높고, 거리의 연결성이 좋으며

표 7.3 활동적인 생활에 기여하는 요소

요소	예시
보행성과 연결성	동네의 여러 목적지로의 안전하고 쉬운 활동적 이동 연결성을 개선
활동적 이동과 대안	효율적인 대중교통의 이용, 자가용 의존도와 사용을 줄이기 위해 잘 조성된 자전거와 도보의 경로 안내판과 시설; 아동을 위한 안전한 통학로
양질의 공공장소, 최소한의 훼손	지역사회가 사용하는 공원, 산책로, 열린 공간을 질의 수준이 높고 안전하게 관리
사회적 상호작용과 통합	지역사회 내 걷기, 자전거 타기를 촉진할 수 있는 상업 지구의 다목적 이용 확대
안전하게 느껴지고 객관적으로도 안전한 환경	밝은 가로등, 평평하고 잘 정비된 도면(노인의 낙상위험 감소)
가정환경이 더욱더 활동적이게 변화	정원일, 집안일을 하고 이러한 일들을 "에너지 소비의 기회"로 삼음

실습 도구상자 7.1

보행성 체크리스트/자료의 예시(12,13,53)

*Partnership for a Walkable America Walkability Checklist*는 사람들이 그들의 지역에 대해 걷기 점수를 매기고 걷기점수 개선을 위해 필요한 단기과제와 장기과제가 무엇인지 파악하도록 권고한다. 이 체크리스트는 지역사회 걷기동호회 조직을 계획할 때 유용하게 쓰인다.
http://www.walkableamerica.org/에서 볼 수 있다.

*Heart Foundation(Australia) Neighbourhood Walkability Checklist*는 개인이나 집단이 그들이 사는 지역의 걷기 환경을 조사하는 데 도움이 되도록 제작되었다. 체크리스트뿐만 아니라 걷기환경 개선을 위해서 지방자치단체에 보내는 편지 양식 또한 제공한다.
http://www.heartfoundation.or.au/SiteCollectionDocuments/HFW-Walkability-Checklist.pdf 혹은 http://tinyurl.com/3uwcmtb에서 볼 수 있다.

*Walk Score*는 모든 지역의 보행성을 측정할 수 있는 국제도구로써 0점(자동차에 의존)부터 100점(보행자 천국)까지의 점수를 제공한다. 측정은 지역 내 목적지들의 존재를 기반으로 이루어지나 인도의 질이나 대중교통시설에 대해서는 포함하고 있지 않다(12,13).
http://www.walkscore.com에서 볼 수 있다.

*www.ratemystreet.co.uk*는 영국의 프로그램으로써 사용자가 8가지의 기준(건널목, 인도의 넓이, 위험물, 길 찾기, 범죄로부터 안전성, 차량들로부터 안전성, 깨끗함/매력, 장애인 이용성)을 이용하여 별 다섯 개 평점으로 거리를 평가할 수 있게 해준다.

토지를 복합적으로 사용한다(일터, 상점, 시설, 그리고 주거지역). 그리고 걷기 좋은 동네는 주민들의 낮은 체질량지수(BMI)와 높은 신체활동 실천율과 연관이 있다(20). 보건 전문가와 피트니스 전문가는 통용되는 보행성 점수에 대해 알고 있어야 하고 고객이 동네의 더 걷기 좋은 장소에서 활동적이게 장려해야 한다. 보행성을 측정하는 도구는 실습 도구상자 7.1에서 찾아볼 수 있다. 고객이 거주하는 동네의 보행성에 대한 측정이 끝난 후 전문가는 활동적인 생활의 원칙을 포함하는 신체활동 프로그램을 처방할 수 있다. 예를 들어 동네의 목적지까지 걸어가거나 동네에 있는 공원에서 걷는 일이 고객의 일상적인 생활과 활동에 구체적으로 통합될 수 있다.

임상 상담과 지역사회 실무에 대한 묘사

사례 7.1부터 7.4는 건조환경을 통한 신체활동의 증진에 있어 신체활동 전문가와 행동 과학자가 할 수 있는 구체적인 역할의 종류를 보여주고 있다. 첫 번째 사례는 신체활동 전문가가 고객에게 고객이 처해 있는 환경과 환경을 통한 신체활동의 기회를 더 잘 이해할 수 있게 한다. 그리고 매일 만보계를 사용하여 걸음수를 기록해서 스스로를 모니터링하는 행동을 만들 수 있도록 조언하는 상황이다(35). 두 번째 사례는 신체활동을 일상생활에 접목해 "활동적 생활"을 장려하는 상황이다. 세 번째 사례는 공중보건의 관점에서 접근방법을 보여주고 있는데 중소규모 지역의 열성적인 신체활동 전문가가 다른 기관들과 협업하여 주민들을 더욱더 활동적이게 장려하기 위한 기반시설을 만드는 상황이다(49). 마지막 사례는 근거에 기반하여 현재 회사, 쇼핑몰, 그리고 기차역 같은 많은 장소에서 사용되고 있는 "결정의 기로에서의 유도"를 사용하여 중재하는 상황이다. 예를 들어 엘리베이터 대신 계단을 이용하게 하는 경우이다.

사례 7.1

벌린다(Belinda)는 공인 피트니스 전문가이다. 그녀는 동기부여 상담 기술을 사용하여 고객들에게 어떻게 신체적으로 더 활동적일 수 있는지를 조언하는데, 필요한 경우에는 행동 변화 이론을 사용하기도 한다. 브라이언은 벌린다의 고객 중 한 명인데 긴 시간을 근무하고 때때로 장거리 출장을 가야해서 신체활동을 할 시간이 없다고 느낀다.

브라이언은 현재 사는 곳으로 이사한 지가 얼마 안됐고 아직 사는 곳 주변에 익숙하지 않다. 그럼에도 불구하고 벌린다는 브라이언에게 브라이언이 사는 지역의 보행성 평가를 해보기를 권장한다. 벌린다는 브라이언을 도와 브라이언의 동네에서 가볼만한 곳을 찾아냈다. 벌린다는 브라이언에게 집에 있는 고장난 자전거를 수리해서 동네에 가볼만 한 곳에 자전거를 타고가기를 조언했다. 그리고 브라이언은 강아지를 키우고 있는데 강아지의 산책은 부인 몫이었다. 따라서 벌린다는 브라이언에게 저녁에 부인과 함께 강아지 산책시키기를 권장했다. 또한 벌린다는 브라이언에게 하루에 최소 2천에서 3천보를 더 걷게 하였는데 만보계를 제공해서 걸음수가 증가하는 과정을 모니터링하게 하였다.

사례 7.2

빅토리아(Victoria)는 더 많은 신체활동을 하고 싶어 한다. 그리고 그녀의 동네에서 실외 운동을 하는 것을 선호한다. 빅토리아는 건강보험을 통해서 웰니스 상담가인 존과 상담예약을 했다.

존은 빅토리아가 사는 동네의 보행성이 낮다는 것을 파악하였다. 그러나 빅토리아가 근무하는 직장 주변은 보행성이 높았다. 존은 빅토리아가 신체활동량을 늘리고 직장에서 앉아 있는 시간을 줄이기 위해 점심시간에 규칙적으로 최소 15분 걷기를 포함한 신체활동 프로그램을 만들어주었다. 이 프로그램은 주말이나 여름 저녁에 싸이클 타기와 같은 실외활동을 할 수 있는 기회 역시 포함하고 있었다.

존은 빅토리아에게 Partnership for a Walkable America 보행성 체크리스트(실습 도구상자 7.1 참조)에서 제안하는 사항인 '걷기를 위한 대체 경로 찾기'와 '손상된 인도와 같이 위험한 상태를 자치단체에 알리는 일' 실행을 통해 그녀 스스로 그녀가 사는 동네의 보행성 점수 역시 개선하도록 권장했다.

사례 7.3

소규모에서 중소규모의 지역사회에서 일하는 운동/예방 전문가는 이 지역의 신체활동 증진에 관심을 가지고 있는 다분야의 사람들과 회의를 하고 있다. 회의에 참석한 사람들은 이 지역의 기획부서, 시장실, 기술부서(산책로와 기반시설 건설), 버스회사(활동적 이동), 그리고 병원의 보건교육 부서의 사람들이다. 공통으로 필요한 사항이 있음을 확인하여, 운동/예방 전문가가 초기 계획 회의를 소집하였다. 이 회의가 나중에는 다양한 기관과 다분야에서 지역사회 신체활동 기회를 포착하기 위해 구성된 지역사회 위원회로 거듭날 수도 있다. 12개월에서 24개월 사이에 이 위원회의 회의는 기반시설(철로 혹은 공원의 재개발)의 건설을 증대시키고 시장의 인기를 향상시키며 지역사회 전체의 건강을 위한 신체활동 실천을 증가시키게 된다.

사례 7.4

이번 경우는 행동 변화에 있어 포괄적인 시나리오로써 수많은 사무실, 쇼핑몰, 기차역 그리고 다른 장소들에 적용될 수 있을 것이다. 여기서는 선택의 시점 표지판을 사용하여 사람들에게 엘리베이터나 에스컬레이터 대신 계단 이용을 권장하는 중재방법을 사용한다. 매일 수많은 사람들이 "비활동적 선택"을 하여 엘리베이터나 에스컬레이터를 이용한다. '건강을 위해 계단을 이용하세요'와 같은 단순한 표지판이라도 사람들이 다른 층으로 이동하기 위해 비활동적인 방법을 벗어나 활동적인 방법을 선택하는 인지적 결정을 내리는데 도움을 줄 수 있다.

중재연구들이 이러한 중재방법의 효과를 대학교와 헬스센터 등에서 입증하였고 이러한 중재방법은 다른 여러 지역사회의 상황에서도 도움이 될 것이다. 현장에서의 과제는 저렴하면서 실행 가능한 계단이용의 동기를 주는 이러한 표지판을 건물, 상점, 그리고 다른 시설들에 부착하여 활동적인 계단이용을 권장하는 것이다. 이와 같은 부수적인 신체활동 중재가 전국적으로 이루어진다면 그 편익은 상당할 것이다.

핵심정리

정책, 환경, 그리고 개인상담을 연결하는 일은 처음에는 명백하지 않다. 이 일에 있어서, 신체활동 전문가의 근본적인 목표는 어떻게 하면 고객의 일상생활에 신체활동을 더 많이 접목할 수 있을지를 찾아내는 것이다. 이를 위해서 신체활동 전문가는 고객이 주거하는 지역의 환경과 활동을 위한 기회에 대해서 자세히 알아야 한다. 그리고 고객이 어디에서, 어떤 종류의 신체활동을 하는 것이 그들에게 적합한지 결정을 내리는데 도움을 주어야 한다. 그리하여 일상생활에 최적의 건강증진을 위한 신체활동을 접목시키는 것이 행동 변화의 주된 목표가 된다.

요약하면, 정책은 지역이나 도시수준에서 활동적인 생활의 기회를 만들어 줄 수 있고 신체활동 전문가는 그들 지역의 도시환경을 더욱 신체활동에 친화적으로 만드는 데 기여해야 한다. 신체활동의 "옹호자"가 되는 것은 개인적이나 직업적인 목표이다. 하지만 많은 옹호자들이 지역사회차원이나 국가차원에서 정책 결정권자를 압박한다면 전 국민의 신체활동 실천을 위한 지원에 기여할 수 있다. 이러한 옹호활동은 행동 변화를 공중보건 분야에서 사용하는 실례가 되고 있다. 실제로 다양한 전략을 사용하여 미국인을 더욱 활동적이게 만들기 위한 정책인 미국 신체활동 실행계획(53)이 옹호활동을 통해 만들어졌다. 마지막으로, 신체활동 지침의 발간과 개정은 신체활동 전문가가 고객의 건강을 위한 신체활동의 총량, 강도, 그리고 빈도를 이해하고 정의하며 설명할 수 있게 해준다.

참고문헌

1. American College of Sports Medicine. *ACSM's Guidelines for Exercise Testing and Prescription*. 9th ed. Baltimore (MD): Lippincott Williams and Wilkins; 2014.
2. Australian Institute for Health and Welfare (AIHW). *The Active Australia Survey: A Guide and Manual for Implementation, Analysis and Reporting*. Cat. no. CVD 22. Australian Government Canberra: AIHW; 2003.
3. Bauman A, Ainsworth BE, Sallis JF, et al. The descriptive epidemiology of sitting. A 20-country comparison using the international physical activity questionnaire (IPAQ). *Am J Prev Med*. 2011 Aug;41(2):228–35.
4. Bauman A, Allman-Farinelli M, Huxley R, James WP. Leisure-time physical activity alone may not be a sufficient public health approach to prevent obesity—A focus on China. *Obes Rev*. 2008 Mar;9 Suppl 1:119–26.
5. Bauman A, Reis R, Sallis JF, Wells J, Loos R, Martin BW. Why are some people physically active and others not? Understanding the correlates of physical activity. *Lancet*. 2012 Jul 21;380(9838):258–71.
6. Bauman AE, Nelson DE, Pratt M, Matsudo V, Schoeppe S. Dissemination of physical activity evidence, programs, policies, and surveillance in the international public health arena. *Am J Prev Med*. 2006 Oct;31(4 Suppl):S57–65.
7. Bellew B, Bauman A, Martin B, Bull F, Matsudo V.

Public policy actions needed to promote physical activity. *Curr Cardiovasc Risk Rep*. 2011 2011/08/01;5(4):340–9.
8. Besser LM, Dannenberg AL. Walking to public transit: Steps to help meet physical activity recommendations. *Am J Prev Med*. 2005 Nov;29(4):273–80.
9. Bravata DM, Smith-Spangler C, Sundaram V et al. Using pedometers to increase physical activity and improve health. *JAMA*. 2007 Nov 21;298(19): 2296–304.
10. Brown BB, Werner CM. A new rail stop: Tracking moderate physical activity bouts and ridership. *Am J Prev Med*. 2007 Oct;33(4):306–9.
11. Brownson RC, Eyler AA, King AC, Brown DR, Shyu YL, Sallis JF. Patterns and correlates of physical activity among US women 40 years and

older. *Am J Public Health.* 2000 Feb;90(2):264–70.

12. Carr LJ, Dunsiger SI, Marchs BH. Validation of walk score for estimating access to walkable amenities. *Br J Sports Med.* 2011 Nov;45(14):1144–8.
13. Carr LJ, Dunsiger SI, Marcus BH. Walk score as a global estimate of neighborhood walkability. *Am J Prev Med.* 2010 Nov;39(5):460–3.
14. Cope A, Cairns S, Fox K, et al. The UK National Cycle Network: An assessment of the benefits of a sustainable transport infrastructure. *World Transport Policy and Practice.* 2003;9(1):6–17.
15. Davies A, Clark S. Identifying and prioritising walking investment through the PERS audit tool. In: *Proceedings of Walk 21*, 10th International Conference for Walking; 2009 Oct 1–12: New York.
16. Ding D, Gebel K. Built environment, physical activity, and obesity: What have we learned from reviewing the literature? *Health Place.* 2012 Jan;18(1):100–5.
17. Donnelly JE, Blair SN, Jakicic JM, Manore MM, Rankin JW, Smith BK; American College of Sports Medicine. American College of Sports Medicine Position Stand. Appropriate physical activity intervention strategies for weight loss and prevention of weight regain for adults. *Med Sci Sports Exerc.* 2009 Feb;41(2):459–71.
18. Douglas MJ, Watkins SJ, Gorman DR, Higgins M. Are cars the new tobacco? *J Public Health (Oxf).* 2011 Jun;33(2):160–9.
19. Dunton GF, Cousineau M, Reynolds KD. The intersection of public policy and health behavior theory in the physical activity arena. *J Phys Act Health.* 2010 Mar;7 Suppl 1:S91–8.
20. Evenson KR, Herring AH, Huston SL. Evaluating change in physical activity with the building of a multi-use trail. *Am J Prev Med.* 2005 Feb;28(2 Suppl 2):177–85.
21. Frost SS, Goins RT, Hunter RH, et al. Effects of the built environment on physical activity of adults living in rural settings. *Am J Health Promot.* 2010 Mar–Apr;24(4):267–83.
22. Garber CE, Blissmer B, Deschenes M, et al. Quantity and quality of exercise for developing and maintaining cardiorespiratory, musculoskeletal, and neuromotor fitness in apparently healthy adults: Guidance for prescribing exercise. *Med Sci Sports Exerc.* 2011 Jul;43(7):1334–59.
23. Gebel K, Bauman A, Owen N. Correlates of non-concordance between perceived and objective measures of walkability. *Ann Behav Med.* 2009 Apr;37(2):228–38.
24. Gebel K, Bauman AE, Bull FC. Built environment: Walkability of neighbourhoods. In: Killoran A, Rayner M, editors. *Evidence-Based Public Health: Effectiveness and Efficiency.* Oxford: Oxford University Press; 2010. p. 298–312.
25. Gebel K, Bauman AE, Petticrew M. The physical environment and physical activity: A critical appraisal of review articles. *Am J Prev Med.* 2007 May;32(5):361–9.
26. Giles-Corti B, Donovan RJ. Relative influences of individual, social environmental, and physical environmental correlates of walking. *Am J Public Health.* 2003 Sep;93(9):1583–9.
27. Giles-Corti B, Knuiman M, Timperio A, et al. Evaluation of the implementation of a state government community design policy aimed at increasing local walking: Design issues and baseline results from RESIDE, Perth Western Australia. *Prev Med.* 2008 Jan;46(1):46–54.
28. Handy SL, Boarnet M, Ewing R, Killingsworth R. How the built environment affects physical activity: Views from urban planning. *Am J Prev Med.* 2002 Aug;23(2 Suppl):64–73.
29. Handy SL, Cao X, Mokhtarian PL. Self-selection in the relationship between the built environment and walking—Empirical evidence from Northern California. *J Am Plann Assoc.* 2006;72(1):55–74.
30. Haskell WL, Lee I-M, Pate RP, et al. Physical activity and public health: Updated recommendation for adults from the American College of Sports Medicine and the American Heart Association. *Med Sci Sports Exer.* 2007;39:1423–34.
31. Heath G, Brownson R, Kruger J, et al. The effectiveness of urban design and land use and transport policies and practices to increase physical activity: A systematic review. *J Phys Act Health.* 2006 Feb;3 Suppl 1:S55–S76.
32. Krizek K. Pretest-posttest strategy for researching neighborhood-scale urban form and travel behavior. *Transp Res Rec.* 2000;1722:48–55.
33. Krizek KJ. Residential relocation and changes

in urban travel: Does neighborhood-scale urban form matter? *J Am Plann Assoc.* 2003 69(3):265–81.

34. Librett JJ, Yore MM, Schmid TL. Local ordinances that promote physical activity: A survey of municipal policies. *Am J Public Health.* 2003 Sep;93(9):1399–403.
35. MacDonald JM, Stokes RJ, Cohen DA, Kofner A, Ridgeway GK. The effect of light rail transit on body mass index and physical activity. *Am J Prev Med.* 2010 Aug;39(2):105–12.
36. Merom D, Bauman AE, Vita P, Close G. An environmental intervention to promote walking and cycling—The impact of a newly constructed Rail Trail in Western Sydney. *Prev Med.* 2003 Feb;36(2):235–42.
37. Painter K. The influence of street lighting improvements on crime, fear and pedestrian street use, after dark. *Landsc Urban Plan.* 1996;35(2–3):193–201.
38. Pratt M, Macera CA, Sallis JF, O'Donnell M, Frank LD. Economic interventions to promote physical activity: Application of the SLOTH model. *Am J Prev Med.* 2004 Oct;27(3 Suppl):136–45.
39. Reger-Nash B, Bauman A, Booth-Butterfield S, et al. Wheeling walks: Evaluation of a media-based community intervention. *Fam Community Health.* 2005;28(1):64–78.
40. Reger-Nash B, Bauman AE, Smith BJ, Craig CL, Abildso CG, Leyden K. Organizing an effective community-wide physical activity campaign: A Step-by-Step guide. *ACSM's Health Fit J.* 2011;15(5):21–27.
41. Saelens B, Sallis JF, Frank LD. Environmental correlates of walking and cycling: Findings from transportation, urban design and planning literatures. *Ann Behav Med.* 2003 Spring;25(2):80–91.
42. Saelens BE, Handy SL. Built environment correlates of walking: A review. *Med Sci Sports Exerc.* 2008 Jul;40(7 Suppl):S550–66.
43. Saelens BE, Sallis JF, Frank LD. Environmental correlates of walking and cycling: Findings from the transportation, urban design, and planning literatures. *Ann Behav Med.* 2003 Spring;25(2):80–91.
44. Sallis JF, Adams MA, Ding D. Physical activity and the built environment. In: Cawley J, editor. *The Oxford Handbook of the Social Science of Obesity.* Oxford: Oxford University Press; 2011. p. 433–51.
45. Sallis JF, Bauman A, Pratt M. Environmental and policy interventions to promote physical activity. *Am J Prev Med.* 1998 Nov;15(4):379–97.
46. Sallis JF, Cervero RB, Ascher W, Henderson KA, Kraft MK, Kerr J. An ecological approach to creating active living communities. *Annu Rev Public Health.* 2006;27:297–322.
47. Sallis JF, Owen N, Fisher EB. Ecological models of health behavior. In: Glanz K, Rimer BK, Viswanath K, editors. *Health Behavior and Health Education: Theory, Research, and Practic.*4th ed. San Francisco: Jossey-Bass; 2008. p. 465–86.
48. Shilton T. Advocacy for physical activity—From evidence to influence. *Promot Educ.* 2006;13(2):118–26.
49. Tester J, Baker R. Making the playfields even: Evaluating the impact of an environmental intervention on park use and physical activity. *Prev Med.* 2009 Apr;48(4):316–20.
50. Transportation Research Board. *Does the Built Environment Influence Physical Activity? Examining the Evidence.* Washington D.C.: Transportation Research Board; 2005.
51. Tremblay MS, Leblanc AG, Janssen I, et al. Canadian sedentary behaviour guidelines for children and youth. *Appl Physiol Nutr Metab.* 2011 6(1):59–64; 65–71.
52. U.S. Department of Health and Human Services. *2008 Physical Activity Guidelines for Americans.* Washington D.C.: U.S. Department of Health and Human Services. 2008.
53. U.S. National Physical Activity Plan Web site [Internet]. Washington, D.C.: May 2010. National Physical Activity Plan: [cited 2011, July 1]. Available from: http://www.physicalactivityplan.org/.
54. Vuori I, Oja P, Paronen O. Physically active commuting to work: Testing its potential for exercise promotion. *Med Sci Sports Exerc.* 1994;Jul;26(7):844–50.
55. World Health Organization. *Global Recommendations on Physical Activity for Health.* Geneva: World Health Organization; 2010.
56. Wu SY, Cohen D, Shi YY, Pearson M,

Sturm R. Economic analysis of physical activity interventions. *Am J Prev Med.* 2011 Feb;40(2):149–58.

57. Zimring C, Joseph A, Nicoll GL, Tsepas S. Influences of building design and site design on physical activity: Research and intervention opportunities. *Am J Prev Med.* 2005 Feb;28(2 Suppl 2):186–93.

CHAPTER 8

신체활동 행동 변화 촉진: 인구집단별 고찰

Lauren Capozzi and S. Nicole Culos-Reed

학습 개요

전 장에서, 여러분은 신체활동 중재의 성공적인 증진을 위한 많은 유용한 수단과 전략들의 사용법을 포함하는 이론에서 실천에 이르기까지 행동 변화에 관해 학습해왔다. 이번 장에서는 아동들과 노인들인 표적 집단과 만성질환 인구집단 내에서 중재를 위한 증거들을 논의할 것이고 여러분이 연구하는 사람들에게 중재를 맞춤하기 위한 수단들과 자원들을 제공할 것이다.

신체활동은 전반적인 건강과 웰빙에 중요한 기여자로서 문서에 의해서 충분히 입증되어 왔다(20,39). 그러나 미국에서의 최신 수치들은 인구집단의 단지 48.8%만이 현재 일주일 당 3일 이상 5일까지 할당되어진 최소 150분의 중-고강도 활동이라는 신체활동 권고치를 충족하고 있다는 것을 암시하고 있다(1,7). 중강도 활동이란 호흡과 심장박동 수에 작은 증가를 만들어내는 활동으로 정의되며, 이러한 일주일당 최소 150분의 중강도 활동이라는 권고치는 개선된 전반적인 건강 성과와 관련된다(43). 인구집단의 1/3이상이 충분하지 못한 수준의 활동(37.3%)을 보고하고 인구집단의 13.5%가 완전히 비활동적으로 남아 있으면서, 미국에서는 총계 51.2%의 사람들이 관련 건강 유익성을 얻기 위한 충분한 활동에 참여하지 못하고 있다(7). 잠재적으로 활동적인 것으로부터 "많이 얻어야 한다"거나 비활동적인 생활방식으로부터 "더 잃을 것"을 가진 인구집단을 고려할 때 이러한 비활동성의 문제는 훨씬 라이프스타일로 더 많은 것을 잃을 수 있는 사람들을 고려할 때 비활동의 문제는 더 중요해진다. 이러한 인구집단은 아동, 노인들 및 다양한 질병을 가진 사람들을 포함하지만 이에 국한되지 않는다.

가치, 전통 그리고 문화 및 인구통계학적 규범들이 신체활동 증진에 반영되도록 하면서, 특정한 인구집단은 본질적으로 효과적인 중재를 위한 맞춤의 첫 번째 단계이다(48). 인구집단 단계에서의 효과적인 신체활동 증진은, 정해진 집단 내에서의 특정한 집단이나 개인의 욕구, 정해진 피트니스 강사나 코치의 훈련, 심리사회적 및 행동적인 요소들을 포함하는 신체활동 중재의 내용 등을 포함하는 좀 더 구체적인 변수들의 맞춤을 더욱 필요로 하게 되었다. 인구집단별 고찰은 특히 중요하다. 왜냐하면 다양한 인구집단이 신체적 활동에 대한 다른 인식들과 장애요인들을 경험하기 때문이다(48,26). 신체활동 채택과 준수가 일반 인구집단에서 너무 빈약하고 특정 인구집단에서 훨씬 확연할지도 모른다는 것을 고려할 때 중재 내에서의 신체활동 처방의 맞춤은, 생리적, 심리사회적 및 환경적 요소들을 포함하여 신체활동의 결정요인들과 장애요인들을 명확하게 조사할 필요가 있다(19). 현재 연구는 신체활동의 혜택에 관한 증거가 운동 기호 및 장애요인들을 포함하는 신체활동의 결정요인들이 중재에 포함된다는 행동 변화의 최적모형들로 번역하는 것을 강력하게 옹호한다(11). 또한 실습 도구상자 8.1을 참조해라.

운동과 피트니스 산업의 전문가로서 신체활동 증진 및 행동 변화의 원리와 이 원리들을 다른 인구 집단들과 개개인들에게 적용하는 법을 인식하는 것이 중요하다(1장에서 5장까지 참조). 각 절에서 우리는 활동 채택과 유지를 촉진하는 데 도움을 주는 인구집단 고유의 팁들을 제공할 것이다. 이러한 제시된 기술들은 여러분으로 하여금 증진된 고객의 자신감과 자기효능감(여러분의 고객이 스스로 정한 목표를 달성할 수 있다는 믿음)을 촉진시키는 데 도움을 주고, 고객이 여러분이 제공한 운동 권고사항들을 준수하고 유지할 가능성을 증진시킬 것이다. 3장에서 논의했듯이 우리는 개인적인, 행동적인, 환경적인 및 프로그램과 관련된 요소들을 고려할 것이다.

다음 절들은 다음의 인구집단들과 함께 중재를 위한 근거와 증거들을 고려한다:

1. 아동들과 청소년
2. 노인들
3. 암 생존자들을 위한 신체활동 중재에 관한 주목을 포함하는 만성질환자들

아동 및 청소년

근거

아동에게서, 최근 수치들은 매일 60분 이상의 권고되는 신체활동에도 불구하고 매우 높은 수준의 비활동성을 나타내고 있다(권고사항을 위한 **표 8.1**을 참조)(7). 2009년에 수행된 미국아동위험행동조사(The U.S. Youth Risk Behavior Surveillance)에서는 9학년에서 12학년 사이의 고등학생들 사이에서 단지 17.3%에서 19.5%만이 일주일에 7일 최소 60분 동안 신체활동에 참여하고 단지 35.2%에서 38.8%가 일주일에 5일 최소 60분 동안 신체활동에 참여한다고 보고했다(6). 고등학교 학생들의 21.5%에서 24.8%는 일주일의 어느 하루도 최소 60분 동안의 신체활동에 참여하지 않는 것으로 보고했다(6).

아동과 청소년들 사이에서 신체활동 참여는 발달, 정신 능력, 학교생활행동 및 학문적 성취와 관련되는 건강 유익성과 연관되어 왔다(42). 어린 시절의 비활동성에 관한 염려가 대두되고 있고 과체중 아동들의 만연이 급격히 증가하고 있다(7,12,40). 과체중과 비만, 심장 질환 및 근골격계 질환들을 포함하는 만성 질환들에서의 이와 관련된 증가는 지금 더 어린 연령대에서 보고되고 있고, 이러한 아동 연령대에 감소된 삶의 질, 조기 질병 및 사망 증가된 건강비용과 연관되어 있다(12,32). 아동의 신체활동 수준이 어른의 신체활동 수준의 강력한 예측인자이기 때문에 아동을 위한 성공적인 중재를 개발하는 것은 평생 동안의 신체활동 참여 증가뿐만 아니라 건강 결과들을 개선하는 것이 필요하다(41).

권고사항

6세에서 17세 사이의 아동들은 매일 최소 60분간의 신체활동에 참여해야 한다(7). 표 8.1을 참조해라.

단계별 설명[Step-by-Step]

아동 및 청소년을 위한 신체활동 중재 수행에 관한 단계적 지침들을 위해 **표 8.2**를 참조하고 이러한 집단에서의 성공적인 중재에 대한 요약을 위해서 표 8.3.을 참조해라.

장애 요인들

신체활동 참여에 대한 현재의 장애 요인들은 다른 의무로 인한 시간 부족, 흥미와 동기부여의 부족 또는 신체와 관련된 장애요인들(예: 신체 자기의식), 사회적 장애요인과 환경적 장애요인들(예: 장비의 부재, 적합하지 않는 날씨)이 포함된다(49).

실습 도구상자 8.1

운동 기호도 탐구

장기적인 신체활동 이행의 가장 중요한 예측인자들 하나는 운동 프로그램이 고객의 목표, 개인 선호도 그리고 라이프스타일 및 환경적 요소들을 명확하게 충족하도록 설계되는지 아닌지이다. 신체활동 프로그램을 만들어 내기 전에 고객의 라이프스타일 및 운동 선호도를 먼저 평가하는 것이 중요하다. 또한 운동에 대한 현재의 장애 요인들과, 고객으로 하여금 활동적인 라이프스타일을 채택하도록 동기부여를 제공할 수 있는 개인적 특징들을 평가하는 것이 중요하다.

건강한 신체활동 참여 설문지

이 설문지는 빈도, 강도 및 인지된 체력을 평가하고 전체 "건강 유익성" 점수를 부여한다.
http://www.getactivepenticton.com/gap/assets/the healthyphysicalactivityparticipation questionnaire.pdf

환상적인 라이프스타일 점검표

이것은 고객들에게 다양한 라이프스타일 습관에 근거를 두는 "건강 유익성" 등급을 제공하는 간단한 점검표이다.
http://hk.humankinetics.com/AdvancedFitnessAssessmentandExercisePrescription/IG/App_A5.pdf

표 8.1 아동과 청소년을 위한 신체활동 권고사항(1,7,43)

활동 타입	권고된 주당 빈도, 강도 및 시간	예시
유산소 운동	중강도 활동은 하루 최소 60분 권장 사항의 대부분을 구성해야 한다.	• 활기찬 걷기, 사이클링, 하이킹, 롤러블레이드, 스케이트보드와 같은 활동 • 야구와 골프 같은 게임
	고강도 활동 : 일주일에 적어도 3일을 포함해라.	• 달리기, 사이클, 점프하기, 춤추기, 스키를 포함하는 활동 • 하키, 농구, 수영, 축구와 같은 게임
저항성 운동	하루 최소 60분 활동에 포함하여 일주일에 적어도 3일	• 밀고 당기기, 체중부하운동 • 나무오르기, 운동장 기구를 이용한 스윙, 줄다리기와 같은 게임 • 체중 또는 탄력밴드를 이용한 저항성 운동도 됨.
골격강화운동	하루 최소 60분 활동에 포함하여 일주일에 적어도 3일	• 호핑, 스키핑, 점핑을 포함하는 활동 • 줄넘기나 사방치기 놀이와 같은 게임 • 달리기

출처: *Physical Activity Guidelines for Americans, U.S. Department of Health and Human Services* , 2008; *Physical Activity for Everyone*, CDC, 2011; American College of Sports Medicine. *ACSM's Guidelines for Exercise Testing and Prescription*. 9th ed. Baltimore (MD): Lippincott Williams and Wilkins; 2014.

표 8.2 아동과 청소년을 위한 신체활동 프로그램 실행(1)

단계	권고사항	고려사항	도구(수단)
1. 안전을 위한 진단	• 안전을 위한 진단 및 의사로부터의 승인이 필요한지 여부(예컨대, 현재 질병, 부상 또는 심각한 상태악화 증상이 있는 경우)	• 개인과 집단에게 즐거운 활동에 대한 참여에 대해 논의하도록 함	
2. 탐색 및 교육: 동기와 목표, 건강 신념 및 선호도에 대한 논의	• 건강 신념에 대해 논의하고 신체활동의 중요성에 대한 교육을 제공	• 신체활동 참여는 아동들에게 유의미할 것	• 의사결정 대차대조표(3장 참조) • 변화의 단계(4장 참조) • 목표 설정 워크시트 및 운동 계약(3장 참조) • 신체활동 일정표(실습 도구상자 8.2 참조)
3. 테스트	• 인정받은 표준 데이터로 테스트 활용	• 일반적으로 표준 어른 테스트를 아동에게 적용된다. 그러나 테스트에 대한 반응은 다르다. • 아동은 테스트 동안 추가적인 지원이나 안내가 필요할 수 있다.	• 실습 도구상자 8.3과 운동검사 및 처방을 위한 미국스포츠의학회 지침을 참조
4. 운동 처방과 계획 실행	• 신체활동 중재를 실행하고 이행을 위한 적절한 도구를 사용 • 지속적인 피드백과 격려를 제공	• 즐겁고 상호작용적인 활동을 촉진하고 장기적인 신체활동 참여를 권장 • 주로 앉아서 하는 활동들을 감소시키는 노력을 기울일 것 • 아동과 청소년은 너무 춥거나 덥지 않은 환경에서 적절한 수분을 공급받아야 함. • 활동은 긍정적인 것에 의해 촉진되어야 하고 체벌이 사용되어서는 안 된다.	• 신체활동일지(실습 도구상자 8.4 참조) • 나이가 든 아동들의 경우 온라인 PA 일지가 적절할 수 있음(실습 도구상자 8.4 참조)
5. 적극적인 평가와 진전	• 개인 또는 집단 후속 조치 • 즐거움을 위한 진단 • 진전	• 과체중이거나 활동이 처음인 아동들은 활동적인 아동들보다 더 느린 속도로 나아갈 필요가 있을 것이다. • 많은 아동·청소년 스포츠들이 발전해왔다.	

출처: American College of Sports Medicine. *ACSM's Guidelines for Exercise Testing and Prescription*. 9th ed. Baltimore(MD): Lippincott Williams and Wilkins; 2014.

표 8.3 성공적인 중재 및 전략: 아동과 청소년을 위한 신체활동 중재

중재	방법	결과	실질적 전략
VERB 캠페인 2002~2004 - 미국에 사는 9세 ~13세 아동들을 대상으로 한 마케팅 캠페인(22).	• 신체활동을 멋지고 재미있고 친구들과 시간을 보낼 수 있는 기회로 홍보할 수 있는 VERB 브랜드 개발 • TV, 라디오, 인쇄물에 광고하고 인터넷, 학교 및 더 큰 지역사회에 홍보	• 2년 후 측정은 노출된 VERB 메시지의 수와 신체활동 행동 및 관련된 긍정적인 태도에 관한 용량-반응을 나타냈다. • 2년 후 미국 아동의 81%가 VERB 캠페인을 보았다고 보고되고 일주일에 적어도 한 세션의 신체활동에 참여하고 있었다.	• 신체활동을 멋지고 재미있으며 친구들과 시간을 보낼 수 있는 기회로 홍보 • 가능하다면 유명한 미디어 또는 학교 및 더 큰 지역사회에서 마케팅 전략들을 실행함 • 아동들이 인지할 수 있는 신체활동 브랜드를 만들 것
키즈 대상의 스포츠, 놀이 및 활동적인 레크리에이션(SPARK) 프로그램(35)	• 3가지 체육 수업 상황들을 비교 1. 자격 있는 체육전문가들이 프로그램을 수행함. 2. 교사들이 중재를 실행하도록 훈련받음. 3. 보통의 체육수업. 중재 그룹들은 학교 밖에서의 일상적인 신체활동을 촉진하는 데 집중함.	• 전문가 주도 수업(40분)에 참가하는 학생들이 교사 주도 수업(33분)보다 일주일에 더 많은 시간을 신체적으로 활동적이게 보내고 위의 둘 다의 경우가 일상적인 신체활동 class(18분)보다 상당히 더 높음. • 중재 class에서의 증가된 활동 시간은 중재 2년 후에 향상된 체력 수준으로 나타남.	• 체육 교사들로 하여금 그들이 교실에서 운동 시간을 촉진시키는 효과적인 전략들을 실행하도록 도움을 주는 훈련을 제공할 것
청소년 대상 라이프스타일 활동을 촉진하는 것(놀이)(31)	1. 아동들에게 건강한 라이프스타일 습관들을 가르치고 매일 30~60분의 중고강도 신체활동을 권장함. 2. 기법에는 새로운 신체활동 개념들을 가르치기 위해서 학교에서의 12분간의 활동 휴식들과 전체 신체활동 참여의 자기모니터링이 포함됨.	• 아동들에게서의 신체활동 참여는 놀이 중재로 증가됨.	• 평생의 신체활동으로 바뀔 수 있는 아동들에서의 태도와 행동들을 촉진할 것 • 아동들로 하여금 일정표에 신체활동을 기록하고 그들의 친구들과 가족들과 함께 하는 활동을 스케줄하도록 권장함

이행 및 유지 고려사항

부모, 학교 그리고 지역사회 지원을 향상시키고 신체활동을 촉진하는 환경에의 접근을 제공하는 것은 이행을 향상시키는 데 도움이 된다. **표 8.4**는 아동과 청소년 대상 중요한 신체활동 이행 및 유지 기술들을 강조하고 있다. 신체활동 유익성에 대한 아동의 지식을 증진시키고, 동기부여와 시간 관리 기술들을 향상시키고 제공하기 다양한 운동 기회들은 모두 유용한 전략들이다(30). 이러한 장애요인들을 극복하기 위한 더 많은 전략들이 중요하며 효과적인 중재로의 연구가 진행 중이다(**표 8.3** 참조).

실습 도구상자 8.2

신체활동 일정표

신체활동을 계획하고 스케줄을 짜는 것은 신체활동 참여를 증가시키는 훌륭한 방법이다. 다음 달을 위한 활동을 계획하기 위해서 일정표를 사용하는 것은 활동을 기록하기 시작하는 것은 단순하지만 효과적인 방법이다. 예시로 다음 일정표를 참조해라.

움직이자! 건강한 가족 일정표

요일		활동 형태	활동 시간	참여자	실행 여부
(예시) 월요일	재미있는 활동	걷기는 몇 분	오전 7시 및 오후 5시	어머니와 샐리	★
	건강한 음식	과일	점심시간	샐리와 존	★
월요일	재미있는 활동				
	건강한 음식				
화요일	재미있는 활동				
	건강한 음식				
수요일	재미있는 활동				
	건강한 음식				
목요일	재미있는 활동				
	건강한 음식				
금요일	재미있는 활동				
	건강한 음식				
토요일	재미있는 활동				
	건강한 음식				
일요일	재미있는 활동				
	건강한 음식				
	당신은 스스로에게 얼마나 많은 ★를 주었는가?				

(http://www.letsmove.gov/sites/letsmove.gov/files/Family_Calendar.pdf.로부터 각색)

실습 도구상자 8.3

체력검사

체력검사는 여러분이 대상으로 하는 인구집단이나 개인에게 적합하도록 각색되어야 한다.

운동검사 및 처방을 위한 미국스포츠의학회 지침

이 자료는 운동검사에 대한 명확하고 세부적인 접근을 제공한다. 체력검사에 대한 추가 자료는 이곳에서 확인할 수 있다. http://www.acsm.org/.

운동 자각도

체력검사를 시작하기 전에 고객들에게 운동 자각도에 관해서 가르치는 것이 중요하다. 이를 통해 대상자들은 검사 중 그들의 운동 강도 수준과 미래의 신체활동 참여에 대해 명확하게 소통할 수 있다. Borg의 운동 자각도는 http://www.cdc.gov/physicalactivity/everyone/measuring/exertion.html에서 찾을 수 있다.

실습 도구상자 8.4

운동 이행: 신체활동 일지

잘 설계될 때 중재는 표적 집단에게 수많은 긍정적인 신체적 및 심리사회적인 유익성을 명확하게 제공할 수 있지만 우리의 더 큰 관심사는 다음 단계이다. 특별히 개개인이 공식적인 신체활동 중재의 완료 후에도 활동을 반드시 유지하기 위해서 행해져야 할 것은 무엇인가?

일지는 운동 빈도, 강도, 지속기간 및 활동 형태를 평가하는 데 도움이 될 수 있다. 일지는 "직접 쓰거나" 이거나 많은 온라인 라이프스타일 기록 웹사이트상에 전자적으로 기록될 수 있다.

- 일지의 견본이나 일지 찾기는 실습 도구상자 3.6에서 찾을 수 있다.
- 온라인 찾기 웹사이트의 한 예는 http://www.mypyramidtracker.gov/이다.
- 다음 질병통제예방센터의 온라인 신체활동 찾기 도구를 확인할 것: http://www.bam.gov/sub_physicalactivity/physicalactivity_activitycalendar.html.

운동 목표 설정과 유지에 관한 더 많은 자료는 2장 및 3장을 참조할 것.

유용한 링크

더 많은 정보를 위해서는 이 주제에 관한 다음 웹사이트들을 참조할 것

- 활동적이고 건강한 캐나다 키즈들:
  http://www.activehealthykids.ca/
- 미국소아과학회:
  http://www.healthychilderen.org/Enhlish/healthy−living/pages/default.aspx
- 질병통제예방센터: 모든 사람 대상 신체활동:
  http://www.cdc.gov/physicalactivity/everyonr/guidelines/childeren.html

표 8.4 아동의 신체활동 이행 및 유지를 향상시키는 기술

요소	이행/유지 기술
개인	• 항상 신체활동 이력, 개인 능력, 선호도 그리고 개인 자원들을 고려할 것
행동	• 아동들로 하여금 현실적이고 달성 가능한 신체활동 목표를 설정하도록 격려할 것 • 일단 활동 목표들이 달성되고 나면 보상들을 계획할 것 • 반드시 신체활동은 체벌이 아니라 보상으로서 사용되도록 할 것(예컨대, 가족 산책하기 vs 벌칙으로 여러 바퀴를 뛰게 하는 것) • 아동들에게 자기 모니터링 기술들을 연습하도록 격려 (예컨대, 일기 쓰기)
환경	• 안전하고 접근 가능하고 여력이 되는 활동을 권장할 것
프로그램	• 아동들로 하여금 지루함을 예방하고 전반적인 체력을 향상시키는 다양한 형태의 활동들을 시도하도록 격려할 것

사례 8.1

이름: Steven Johnston
나이: 15세
소개: 스티븐과 그의 엄마는 스티븐이 학교에서의 체육 수업에 참여하는 것을 좀 더 편안하게 느끼도록 도움을 줄 수 있는 운동 프로그램 찾아서 지역 휘트니트 센터를 방문했다. 그의 엄마는 스티븐의 선생님이 수업 참여가 매우 불량하고 출석 부족을 말했기 때문에 걱정하고 있다. 스티븐이 말하길 만약 그가 수업에서 다른 학생들과 잘 지낼 수 있다면 좀 더 활동적으로 참여할 수 있을 거라고 한다.

사례 8.1 단계별

진단	평가와 교육	테스트	실행	경과
스티븐은 운동이 안전하지 못하다는 것을 나타내는 어떠한 신체적 증상들을 보고하지 않는다. 그러므로 신체활동 참여를 위한 목표와 동기부여를 평가하는 것을 계속해라.	스티븐은 좌절을 겪고 있다. 왜냐하면 그가 학교운동장에서 친구들과 잘 지내는 것이 어렵다는 것을 발견하기 때문이다. 그는 일반스포츠에서의 기술 부족으로 신체활동 참여에 대한 감소된 동기부여를 말했다. 스티븐의 목표는 그 자신의 연령대 아동들과의 활동에 참여하고 불편하고 부적절하다고 느끼는 것을 피하는 것이다.	능력의 일반적인 평가. 정규 체력 검사는 불필요한 것으로 결정됨.	처방: • 일주일에 이틀 트레이너와 기본적인 유산소 지구성, 근력 강화 및 민첩성 운동 실시 • 일주일에 두 번 가족 구성원들과 잡기, 던지기 및 달리기 활동 연습 • 그의 능력 수준에 맞는 키즈 축구 수업 등록 • 스티븐은 집 냉장고에 붙어 있는 일정표에 주 단위 신체활동을 계획하는 것을 연습할 것이다. • 스티븐은 그의 활동을 온라인 일지에 기록할 것이다.	• 스티븐은 매주 트레이너에게 일지를 제출하고 전반적인 즐거움, 어려움 및 경과를 반영할 것이다. • 일단 스티븐이 준수를 확립하고 나면 그가 독립적인 운동자가 되는 것을 격려하기 위해서 훈련기간을 일주일에 한 번으로 줄일 수 있다. • 프로그램은 과부하를 발생시키기 위해서 그에 따라 진행될 것이다.

핵심정리

아동 청소년 대상 신체활동의 신체적 및 심리적 건강 유익성이 모두 잘 입증되어 있지만 활동참여 수준이 여전히 낮은 상태이므로 신체활동을 촉진시키는 방법을 향상시키는 것이 매우 중요하다(40,42). 신체활동 참여에 대한 인지된 장애 요인들을 줄이고 신체활동 접근성을 향상시키는 것은 부모, 교사, 코치, 개인 트레이너 그리고 정책 입안자로서의 우리의 책임이다. 표 8.3에서 먼저 나타난 것처럼 성공적인 중재는 규칙적으로 정해진 신체활동 수업 동안의 신체활동 참여 시간(분)의 증가(SPARK 캠페인) (35), 신체활동을 멋지고 재미있는 것으로 브랜드화하기 위해서 마케팅 기술들의 활용(VERB 캠페인) 및 라이프스타일 신체활동 도입(PLAY 캠페인) (31)을 촉진시키는 데 집중한다. 신체활동에 대한 아동 및 청소년의 인식, 스포츠에 대한 접근성과 활동적인 놀이시간을 향상시키는 데 도움이 되고, 효과적으로 활동적인 라이프스타일을 도입하는 데 이러한 수단들을 활용하는 것은 아동들에게 유의미한 유익성을 제공하고, 평생의 신체활동 참여를 효과적으로 독려할 것이다.

노인층

근거

노인(65세+) 대상 주당 150분의 중강도 활동은 현재 미국의 노인 60% 이상에 의해 충족되어지지 않고 있다(1,7)(완전한 권고사항을 위해 표 8.5를 참조해라). 노화의 자연스러운 일부로서 활동의 감소가 존재하지만, 문헌은 활동의 촉진이 노인에게서 성공적일 수 있고 하락된 건강 및 기능적인 독립성을 포함하는 노화와 관련된 많은 부정적인 부작용들이 완화될 수 있다는 것을 지지하고 있다(24). 또한 규칙적인 신체활동 참여는 노인의 심·혈관 기능을 향상시키고, 질병 상태와 연관된 위험요인들을 줄이며, 체성분 및 골격 건강을 증진시키고, 삶의 질과 인지 능력을 개선하며, 평균수명을 연장시킨다(10). 표 8.6은 노인 대상 성공적인 신체활동 프로그램의 실행에 필수적인 핵심 단계들을 보여주고 있다.

노인에게서 신체활동 중재를 촉진시키는 두 번째 이유는 우리의 노화 인구 집단의 증가로부터 기인한다. 노인들은 어떠한 연령 집단보다 신체적으로 가장 덜 활동적이지만 2030년까지 두 배가 될 것으로 예상되면서 가장 빠르게 늘어나는 연령 집단이다(13). 중강도 유산소 활동, 근력 강화, 유연성, 평형감 및 위험 관리를 촉진하는 집단적인 중재를 만들어 내는 것은 이 인구집단의 대부분에 유의미하다.

권고사항

65세 이상 연령대의 어른들은 매주 150~300분의 중강도 활동에 참여하도록 권고된다(1). 또는 노인들은 매주 75~100분의 고강도 활동을 축적할 수 있다(1). 이러한 유산소 운동에 추가로 2일 이상의 근력 강화 활동들이 권고된다(**표 8.5**를 참조할 것).

단계별 설명[Step-by-Step]

노인대상 신체활동 프로그램 실행 단계들을 위해서는 표 8.6을 참조하고 표 8.7은 효과적인 중재와 실질적이고 증거를 기반으로 하는 행동 변화 전략들의 목록을 표시하고 있다.

장애 요인

노인들 사이에서의 신체활동 참여에 대한 장애 요인은 과거의 비활동적 라이프스타일, 신체활동 유익성에 대한 이해 감소, 신체적 약점 및/또는 이동성을 제한할지도 모르는 건강 이슈들, 부상이나 낙상에 대한 두려움 그리고 교통 비용 또는 운동 시설에 대한 접근 등을 포함할 수 있지만 이에 국한되는 것은 아니다(5,9). 게다가, 노인들이 장기 요양 시설에 거주한다면 그들은 운동 공간 및 장비에로의 제한된 접근을 포함하는 신체활동의 증가된 장애 요인에 직면할지도 모른다(9).

이행 및 유지 고려

노인 대상 신체활동 선택권을 늘리는 전략들은 표 8.8에 나와 있다.

표 8.5 노인 대상 신체활동 권고사항(1,3,10)

요소	주 단위 빈도, 강도 및 시간	형태 예시
유산소운동	중강도 활동: 하루에 30~60분씩 일주일에 적어도 5일, 일주일에 총 150~300분	• 걷기, 골프, 사이클, 정원 가꾸기, 집 청소
	고강도 활동: 하루 적어도 20~30분 일주일에 적어도 3일 동안 총 일주일에 75~100분	• 조깅, 댄스, 유산소 운동이나 수중 유산소 운동, 수영, 사이클을 포함하는 활동 • 테니스와 같은 게임
근력강화운동	저항 훈련을 시작하는 노인을 위해서 중강도(60%~70% 1RM) 또는 저강도(40%~50% 1RM)로 일주일에 적어도 2일	• 밀고 당기기, 체중부하를 포함하는 활동 • 프리웨이트, 웨이트 머신, 저항 밴드를 사용하는 운동 • 체중을 사용하는 저항 운동이나 건강체조 형태 운동 • 식료품을 나르거나 의자 또는 바닥에 앉았다 일어나는 것을 포함하는 일상생활 활동
평형성 운동	하루에 최소 60분 활동으로 포함하여 일주일에 적어도 3일	• 점진적으로 지지 기반을 줄이는 운동, 무게중심에 도전하는 역동적인 움직임, 자세근육을 강조하는 운동 또는 감각 입력을 줄이는 운동(예: 눈을 감고 서거나 균형 잡기) • 한 다리로 균형 잡기, 발가락 또는 발뒤꿈치로 균형 잡기 • 뒤로 또는 제자리 걷기와 같은 활동 • 요가나 태극권과 같은 활동
유연성 운동	일주일에 적어도 2일	• 눕거나, 앉거나 선 자세로 정적 스트레칭 • 적어도 30~60초 동안 스트레칭을 유지하고 불편 점 아래로 스트레칭 유지하기

출처: American College of Sports Medicine. *ACSM's Guidelines for Exercise Testing and Prescription*. 9th ed. Baltimore (MD): Lippincott Williams and Wilkins; 2014; ACSM's Exercise Management for Persons with Chronic Diseases and Disabilities, 3rd edition, 2009 (3); Chodzko-Zajko et al., 2009 (10).

표 8.6 노인 대상 신체활동 프로그램 실행(7)

단계	권고사항	고려사항	도구
1. 안전을 위한 진단	• 안전을 위한 진단 및 의사로부터의 허락이 필요한지 여부(예컨대, 현재 질병, 부상 또는 심각한 상태악화 증상이 있는 경우)	• 현재 건강 상태: 장애가 있는지? 심·혈관계, 폐 또는 대사질환의 존재 및 징후? 보행보조기 사용? • 건강 상태나 부상 이력? • 운동 금기사항 탐색	• 운동 전 위험도 검사(2장 참조) • PARmed-X(2장 참조) • 미국심장협회/미국스포츠의학회 건강/피트니스시설참여 전 설문지(2장 참조) • 고지된 동의(2장 참조)
2. 탐색 및 교육: 동기와 목표, 건강 신념 및 선호도에 대한 논의	• 건강 신념에 대해 논의하고 노인 대상 신체활동의 중요성에 대한 교육을 제공	• 신체활동 참여는 유의미하고, 접근 가능하며 금기 사항에 따라 변경할 수 있어야 함	• 의사결정 대차대조표(3장 참조) • 변화의 단계(4장 참조) • 목표설정 워크시트 및 장애 요인 극복을 위한 전략적 운동계약(3장 참조) • 신체활동 일정표(실습 도구상자 8.2 참조)
3. 테스트	• 대부분의 노인들은 중강도 운동 프로그램을 시작하기 전에 운동 검사를 필요로 하지 않음 • 알려진 위험 요소를 가진 사람들이 대상인 경우 임상 운동 검사가 권고됨 • 인정받은 표준 데이터로 테스트 활용	• 반드시 검사 환경이 안전하고 필수적인 조력이 제공될 것 • 러닝머신의 난간의 설치가 요구될 수 있음 • 균형감이 부족한 사람들을 위해 사이클 에르고미터 테스트가 권고될 수 있음 • 그에 따른 작업량 조정할 것	• 실습 도구상자 8.3과 운동검사 및 처방을 위한 미국스포츠의학회 지침을 참조
4. 운동 처방 및 계획 실행	• 안전한 운동 환경을 확립 • 신체활동 중재를 실행하고 이행을 위한 적절한 도구를 사용	• 주로 앉아서 하는 활동들을 감소시키는 노력을 기울일 것 • 접근 가능한 활동들을 계획하고 필수적인 지원과 지침을 제공할 것 • 상태 악화가 심한 노인들의 경우, 강도와 지속기간이 시작할 때부터 낮아야 함 • 안전을 위해 초기 근력강화 훈련을 감독할 것	• 신체활동일지(실습 도구상자 8.4 참조) • 고객이 컴퓨터에 접근 가능한 경우 온라인 신체활동일지가 적절할 수도 있음(실습 도구상자 8.4 참조) • 사회적 지지를 권장 • 자기효능감을 촉진
5. 적극적으로 평가하고 진전	• 개인 및 집단별 후속조치 • 즐거움을 위한 진단 • 필요할 때 진전 • 지속적인 격려와 피드백 제공	• 금기사항과 이동성이 제한된 경우 느린 속도로 진행해도 됨 • 진전은 항상 개인에게 맞추어져야 하고 고객의 만족을 충족해야 함	

출처: American College of Sports Medicine. *ACSM's Guidelines for Exercise Testing and Prescription*. 9th ed. Baltimore (MD): Lippincott Williams and Wilkins; 2014.

표 8.7 성공적인 중재와 전략: 노인 대상 신체활동 중재

중재	방법	결과	실질적 전략
노인에서의 신체활동 행동의 장기적 추구관리 (27)	• 6개월의 무작위, 통제된 신체활동 시도 후, 참가자들은 중재 2년 및 5년 후에 평가되었다. • 주요한 결과는 일정 시간 경과 후의 신체활동 수준을 평가하는 것이었다. • 연구자들은 이전의 행동, 자기효능감 및 효과를 조사했고 이들 요인들이 어떻게 미래의 신체활동 참여에 영향을 끼쳤는가를 조사했다.	• 2년째의 신체활동은 5년째의 신체활동의 강력한 예측인자였다. • 2년째의 자기효능감 및 정서는 또한 5년째의 신체활동과 연관성이 있었음	• 자기효능감 및 긍정적인 자기 정서(self- affect)를 촉진시키는 전략을 실행할 것 • 고객들에게 이행의 중요성과 이행이 미래의 신체활동 참여를 촉진시킬 수 있다는 것을 교육할 것
노인에 의한 신체활동을 촉진시키기 위한 중재 (24)		• 연구는 신체활동 및 이행을 촉진시키기 위한 환경적인 중재의 중요성을 나타내고 있다. 접근 가능하고, 매력적이고, 안전한 환경과 낮은 비용이 신체활동 이행의 촉진에서 가장 최선이라고 보고된다.	• 접근 가능한 작업 환경에서 신체활동을 촉진시키는 표지판 및 정보를 게시하도록 도움을 줄 것 • 자전거 타기나 오솔길을 따라 걷기를 원하는 사람들을 위한 사용하기 쉬운 지도를 제공할 것

표 8.8 노인들의 신체활동 이행 및 유지를 개선시키기 위한 기술

요소	이행/유지 기술
개인	• 항상 신체활동 이력, 개인적 능력, 질병 상태, 선호도 및 개인적인 자원을 고려할 것
	• 노인은 운동 중에 안전하고 잘 모니터된다고 느껴야 함
행동	• 노인으로 하여금 현실적이고 성취 가능한 신체활동 목표를 설정하도록 권장할 것 • 일단 활동 목표가 도달되면 보상을 계획할 것 • 노인으로 하여금 자기 모니터링 기술을 연습하도록 권장할 것(예: 일지작성, 일정표 지키기)
환경	• 안전하고, 접근 가능하며 할 여력이 되는 활동을 촉진할 것 • 집단 기반 활동을 권장할 것. 왜냐하면 사교적 측면이 책임과 즐거움을 향상시킬 수 있음
프로그램	• 노인으로 하여금 지루함을 방지하고 전반적인 체력을 향상시키기 위해 다른 형태의 활동들을 시도하도록 권장할 것

유용한 링크

아래 주제에 관하여 더 많은 정보를 얻기 위해서 다음의 웹사이트를 참고하라.

- 활동적인 노화 파트너십(Active Aging Partnership): https://agingblueprint.org/partnership.cfm
- 미국 질병통제예방센터: 모두를 위한 신체활동(Centers for Disease Control and Prevention: Physical Activity for Everyone): https://www.cdc.gov/physicalactivity/everyone/guidelines/olderadults.html
- 노인 체육(Elder Gym): https://www.eldergym.com/exercises.html
- 노인 활동(Elderly Activities): http://www.elderlyactivities.co.uk/
- 노인 운동과 체력에 관한 팁(Senior Exercise and Fitness Tips): https://www.helpguide.org/life/enior_fitness_sports.htm

사례 8.2

이름: Ellie Jones

나이: 72

소개: 엘리(Ellie)는 72살의 미망인으로 독립적인 생활을 하고 있다. 친구들과 사회활동들을 즐기지만 현재는 규칙적인 신체활동에 참여하지 않고 있다. 그녀의 주치의는 골다공증과 체중 증가 문제를 해결하기 위한 방법 중의 하나로 운동 프로그램을 시작하라고 권고했다. 그러나 엘리는 어디에서부터 시작해야 할지 모른다.

사례 8.2 단계별

Screen	평가와 교육	테스트	실행	진행
Ellie의 주치의는 PAR-medX 검사를 실시한다. 골다공증이 있고 현재 비활동적인 상태이기 때문에 체중부하 활동 및 유산소 활동을 서서히 증가시켜 나갈 필요가 있다.	Ellie는 (더 무거운 중량 또는 저항을 수행하기 전에) 일상생활에 체중을 이용한 저항성 운동을 포함시키는 목표에 대해 교육을 받았다. 친구들과 함께 하는 활동적인 생활의 중요성이 강조된다. 활동적인 여성들과의 교류 및 걷기 기회들이 개발된다. 활동적인 생활을 유지하는 데 방해가 되는 요인들을 논의하고 이들을 극복하기 위한 계획들을 실천한다.	초기 스크리닝(노인을 위한 ACSM 운동 검사)을 한다. Ellie가 가벼운 운동 프로그램을 시작해서 점진적으로 진행해 나가도 된다는 결과가 나왔다. 평형성을 기초로 하는 활동을 고려함으로써 미래의 낙상 가능성을 줄인다.	가벼운 체중부하 및 유산소성 활동들이 추천된다. 집에서 운동 기록을 하며 점진적인 걷기 프로그램을 수행한다. 처방: 저항성 운동 2일/주; 유산소 운동 3~5일/주	Ellie는 주간 및 월간 목표를 설정하고, 활동과 결과들(에너지 수준, 기분 상태)을 추적하기 위해 주간 일지를 활용한다. 필요에 따라 매주 신체활동 수준을 재조정하여 진행 상황을 2주마다 모니터링하고 평가한다.

핵심정리

노인들은 규칙적인 신체활동에 참여함으로써 신체기능 유지, 만성 질환 관리, 추가적인 질환의 예방, 삶의 질 향상 등 많은 이득을 얻는다(29). 불행히도, 노인들은 좌업 생활방식의 위험이 높다(24). 노인들에게 있어서 장기간의 활동적인 라이프스타일 이행의 유의한 예측 인자는 보다 긍정적인 효과와 높은 자기효능감이다(27). 전반적으로, 노인들의 신체활동을 촉진시키도록 설계된 중재들은 고무적이었으며, 장기간 활동적인 생활방식을 유지해 온 참가자들에게 많은 건강상의 이점을 확인시켜 주었다(24).

노인 인구에서 건강상의 우려가 증가함에 따라 노인에게 개입해야 할 필요성이 우선시 되고 있다. 자연스러운 노화 과정에 활동적인 생활을 포함시키는 방법을 고려해서 중재계획(initiatives)이 마련되어야 한다.

일반적인 만성 질환의 개요

많은 만성 질환들이 신체활동 중재를 통해 효과적으로 관리될 수 있다. 모든 질환들에 대해 PA 중재와 관련한 세부사항을 제공하는 것은 이 장의 범위 밖에 있지만 이 절에서는 질병 관리에 있어서 신체활동의 역할에 대해 실질적인 증거를 가지는 만성 질환들에 대해 간략한 리뷰를 제공하고자 한다. 또한 최근 암 생존자에게 있어서 신체활동의 이점에 대한 이해가 발전함에 따라, 우리는 이 질환을 더 깊이 강조하기로 하였다.

모든 만성적인 질환들에 있어서, 특정 인구에 대한 중재의 안전과 적절성을 보장하기 위해 적절한 건강관리 전문가를 참여시키는 것이 매우 중요하다. 신체활동 프로그램을 시작하기 전에 PAR-MEDX(2장 참조)와 같은 간단한 검사 도구를 사용하여 의사의 허가를 받아야 한다. 사전검사, 평가 및 피드백을 위한 추가 도구들은 가능한 한 만성 질환에 따라 특이적으로 활용되어야 한다.

신체활동 채택, 이행 및 유지를 촉진하는 행동 전략은 만성 질환이 있는 사람들에게 매우 중요하다. 이들은 새로운 신체활동 프로그램을 시작하거나 건강 상태의 변화에 따라 활동 수준을 변경하는 것에 대해 불안할 수 있다. 이러한 문제들로 인해 효과적인 행동 변화 전략을 포함하는 맞춤형 신체활동 중재의 필요성이 강조된다.

이행 및 유지 고려사항

표 8.9는 만성 질환을 앓고 있는 사람들을 대상으로 할 때 주요 행동 변화 전략을 보여준다. 이러한 전략은 개인의 상태에 맞게 조정될 수 있으며 건강 이력, 필요, 관심 및 선호에 따라 맞춤화할 수 있다.

일반적인 만성 질환

과체중과 비만

전 세계 비만율은 유행성 질병 비율(epidemic proportion)로 보고되고 있으며, 15억 명 이상의 성인

표 8.9 신체활동 이행과 유지를 위한 기술

요인	이행/유지를 위한 기술
개인	• 신체활동 이력, 개인적인 능력, 다른 질환들, 선호도, 개인 자원들을 고려하라. • 운동하는 동안 안전하게 느끼고 잘 모니터되어야 한다. • 의료팀이 활동에 참여하는 것을 알고 허가를 해줘야 하며 운동을 이행하고 유지할 수 있도록 독려해야 한다. 이것은 피트니스 전문가가 의료진을 위해 작성한 개인 피트니스 보고서를 통해 촉진될 수 있다.
행동	• 현실적이고 달성 가능한 신체활동 목표를 설정하도록 독려한다. • 현재 치료를 받고 있는 사람들에게 치료 부작용에 근거하여 총 활동시간 및 강도를 조정하도록 상기시킨다. • 자기 모니터링 기술을 연습하도록 권장한다(일기쓰기, 일정표 지키기). • 활동 목표를 달성하면 보상을 계획하라.
환경	• 안전하고, 접근가능하고, 여력이 되는 활동을 장려하고 필요한 분야에서 특정 경험을 가진 운동 전문가가 지도할 수 있도록 한다. • 사교적 측면이 책임, 즐거움, 지지 등을 향상시킬 수 있으므로 집단 기반 활동을 권장한다.
프로그램	• 특정 질환을 위한 프로그램은 개인에게 마음의 평화를 제공할 수 있다. • 요가와 같은 활동에서 느리게 시작하여 총 활동 시간과 강도를 늘려나갈 수 있다.

이 과체중이고, 이 중 5억 명을 비만으로 보고 있다(47). 비만은 평생의 육체적, 심리적 건강상의 수많은 합병증과 관련이 있지만, 신체활동은 칼로리를 태우고 에너지 불균형을 완화시키는 데 효과적인 치료 옵션의 측면에서 상당한 가치를 지니고 있다(18). 또한 신체활동은 심리적 웰빙, 심혈관계 체력 및 체중 감량 유지에 있어서 중요한 역할을 한다(18). 과체중 및 비만인 개인과 집단에 대한 권장사항과 고려사항은 **표 8.10**을 보라.

심혈관계 질환

심혈관계 질환은 미국의 남녀 성인의 주요 사망 및 장애 원인이고, 신체적 비활동은 질환의 독립적 위험 요인으로 잘 정의되고 있다(8,44). 신체활동의 이점은 심질환의 예방과 관리를 넘어서 체중관리, 추가적인 장애 예방, 우울과 불안의 감소 등(이 모든 것들이 심혈관계 질환과 밀접하게 관련된다)으로 확장된다(46,50). 심혈관계 질환을 가진 개인 및 집단을 위한 권장사항과 고려사항에 관한 정보는 **표 8.11**을 참고하라.

암: 암 생존자를 위한 신체활동의 역할

근거

빠르게 축적되는 연구들은 치료 중과 치료 후에 암 생존자들을 위한 신체활동의 유익한 역할을 분명하게 보여주고 있다(21,36,37). 신체활동은 치료에 의한 장기간의 잠재적인 부정적 영향의 관리를 포함하여 암 치료 기간과 치료 후 모두에서 암 생존자의 다양한 신체적, 정신적 건강 결과들을 개선

표 8.10 과체중과 비만인 개인과 집단을 위한 신체활동 권장사항 및 고려사항(1,7,14)

권장사항	• 운동은 적어도 일주일에 5일 실시한다. • 중강도 활동을 적어도 주당 150분간 실시하고 최소 300분의 중강도 혹은 150분의 고강도 활동으로 향상시킨다. • 강도: 중·고강도 신체활동이 장려되어야 한다. • 대근육군을 사용하는 유산소 활동에 초점을 맞춘다. 적어도 주 2회 저항성 훈련이 포함되어야 한다.
장애요인	• 운동할 때 느끼는 불안감과 불편감 • 피로감 • 상해에 대한 두려움 • 낮은 자아존중감(self-esteem), 활동성에 대한 자기효능감(self-efficacy)의 저하 • 자기가치감(self-worth)의 저하와 지각된 통제력의 감소 • 높은 합병증 유병률
중재 방법	• 3~6개월 동안 초기 체중의 5~10% 이상 감량하면 상당한 건강상의 이득을 얻을 것이다. • 적절한 체중 감량을 위해 에너지 섭취가 관리되어야 한다. 환자를 영양사에게 의뢰하고 운동 프로그램과 함께 중재하여 500~1000 kcal/day의 에너지가 결손되도록 한다. • 효과적인 행동 변화 기술을 위해 표 8.9 참고하라.
주요 메시지	• 과도한 체중으로 어려움을 겪고 있는 사람이 보다 활동적인 생활방식을 선택하도록 돕는 것은 신체적, 심리적 웰빙을 유의하게 개선하고 합병증 위험을 감소시키는 데 도움이 될 수 있다(18). • 신체상(body image) 문제, 합병증, 상해에 대한 두려움은 매우 중요하며 직접적으로 장기간의 이행에 영향을 미칠 수 있다(34).
웹 링크	• 세계보건기구(World Health Organization): http://www.who.int/dietphysicalactivity/childhood/en/ • 미국 질병통제예방센터: 건강 체중을 위한 신체활동(Centers for Disease Control and Prevention: Physical Activity for a Healthy Weight): http://www.cdc.gov/healthyweight/physical_activity/index.html • Scope-Healthy Choices: Physical Activity: http://www.childhood-obesity prevention.org/live5210/resources/healthy-choices-physical-activity/ • 과체중인을 위한 운동 루틴을 시작하는 방법, Livestrong 재단(How to Begin an Exercise Routine for Overweight People, The Livestrong Foundation): http://www.livestrong.com/article/16350-begin-exercise-routine-overweight-people/

출처: American College of Sports Medicine. *ACSM's Guidelines for Exercise Testing and Prescription*. 9th ed. Baltimore (MD): Lippincott Williams and Wilkins; 2014.

표 8.11 심혈관계 질환을 가진 개인과 집단을 위한 권장사항과 고려사항(1,4)

권장사항	• 세션당 20~60분씩, 일주일에 3~7회 운동한다. 심장 발작 이후에는 1~10분간의 세션이 권장되며 점차로 시간을 늘려나간다. • 운동 세션은 운동 능력이 제한된 환자를 수용하기 위해 하루에 여러 개의 짧은 세션으로 나눌 수 있다. • 6~20 운동자각도(RPE scale)에서 11과 16 사이 • 열량 소비를 강조하며 큰 근육군을 포함한 활동들이 권장된다. 암 에르고미터, 사이클 에르고미터, 일렙티컬, 로잉머신, 걷기를 위한 트레드밀 사용을 포함한다.
장애요인	• 운동할 시간 부족 • 동기 부족 • 건강하지 못함 • 상해에 대한 두려움
중재 방법	• 환자들은 안전을 보장하고 라이프스타일 변화 이행을 촉진하기 위해 의학적으로 감독되는 심장 재활 프로그램에 참여해야 한다. • 환자들이 안정적인 심장 증상 혹은 심장 증상의 부재, 운동에 대한 적절한 생리적 반응을 보고하고, 운동 원칙에 대한 지식과 자신감을 보이며, 운동을 지속할 동기를 나타낸다면 독립적인 운동을 장려한다. • 가벼운 저항성 훈련 프로그램이 서서히 진행되어야 한다. • 직장에 복귀하기 위해서는, 업무에 사용되는 에너지 시스템을 향상시키는 데 목적을 두고 운동 프로그램을 수행한다. • 효과적인 행동 변화 기술을 위해 표 8.9를 참고하라.
주요 메시지	• 신체활동은 심장병의 예방과 관리에 있어서 잘 확립된 요인이다(44). • 심혈관계 질환자들은 운동을 할 수 있도록 적절히 허가가 되어야 하고, 점진적으로 향상되는 개별화된 프로그램에 배정되어야 한다. • 심혈관계 질환에 대한 위험 요인을 가진 성인들과 이 질환의 초기단계에 있는 성인들에게는 신체활동의 촉진이 매우 중요하다. 점진적인 신체활동 프로그램을 시작함으로써 질환을 예방하고 관련 위험 요인들을 관리하도록 도울 수 있다.
웹 링크	• 심장 및 뇌졸중 재단(The Heart and Stroke Foundation): http://www.heartandstroke.on.ca/site/c.pvI3IeNWJwE/b.5264885/k.F930/Position_Statements_Physical_Activity_Heart_Disease_and_Stroke.htm • 미국심장학회(The American Heart Association): http://www.heart.org/HEARTORG/GettingHealthy/PhysicalActivity/Physical_Activity_UCM_001080_SubHomePage.jsp

출처: Booth, Bauman, Owen, Core, 2007 (4); American College of Sports Medicine. *ACSM's Guidelines for Exercise Testing and Prescription*. 9th ed. Baltimore (MD): Lippincott Williams and Wilkins; 2014.

한다(25,38). 암 생존자들이 사전에 평가된 신체활동 수준을 더 빨리 재설정 혹은 향상시킬수록 더 많이 신체적, 심리적 이득을 얻게 되는 것으로 보인다. 이들은 또한 증상과 합병증이 더 적게 나타나고 모든 원인의 사망률이 감소된다(17,23).

장애요인

처음에 언급했던 증거들에도 불구하고, 암이 진행되는 동안 신체활동에 있어서 뚜렷한 감소가 나타난다(11). 이러한 신체활동의 감소는 일반 사람들에게서 볼 수 있는 것과 같이 지각된 장애 요인 증가와 관련이 있을 수 있으며, 수술로 인한 통증 및 강직과 같은 건강관련 장애요인, 피로와 메스꺼움과 같은 치료 관련 부작용, 수술과 관련된 자의식(self-consciousness)(예: 유방절제술), 그리고 신체활동이 방향 없이 과도하게 이루어질 수 있다는 두려움 등과 관련이 있을 수 있다(45). 지지적인 환경 속에서 암 생존자들에게 개별화된 운동 프로그램을 제공하는 것은 이러한 잠재된 장애 요인들의 많은 부분을 경감시킨다. 부가적인 행동 변화 기술에 대한 정보는 표 8.9를 보라.

권장사항

최근 암 생존자를 위한 운동 지침에 대한 ACSM 원탁회의에서는 암 치료 기간과 그 이후에 운동이 안전하면서도 잠재적으로 유익하다고 결론을 내렸다(36). ACSM의 최근 권장사항은 **표 8.12**부터 **표 8.14**까지에서 볼 수 있다. 이러한 지침은 개인의 현재 건강 및 치료 상태에 기초하여 맞춤 운동프로그램 내에서 적용되어야 한다. **표 8.15**는 암 생존자들에게 있어서 효과적인 중재 방법과 신체활동 선택을 위한 근거 기반 전략을 보여주고 있다.

또한 연구는 운동 중재의 타이밍이 중요하다고 제안한다. 규칙적인 운동이 치료 중에 결과를 향상시키지만 치료 후에 실행될 때 생존자들에게 보다 괄목할만한 이득을 가져다 줄 수 있음을 제시하고 있다(11). 이것은 환자들의 치료가 종료되어 장애요인들(즉, 의학적 요구들, 시간, 피로)이 제거되었기 때문일 수 있다. ACSM 원탁회의 지침은 암 생존자들이 치료 과정 중 어디에 있든지 비활동을 피해야 하고 어떤 수준의 신체활동도 어느 정도 도움이 될 수 있음을 제시하고 있다(36). 또한 중재방법에는 참가자들의 선호도에 근거해서 복수의 옵션이 포함되어야 한다고 추가적으로 제안한다(33).

유용한 링크

이 주제에 대한 더 많은 정보를 위해 다음의 웹사이트를 참고하라.

- 암 예방을 위한 영양과 신체활동에 관한 ACS 지침(ACS Guidelines on Nutrition and Physical Activity for Cancer Prevention): https://www.cancer.org/Healthy/EatHealthyGetActive/ACSGuidelinesonNutritionPphysicalActivityforCancerPprevention/nupa-guidelines-toc
- 캐나다 운동생리학회: 노인 암 생존자와 운동(Canadian Society of Exercise Physiology: Older Adult Cancer Survivors and Exercise): http://www.csep.ca/english/view.asp?x=724&id=181
- 국립 암 연구소: 신체활동과 암(The National Cancer Institute: Physical Activity and Cancer): http://www.cancer.gov/cancertopics/factsheet/prevention/physicalactivity

표 8.12 암 생존자를 위한 신체활동 수준에 대한 ACSM 지침: 운동 전 의학 평가와 운동 검사

암 부위	유방	전립샘	결장	성인 혈액암 (HSCT 제외)	성인 조혈모 세포이식	부인과
운동 전 권장되는 일반적인 의학 평가	치료 후 경과된 시간과 상관없이 치료에 의한 이차성 말초 신경병증 및 근골격계 질환에 대한 평가를 권장한다. 호르몬 치료를 받아왔다면 골절 위험 평가가 권고된다. 뼈로 전이된 질환이 있는 경우에는 운동을 시작하기 전에 안전한 운동인지 식별할 수 있는 평가가 필요하다. 뼈로의 전이나 암 치료에 의한 이차적인 심장 독성이 감지되지 않을 위험이 항상 있다. 이 위험은 생존자에 따라 매우 다양하게 나타난다. 피트니스 전문가들은 이 가능성을 식별하기 위해 환자 의료진의 자문을 원할 수 있다. 그러나 운동 전에 모든 생존자에게 전이성 질환과 심장독성에 대한 의료 평가가 권장되지 않는데, 이는 전이와 심장독성이 발생할 가능성이 낮은 대다수의 생존자들이 잘 입증된 운동의 건강이득을 얻는데 불필요한 장애가 될 수 있기 때문이다.					
운동 프로그램 시작 전 권장되는 암 부위별 의학적 평가	상체 운동 전에 팔/어깨 이환에 대한 평가를 권장한다.	근력 및 근소실에 대한 평가	걷기 프로그램보다 더 격렬한 운동 훈련에 참여하기 전에 장루(ostomy)가 있는 환자의 경우, 지속적이고 선행적인 감염방지 행동에 대한 평가를 받아야 한다.	없음	없음	병적비만증(morbid obesity)인 환자는 암 특이적 위험 이외에도 활동의 안전을 위해 추가적인 의료 평가를 요구할 수 있다. 격렬한 유산소 운동이나 저항성 운동을 하기 전에 다리의 림프부종 평가를 권장한다.
권장되는 운동검사	걷기, 유연성 또는 저항성 운동 전에는 운동 검사가 필요 없다. 중·고강도 유산소 훈련 전 운동 검사는 ACSM 지침을 따른다. 림프부종이 있거나 그 위험이 있는 유방암 생존자들에게 1회 최대반복중량(one-repetition maximum) 검사의 안전성이 입증되었다.					
운동 검사 유형과 강도 고려사항	의학적 평가 결과와 운동검사에 대한 ACSM 지침을 따른다.					
운동 검사 금기사항 및 운동 검사 중지 사유	운동 검사에 대한 ACSM 지침을 따른다.					

Reprinted with permission from Schmitz et al., 2010 (36), see also American College of Sports Medicine. *ACSM's Guidelines for Exercise Testing and Prescription*. 9th ed. Baltimore (MD): Lippincott Williams and Wilkins; 2014.

표 8.13 ACSM 암 생존자를 위한 신체활동 수준에 대한 ACSM 지침: 암 생존자를 위한 운동 처방

	유방	전립샘	결장	성인 혈액종양(HSCT 제외)	성인 조혈모 세포이식	부인과
운동 처방 목표	1. 신체 기능, 유산소 능력, 근력, 유연성 회복과 향상 2. 신체상과 삶의 질 향상 3. 체성분의 개선 4. 심호흡계, 내분비계, 신경계, 근육계, 인지, 심리 결과의 향상 5. 잠재적으로, 재발 또는 두 번째 원발성 암의 감소 또는 지연 6. 재발 또는 두 번째 원발성 암에 대한 지속적인 불안을 육체적으로나 심리적으로 견딜 수 있는 능력 향상 7. 암 치료의 장기 및 후기 영향의 감소, 완화, 예방 8. 현재 또는 미래 암 치료를 견딜 수 있는 생리적, 심리적 능력의 향상 이러한 목표들은 생존자들이 암 경험의 연속 과정에서 어디에 있느냐에 따라 달라질 것이다.					
모든 부위의 암에 적용되는 운동 프로그램 시작에 대한 일반적 금기사항	수술 후 회복에 필요한 적절한 시간을 갖는다. 수술 회복에 필요한 시간은 8주가 될 수도 있다. 극심한 피로, 빈혈, 운동 실조를 겪고 있는 사람들은 운동을 하지 않는다. 운동 프로그램 시작을 위한 심혈관계 및 호흡계 금기사항에 대해서는 ACSM 운동처방 지침을 준수한다. 그러나 방사선 치료 및 화학 요법의 독성과 암 수술의 장기/후기 영향을 고려할 때, 암 생존자들에게서 부정적인 심폐 사건(event)의 가능성이 동일 연령의 일반 사람들보다 높게 나타날 수 있다.					
암 종류에 따른 운동 프로그램 시작에 대한 금기사항	유방암 치료에 이어서 팔 또는 어깨 문제가 있는 여성은 상체 운동 전에 이러한 문제를 해결하기 위한 의료 서비스를 받아야 한다.	없음	장루를 보유한 환자들은 접촉 스포츠(타격의 위험)와 웨이트트레이닝(탈장의 위험)에 참여하기 전에 의사의 허가를 받도록 권장한다.	없음	없음	배, 샅고랑부위, 다리에 부종 또는 염증이 있는 여성은 운동 전에 이러한 문제들을 해결하기 위한 의료 서비스를 받아야 한다.
암 종류에 따른 운동 프로그램 중지 사유(노트: 운동 중지에 대한 일반적인 ACSM 지침이 이 집단에 그대로 적용된다.)	팔/어깨 증상이나 부종에 변화가 있으면 적절한 의학적 평가와 치료로 문제가 해결될 때까지 상체 운동을 줄이거나 삼가야 한다.	없음	탈장, 장루 관련한 전신 감염	없음	없음	배, 샅고랑부위, 다리의 부종 또는 염증에 변화가 있으면, 적절한 의학적 평가와 치료로 문제가 해결될 때까지 하체 운동을 줄이거나 삼가야 한다.

계속

표 8.13 ACSM 암 생존자를 위한 신체활동 수준에 대한 ACSM 지침: 암 생존자를 위한 운동 처방 (계속)

	유방	전립샘	결장	성인 혈액종양(HSCT 제외)	성인 조혈모세포이식	부인과
일반적인 상해 위험 문제	뼈 전이가 있는 환자는 뼈의 골절 위험이 증가함에 따라 운동 프로그램의 강도, 지속시간 및 유형을 변경해야 할 수 있다. 현재 화학요법이나 방사선 치료를 받고 있거나 치료 후 면역 기능이 저하된 환자의 감염 위험이 더 높다. 암 생존자가 자주 이용하는 피트니스 센터에서는 감염 위험을 줄이기 위해 주의를 기울여야 한다. 현재 치료 중인 환자와 치료 직후 환자의 운동 내성은 치료 일정에 따라 운동 세션마다 달라질 수 있다. 뼈에 전이성 질환이 있는 사람은 골절을 피하기 위해 운동을 조정하고 감독을 강화해야 한다. (암에 의한 이차성이든 아니든) 심장 질환이 있는 사람들은 안전을 위해 운동을 조정해야 하며 감독을 강화해야 할 수도 있다.					
암 종류에 따른 상해 위험과 응급 상황 시 절차	팔/어깨 운동을 해야 하지만 유방암 생존자의 팔/어깨 유병률이 높다는 점을 감안할 때 사전적으로 예방이 되도록 접근해야 한다. 림프부종이 있는 여성들은 운동하는 동안 적당히 압박하는 복장을 착용하도록 한다. 호르몬 치료를 받거나 골다공증 또는 뼈 전이를 진단받은 사람들은 골절의 위험을 주의해야 한다.	ADT 치료를 받거나 골다공증 또는 뼈 전이를 진단받은 환자들은 골절 위험을 주의해야 한다.	장루 보유 환자들은 과도한 복압을 피하는 것이 좋다.	다발성 골수종 환자는 골다공증이 있는 것처럼 치료해야 한다.	없음	하체 운동을 해야 하지만, 다리 부종 또는 염증 가능성이 있으므로 사전적으로 상해 예방이 되도록 접근해야 한다. 림프부종이 있는 여성들은 운동하는 동안 적당히 압박하는 복장을 착용하도록 한다. 호르몬 치료를 받거나, 골다공증 또는 뼈 전이를 진단받은 사람들은 골절 위험을 주의해야 한다.

Reprinted with permission from Schmitz et al., 2010 (36), see also American College of Sports Medicine. *ACSM's Guidelines for Exercise Testing and Prescription*. 9th ed. Baltimore (MD): Lippincott Williams and Wilkins; 2014.

표 8.14 암 생존자의 신체활동 수준에 대한 ACSM 지침: 미국인을 위한 US DHHS 신체활동 지침의 검토와 암 생존자를 위해 필요한 변경사항

	유방	전립샘	결장	성인 혈액 (HSCT 제외)	성인 조혈모 세포이식	부인과
일반적인 사항	활동부족을 피한다; 수술 후에 가능한 한 빨리 정상적인 일상생활로 복귀한다. 정상적인 일상 활동을 지속하고 비수술 치료 도중과 치료 후에 가능한 한 많이 운동을 한다. 뼈 전이성 질환이 있는 사람들은 골절을 예방하기 위한 조정이 필요하다. 심장 질환(암에 의한 이차성이든 아니든)이 있는 개인은 조정이 필요하며, 안전에 대한 감독을 강화해야 할 수 있다.					
유산소 운동 (운동량, 강도, 진행)	이에 대한 권장사항은 미국인을 위한 연령별 신체활동 지침과 동일하다.				매일 운동해도 좋다; 가벼운 강도로 실시하며 강도는 조금씩 증가시키도록 한다.	권장사항은 미국인을 위한 연령별 신체활동 지침과 동일하다. 병적으로 비만인 여성들은 추가적인 감독과 프로그램 변경을 요구할 수 있다.
유산소 운동 처방에 대한 암 부위별 주의사항	골절 위험에 주의하라.	골절 가능성 증가에 주의하라.	장루가 있는 환자들은 접촉 스포츠에 참여하기 전에 의사의 허가를 받도록 권장한다(타격의 위험).	없음	고강도 운동이 면역에 미치는 영향을 고려할 때 과훈련이 되지 않도록 주의를 기울여야 한다.	말초신경병증이 있다면 체중부하운동보다 고정식 자전거가 선호된다.
저항성 운동 (운동량, 강도, 진행)	변경된 권장사항. 아래 참조		권장사항들은 연령별 신체활동 지침과 동일하다.	변경된 권장사항. 아래 참조.	권장사항들은 연령별 신체활동 지침과 동일하다.	변경된 권장사항. 아래 참조
암 부위에 따른 저항성 운동 처방	감독 하에 매우 낮은 저항으로 적어도 16주의 프로그램부터 시작; 조금씩 저항 증가. 생존자가 실행할 수만 있다면 상한선은 없음. 림프부종을 포함하여 팔/어깨 증상을 주시하고 증상에 따라 저항을 낮추거나 중단. 휴식을 취한 경우, 운동을 하지 않은 주보다 2주 전의 저항 수준으로 낮춘다(2주 휴식 = 4주 전에 사용했던 저항 수준으로 돌아감). 골절 위험 주의.	전립샘 절제술을 받은사람들을 위해 골반바닥운동(pelvic floor exercise) 추가. 골절 위험 주의	권장사항은 연령별 신체활동 지침과 같다. 장루가 있는 환자들은 장루에서 탈장을 피하기 위해 낮은 저항부터 시작해서 천천히 증가시킨다.	없음	골수이식환자들에게는 유산소 운동보다 저항성 운동이 보다 중요할 수 있다. 이 점에 대한 추가적인 논의는 텍스트를 보라.	부인과 암에 의한 2차성 다리 부종이 있는 여성의 경우, 저항성 운동의 안전성에 대한 자료가 없다. 이 상태는 다루기가 매우 복잡하다. 팔 부종 결과들에서 추정하는 것이 불가능할 수 있다. 샅고랑 부위(groin) 림프절 제거 및 (또는) 샅고랑 부위방사선 치료를 받은 환자들은 조심스럽게 진행해야 한다.

계속

표 8.14 암 생존자의 신체활동 수준에 대한 ACSM 지침: 미국인을 위한 US DHHS 신체활동 지침의 검토와 암 생존자를 위해 필요한 변경사항 (계속)

	유방	전립샘	결장	성인 혈액 (HSCT 제외)	성인 조혈모 세포이식	부인과
유연성 운동 (운동량, 강도, 진행)	권장사항은 미국인을 위한 연령별 신체활동 지침과 동일		장루가 있는 환자들은 복압이 과도하게 높아지지 않도록 주의하는 것 외에는 연령별 신체활동 지침과 동일하다.	권장사항은 미국인을 위한 연령별 신체활동 지침과 동일		
특별히 고려되는 운동들 (예: 요가, 조직적인 스포츠, 필라테스)	요가는 팔과 어깨 질환이 고려된다면 안전한 것으로 보인다. 드래곤 보트 경주는 실험적으로 검사되지는 않았지만 참가자의 규모가 이 활동의 안전에 대한 타당도를 제공하고 있다. 조직화된 스포츠나 필라테스에 대한 근거자료는 없다.	연구 결과의 불일치	장루가 있는 경우, 수영 또는 접촉 스포츠를 할 때에는 조정이 필요하다. 연구 결과의 불일치	연구 결과의 불일치	연구 결과의 불일치	연구 결과의 불일치

Reprinted with permission from Schmitz et al., 2010 (36), see also American College of Sports Medicine. *ACSM's Guidelines for Exercise Testing and Prescription*. 9th ed. Baltimore (MD): Lippincott Williams and Wilkins; 2014.

표 8.15 성공적인 중재와 전략: 암 생존자를 위한 신체활동 중재

중재	방법	실제적인 전략
암 생존자를 위한 신체활동과 영양의 지침 및 권장사항(15)	• 영양 및 신체활동 중재에 관한 문헌의 개요; 권장사항 제공	• 암 예방을 위한 ACS 영양 및 신체활동 지침은 생존을 위해서도 권장된다. • 운동에 대한 주의사항/금기사항 제공
의료시스템 내에서 신체활동을 증진하기 위한 근거와 전략(23)	• 신체활동 중재에 대한 이론적 근거를 제공하고 신체활동의 성공적인 채택과 유지를 촉진하기 위한 접근법을 제공	• 치료 중에 특별히 헬스케어 제공자(health care provider) 및 종양전문의가 신체활동에 관한 상담 제공 • 운동 프로그램의 맞춤화 • 암 생존자를 위한 신체활동에 관하여 종양전문의의 지식과 토론을 늘려라. • 보험 적용 범위를 늘려라. • 암 생존자를 상담하고 운동시킬 수 있는 자격을 갖춘 피트니스 전문가를 늘려라.

사례 8.3

이름: Michael Johnson

나이: 45

내용: 미카엘(Michael)은 3개월 전에 혀기저부에 암을 진단받았으며 3주 전에 화학요법과 방사선 치료를 끝냈다. 미카엘은 극도의 피로, 에너지 고갈, 45lb(20kg)의 체중 감량을 보고하였다. 그는 근력, 지구력이 손실되었음을 알아차렸으며 다리의 근육 손실이 커서 의자에서 일어나는 것조차 힘들어한다. 그의 통증 관리는 향상되었으나 종종 치료와 관련된 침샘 손상에 의해서 구강 건조로 힘들어하고 있다. 미카엘은 근력과 에너지를 증가시키기 원하지만 운동으로 피로가 증가되고 목이 더 경직될까봐 우려하고 있다.

계속

사례 8.3 (계속)

사례 8.3 단계별

사전검사	평가와 교육	테스트	실행	진행
Michael은 의사로부터 점진적인 운동에 참여해도 된다는 허가를 받았다. 그는 PARmed-X 양식을 작성하고 서명하여 초기 평가에 가져왔다. 따라서 신체활동 참여 목표와 동기를 평가하는 절차로 넘어간다.	Michael의 목표는 에너지 수준을 높이고 피로를 관리하며 근력과 지구력을 향상시켜 직장으로 복귀하는 것이다. 그는 암 생존자들을 위한 안전한 운동과 관련해서 교육을 받고 있으며, 그의 감소된 체중의 상당 부분이 근육인데 근력을 회복하고 에너지 수준을 향상시킬 수 있다고 들었다.	Michael은 일반적인 인체계측 검사를 받았으며 근력과 지구력은 악력과 30초 앉았다 일어서기 검사로 평가되었다. Michael의 유산소성 능력은 6분 걷기 테스트로 예측되었다.	처방: • Michael은 감소된 근육을 키우고 목과 어깨의 관절가동범위를 회복하기 위해서 점진적인 근력 훈련과 스트레칭 프로그램으로 시작할 것이다. • 마이클은 일주일에 2번 트레이너와 함께 운동을 시작하고 집에서 근력훈련과 스트레칭을 주 1회 실시한다. • 마이클은 온라인 일지로 활동을 기록할 것이다. • 과도한 구강 건조를 예방하기 위해 운동 시 물을 가지고 오도록 독려한다.	• 마이클은 매주 트레이너에게 일지를 제출할 것이다.

핵심정리

암 생존자를 위한 신체활동에 관한 연구는 신체적 심리적 이득 모두를 명확하게 보여준다. 증거자료들의 대부분이 치료 종료 후 신체활동의 역할을 지지한다. 그러나 치료 중에도 중·저강도의 프로그램은 치료와 관련된 많은 유해한 부작용들을 완화시키는 데 도움이 될 수 있다. 운동 전문가들은 암 생존자들을 위한 신체활동 중재를 할 때 다영역 건강관리팀(multidisciplinary health care team) 내에서 일하도록 적극 권장된다.

추가적인 인구집단 고려사항들 – 운동에 대한 사회적 영향

사회적 지원과 영향력 있는 타인의 역할에서부터 사회적 규범의 역할에 이르기까지 수많은 사회적 요인들이 신체활동의 개시와 유지 모두를 포함하여 개인의 신체활동 행동에 영향을 미칠 수 있다. 개인 수준에서 중재를 조정할 때 신체활동 행동에 대한 사회적 지원의 역할을 고려해야 한다. 구체적으로 개인의 사회적 지원 요구와 기호(예: 타인과 함께 운동하거나 혼자 운동하는 것; 시작을 위해 도구의 지원을 받는 것)가 고려되어야 한다. 둘째, 대상 인구에 대한 영향력 있는 타인의 역할에 대해 고려해야 한다. 예를 들어 아동들에게는 또래 친구들이 의미 있는 타인의 중요한 원천이다. 노인과 만성 질환을 앓고 있는 개인에게는 건강관리 전문가들이 신체활동을 처방하고 옹호하는 데 중요한 역할을 할 수 있다. 셋째, 인구집단 수준에서 신체활동 중재를 계획할 때 문화적 규범이 중요한 고려사항이다. 문화적 규범, 즉 집단의 관습 및 가치와 함께 수용 가능한 행동으로 간주되는 것은 신체활동 참여율에 큰 영향을 줄 수 있다. 또한 서로 다른 문화들은 번역 서비스를 요구하거나 문화의 지리적 환경 내에서 프로그램에 대한 접근을 요구할 수 있다(즉, 스페인 문화 센터의 히스패닉 노인들을 위한 신체활동 프로그램 제공). 특정 문화 집단과 일을 할 때, 가장 적절한 중재 방법을 개발하기 위해서는 이러한 가치와 사회 규범을 고려하는 것이 중요하다. 마지막으로, 신체활동 리더의 역할과 집단 운동 환경 내의 응집력을 포함한 사회 환경은 인구 기반 신체활동 중재를 할 때 중요한 고려사항이 될 수 있다. 특정 인구 관련 일을 하는데 있어서 전문성/자격증을 가지고 있으며, 긍정적이면서 사회적으로 지지적인 리더십을 발휘할 수 있는 잘 훈련된 리더는 신체활동 이행에 긍정적인 영향을 미칠 수 있다.

결론

모든 인구집단은 신체활동 참여에 있어서 각각의 장애 요인을 경험할 것이다. 그러나 많은 장애요인들이 조정 가능하다는 것을 기억하는 것이 중요하다. 운동 전문가는 신체활동 프로그램이 관리 가능하고, 안전하며, 지속할 수 있도록 조정하고, 고객이 인지된 장애요인을 극복하기 위한 전략을 수립하도록 도울 수 있다.

다양한 인구집단에 대해 신체활동의 이점이 잘 입증되어 있으므로, 사람들이 장기적으로 활동적인 라이프스타일을 채택함으로써 삶의 질을 향상시키고 질병 관련 위험 요인을 감소시키며 장기간 활동적인 라이프스타일의 비용 효과의 이득을 얻을 수 있도록 도와주는 중재 방안이 필요하다(16, 28).

참고문헌

1. American College of Sports Medicine. *ACSM's Guidelines for Exercise Testing and Prescription.* 9th ed. Baltimore (MD): Lippincott Williams and Wilkins; 2014.
2. Baranowski T, Bouchard C, Baror O, et al. Assessment, prevalence, and cardiovascular benefits of physical activity and fitness in youth. *Medicine & Science in Sports & Exercise.* 1992;24:237–47.
3. Bayles CM, Chan S, Robare J. Frailty. In: Durstine JL, Moore GE, Painter PL, Roberts SO, editors. *ACSM's Exercise Management for Persons with Chronic Diseases and Disabilities.* 3rd ed. Champaign (IL): Human Kinetics; 2009. p. 201–8.
4. Booth M, Bauman A, Owen N, Core C. Physical activity preferences, preferred sources of assistance, and perceived barriers to increased activity among physically inactive Australians. *Preventative Medicine.* 1997;26:131–7.
5. Borschmann K, Moore K, Russell M, Ledgerwood K, Renehan E, Lin X. Overcoming barriers to physical activity among culturally and linguistically diverse older adults: a randomized controlled trial. *Australasian Journal on Aging.* 2010 Jun;29(2):77–80.
6. Centers for Disease Control and Prevention. *Youth Risk Behavior Surveillance–United States, 2009.* Department of Health and Human Services, Centers for Disease Control and Prevention, 2010. 26 p. Available from: http://www.cdc.gov/mmwr/pdf/ss/ss5905.pdf.
7. Centers for Disease Control and Prevention Web site [Internet]. Atlanta (GA): Centers for Disease Control and Prevention; [cited 2011 August 15]. Available from: http://www.cdc.gov/physicalactivity/everyone/guidelines/index.html.
8. Ibid.
9. Chen YM. Perceived barriers to physical activity among older adults residing in long-term care institutions. *Journal of Clinical Nursing.* 2010; 19: 432–9.
10. Chodzko-Zajko WJ, Proctor DN, Singh, MAF, et al. Exercise and physical activity for older adults. *Medicine & Science in Sports & Exercise.* July 2009;41(7):1510–30.
11. Courneya KS, Friedenreich CM. Physical activity and cancer control. *Seminars in Oncology Nursing.* 2007;23(4):242–52.
12. De Onis M, Blossner M, Borghi E. Global prevalence and trends of overweight and obesity among preschool children. *American Journal of Clinical Nutrition.* 2010;92:1257–64.
13. Department of Health and Human Services Web site [Internet]. Washington (D.C.): Administration on Aging; [cited 2011 August 10]. Available from: http://www.aoa.gov/AoARoot/Aging_Statistics/index.aspx.
14. Donnelly JE, Blair SN, Jakicic JM, Manore MM, Rankin JW, Smith BK. Appropriate physical activity intervention strategies for weight loss and prevention of weight regain for adults. *Medicine & Science in Sports & Exercise February.* 2009;41(2):459–71.
15. Doyle C, Kushi L, Byers T, Courneya, K, et al. Nutrition and physical activity during and after cancer treatment: An American Cancer Society guide for informed choices. *CA Cancer J Clin.* 2006;56:323–53.
16. Fjeldsoe B, Neuhaus M, Winkler E, Eakin E. Systematic review of maintenance of behavior change following physical activity and dietary interventions. *Health Psychology.* 2011;30(1): 99–109.
17. Gillison FB, Skevington SM, Sato A, Standage M, Evangelidou S. The effects of exercise interventions on quality of life in clinical and healthy populations: A meta-analysis. *Soc Sci Med.* 2009;68(9):1700–10.
18. Gourlan MJ, Trouilloud DO, Sarrazin PG. Interventions promoting physical activity among obese populations: A meta-analysis considering global effect, long-term maintenance, physical activity indicators and dose characteristics. *Obesity Reviews.* 2011;12: e633–45.
19. Hacker E. Exercise and quality of life: Strengthening the connections. *Clin J Oncol Nurs.* 2009 Feb;13(1):31–9.
20. Haskell WL, Lee IM, Pate RR, et al. Physical activity and public health: Updated recommendation for adults from the American College of Sports Medicine and the American Heart Association. *Med Sci Sports Exercise.* 2007;39(8):1423–34.

21. Hayes SC, Spence RR, Galvao, Newton, RU. Australian Association for Exercise and Sport Science position stand: Optimising cancer outcomes through exercise. *J Sci Med Sport*. 2009;12(4):428–34.
22. Huhman M, Potter L, Duke J, Judkins D, Heitzler C, Wong F. Evaluation of a national physical activity intervention for children: VERB campaign, 2002–2004. *American Journal of Preventative Medicine*. 2007;32:38–43.
23. Irwin ML. Physical activity interventions for cancer survivors. *Br J Sports Med*. 2009 Jan;43(1):32–38.
24. King A. Interventions to promote physical activity by older adults. *Journal of Gerontology*. 2001;58A:36–46.
25. Knobf MT, Musanti R, Dorward J. Exercise and quality of life outcomes in patients with cancer. *Semin Oncol Nurs*. 2007 Nov;23(4):285–96.
26. Kumanyika S. Obesity treatment in minorities. In: Wadden TA, Stunkard AJ, editors. *Obesity: Theory and Therapy*. 3rd ed. New York: Guilford Publications, Inc.; 2002. p. xiii–377.
27. McAuley E, Morris K, Motl R, Hu L, Konopack J, Elvasky S. Long-term follow-up of physical activity behavior in older adults. *Health Psychology*. 2007;26:375–80.
28. Muller-Riemenschneider F, Reinhold T, Willich SN. Cost-effectiveness of interventions promoting physical activity. *British Journal of Sports Medicine*. 2009;43:70–6.
29. Nelson ME, Rejeski WJ, Blair SN, et al. Physical activity and public health in older adults: recommendations from the American college of sports medicine and the American heart association. *Medicine & Science in Sports & Exercise*. 2007;39(8):1435–45.
30. O'dea JA. Why do kids eat healthful food? Perceived benefits of and barriers to healthful eating and physical activity among children and adolescents. *Journal of the American Dietetic Association*. 2003;103(4):497–500.
31. Pangrazi R, Beighle A, Vehige T, Vack C. Impact of promoting lifestyle activity for youth (PLAY) on children's physical activity. *Journal of School Health*. 2003;73:317–21.
32. Pate R, Pfeiffer K, Trost S, Ziegler P, Dowda M. Physical activity among children attending preschools. *Pediatrics*. 2004;144:1258–63.
33. Rogers LQ, Markwell SJ, Verhulst S, McAuley E, Courneya KS. Rural breast cancer survivors: Exercise preferences and their determinants. *Psychooncology*. 2009 Apr;18(4):412–21.
34. Sallinen J, Leinonen R, Hirvensalo M, Lyyra TM, Heikkinen E, Rantanen T. Perceived constraints on physical exercise among obese and non-obese older people. *Preventative Medicine*. 2009;49:506–10.
35. Sallis JF, McKenzie TL, Alcaraz JE, Kolody B, Faucette N, Hovell MF. The effects of a 2-year physical education program (SPARK) on physical activity and fitness I elementary school students. *American Journal of Public Health*. 1997;87:1328–34.
36. Schmitz KH, Courneya KS, Matthews C, et al. American College of Sports Medicine roundtable on exercise guidelines for cancer survivors. *Med Sci Sports Exercise*. 2010 Jul;42(7):1409–26.
37. Speck RM, Courneya KS, Masse LC, Duval S, Schmitz KH. An update of controlled physical activity trials in cancer survivors: A systematic review and meta-analysis. *Journal of Cancer Survivorship*. 2010;4(2):87–100.
38. Speed-Andrews AE, Courneya KS. Effects of exercise on quality of life and prognosis in cancer survivors. *Curr Sports Med Rep*. 2009 Jul–Aug;8(4):176–81.
39. Stone W. Physical activity and health: Becoming mainstream. *Complementary Health Practice Review*. 2004;9:118–28.
40. Strauss RS, Pollack HA. Epidemic increase in childhood overweight, 1986–1998. *Journal of the American Medical Association*. 2001;286(22):2845–48.
41. Telama R, Yang X, Laakso L, Vikari J. Physical activity in childhood and adolescence as predictor of physical activity in young adulthood. *American Journal of Preventative Medicine*. 1997;13:317–23.
42. Tomporowski P, Lambourne K, Okumura M. Physical activity interventions and children's mental function: An introduction and overview. *Preventative Medicine*. 2001;52:S3–S9.
43. U.S. Department of Health and Human Service Web site [Internet]. Washington (D.C.): 2008 Physical Activity Guidelines For Americans;

[cited 2011 August 15]. ODPHP Publication No. U0036. Available from: www.health.gov/paguidelines/.

44. Wang G, Pratt M, Macera CA, Zheng XJ, Heath G. Physical activity, cardiovascular disease, and medical expenditures in U.S. adults. *Ann Behav Med*. 2004;28(2):88–94.
45. Whitehead S, Lavelle K. Older breast cancer survivors' views and preferences for physical activity. *Qualitative Health Research*. 2009;19:894–906.
46. Williams MA, Haskell WL, Ades PA, et al. Resistance exercise in individuals with and without cardiovascular disease: 2007 update: A scientific statement from the American heart association council on clinical cardiology and council on nutrition, physical activity, and metabolism. *Circulation*. 2007;116:572–84.
47. World Health Organization Web site [Internet]. Geneva (Switzerland): Obesity and Overweight: Fact sheet number 311; [cited 2011 August 15]. Available from: http://www.who.int/mediacentre/factsheets/fs311/en/index.html.
48. Yancey A, Ory M, Davis S. Dissemination of physical activity promotion interventions in underserved populations. *American Journal of Preventative Medicine*. 2006;31:82–91.
49. Zabinski MF, Saelens BE, Stein RI, Hayden-Wade HA, Wilfley DE. Overweight children's barriers to and support for physical activity. *Obesity Research*. 2003;11:238–56.
50. Zoeller RF. Physical activity: Depression, anxiety, physical activity and cardiovascular disease: What's the connection? *American Journal of Lifestyle Medicine*. 2007;1:175–80.

CHAPTER 9

신체활동 행동 변화 프로그램의 평가와 실제

Paul A. Estabrooks, Kacie Allen, Erin Smith, Blake Krippendorf, and Serena L. Parks

개념 응용

이 책을 진행하면서, 신체활동 행동 변화(physical activity behavior)를 위한 프로그램을 개발할 때 고려해야 할 여러 가지 핵심요소에 대해 알아보았다. 그 과정에서 우리 고객들(clients)과 함께 실천할 새롭고 다양한 전략들을 발견했을 수도 있을 것이다. 또한 현재 보유한 것보다 더 많은 자원 필요하거나, 관리자의 승인이 필요하거나, 작업(work)시간을 효율적으로 만드는 것 등 새로운 것들을 시도할 수도 있다. 이렇게 새로운 시도를 적용할 경우 그 내용이 작업(work)에 큰 영향을 준다는 것을 입증하기 위해 그에 합당한 평가를 하는 것이 중요하다

이 장은 당신이 신체활동증진계획(physical activity promotion plans)을 진행하는 데 도움을 주고, 실행을 통한 변화를 증명하거나, 현재 진행 중인 접근법의 가치를 증명할 수 있도록 도와주는 데 목적이 있다. 그렇기 때문에 "프로그램의 효과"보다 "프로그램의 가치"라는 단어를 더 많이 보게 될 것이다. 개인 사업, 공중 보건 기관(public health organization), 클리닉·재활센터 내 진료업무에 종사하는 경우에도 프로그램의 효과성에 대한 역량(ability)을 증명하고 싶을 것이다. 그러나 신체활동 프로그램의 효과평가가 필수임에도 불구하고, 관심있는 조직 또는 전문가들이 채택하고 유지할 수 있는 지역사회환경, 임상환경 전략들은 불충분한 상황이다(2,23).

이 장에서는 RE-AIM틀을 기반으로 프로그램을 계획하고 평가하는 데 초점을 둘 것이며, 만약 프로그램이 최적화되어 있는 경우, 성공적인 효과의 지속 가능성을 크게 높일 수 있는 측면(효과 포함)을 중점적으로 다룰 것이다(22,31,38). **그림 9.1**에 묘사된 바와 같이, 프로그램을 운영에는 프로그램 시작을 위한 요구를 결정하고, 그 요구에 따라 프로그램 특성과 목표를 계획하고, 프로그램을 실행하고, 프로그램 성공여부를 평가하는 것과 같이 많은 단계가 포함되게 된다. 이 단계들은 대개 프로그램을 새로 개발하거나 기존 프로그램을 수정·보완할 때 선형적으로 적용될 수 있다. 신체활동 프로그램 기획과 관련된 자료는 "Exercise is Medicine"(http://exerciseismedicine.org/fitpros.html 참조)에서 볼 수 있다. 이 웹사이트에서는 홍보, 고객과의 프로그램 공동기획, 고객과 프로그램 운영을 추진 중인 기관에서 유용한 자료들을 확인할 수 있다.

RE-AIM틀(**그림 9.2**)은 자신들의 업무가 공중보건에 미치는 영향에 대하여 관심이 있는 연구·실무 전문가 모두를 위해 개발되었다. 이 틀에서는 본인 프로그램이 어떻게 참가자에게 도달(*R*each)하는지, 도달한 그 프로그램의 효과(*E*ffectiveness)는 무엇인지, 다양한 환경 또는 수준의 전문가들에게 얼마나 잘 채택(*A*doption)될 수 있는지, 프로그램이 적절하게 실행(*I*mplementation)될 수 있는지(비용은 충분한지), 마지막으로 현장에서 그 전

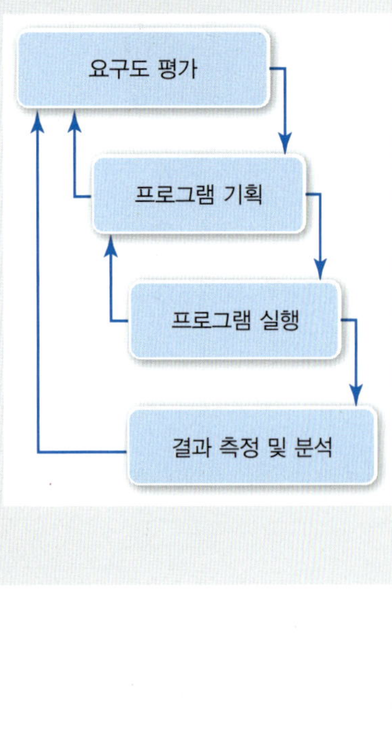

그림 9.1 프로그램 운영

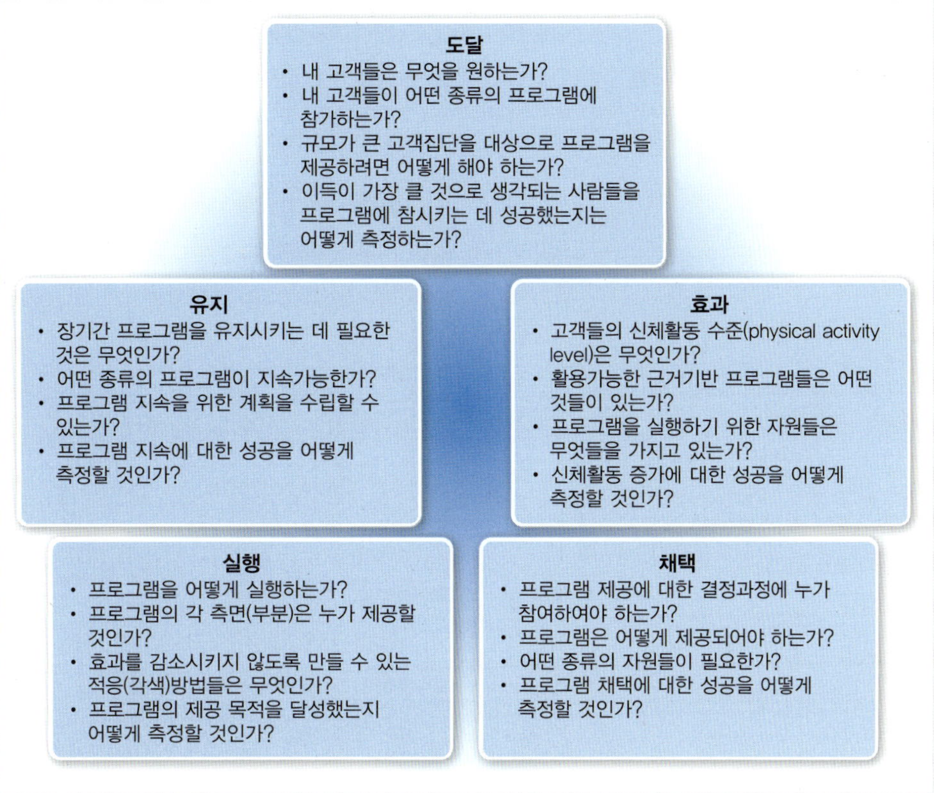

그림 9.2 RE-AIM과 프로그램 개발 관련 질문들

략들을 유지(Maintenance)할 수 있는지를 실무자들이 평가하는 것이 바람직하다고 강조하고 있다. 표 9.1에는 각 차원(dimensions)에 대하여 정리하였고, 신체활동 프로그램을 평가하는 데 필요한 정보유형의 예시를 제공하고 있다. 또한 그 정보들이 어떻게 보고될 수 있는지 설명해주는 선행연구들의 일부도 제시되어 있다.

도달, 효과와 같은 일부 RE-AIM 차원은 전문지식을 활용할 수 있는 고객에게 초점을 맞추고 있다. 채택, 실행과 같은 차원(dimensions)은 조직적인 요인들(factors)에 중점을 둘 것이고, 유지는 개인수준(예: 지난 중재의 영향이 얼마나 지속되는가) 또는 조직수준(예: 프로그램, 실습[practice]이 얼마나 오랜 기간 지속되는가? 또는 얼마나 오래 실행할 수 있는가?) 각각에 관련될 수 있다. 각 RE-AIM 차원(dimensions)은 계획, 평가 목적 모두 사용할 수 있으므로 이 장에서도 계획 및 평가 정보를 중심으로 구성하였다. 구체적은 구성내용은 다음과 같다. 첫째, 신체활동 프로그램, 실습(practice), 정책적용을 계획하고 평가할 때 고려해야 할 점들이 우수 연구문헌 사례와 함께 제공된다. 둘째, 어떠한 전략들이 RE-AIM 지표에 영향을 미치는지 그 정도를 확인하기 위하여 신체활동 프로그램을 평가할 경우 필요한 방법들을 제공한다.

표 9.1 RE-AIM 정의, 정보 요구사항, 연구사례

차원(dimensions)별 정의	정보 요구사항	연구사례 및 주요 결과
도달: 목표 대상의 수·비율 및 참가자들의 대표성	분모 - 잠재적인 참가를 위하여 연락한 대상자의 수 분자 - 참가한 대상자의 수 목표집단에 대한 비교 정보	**Improving the Reach of Move More(2)** 목표: 의사의 조언을 사용하여 클리닉 기반 신체활동 프로그램 참가 기회를 늘리는 것 분모 - 주당 11명의 환자 추천 분자 - 주당 8명의 환자가 참가에 동의 참가율 - 72% 대표성 - 임상적 집약 지역의 인구조사 데이터를 기반으로 하였으며, 참가자는 나이가 많았고 여성일 가능성이 더 높았다.
효과: 주요 결과의 변화; 삶의 질에 한 영향; 작용들	주요 결과의 전후 평가(PO), 삶의 질(QOL), 잠재적 부작용(PNO)	**Family Connections to Reduce Childhood Obesity(23,46)** 목표 : 가정환경의 변화를 촉진하는 자동화된 전화상담을 부모들에게 제공하여 비만 아동의 체중을 감소시키는 것 PO: BMI z-score가 유의미하게 감소 QOL: 체중이 감소한 경우에 삶의 질이 향상 PNO: 섭식장애증상이 심화되었다는 증거 없음
채택: 지역 및 참가하는 신체활동 전문가의 수, 비율, 대표성	분모 - 대상지역/신체활동 전문가의 수 분자 - 참가한 대상지역/신체활동 전문가의 수 지역/신체활동 전문가의 목표집단에 대한 비교정보	**Walk Kansas(19,20)** 목표 : 지역구 수준에서 제공되는 그룹기반 신체활동 프로그램을 통하여 신체활동을 증가시키는 것 분모 — 캔자스 내 105개 지역구 분자 – 48개 지역구에서 프로그램 제공 참가율 – 46% 대표성 – 인구가 적을수록 프로그램 제공 가능성이 높음. 신체활동에 개인적으로 참가하는 건강교육자들의 프로그램 제공 가능성이 높음
실행: 프로그램 또는 정책이 일관되게 제공되는 범위, 프로그램 시간 및 비용	프로그램 구성요소에 대한 정보 및 자원 사용과 관련된 필수 요소 정보	**Fit Extension** 목표: 지역사회 환경에서 신체활동 증가 구성된 프로그램의 100%가 의도한대로 제공됨 8주 동안 각 참가자당 약 2.5시간의 건강 교육자 시간 가짐
유지: 주요 결과들의 장기적인 효과, 조직차원에서의 프로그램 지속가능성	6개월 중재 이후 주요평가 결과 서류로 입증된 지속적인 프로그램 제공 내용	Family Connections 프로그램은 신체활동 중재 후 6개월 동안 BMI z-scores가 감소하는 것을 보여줌 Walk Kansas 프로그램에서는 연구 후 5년까지 프로그램을 제공하는 지역구의 비율이 90% 이상이라고 서류로 입증되었음

근거

RE–AIM 틀은 1999년에 러셀 글래스고우 박사와 공동 연구진들에 의해 소개된 비교적 새로운 과학적 관점이다(31). 초기 자료에는 연구진들이 RE–AIM 차원별로 정보를 제공하는 정도를 결정하기 위하여 정리한 다수의 체계적 문헌고찰이 포함되었고, 지난 12년간 고찰내용은 일관되게 유지되어왔다(14,21,30,51). 해당 참여 연구원들은 행동중재의 효과성을 검증하는 데는 능숙했지만(예: 최적의 조건에서 프로그램 중재가 미치는 영향), 참가자의 대표성, 중재를 제공하는 전문가의 훈련 및 특성, 시간과 경제적 비용, 중재가 제공되는 환경과 같은 정보들을 정리하는 데는 미숙한 편이었다. 신체활동 연구는 많은 문헌고찰에 포함되었으며, 근거기반 신체활동 중재에 대한 문헌고찰에서 그 내용이 확인되었다(3). 기본적으로 연구자들은 '연구기반 중재 프로그램 및 그 결과가 일반적인 지역사회 환경, 임상 환경, 일반고객, 환자들에게 적용될 수 있는지'에 대한 정보를 실무자들에게 제공하지 않았다.

다행히도, 최신연구 데이터베이스를 기반으로 상황이 변화하고 있으며 지난 3년 동안 신체활동증진계획에서 RE–AIM 틀을 명시적으로 사용한 논문이 약 30개 발표되었다. 이 장에서는 각기 다른 실제 환경에서 RE–AIM의 다양한 차원을 향상시킬 수 있는 전략들을 알아내기 위해 여러 가지 연구들을 활용하게 될 것이고, 다음 세 가지의 유형으로 신체활동 전략을 구분할 수 있을 것이다. 첫째, 가장 보편적인 전략이며 신체활동증진 전문가(practitioner)가 가장 필요한 신체활동 프로그램 활성화 전략이다. 프로그램은 제한된 기간 동안 개인이 참가할 수 있는 세션(과정) 또는 상호교류활동이 포함되며, 개인트레이너와의 대면 프로그램(52), 소그룹 회의(40), 인터넷 또는 인쇄 자료제공(33), 전화상담(16) 등으로 다양하게 구성할 수 있다. 둘째, 신체활동증진을 위해 환경변화를 목표로하는 전략이다. 많은 지역사회가 신체활동을 증진시키기 위하여 공원·걷기환경 만들기, 보도개선, 교통정체 개선 전략을 추진하고 있지만, 이러한 환경변화 전략에 대한 실험연구는 상대적으로 적은 편이다(6,50). 셋째, 신체활동증진을 위해 정책변화를 목표로 하는 전략이다. 정책접근은 신체활동증진 분야에서 새롭게 접근하는 영역이다. 정책접근에는 의료지침의 실행(17), 학교건강정책의 변화(4), 지역조례(44)가 포함될 수 있다. 정책변화를 조사하는 실험연구는 거의 없으며, 실제로 정책 및 환경변화 전략을 실행하는 경우, RE–AIM 틀을 사용하면 그 근거를 확보할 수 있다.

다음 각 절에는 신체활동증진 프로그램에서 각 RE–AIM 차원을 최적화하기 위한 기획 전략을 나열해 보았다. 참고로 한 차원을 개선하기 위한 몇몇 방안들은 다른 차원에 부정적인 결과를 초래할 수 있다는 점을 유의해야 한다. 좋은 예로 중재의 강도를 낮춤으로써 도달(Reach) 차원을 향상시킬 수 있지만(예: 낮은 대면프로그램 횟수, 적은 시간투자), 반대로 행동측면에서 큰 변화를 이끌어내기 위해서는 더 높은 강도의 중재가 필요하기도 하다(53). 더 구체적으로 예를 들자면, 한 번의 직접 대면 프로그램, 후속조치 전화 두 가지 중재로 구성된 프로그램은 주당 3번의 운동수업, 격주 1회 2시간씩 진행되는 문제해결 수업, 후속조치 전화 세 가지 중재로 구성된 프로그램보다 수혜자가 더 많을 것이다. 반면 운동수업, 그룹 회의 같은 모든 중재들은 행동 변화에 큰 효과가 있지만 수혜자는 더 적어질 것이다. 예상컨대 이와 같은 문제는 프로그램 계획단계부터 직면하게 될 것이며, RE–AIM 틀의 여러 차원(dimension) 간의 최적화를 시도하는 과정에서 개인 또는 조직이 가장 중요시하는 가치(예: 도달 vs 효과)를 고려하여 최적의 계획을 수립하는 것이 바람직할 것이다.

도달

표 9.1에 제공된 도달(Reach)의 정의에서, 프로그램 계획을 수립할 때 가장 먼저 해야 할 것은 '도달의 다양한 부분 중 어떤 것이 가장 중요한지를 결정하는 것이다. 연구 환경에서는 도달의 내용 중 가장 중요한 부분이 대표성(representativeness)일 가능성이 높다. 실무(Practice) 환경에 적용할 수 있는 연구결과를 얻기 위해서는 일반적으로 연구 대상자들이 실제 인구의 특성을 대표할 수 있어야 한다(예: 동일한 동기부여, 인구학적 통계, 행동 특성). 실제 환경에서, 계획의 성공은 종종 (a) 계획이 지역사회 요구에 적합하게 수립되었는지 여부와 (b) 현재 신체활동 수준, 인종/민족, 사회경제적 상태에 상관없이 오직 총 참가자의 숫자, 이 두 가지에만 초점을 두기도 한다. 따라서 중재의 전체적인 방향은 도달의 여러 측면 중에 어떤 부분(아마도 모든 부분일 것이다)의 개선을 목표로 할 것인가의 결정에 따라 달라지게 될 것이다.

신체활동 가이드라인의 권장지침을 실천하지 않는 환자가 1000명 있는 클리닉의 의사를 생각해 보자. 의사의 목표는 자신의 신체활동 증진전략을 통해서 모든 1000명의 환자가 신체활동에 참가하거나 혜택을 보도록 하는 것이다. 지역사회보건 분야 종사자들은 통상적으로 일정한 규모의 고객들을 할당받게 되는데 그에 따라 할당량 채우기만을 목적으로 고객의 숫자와 특성에만 집중할 수도 있다. 마지막으로 유료 프로그램을 제공하는 경우에는 참가자 확대전략과, 비참가 또는 무반응 집단의 특성을 식별하고 추적하는 방법을 이해하는 것이 중요하다.

도달을 향상시키기 위해 반드시 고려해야 하는 핵심은 계획된 신체활동 프로그램을 어떻게 홍보할 것인지에 대한 전략을 마련하는 것이다. 대중매체를 통한 접근방법은 신체활동 프로그램에 사람들을 성공적으로 참가시키기도 하지만(49), 종종 사람들은 자원과 환경에 따라 참가를 결정하기도 한다. 도시환경에서 관련자원을 활용하여 대상자를 모집하고자 할 경우, 대중매체를 통한 접근방법은 매우 효과적일 수 있다. 그러나 농촌지역에서 대상자를 모집하는 경우에는 개별적인(전략적인) 입소문을 통해 홍보하는 전략이 더 효과적일 것이다(49). 마찬가지로 건강 형평성과 관련된(건강불평등 특성이 있는) 소수집단이나 그룹을 모집하려고 할 때는 장소기반 전략(특정지역을 중심으로)을 중심으로 참가자에게 직접 연락하는 것이 전단지, 포스터 또는 기타 다소 비 상호교류적인 모집전략(추가설명 필요)보다 더 나을 것이다. 또한 프로그램 참가자 1인당 소요예산을 고려할 때, 목표고객들이 이미 모여 있는 행사를 활용하여 모집하는 방법도 저렴하게 참가자 모집에 성공하는 방법 중 하나이다(36).

도달을 향상시키기 위해 시설이나 프로그램의 특성을 활용하는 전략도 있을 수 있다. 본 저자가 진행 중인 연구 중 하나에서 두 개의 지역사회 기반 신체활동 프로그램이 비교된 적이 있다(26). 한 프로그램은 참가자들이 12주간 매주 90분씩 대면으로 진행되는 방식이었고, 다른 프로그램은 규칙적인 대면 중재는 포함되지 않았지만 모든 참가자가 8주 동안 매주 150분의 신체활동 실천 목표를 달성하는 방식이었다. 결과적으로 동일한 홍보방법을 사용했을 때, 두 번째 프로그램의 참가자 수는 첫 번째 프로그램의 거의 4배에 달했다. 여기서 시사점은 정례적인 운동수업이 있지만, 자신들이 원할 때 참여할 수 있으며, 친구-가족과 함께 목표를 설정할 수 있도록 구성된 프로그램이 매주 정기적으로 정해진 시간과 장소에서 직접 만나는 프로그램보다 더 매력적이라는 것(그리고 장애요인이 더 적을 수 있다는 것)이다. 추가적으로 정책과 환경변화를 실행함으로써 도달을 크게 향상시킬 수 있다. 도달을 크게 향상을 할 수 있는 방법은 정책변화에 지속적으로 노출되는 대상을 결정하는 것으로부터 시작할 수 있다. 예를 들어 Healthy Youth Places 프로그램(중학생의 신체활동 증가 및 건강 식습관 실천을 목표로 하는 중재)에서, 학교 보건교육과정(커리큘럼)에 대한 정책을 변화시킨

것은 중재에 참가한 모든 학생들이 신체활동증진을 위한 효과적인 정책개선 전략에 노출되도록 한 것과 다름없다(15).

프로그램에서 도달을 어떻게 평가할 것인가? 도달의 결정에는 참가자·고객의 숫자 및 참가시키고자 하는 목표집단의 비율을 추적하는 것과, 목표 집단의 모든 하위그룹(특히 중재 또는 전문지식을 최대한 활용할 수 있는)에서 참가자를 확보하는 것이 포함된다. 참가자 수를 추적하는 것은 간단한 과정일 수 있지만, 프로그램 참가자의 비율과 대표성을 식별하는 것은 조금 더 복잡할 수 있다. 참가시키고자 하는 목표집단의 비율을 결정하기 위해서는 분모를 이해하는 것이 가장 중요한데, 만약 참가할 수 있는 인원의 수치에 대한 구체적이 기록이 있는 환경(예: 건강관리클리닉, 학교, 교회)에서 프로그램 또는 정책이 실행되는 경우 상대적으로 이 과정이 쉬워질 수 있다. 당뇨 위험요인을 보유한 사람들을 위해 식이, 신체활동, 체중조절을 향상시키고자 진행되었던 한 실험에서는, 건강관리(health care)시스템에 등록된 모든 환자가 분모로 지정되었으며, 당뇨병 예방에 대한 관심과 노력으로 전체 환자 중 약 8%(환자 약 1000명)를 발굴한 사례도 있다(1). 대중매체 또는 입소문을 통하여 프로그램을 홍보할 때는 분모를 계산하는 것이 조금 더 어려워질 것이다. 그럼에도 불구하고 합리적으로 분모를 추정하였다면 그 추정치는 충분히 가치가 있는 정보로 볼 수 있으며, 목표 집단의 상당수를 참가시키기 위한 최적의 전략을 결정하는 과정에 도움이 될 수 있다. 예를 들어, 신문이나 TV 광고를 활용하여 참가자를 모집할 때 해당 매체 담당자와 협업하여 독자/시청자 수를 추정하여 합리적으로 분모를 산출할 수 있게 되는 것이다. 실제로 대부분의 미디어 방송국은 광고를 유치하기 위하여 이 정보를 온라인으로 게시하기도 한다. 다른 방법으로는 프로그램 참가 자격이 있는 지역사회 전체인구를 분모로 사용하는 것이다. 지역사회 기반 신체활동 프로그램인 Walk Kansas에서는 프로그램이 제공되는 지역구의 총 성인인구 전체가 분모로 사용되었다(20). 프로그램 제공 첫해에 전체 인구 중 약 1%(약 6,000명)가 프로그램에 참가했다. 이 두 가지 예는 지역사회와 임상중재에서 도달의 비율이 상대적으로 작을 수 있음을 보여주기 위해 언급했지만(예: 1%,8%), 참가자 수를 고려하였을 때 여전히 성공적인 대상자 모집 사례로 볼 수 있다.

환경 또는 정책적인 관점에서, 얼마나 많은 개개인이 환경변화에 영향을 받았는지 정확히 추론하기는 어려울 수 있다(34,37); 그러나 도달은 정책 또는 환경변화에 노출되는 목표 집단의 수를 결정함으로써 개인의 영향여부를 추정할 수 있고, 여러 가지 도구들(예: 관찰감사, 시장조사, 토지사용 감사 등)을 통하여 산출할 수도 있다(34,37,35). 분모를 결정하기 위해, 환경 변화와 관련된 특정 중립지역 내에서 총 목표 집단을 측정할 수 있다. 정책변화 모집단 측정의 예로는 특정지역 내에 건강정책을 가진 학교에 있는 어린이의 수를 산출하는 것이다. 미국인구조사·지리정보시스템 등과 같은 많은 데이터베이스에서 중립지역 대한 인구추정치 정보를 제공받을 수 있으며, 학교 같은 환경에서에서는 학교의 규모 및 '점심할인제공자격' 학생현황과 같은 데이터를 시용할 수도 있다(34,37,45). 마지막으로 대표성을 결정하기 위하여, 목표중재범위에 있는 사람들과 환경·정책변화에 노출되는 사람들의 주요 특성을 비교분석하는 것은 잠재적인 격차를 발견하는 데 도움이 될 수 있다(표 9.2 예시 참조).

표 9.2 대표성을 결정하는 주요 특성

인구학적 특성	행동 또는 건강특성
연령	중강도·고강도 활동
성별	좌식생활
인종과 민족적 배경	체력·근력 수준
사회경제적 상태	일반적인 건강
교육	신체활동을 통하여 개선될 수 있는 만성질환 위험요인
건강역량수준	

효과

RE–AIM 틀에서, "E"는 효능 또는 효과를 나타낸다. 효능은 최적의 조건(예: 대학 의료 센터)에서 실험할 때 중재가 얼마나 잘 이루어지는지를 나타내고, 효과는 실제 환경에서 중재가 얼마나 잘 이루어지는지를 나타낸다. 따라서 이 책에서는 참가자와 함께 프로그램을 수행하는 건강 전문가들을 대상으로 하기 때문에, 실제 환경에 해당되는 용어인 효과를 사용하게 될 것이다. 효과(Effectiveness)에는 프로그램이 어떻게 신체활동을 증진시킬 수 있는지 뿐만 아니라, 프로그램이 참가자의 삶의 질에 미치는 효과도 또한 포함된다. 더불어, 신체활동을 증진 과정에서는 안전에 중점을 두는 것 또한 매우 중요하다. 최근 미국스포츠의학회(ACSM)는 권장되는 신체활동량뿐만 아니라 인구집단별로 각기 다른 부분에 걸친 안전강화 및 부상방지 전략을 요약한 입장 성명서를 발표했다(29). 이에 실무자들이 신체활동처방 관련 안전문제 정보들을 검토하도록 권장되고 있다(24).

지난 10년 동안 신체활동 증진 중재의 효과에 대한 많은 체계적 문헌고찰이 있었다(7,18,35,48). 그 문헌고찰에서는 행동 변화 접근방식을 활용하여 중재내용을 참가자에게 맞추는 것이 그렇지 않은 경우보다 더 성공적이라고 제언하고 있다. 마찬가지로 사회적 지지 또는 역학–기반(dynamics–based) 그룹 중재프로그램은 지속적으로 신체활동 증가를 이끌어 낼 수 있다. 의사–중심 상담프로그램은 신체활동과 관련된 지역사회 자원과 연계되지 않는다면, 효과에 대한 근거가 부족한 실정이다.

이와 관련하여 신체활동 관련 자원들에 대한 접근방법을 개선한다면 행동 변화에 긍정적인 영향을 미치게 된다. 실제로 이 책의 다른 장 다수에서 신체활동증진에 효과적인 최첨단 중재방법들을 강조하고 있다. '신체활동증진을 위한 정책'과 '신체활동 행동의 향상' 두 측면의 관계를 이해하는 것은 현재 연구기반의 차이를 보여주는 것과 같다. 도달과 마찬가지로 목표 집단의 신체활동을 늘리기 한 전략을 계획할 때에는, 각 전략의 활동들이 해당 기관의 미션과 기관이 보유한 자원과 부합하도록 하는 것이 중요하다. 효과적인 신체활동 전략들은 많이 있다. 시간을 투자하여 자신의 상황에 가작 적합한 전략을을 찾아내야 할 것이다.

도달과 마찬가지로 프로그램 또는 계획의 효과를 측정하는 방법에는 여러 가지가 있다. 핵심 이해관계자들(예: 자금 조달 자, 관리자, 참가자)로부터 필요한 정보의 종류를 결정해야 할 것이고, 신체활동의 변화 정도 또한 반드시 측정하고 싶을 것이다. 그러면 이것은 어떻게 이루어질 것인가? 대부분의 지역사회 프로그램들은 프로그램 전후에 자기설문형(self–report) 신체활동 측정방법을 사

표 9.3 효과평가를 위한 측정유형

측정유형	예시
직접적인 신체활동 측정	만보계
	가속도계
자가설문형 신체활동 측정	국제 신체활동 설문
	고딘 여가시간 운동 설문
	노인 신체활동 설문
	예일 신체활동 설문
삶의 질 측정	질병통제예방센터 Healthy Days
	삶의 질 측정도구(SF-36) 버전2
	삶의질 척도(QWB, QWB-SA-self-administered)
	건강지수(HUI)

용한다. 참가자 또는 고객의 부담을 줄이기 위하여, 최초 등록신청서 작성 시에 신체활동 측정을 포함시킬 수도 있다(32). 또한 무작위로 선정된 참가자 중 일부에게 직접 신체활동 측정법을 적용할 수도 있지만(**표 9.3**), 참가자가 많고 자원이 한정적일 경우 실용적이지 못할 수 있다.

간단한 자기설문형(self-report) 신체활동 측정방법을 통하여 삶의 질과 잠재적 부작용들을 측정할 수 있다. 미국 질병통제예방센터(CDC)의 Healthy Days(실습 도구상자 9.1 및 웹사이트[www.cdc.gov/hrqol/pdfs/mhd.pdf for a full description] 참조)는 4개 항목으로 간단하게 구성되어 있으며, 프로그램 결과와 국가통계 간 비교가 가능하기 때문에 평가에 사용한다면 좋은 선택이 될 것이다(42). 이 도구는 최초 프로그램 등록 시 작성하는 신청서나, 프로그램 후속조치로 진행하는 평가 두 가지 모두 적용할 수 있다. 잠재적 부작용 측정에는 단순한 고객의 부상 또는 다른 건강행동의 변화가 포함될 수 있다. 다른 건강행동 변화의 측정에 대한 한 가지 예로는 진행 중인 영양 프로그램에 신체활동 증진을 추가시키는 것이다. 신규 신체활동 전략 적용 전후에 영양변화를 측정한다면, 영양 프로그램의 효과에 감소현상이 있었는지 판단하는 데 도움이 될 수 있다(12).

후속 평가는 이상적이지만 종종 지역사회 환경 및 임상그룹에서 실행/완료하기가 어렵다. 만약 프로그램을 시작했다면 가능한 많은 고객을(예: 70% 이상) 후속평가하는 것을 목표로 해야 한다. 후속 평가에 대한 응답률을 높이는 방법 중 한 가지는 해당 신체활동평가 과정을 중재 프로그램 자체에 구성하는 것이다. 그 예로 프로그램에서 '참가자들의 주기적인 자가 신체활동 수준 보고 및 결과환류'를 목표로 설정하게 하는 것이다. 프로그램 등록 신청서에 사용했던 것과 동일한 방법을 사용하면 시간의 경과에 따라 고객들의 신체활동 변화를 비교할 수 있고, 이를 통해 프로그램을 평가할 수 있다. 또한 연구를 통해 필기도구 제공, 웹기반 측정, 전화인터뷰와 같은 다양한 전략을 제공함으로써 평가를 용이하게 하는 것이 후속 평가 참가율을 높일 수 있다. 다양한 방법들을 사용하여 후속 평가에 단계적으로 접근하는 것은 항상 좋은 결과를 가져오게 될 것이다.

현재 진행 중인 Fit Extension 프로그램의 경우, 모든 참가자는 프로그램 마지막 주에 평가를 위한 유인물 형태의 설문과 온라인 설문 링크 두 가지를 제공받게 된다. 지난 3년 동안 이 방식이 첫

실습 도구상자 9.1

HEALTHY DAYS 핵심 평가내용

1. 일반적으로 귀하의 건강이 탁월, 우수, 양호, 적당, 열악 중 어느 수준이라고 생각하십니까?
2. 지금부터 질환 또는 부상을 포함한 신체적 건강이 좋지 않았던 날이 지난 30일 중 며칠이었는지 생각해 보십시오.
3. 지금부터 스트레스, 우울증, 감정문제를 포함한 정신적 건강이 좋지 않았던 날이 지난 30일 중 며칠이었는지 생각해 보십시오.
4. 열악한 신체적, 정신적 상태로 인하여 자기관리, 업무, 여가와 같은 일상적인 활동을 못하게 된 날이 지난 30일 중 며칠이었는지 생각해 보십시오.

Reprinted from www.cdc.gov/hrqol/pdfs/mhd.pdf.

번째 평가방법으로 사용되어 왔으며, 대략 50%의 응답률을 보였다. 1단계에 응답하지 않은 참가자들은 2단계로 온라인 설문 링크가 포함된 이메일을 받게 된다. 이 메일에는 참여에 대한 감사 말씀, 프로그램 향상을 위하여 실시하는 본 평가의 의의, 앞으로 추가적인 온라인 평가 절차가 없을 수도 있기 때문에 더 이상 평가 기회가 없을 수 있다는 내용을 설명하게 된다. 이 과정에서도 평가를 진행하지 않는 경우 참가자들은 며칠 후에 진행되는 후속조치 전화를 통해 평가를 완료할 수 있다. 이 전화 메시지를 통하여 평균 15%의 참가자가 추가로 평가를 완료하게 된다(최대 65%). 마지막으로 총 75% 응답률을 달성하기 위하여 35%의 미평가자에게 다시 전화연락을 하여 추가로 10%를 더 확보하게 된다.

환경 및 정책 접근의 경우 효과 측정이 더 어렵지만 불가능한 것은 아니다. 가능하다면 적절한 신체활동 측정 방법을 마련하고, 환경변화 전후(사전–사후평가)에 발생한 집단의 행동을 관찰하고 추적해야 한다(37). 그 예로 보행자 도로 개선 및 발전계획 전후에 지역사회 주민의 걷기양상을 관찰하는 것을 들 수 있다.

정책 변화의 경우, 해당정책에 노출된 모집단의 무작위 표본이 정책 적용 전후 신체활동 수준을 평가하는 데 사용될 수 있다. 무작위 표본 추출의 단점은 정책이나 환경의 변화가 집단 전체가 아닌 일부에만 영향을 주었을 경우 신체활동 변화에 대한 합당한 결과를 놓치게 될 수 있다는 점이다. 정책이나 환경변화가 가장 큰 영향을 미칠 것으로 예상되는 그룹들에 대해 보다 전략적으로 사전–사후 평가를 수행하는 것이 바람직할 것이고 또 단점이 될 수도 있지만, 평가를 수행한 방법과 전략적 결정을 내린 이유를 문서화한다면, 정책·환경 변화에 영향을 받는(또는 받지 않는) 대상을 명확하게 파악할 수 있을 것이다.

채택을 위한 계획수립

채택(Adoption)은 프로그램이 다양한 환경에 전파되고 특정 수준의 전문지식을 갖춘 전문가가 고객에게 제공할 수 있는 가능성을 향상시킬 수 있도록 중재 프로그램을 설계하는 것을 말한다. 중재를 실행할 수 있는 다양한 건강전문가들을 보유한 조직에 있는 경우, 각 개인이 프로그램을 채택하고 제공할 수 있는 방법을 이해하는 것이 우리가 고려해야 할 RE-AIM의 중요한 측면이다. 신체활동 프로그램의 채택에 영향을 미치는 결정요인에 대한 실험연구는 거의 없다; 그러나 조직적인 맥락에서 채택 결정을 요약한 문헌은 많다(표 9.4)(43). 일부 실무자들에게 채택은 관련성이 다소 낮은 RE-AIM 차원일 수도 있다. 다수의 실무자들은 독자적으로 개발한 프로그램, 제공대상 확대방법, 특수환경에서의 지속방법을 더 중요하게 생각하기 때문이다.

인센티브, 훈련내용, 조직적 구조들에 대한 부가적인 안내가 이루어진다면 채택의 가능성도 높아진다(5). 또한 해당 신체활동 프로그램을 조직 내 특정 업무와 연계시킨다면 채택 또한 향상될 것이다. 그 예로 전자의료기록에 지역사회 신체활동 관련 자원에 대한 의사의 추천 메시지를 추가하여 신체활동을 유도하는 것으로 채택을 향상시킬 수 있는 것도 있다(2). 마지막으로 최근 연구들에서는 프로그램 채택이 가능성이 있는 범위 내에서 건강전문가들과 공동으로 신체활동 계획을 개발하는 것도 채택률을 크게 높일 수 있다고 보고하고 있다. 이에 대한 기본원칙은 다음과 같다. 중재를 제공하는 사람들이 그 프로그램 개발에 기여한다면, 그 프로그램은 해당 환경에 잘 맞게 개발될 것이며, 그 프로그램을 제공하는 사람들은 그 계획에 대하여 주인의식을 가지게 될 것이라는 것이다.

환경 또는 정책변화 관련 중재를 계획할 경우에는, 계획 및 승인단계를 고려하는 것이 도움이 될 수 있다(37). 이런 정책변화 중재에는 고급전략을 기반으로한 계획이 필요하며, 이 계획은 초기단계에서 얼마나 많은 조직, 거주자, 목표 대상이 있는지에 대한 모집단의 수를 파악하는 데 도움이 될 것이다. 또한 관련 기관·조직들이 정책변화를 승인하는지에 대해 이해하는 것과, 정책변화를 완료하기 위해 그 기관·조직들을 활동단계에서부터 해당 중재에 참여시키는 것이 중요하다. 마지막으로 이미 진행되고 있을지도 모르지만, 정책·환경변화에 영향을 받거나, 변화를 실행하기 위해 필요한 모든 기관·조직들이 중재의 계획 및 승인 과정에 포함될 수 있도록 근본적이 정책·환경을 개선시키는 것이 중요하다(37).

채택을 평가할 때, 채택의 주체가 주로 조직과 건강전문가에서 이루어지는 점을 감안한다면, 도달평가와 동일한 내용을 사용할 수도 있다. 10,000 Steps Rockhampton 프로젝트는 일차의료현장을 통하여 제공되는 신체활동 프로그램의 실제와 건강 전문가 채택 두 가지 모두를 평가하는 좋은 예시이며, 신체활동 프로그램 평가의 역동성을 보여주기도 한다(17). 연구원들은 Rockhampton에는 23개의 클리닉과 66명의 일반의가 있고, 이들처럼 프로그램을 제공 할 수 있는 인력과 환경이 있

표 9.4 채택(Adoption)에 긍정적인 영향을 미치는 프로그램 특성
• 복잡하지 않음(예: 프로그램 파트가 많지 않음)
• 이해하기 쉬움
• 조직 규범 및 가치와 일관성이 있음
• 정해진 시간을 요구하는 수준이 낮음
• 확실한 결과를 도출할 수 있는 강력한 근거가 있음
• 관측가능한 결과가 있어야 함
• 테스트가 쉬워야 하고 필요한 경우 중단할 수 있어야 함
• 시간이 경과함에 따라 수정/보완이 가능해야 함

었다는 것을 발견했다. 물론 프로젝트를 진행하는 동안 새로운 일반의가 실습을 시작하였고, 일부는 실습을 마치는 등 변동이 있었지만, 결과적으로 클리닉에서 직접 채택을 평가할 때까지 총 55명의 일반의가 남아 있었다.

23개 클리닉 중 21개가 참여한 이 프로젝트의 임상적 채택률은 매우 높았으며, 클리닉 내에서 이 프로그램을 채택한 일반의의 비율은 58%였다(예: 32/55). 일반의와 클리닉의 대표성을 확인하기 위하여 연구팀은 공개적으로 이용 가능한 두 가지 특성(클리닉당 의사 수, 의사의 성별)을 비교하였다. 그들은 클리닉당 의사 수는 참여한 쪽과 참여하지 않은 쪽의 차이가 없었음을 발견했고, 또한 의사의 성별에서도 큰 차이가 없음을 확인하였다(17).

정책과 환경 변화를 채택하는 조직·사람들의 실제적인 채택률과 대표성을 결정하는 것은 어려운 일이다. 실제로 앞서 언급하였듯이, 단일 지역사회, 단일 장소, 단일조직을 중심으로 한 채택률은 큰 의미가 없다(예: 항상 100%일 것임). 이러한 상황에서는 다음 절에 설명된 대로 실행에 더 초점을 두는 것이 훨씬 중요하다. 또한 일각에서는 환경·정책 변화 프로그램 단계에서 각 단계에서의 분모는 중재를 총괄책임하는 기관/조직이 아니라 변화에 기여한 '모집된' 기관/조직이 되어야한다고 제안하고 있다(37).

예를 들어 한 연구원은 저소득층 주택지역에 공공 놀이터 추가계획의 수립, 승인, 실행을 돕기 위하여 다음과 같은 기관들을 초빙할 수도 있다(시장 집무부서, 시 입법기관, 시 공공주택관리자/부서, 시민연합, 거주자들, 놀이터 제조업체 등); 그러나 실제로 이들 중 3개 집단만이(시 공공주택관리자, 거주자들, 놀이터 제조업체) 각 채택 단계에 참여하는데 관심이 있을 수 있다. 따라서 참여하는 기관의 실제 숫자가 분자가 될 것다(37). 이러한 경우 해당 파트너들을 계획에 기여할 수 있는 기관(예: 6개 모두 분모로 연락, 6/6 계획 참여), 자원을 생산할 수 있는 기관(6개 중 4개에 연락, 3개 기관만 해당, 3/4에서 자원 생산), 실행에 참여할 수 있는 기관(앞서 언급한 기관으로 3/3 참여)으로 구분하는 것이 도움이 될 수 있다.

실행

실행(Implementation)이 때로는 조직의 채택과 혼동되기도 합니다. 이 둘을 구별하는 가장 좋은 방법은 채택을 프로그램 전달 여부를 결정하거나 정책을 수립하는 첫 번째 조치를 시작하는 프로세스로 채택하는 것이다. 또는 실행은 프로그램 이행 또는 정책 준수 모니터링과 관련된 진행 중인 프로세스이다. 이전의 Rockhampton 예제를 사용하여 채택은 프로그램의 각 측면에 참여하기로 동의한 진료소와 의사를 기반으로 했다(17). 이행은 그 합의에 따른 정도로 평가되었다(17). 실행과 관련된 주요 개념은 이니셔티브가 의도한 대로 행동을 취하는 정도를 반영한다는 것이다.

간단한 예에서, WellingTONNE Challenge Toolkit의 구현은 건강 전문가와 커뮤니티 그룹이 건강한 라이프스타일 커뮤니티 개입을 개발하고 구현하는 방법을 설명하기 위한 단계별 툴킷으로, 받은 건강 전문가의 98%로 간단하게 보고되었다. 툴킷은 커뮤니티에서 건강한 라이프스타일 행동을 장려하기 위해 툴킷을 사용하고 있다고 표시했다(8). 구현에 대한 더 복잡한 설명은 86%의 교사가 8개의 수업을 모두 제공한다고 표시한 Exercise Yout Options 프로그램에서 나왔으며, 교실 관찰에 따르면 교사는 각 수업의 내용 중 81%~100%를 제공하고 있음을 확인했다(13).

성공적인 프로그램 시행을 방해하는 요인에 대한 많은 문헌이 있다(**표 9.5** 참조)(9). 신체활동 영역 내에서 Well for Life 시험은 외부 프로그램 평가자를 사용하여 프로그램 구현에 긍정적이고 부정적인 영향을 결정했다(41). 노인들을 대상으로 한 그들의 프로그램에서 그들은 참여를 장려하고 경영진과 직원들의 높은 헌신, Well for Life 개발자와 의료 시스템 사이의 기존 관계, 장비 구매를 위한 자금 이용이 개선 된 모든 구현을 장려 한 챔피언의 존재를 발견했다. 채택과 유사하게, Well for Life의 혜택이 촉진되면 구현이 개선되었을 수 있다. 당연히 시간 제약과 직원 연속성 부족이 구현과 부정적인 관련이 있었다(41).

학교 기반 환경 변화와 정책 개입은 모두 성공적인 이행에 비슷한 장벽을 가지고 있는 것 같다.

표 9.5 실행을 방해할 수 있는 요인 / 실행 방해 요인

요인	예시
개입 특성	내부적으로 개발된 개입에 관한 주요 이해 관계자의 인식
	중재의 성공을 주장하는 증거의 질
	개입과 대안을 구현할 때의 상대적 이점
	중재의 적응성
	개입을 구현하기 위해 인식된 어려움
	개입의 설계 품질 및 포장
	개입 비용
조직의 외부 환경	환자의 요구를 충족시킬 수 있는 조직의 능력
	외부 조직과 네트워크를 연결할 수 있는 조직의 능력
	개입을 구현하라는 또래의 압력
	개입을 확산시킬 수 있는 외부 정책 및 인센티브
조직의 내부 환경	조직의 구조적 특성(연령, 규모 및 성숙도)
	조직 내 비공식 및 공식 네트워크의 품질;
	조직 문화
	조직의 이행 환경
	프로그램 구현을 위한 조직의 준비
조직 내에서 개별 특성	개입에 관한 개인의 태도와 가치
	프로그램의 측면을 실행하기 위한 개인의 자기효능감
	개입과 개인의 관계(사용 단계는 개인)
	개인과 조직의 관계
	개인적인 동기부여, 역량, 역량 및 학습 스타일과 같은 다른 특성
프로세스 요소	개입을 이행하기 위한 계획의 정도
	개입을 이행하기 위해 적절한 개인(의견 리더, 공식적으로 임명된 이행 리더, 프로그램 챔피언, 외부 변경 대리인)의 참여;
	계획에 따른 시행
	구현 진행 상황에 대한 양적 및 질적 피드백

JUMP의 학교 기반 신체활동 중재에서 교사 업무량이 많고 학교 간 협력이 거의 없었으며 체육 교사가 자격을 갖추지 못했으며 중재 지침이 잘 이해되지 않았을 때 구현이 줄어들었다(11). 환경 변화 개입을 고려할 때 환경 변화의 표준과 지침을 확인해야 한다(37). 여기에는 예측 커뮤니티 우려와 반발, 장벽 및 비용에 영향을 줄 수 있는 지연이 포함된다(37).

구현을 평가하려면 프로그램 개입의 특정 구성요소, 사용된 리소스 및 프로그램 제공에 전념하는 직원 및 시간을 충분히 이해해야 한다. 구현 평가의 주요 구성요소는 프로그램이 의도한 대로 제공되는 정도와 해당 구현과 관련된 비용이다. 구현의 브로드 캐스트 평가에서 모든 중재 세션이 완료되었는지 간단히 추적할 수 있다. 소규모 그룹 세션을 사용하는 경우 예를 들어 지정된 시간에 10개의 계획된 세션이 제공되면 10회라고 보고할 수 있다. 우편 지원 또는 교육을 사용하는 경우 의도한 시점에 배달된 우편물의 수를 추적하고 개봉하지 않은 상태로 반송되지 않은 우편물의 비율을 보고할 수 있다(예: 주소가 틀린 경우).

때때로 이 정보가 도움이 되지 않거나 정보를 제공하는 것은 아니다. 커뮤니티 파트너에 대한 저자의 경험에서, 세션이 종료되면 특별한 상황(예: 도로를 닫는 눈보라, 사무실의 프린터 고장)이 없는 한 전달된다. 수업 출석 또는 우편으로 중재된 내용을 입수한 보고서를 통해 참가자들이 실제로 프로그램 자료를 받는 정도를 추적하는 것이 도움이 될 수 있다.

구현에서 추적해야 할 또 다른 중요한 측면은 각 프로그램 접촉 세션이 의도한 내용을 포함하는 정도이다. Gimme 5에서 개입은 조지아에서 수행되었다. 시행 평가에는 의도된 대로 얼마나 많은 중재 교육 과정이 제공되었는지 결정하는 것이 포함되었다. 이 결정은 교실 세션의 중재 또는 무작위 관찰을 전달하는 사람들의 자체 보고서를 사용하여 완료할 수 있다. Gimme 5에서는 학교에서 제공되는 커리큘럼 활동의 절반만이 실제로 구현되었음을 발견했다(10). 학부모는 또한 중재의 핵심이었으며 저녁 수업 중에 전달된 정보를 받은 부모는 거의 없었다(< 10%)(10).

비용 및 자원 사용 추적은 프로그램 오퍼링의 효율성을 높이기 위해 집중할 수 있는 영역에 대한 유용한 정보를 제공할 수 있다. 비용 데이터는 개입을 구현하는 직원의 급여를 시간당 비용으로 변환하고 자재 비용 추적 및 간접 비용 모니터링(예: 공간 임대, 에어컨)을 통해 수집할 수 있다. 각 프로그램 구성요소의 비용을 모니터링하고 효과적인 유효성 평가를 구현함으로써 실무자는 효과를 줄이지 않으면서 비용을 절감하는 다양한 제공 모델을 테스트할 수 있다.

정책 및 환경 변화의 이행을 평가하는 것은 계획 문서에 따라 환경 변화가 수행되는 정도에 초점을 맞추고 정책이 의도한 대로 적용된다. 환경 변화의 경우 지속적인 모니터링과 유지가 필요할 수 있지만 구현 평가는 일반적으로 환경 변화의 완료와 동시에 이루어진다. 그러나 정책에는 정책의 핵심 구성요소에 대한 시행 및 지속적인 준수 계획이 포함된다(34). 다소 부담스럽지만, 정책이 채택된 지역의 현지 감사는 정책의 시행 정도를 결정하는 데 사용된다. 정책 평가 언어를 모니터링하고 주요 이해 관계자와의 인터뷰를 사용하여 정책 구성요소와 관련된 준수 정도를 평가할 수도 있다.

유지

효과성과 마찬가지로, 일단 개입이 완료되면 개별 수준의 신체활동 유지(Maintenance)에 대한 체계적인 검토가 이루어지고 있다. 가장 최근에, Fjeldsoe와 동료들은 최초의 프로그램이 완료된 후 적어도 3개월 후에 신체활동 과식이 중재가 행동 변화를 유지하는 정도를 조사했다(27). 2000년 이후 모든 연구의 약 3분의 1은 유지 보수에 대한 데이터를 포함했으며, 1차 연구 결과는 유지 보수를 개선하기 위해 수정할 수 있는 여러 가지 중재 특성이 있음을 시사했다. 6개월 이상 지속된 중재는 짧은 신체활동보다 신체활동이 유지될 가능성이 높다.

이것과 다소 관련이 있다. 공식 프로그램이 완료된 후 후속 프롬프트가 포함된 프로그램은 행동 유지 보수로 이어질 가능성이 더 컸다. 또한 대화형 기술 기반 중재는 종종 행동 변화를 유지하는 데 효과적이지만, 프로그램을 제공하는 사람들과의 대면 접촉을 포함하는 모든 중재(대화형 기술 기반 중재 포함)는 신체활동의 변화가 더 길어질 가능성이 훨씬 높았다. 여성을 대상으로 한 중재는 주의 깊게 준수하고 행동을 유발할 가능성이 가장 높은 사람들만 포함하도록 자원 봉사자들을 주의 깊게 검사한다. 이 두 가지 요소 모두 프로그램 내용보다 최종 샘플의 동기 특성에 기인할 가능성이 더 높다(27).

효과성과 마찬가지로, 간단한 신체활동과 삶의 질 측정을 사용하고, 실용적으로는 모집단의 하위 표본에 대한 측정을 지시함으로써 신체활동 변화의 유지를 문서화하는 데 필요한 데이터를 제공할 수 있다. 단계적 접근 방식을 사용하는 유사한 후속 평가 방법을 적용할 수도 있다(이 장의 효과 절에서 이미 언급한 바와 같이). 환경 및 정책 접근의 유지된 영향을 평가하려면 구현 후 즉시 효과를 평가하기 위해 완료된 것과 동일한 측정 및 방법을 사용하는 것이 적절하다. 프로그램, 정책 및 환경 변화 평가를 위한 적절한 일정은 프로그램이 종료된 후 또는 정책 또는 환경 변화가 구현된 후 6개월마다이다.

신체활동 프로그램 전달의 조직 수준 유지 보수에 대한 많은 정보가 있지만 다른 분야의 연구를 기반으로 커뮤니티 또는 임상 조직의 지속 가능성을 개선하기 위한 몇 가지 주요 전략이 있다(25). 특히, 프로그램이 광범위한 참여자에 도달하고 신체활동을 효과적으로 증가시킬 수 있다는 증거를 생성하면 주요 이해 관계자의 성공을 강조하는 데 매우 도움이 될 수 있다. 이 정보는 프로그램이 미래에 제공되는지 여부를 결정할 수 있는 미래의 참여자 및 조직 의사 결정자에게 프로그램을 홍보할 수 있는 자료에 적용할 수 있다. 기금의 감소로 인해 지속 가능성이 종종 위태로워지므로(41), 기금 개발위원회의 개발과 기존 운영에 프로그램을 통합하는 것은 지속적인 프로그램에 중요하다. 지역사회 참여와 프로그램 챔피언의 지원은 지속 가능성을 크게 향상시킬 수 있다(25).

지속적인 구현 평가를 사용함으로써 얻을 수 있는 이점 중 하나는 프로그램 지속 가능성 평가의 두 배가 될 수 있다는 것이다. 프로그램이 계속 구현되면 지속 가능성의 지표이다. 구현 평가를 사용하면 지속 가능성을 개선하는 데 필요한 적응의 표시를 제공할 수도 있다. 지속 가능성 평가 시기는 아마도 매년 또는 반 년마다 발생해야 한다.

단계별 설명[Step-by-Step]

저자는 이니셔티브가 프로그램, 환경 변경 또는 정책일 수 있음을 염두에 두고 신체활동 이니셔티브의 RE-AIM 평가를 완료하기 위한 이 단계별 프로세스를 개발했다. 또한 프레임 워크 및 설명에 대한 일반적인 정보를 얻기 위해 독자를 RE-AIM 웹사이트(WWW.re-aim.org)로 안내한다. 웹사이트에는 자세한 설명 및 평가 예제와 함께 유용한 점검표 및 계산 도구가 포함되어 있다. 적절한 경우, 다음 절에서 채택, 채택 사이트 내 도달, 구현, 구현 결과 효과성에 대한 프로그램의 관련 콘텐츠 평가에 대한 특정 링크, 효과가 달성되면 최종적으로 유지 보수에 중점을 둔다(28) . 다음 지시 사항은 이 실용적 순서를 따른다.

1단계: 채택

a. 채택을 모니터링해야 하는지 결정하시오. 조직의 전담 운영자(예: 커뮤니티 보건 센터의 건강 교육자)이고 고객과의 효과를 개선하려는 경우 입양을 추적할 필요가 없으며 도달 범위로 넘어갈 수 있다.

b. 프로그램을 전달할 수 있는 총 설정 수를 식별하시오. 이 추정에 도움이 되도록 http://www.re-aim.hnfe.vt.edu/tools/links/index로 이동하시오. 특정 지역에 있는 학교, 직장, 건강관리, 시민 및 지역사회 조직을 추정하기 위한 날짜 기반에 대한 링크를 찾을 수 있다.

c. 프로그램 전달 가능성에 영향을 줄 수 있는 해당 설정의 특성이 있는지 확인하고 해당 설정에서 사용 가능한 정보를 찾으시오. 많은 환경에서, 클라이언트/건강 전문가 비율, 환경당 건강 전문가 수, 환경에 대한 집수 지역을 반영하는 인구 조사관의 사회-경제적 구성 및 환경이 운영된 시간은 모두 변수이다. 입양에 영향을 줄 수 있다. 이 유형의 정보를 얻으려면 날짜 자료에 대해서는 앞부분의 b 부분에 있는 링크를 참조하시오.

d. 귀하의 중재 제공에 참여하도록 지역 환경의 대표자들을 초대하시오. 동의하는 숫자와 동의하지 않는 숫자를 세시오. 채택에 대한 비례 지표를 만든다.

e. 모든 적격 설정(즉, "c")에서 수집한 정보에 개입을 제공하기로 동의한 설정을 비교하시오. 여기에는 정교한 통계, 간단한 비교만 포함할 필요가 없다(예: 참여하기로 동의한 교회는 평균적으로 약 300명의 교회 규모와 비교하여 약 150명의 교회 규모를 가짐).

f. 참여하기로 동의한 각 설정에 대해 전략을 구현할 것으로 예상되는 여러 의료 전문가가 있는지 확인하시오. 그렇다면 각 참여 환경에서 의료 전문가의 분모를 결정하시오. 건강 전문가에 대한 특정 특성을 식별하시오(평균적으로 괜찮다). 연령, 성별, 신체활동 상태(사용 가능한 경우), 인종, 민족, 해당 분야의 연도 및 전문 지식 수준이 모두 유용한 특성이다. 모든 건강 전문가에게 프로그램을 제공하도록 요청하고, 동의하는 숫자와 비례 건강 전문가 채택 조치를 작성하지 않는 숫자를 추적하시오. 다시 한 번 각 설정의 평균 특성에 참여하기로 동의한 특성을 비교하시오.

g. 정책 또는 환경 변화의 경우, 환경 변화에 관심이 있는 다양한 조직(공공 작업, 공원 및 레크리에이션 등) 및 계획, 승인 및 구현단계에 참여할 수 있는 기관/핵심 이해관계자를 식별하고 초대하시오. 채택률을 측정하려면 계획, 승인 및 구현단계에 초대된 기관의 총수를 분모로 사용하고 분자와 관련된 기관을 사용하시오(우리가 이전에 설정한 것처럼). 집계된 유사한 대행사 그룹과 비교하는 대신, 입양 결정을 내리는 데 필요한 모든 주요 이해 관계자를 끌어들일 수 있는 정도에 따라 대표성을 결정하시오.

h. 채택 평가를 완료하려면 프로그램을 제공하거나 환경 또는 정책 변경의 계획/구현에 참여하기로 동의한 환경 및 건강 전문가의 수를 기록하시오. 환경 및 건강 전문가 수준 모두에 참여한 적격자 비율을 기록하시오. 사용 가능한 설정 및 건강 전문가 정보를 기반으로 대표 샘플을 얻는 데 성공한 정도를 보고하시오(http://www.re-aim.hnfe.vt.edu/resources_and_tools/calculations/adoption_calcuator/index.html).

2단계: 도달

a. 서비스를 받거나 중재에 대한 액세스가 제공되는 환경과 상호작용하는 중재 또는 프로그램에 참여할 수 있는 총 인원을 식별하시오. 분모 추정에 도움이 되도록 http://www.re-aaim.hnfe.

vt.edu/tools/calculations/reach_calculator/finding_numbers_to_estimate_reach.html에 있는 정보를 사용하시오. 이 웹사이트는 또한 채용 활동에 노출된 사람들의 비율을 추정하는 방법에 대한 설명도 제공한다.

b. 센서스 날짜 또는 기타 현지 날짜(예: 클리닉의 전자 의무 기록에서 확인되지 않은 날짜)를 사용하여 대상 인구의 기본 특성을 결정하시오. 기본 인구 통계 정보는 적절하지만 다른 행동 또는 건강 상태 정보는 또한 모집단에 개입에 과도하거나 과소 표현되는 하위 표본이 있는지 확인하는데 도움이 될 수 있다.

c. 채용 노력에 응답하고 프로그램을 시작하는 사람들의 수를 결정하시오.

d. 귀하의 환경에 있는 모든 유자격자에 대해 수집한 정보에 대한 중재에 참여하기로 동의한 것을 비교하시오. 채택과 마찬가지로 정교한 통계, 간단한 비교만 포함할 필요는 없다(예: 프로그램의 비율이 더 적다).

e. 정책 또는 환경 변화의 경우, 환경 변화를 제안하는 특정 완충 구역 내에서 생활 및/또는 일하는 총 인원 수를 추정하시오. 인터셉트 조사를 사용하여 개인의 원산지를 결정하고 환경 변화를 구현한 후 다양한 시간대에 방문자를 관찰하고 설명하시오. 청소년 스포츠에 참여하는 어린이에 대한 세금 혜택과 같은 정부 정책의 경우, 분모는 휴식 시간에 해당하는 지역의 모든 어린이가 되고 분자는 실제로 혜택을 이용하는 사람들이 된다. 이 설정 수준 날짜를 프록시로 사용하여 시간에 따른 도달 범위 변경을 추적하시오.

도달 범위 평가를 완료하려면 프로그램에 참여하기로 동의했거나 환경 또는 정책 변경과 상호작용한 사람들의 수를 기록하시오. 귀하의 중재에 참여한 적격자의 비율을 기록하시오(이에 도움을 줄 수 있는 도달 범위 담당자는 http://www.re-aim.hnfe.vt.edu/resources_and_tools/calculations/reach_calculator/index.html 참조). 사용 가능한 정보를 바탕으로 대표 샘플을 성공적으로 획득한 정도를 보고하시오.

3단계: 실행

a. 중재의 구성요소를 식별하시오(예: 소규모 그룹 세션, 맞춤형 우편 발송 3건 및 동기부여 인터뷰 기반의 6건). 각 개입 구성요소의 주요 내용을 식별하시오.

b. 개입 전달 스케줄에 따라 개입의 각 구성요소가 제 시간에 전달되는 범위를 추적하시오. 개입 전달 스케줄에 따라 개입의 각 구성요소가 제 시간에 전달되는 범위를 추적하시오.

c. 의도한 대로 전달된 개입의 비율을 계산하시오(즉, 분자로 전달된 것과 분모로 의도된 것).

d. 프로그램의 효과를 결정할 때는 의도한 대로 제공된 프로그램의 백분율을 기준으로 차이점을 검사하시오. 마찬가지로, 개입과 관련된 모든 비용을 추적하고 이를 사용하여 주요 내용을 줄이지 않고 효율성을 창출할 수 있는 영역을 고려하시오.

e. 귀하의 환경, 직원의 전문 지식 또는 잠재적 참가자의 이익에 보다 적합하도록 완료된 중재에 대한 적응을 추적하시오. 중요한 적응 전후에 유효성 평가를 포함시킨다.

f. 환경 또는 정책 변경의 경우 변경에 대한 표준 또는 지침을 식별하고 계획 문서를 개발 및 사용하시오. 계획 문서 및 지침에 따라 변경 정도를 결정한다. 프로그램 구현 평가와 유사하게 변경과 관련된 모든 비용을 추적한다.

4단계: 효과성

a. 적절한 신체활동 측정을 선택하시오. 측정 값이 홍보 중인 신체활동 유형에 맞게 조정되고 빈도, 강도 및 지속 시간에 대한 평가가 포함되어 있는지 확인하시오. 직접 구성하는 대신 검증 된 측정을 사용하시오. 가능하면 그룹의 하위 샘플에서 신체활동을 직접 측정하시오.
b. 삶의 질(CDC Health Days 측정 참조) 및 의도하지 않은 결과에 대한 적절한 조치를 선택하시오 (단순하고 중대한 부작용을 추적하는 것일 수 있음).
c. 프로그램이 시작되기 전과 프로그램이 끝날 때 신체활동 및 삶의 질을 평가하시오. 보다 정확한 계정을 위해 전화 또는 온라인 추적을 사용하여 매주 신체활동 보고서를 수집하시오. 삶의 질 변화와 잠재적 부정적인 결과의 변화를 비교하시오.
d. 참가자의 탈퇴를 추적하시오(즉, 프로그램을 시작한 사람들의 비율이 끝나기 전에 탈락했다).
e. 다수의 참가자가 후속 평가를 완료하지 못한 경우(예: 30% 이상), 평가를 완료하지 않은 사람들에 대한 기본 값을 후속 값으로 사용한 간단한 절차를 사용하여 프로그램의 효과에 대한 보수적인 추정, 이것은 분석을 치료하려는 의도의 한 형태이다.
f. 도달 범위에 수집된 날짜를 사용하여 표본의 여러 하위 그룹에 대한 개입의 차이 효과가 있는지 확인하시오. 또한 탈락한 참가자가 그렇지 않은 참가자와 다른지 검토하시오. 특히, 초기 신체활동 수준, 성별, 인종/민족성 및 경제적 상태에 따른 차이를 조사하시오.
g. 실행을 위해 수집된 날짜를 사용하여 주요 내용이 참가자에게 제공되는 정도에 따라 효과가 영향을 받는지 확인한다.
h. 환경 또는 정책 변경의 경우, 변경이 발생한 설정에서 개별 평가를 신체활동 감사로 대체하시오. 가능하면 변경이 대상 모집단 내의 다른 그룹에 영향을 미치는지 여부를 결정하기 위해 전후에 평가하시오.

5단계: 유지

개인 수준

a. 개별 수준에서 유지 보수 평가는 효과성 평가의 연속이다. 공식적인 개입이 완료된 후 일정 시간이 지나면 보통 6개월이 지나면 참가자를 평가하는 것이 포함된다.
b. 프로그램 6개월 후 효과 e~h 단계를 따르시오. 완전하거나 환경 또는 정책이 변경되었다.

조직 수준

a. 시간이 지남에 따라 개입을 제공하는 사람들과 연락을 유지하시오. 프로그램이 제공되는 횟수를 추적하고 지속 가능성의 지표로 도달하시오.
b. 적응이 발생했는지, 계속 전달할 계획이 있는지, 전달이 확대 또는 축소되었는지를 결정하기 위해 중재를 시행하는 사람들과 간단한 인터뷰를 수행하시오.
c. 간단한 인터뷰는 실용적인 일정으로 이루어질 수 있다. 프로그램 기간이 6개월인 경우. 반년마다 추적하는 것이 합리적이다. 프로그램 기간이 8주이면 추적이 더 자주 발생해야 한다.
d. 프로그램이 제공되는 진행 횟수와 각 특정 제공의 도달 범위를 기록하시오.
e. 환경 또는 정책 접근법의 경우, 집행 유지 계획이 있는지 여부와 해당 계획이 준수 수준 또는 조

직의 지속 가능성을 결정하기 위해 준수한 정도를 결정하시오.

RE-AIM 모형을 사용하여 평가할 수 있는 다양한 유형의 신체활동 이니셔티브가 있다. 사례 9.1은 현실적이고 커뮤니티 차원의 접근 방식을 제시한다. 여기에는 프로그램, 정책 및 환경 변화 전략이 포함될 수 있으며 신체활동 개선을 위한 증거 기반 접근 방식으로 권장되며 이전에 RE-AIM 평가에 중점을 두었다(35,47).

사례 9.1

신체활동 이니셔티브는 더 큰 지방 자치구 내의 소규모 커뮤니티에 위치하고 있다. 학교 시스템은 이니셔티브의 중심이며, 모든 어린이들에게 매일 정기 체육을 포함하도록 초등학교, 중학교 및 고등학교 정책을 변경할 계획이다. 저자는 매주 뉴스 레터, 팀 목표 및 주간 그룹 피드백을 포함하는 커뮤니티 신체활동 과제에 커리큘럼을 맞출 계획이다. 학교 내 교과 과정과 연계하여 가족들이 함께 도전에 참여하도록 장려하기를 희망한다. 마지막으로, 저자들은 학교 신체활동 시설이 몇 시간 후에 커뮤니티에 공개될 수 있도록 학군과 협력할 계획이다.

1단계: 채택

목표는 6개의 학교(우리의 가상 커뮤니티에는 초등학교 3개, 중학교 2개, 고등학교 1개가 있음)를 변경하고 커뮤니티의 모든 성인을 참여시키는 것이므로 채택을 모니터하는 것이 중요하다. 6개 학교는 지역 교회(그들 중)와 건강 관리 클리닉(그중 3개)과 함께 이니셔티브가 제공될 장소로 식별되어 성인의 청중에게 다가갈 수 있도록 한다. 대상 커뮤니티에는 약간의 차이가 있다. 초등학교 2곳과 중학교 1곳은 약 90%의 학생들이 무료 또는 할인된 점심을 먹을 수 있는 반면, 고등학교는 연방 표준 시험을 통과하는 데 문제가 있으며 개선되지 않으면 일부 자금을 잃을 수 있다. 그렇지 않으면 초등학교의 규모는 중학교와 거의 같다. 진료소의 경우, 하나는 Medicaid 적격 환자에게 독점적으로 서비스를 제공하는 지역사회 보건 센터이다. 다른 두 곳은 지역 병원 시스템과 관련이 있다. 교회는 모두 거의 같은 크기이지만, 하나는 침례교, 하나는 몰몬교, 하나는 가톨릭, 하나는 감리교이다. 일을 단순하게 유지하기 위해 각 교회의 회중에는 동일한 인구 통계학적 및 경제적 프로파일이 있다.

커뮤니티 그룹은 앞에서 설명한 각 설정에 초대를 보낸다. 고등학교는 가톨릭 교회와 감리교 교회처럼 초대를 거절한다. 모든 초등학교와 중학교가 참여하기로 동의한다. 지역사회 건강 센터에 병원 관련 클리닉도 참여하는 데 동의한다. 채택률은 유형(예: 교회의 50%, 학교의 83%, 클리닉의 67%) 또는 전체(69%) 를 설정하여 계산할 수 있다 .

일부 설정이 거부되는 이유를 설명하는 패턴이 있다. 고등학교 관리자와 교사는 실제로 시험 점수를 얻는 데 중점을 두고 있으며 시험에 도달하지 못한 교과 과정 변경은 나쁜 생각이라고 생각한다. 가톨릭 교회와 감리교 교회는 방금 유방암 인식 이니셔티브에 참여했으며 동시에 다른 활동에 참여할 수 없다고 생각한다. 퇴원한 클리닉은 두 명의 의사를 잃고 퇴직했으며 현재의 책임으로 가득 차 있다. 감소하는 모든 설정에는 참여 능력에 제약을 주는 합법적인 경쟁 요구가 있다. 다행히도 이니셔티브를 위해 지역사회의 저 경제 지위 회원들에게 서비스를 제공하는 환경은 참여하기로 동

계속

사례 9.1 (계속)

의하고, 우리가 이 건강 이질적인 인구를 놓치지 않을 가능성을 높인다.

참여하는 각 클리닉에는 10명의 의사가 있으며 총 20명, 다섯 개 학교에는 체육 교사 1명(교과 과정 변경을 담당)이 있다. 모든 교사가 탑승하여 새로운 커리큘럼(100% 채택)에 대해 기쁘게 생각한다. 의사 중 80%는 신체활동에 대한 지침을 충족하지 않는 환자에게 신체활동 과제를 홍보하고 참여의 안전성을 결정하기 위해 위험이 높은 환자를 선별하는 데 참여하기로 동의한다. 거절하는 네 명의 의사는 참여하기로 선택한 의사보다 나이가 많고 평균적으로 더 오래 연습했다. 정책 변경의 경우, 학군 교육감은 교과 과정 변경을 지원하고 학교 체육관을 몇 시간 후에 이용할 수 있도록 동의한다.

2단계: 도달

중재 대상이 될 사람의 총수를 결정하려면 선택해야 한다. 본 사례의 경우, 이는 각 참여 학교의 학생 수, 참여 교회의 교회 규모 및 각 클리닉의 환자 수일 수 있다. 문제는 전체 커뮤니티를 활성화시키는 것이 목표인 반면, 교회와 클리닉은 개입을 제공하는 대신 사람들을 광고하고 모집하는 방법일 뿐이다. 또한 교인들과 환자들 사이에 겹치는 부분이 있을 수 있으며, 이로 인해 분모 계산에 과대 평가 오류가 발생할 수 있다. 이 사례에서 지역사회의 성인과 학령기 아동의 인구 조사 번호는 최고의 분모이다. 인구 조사 데이터는 또한 지역사회의 유병률, 빈곤의 유병률 및 기타 인구 통계학적 정보에서 인종/민족적 붕괴를 결정하는 데 사용된다. 신체활동에 대한 권장사항을 충족하는 사람들의 비율에 대해 이 보고서와 상태 보고서를 사용하면 샘플을 매우 잘 설명할 수 있다. 결국 우리의 분모는 3000명의 어린이와 15,000명의 성인이다.

학교 기반의 커리큘럼 활동은 3000명의 어린이 중 2000명에 달한다(1000명은 고등학교에 있는 사람들). 신체활동에 대한 도전이 다가옴에 따라 어린이들과 함께 자료가 집으로 보내지고 의사가 이를 소개하며 교회에서 발표되고 교회 게시판에 게시된다. 또한 교회에서 발표가 진행되며, 잠재인 참가자는 현장에서 등록 할 수 있다. 마지막으로, 지역 신문에 광고가 게재되고, 지역 사회에 포스터가 걸려 있다.

도전을 시작하기 전에 3000명의 성인이 등록했다. 성인 응답자의 85%는 여성이며, 대부분 참여 학교 중 하나에 자녀가 있으며, 평균 가계 소득은 인구 조사 데이터에 표시된 것보다 약간 높다. 라틴계 및 아프리카계 미국인 여성은 백인 여성만큼 참여할 가능성이 있지만 소수 남성은 백인 남성보다 참여할 가능성이 적다. 저녁에 학교 시설을 이용할 수 있도록 하는 정책 변경을 평가할 때, 인종과 민족에 균형을 둔 거의 300명의 남성이 정기적으로 농구를 하기 위해 모인다. 체육관을 사용한 남성은 평균적으로 학교의 4개 도시 블록 내에 거주한다. 이러한 데이터를 기반으로 도달 범위는 어린이(67% 비례 도달 범위), 성인(22%) 또는 둘 다(29%)를 기준으로 보고될 수 있다. 연구자들은 다른 가계 수입에 걸쳐 사람들을 참여시키는 데 성공 했지만 많은 남성을 참여시키는 데는 성공하지 못했다.

3단계: 실행

개입 요소에는 학교 체육 정책 및 커리큘럼이 포함된다. 방과 후에 학교 시설에 대한 공개 액세스;

계속

사례 9.1 (계속)

주간 뉴스 레터, 팀 목표 설정 및 피드백을 통해 커뮤니티 전체의 신체활동 문제를 해결한다. 교과 과정의 경우 체육 교사는 도전 준비와 협력하지만 나머지 교과 과정의 전달과는 협력하지 않았다. 평균적으로 재료의 약 50%를 제공한다. 성인 부분의 경우, 신체활동 도전이 의도한 대로 전달되며 목표에 대한 피드백이 있는 100%의 뉴스 레터가 매주 발송된다. 우편물 중 약 5%가 표시된 주소로 보낸 사람에게 반송될 때 잘못된 주소로 반송되어 이 구성요소의 실행이 95%로 줄어든다. 어린이 및 성인의 실행 번호는 실행 기반의 유효성을 테스트할 때 별도의 번호를 사용하는 것이 더 좋을 수 있으므로 결합되지 않는다.

활동 비용은 명확하지 않는다. 학교가 나중에 열리기 때문에 유틸리티 불(예: 열과 조명)이 올라갈 것이라는 우려가 학교에 있다. 그러나 정보는 학교에서 수집되지 않는다. 신체활동 도전 자료의 비용, 그리고 배달 시간을 추적한다. 의사나 목회자의 시간은 시간을 기부하고 개입을 하지 않기 때문에 비용 견적에 포함되지 않는다. 연구원들은 채용에 필요한 시간을 추적하고 가장 효율적인 채용 전략이 무엇인지 결정하는 것을 고려하지만 이것이 중재 실행 평가 외부에 있는지 결정한다.

4단계: 효과성

연구자들은 방과 전, 체육 수업 중 및 방과 후 학생의 행동을 평가하기 위한 신체활동을 결정하는 검증되고 객관적인 성인 도구를 식별한다. 또한 아이들의 학교 준비 패키지에 짧고 검증된 자체 보고서 신체활동 리콜을 추가하여 학교 첫날에 학교로 돌려보내고 연구원은 학교 마지막 주에 다시 보낼 수 있다. 도전을 겪고 있는 부모와 체육관을 사용하는 남성을 위해, 우리는 참가자가 프로그램에 처음 참여하거나 체육관을 사용하기 전에 신체활동에 대한 간단하고 검증된 자체보고 조치를 사용한다. 참가자들은 CDC Healthy Days 측정 및 짧은 인구 통계 설문지를 작성해야 한다. 챌린지 참가자는 매주 신체활동을 보고해야 하며, 체육관을 사용하는 사람들은 체육관에서 첫날부터 6개월마다 신체활동을 평가한다. 각 후속 평가에서 참가자는 신체활동이 증가하여 발생할 수 있는 부상에 대해 질문을 받는다.

도전이 완수되더라도 약 2000명이 여전히 참여하고 사후 프로그램 후속 조치를 수행한다. 마지막에 30% 이상이 누락되었기 때문에 해당 사람들의 사전 프로그램 데이터가 복사되어 후속 조치로 사용된다. 이것은 후속 조치를 하지 않는 사람들이 신체활동을 바꾸지 않았다고 가정함으로써 연구원들이 효과를 과대평가하지 않도록 한다. 연구에 참여한 어린이의 경우 후속 조치를 완료하는 데 약 90%가 걸린다.

성인은 주당 약 45분씩 신체활동을 증가시키는 반면, 어린이는 보다 많은 체육 교육 정책으로 인해 주당 거의 120분씩 증가했다. 흥미롭게도, 체육관을 사용하는 성인은 일주일에 90분씩 증가하여 평균 3주에 체육관을 사용한다고 보고했다. 하위 그룹을 살펴보면 프로그램이 학교의 어린이 부모에게 가장 적합한 것으로 보였다. 가계 소득이 낮은 성인은 소득이 높은 성인보다 성공할 가능성이 높다. 실행을 고려할 때 더 나은 실행을 가진 학교의 학생들은 신체활동을 늘리는 데 더 성공적이다.

계속

사례 9.1 (계속)

5단계: 유지

개인 수준

학교에서 변경이 처음 시행된 1년 후에도 학생들은 정책 및 커리큘럼 변경 이전보다 더 많은 신체활동에 계속 참여하고 있다. 신체활동 도전에 참여한 성인은 여전히 프로그램 이전보다 활동이 많지만 프로그램 직후의 활동보다 활동이 적다. 도전을 하지 않았지만 개방된 체육관 공간을 사용한 성인은 학교가 저녁에 여전히 열려 있기 때문에 활동 수준을 유지할 수 있다. 남학생의 경우 여학생보다 남학생의 변화가 더 좋았지만, 남성에게는 여학생보다 더 나은 변화가 있었다.

조직 수준

이 프로그램의 첫해가 지난 후, 연구원들은 학교 교육감, 교장, 체육 교사, 목회자 및 각 보건 의료 클리닉의 대표들을 만났다. 모두는 첫해를 즐기고 2년째 시도에 관심이 있다. 프로그램과 프로모션에 약간의 변화가 있다는 이야기가 많이 있지만 모든 사람들이 이니셔티브를 유지할 준비가 되어 있다. 교육장은 시간 후 학교에 대한 접근 권한이 학교 복지 정책에 추가될 것이며 학교가 해당 정책을 준수하는지 모니터링할 것임을 나타낸다.

핵심정리

각 RE-AIM 차원이 중요하고 가치가 있다고 생각되지만 상황에 모두 해당되는 것은 아니다. 아직도, 여기 당신을 위한 5개의 메시지가 있다:

1. 귀하의 프로그램에 참여하는 사람 또는 귀하의 정책 및 환경 변화에 도달한 사람에게 주의를 기울이고, 그들의 특성과 목표 인구의 호흡에 도달하는 데 차이가 있는 부분을 알고 있어야 한다.
2. 프로그램에서 서로 다른 특성을 가진 참가자들이 어떻게 공정하게 일하고 누구를 위해 일하고 누구를 위해 일하지 않는지를 결정하시오.
3. 도달 범위와 대표성은 종종 채택에 의해 좌우된다. 더 높은 경제적 지위와 소수의 소수 고객에게 주로 서비스를 제공하는 설정만 얻는 경우, 전체 대상 인구 범위에 도달할 가능성은 매우 낮다.
4. 의도한 대로 이니셔티브가 제공되도록 하는 지속적인 방식으로 실행 모니터링. 그러나 적응이 이루어지면서(항상 그러하겠지만), 적응이 효과에 긍정적 또는 부정적으로 영향을 미치는지 알려줄 수도 있다.
5. 유지 관리에 중점을 두면 노력이 장기적인 변화로 이어지는지 알려주고 대상 인구에 대한 프로그램의 가치를 보여준다.

특히 실제 환경에서 다른 전략을 실행하는 것과 관련된 문제를 고려할 때 신체활동을 변경하는 것은 어려운 작업이다. 이 장은 다루어지고 평가될 경우 목표 인구에 큰 영향을 줄 가능성을 높이는 5가지 고려사항을 강조하기 위한 것이다. 작업에서 이러한 영역의 대부분을 한 번에 다른 것으로 간주했을 수 있으며 이 정보를 단계별 지침 및 사례와 함께 체계적인 방식으로 제공하면 당신의 활동에 대한 RE-AIM 평가를 완료할 수 있다.

참고문헌

1. Almeida FA, Shetterly S, Smith-Ray RL, Estabrooks PA. Reach and effectiveness of a weight loss intervention in patients with prediabetes in Colorado. *Prev Chronic Dis* [Internet]. 2010 [cited 2010 Sept];7(5):A103. Available from: http://www.cdc.gov/pcd/issues/2010/sep/09_0204.htm.
2. Almeida FA, Smith-Ray RL, Van Den Berg R, et al. Utilizing a simple stimulus control strategy to increase physician referrals for physical activity promotion. *J Sport Exerc Psychol.* 2005;27(4):505–14.
3. Antikainen I, Ellis R. A RE-AIM evaluation of theory-based physical activity interventions. J *Sport Exerc Psychol.* 2011;33(2):198–214.
4. Belansky ES, Cutforth N, Delong E, et al. Early effects of the federally mandated Local Wellness Policy on school nutrition environments appear modest in Colorado's rural, low-income elementary schools. *J Am Diet Assoc* [Internet]. 2010 [cited Nov];110(11):1712–17. Available from: doi 10.1016/j.jada.2010.08.004.
5. Berwick DM. Disseminating innovations in health care. *JAMA* [Internet]. 2003 Apr 16 [cited 2011 Oct 10];289(15):1969–75. Available from: http:// jama.ama-assn.org/content/289/15/1969.full.pdf doi 10.1001/jama.289.15.1969.
6. Brownson RC, Housemann RA, Brown DR, et al. Promoting physical activity in rural communities: Walking trail access, use, and effects. *Am J Prev Med* [Internet]. 2000 Mar 15 [cited 2011 Oct 10];18(3):235–41. Available from: http://www.sciencedirect.com/science/article/pii/S0749379799001658 doi 10.1016/S0749-3797(99)00165-8.
7. Burke SM, Carron AV, Eys MA, Estabrooks PA. Group versus individual approach? A meta-analysis of the effectiveness of interventions to promote physical activity. *Sport Exerc Psychol Rev* [Internet]. 2006 [cited 2011 Oct 10];1:16. Available from: http://spex.bps.org.uk/spex/publications/sepr.cfm.
8. Caperchione C, Coulson F. The WellingTONNE Challenge Toolkit: Using the RE-AIM framework to evaluate a community resource promoting healthy lifestyle behaviours. *Health Educ J* [Internet]. 2010 Mar [cited 2011 Oct 10];69(1):126–34. Available from: http://hej.sagepub.com/content/69/1/126.full.pdf doi10.1177/0017896910363301.
9. Damschroder LJ, Aron DC, Keith RE, Kirsh SR, Alexander JA, Lowery JC. Fostering implementation of health services research findings into practice: A consolidated framework for advancing implementation science. *Implement Sci* [Internet]. 2009 Aug 7 [cited 2011 Oct 10];4:50. Available from: http://www.implementationscience.com/content/4/1/50 doi 10.1186/1748-5908-4-50.
10. Davis M, Baranowski T, Resnicow K, et al. Gimme 5 fruit and vegetables for fun and health: Process evaluation. *Health Educ Behav* [Internet]. 2000 Apr [cited 2011 Oct 10];27(2):167–76. Available from: http://heb.sagepub.com/content/27/2/167.long doi 10.1177/109019810002700203.
11. De Meij JSB, Chinapaw MJM, Kremers SPJ, Van der Wal MF, Jurg ME, Van Mechelen W. Promoting physical activity in children: The stepwise development of the primary school-based JUMP-in intervention applying the RE-AIM evaluation framework. *Br J Sports Med* [Internet]. 2008 Nov 19 [cited 2011 Oct 10];44(12):879-887. Available from: http://http://bjsm.bmj.com/content/44/12/879.long doi 10.1136/bjsm.2008.053827.
12. Doerksen SE, Estabrooks PA. Brief fruit and vegetable messages integrated within a community physical activity program successfully change behaviour. *Int J Behav Nutr Phys Act* [Internet]. 2007 Apr 10 [cited 2011 Oct 10];4:12. Available from: http://www.ijbnpa.org/content/4/1/12 doidoi:10.1186/1479-5868-4-12.
13. Dunton GF, Lagloire R, Robertson T. Using the RE-AIM framework to evaluate the statewide dissemination of a school-based physical activity and nutrition curriculum: "Exercise Your Options." *Am J Health Promot* [Internet]. 2009 [cited 2009 Mar-Apr];23(4):229–32. Available from: http://www.ncbi.nlm.nih.gov/pmc/articles/PMC2657926/?tool=pubmed doi 10.4278/ajhp.071211129.
14. Dzewaltowski DA, Estabrooks PA, Klesges LM, Bull S, Glasgow RE. Behavior change

intervention research in community settings: How generalizable are the results? *Health Promot Int* [Internet]. 2004 [cited 2011 Oct 10];19(2):235–45. Available from: http://heapro.oxfordjournals.org/content/19/2/235.full.pdf+html doi 10.1093/heapro/dah211.

15. Dzewaltowski DA, Estabrooks PA, Welk G, et al. Healthy youth places: A randomized controlled trial to determine the effectiveness of facilitating adult and youth leaders to promote physical activity and fruit and vegetable consumption in middle schools. *Health Educ Behav* [Internet]. 2009 June [cited 2011 Oct 10];36(3):583–600. Available from: http://heb.sagepub.com/content/36/3/583doi: 10.1177/1090198108314619.
16. Eakin E, Reeves M, Lawler S, et al. Telephone counseling for physical activity and diet in primary care patients. *Am J Prev Med* [Internet]. 2008 Dec 5 [cited 2011 Oct 10];36(2):142–149. Available from: http://www.sciencedirect.com/science/article/pii/S0749379708008970 doi 10.1016/j.amepre.2008.09.042.
17. Eakin EG, Brown WJ, Marshall AL, Mummery K, Larsen E. Physical activity promotion in primary care: Bridging the gap between research and practice. *Am J Prev Med* [Internet]. 2004 [cited Nov];27(4):297–303. doi 10.1016/j.amepre.2004.07.012.
18. Eakin EG, Lawler SP, Vandelanotte C, Owen N. Telephone interventions for physical activity and dietary behavior change: A systematic review. *Am J Prev Med* [Internet]. 2007 May [cited 2011 Oct 10];32(5):419–34. Available from: http://www.sciencedirect.com/science/article/pii/S0749379707000104 doi 10.1016/j.amepre.2007.01.004.
19. Estabrooks P, Bradshaw M, Fox E, Berg J, Dzewaltowski DA. The relationships between delivery agents' physical activity level and the likelihood of implementing a physical activity program. *Am J Health Promot* [Internet]. 2004 May–June [cited 2011 Oct 10];18(5):350–3. Available from: http://ajhpcontents.org/doi/abs/10.4278/0890-1171-18.5.350 doi10.4278/0890-1171-18.5.350.
20. Estabrooks PA, Bradshaw M, Dzewaltowski DA, Smith-Ray RL. Determining the impact of Walk Kansas: Applying a team-building approach to community physical activity promotion. *Ann Behav Med* [Internet]. 2008;36(1):1–12. Available from: http://www.springerlink.com/content/w21404885lwx3424/ doi 10.1007/s12160-008-9040-0.
21. Estabrooks PA, Dzewaltowski DA, Glasgow RE, Klesges LM. School-based health promotion: Issues related to translating research into practice. *J Sch Health*. 2002;73:7.
22. Estabrooks PA, Gyurcsik NC. Evaluating the impact of behavioral interventions that target physical activity: Issues of generalizability and public health. *Psychol Sport Exerc* [Internet]. 2003 Jan [cited 2011 October 10];4(1):41–55. Available from: http://www.sciencedirect.com/science/article/pii/S146902920200016X doi: 10.1016/S1469-0292(02)00016-X.
23. Estabrooks PA, Shoup JA, Gattshall M, Dandamudi P, Shetterly S, Xu S. Automated telephone counseling for parents of overweight children: A randomized controlled trial. *Am J Prev Med* [Internet]. 2008 Dec 16 [cited 2011 October 10];36(1):35–42. Available from: http://www.sciencedirect.com/science/article/pii/S0749379708008374 doi 10.1016/j.amepre.2008.09.024.
24. Estabrooks PA, Smith-Ray RL, Almeida FA , et al. Move more: Translating efficacious physical activity intervention principles into effective clinical practice. *Int J Sport Exerc Psychol* [Internet]. 2011 May 20 [cited 2011 Oct 10];9(1):4–18. Available from: http://www.tandfonline.com/doi/abs/10.1080/1612197X.2011.563123#.UZt_UCs4XBI doi: 10.1080/1612197X.2011.563123
25. Estabrooks PA, Smith-Ray RL, Dzewaltowski DA, et al. Sustainability of evidence-based community-based physical activity programs for older adults: Lessons from Active for Life. *Transl Behav Med* [Internet]. 2011 [cited 2011 Oct 10];1:7. Available from: http://www.springerlink.com/index/370162N8282NL370.pdf doi 10.1007/s13142-011-0039-x.
26. Estabrooks PA, Wages JG, Chappell D, et al. Comparing evidence-based principles to evidence-based program: A test of research practice partnerships. *Ongoing Study*.
27. Fjeldsoe B, Neuhaus M, Winkler E, Eakin E.

Systematic review of maintenance of behavior change following physical activity and dietary interventions. *Health Psychol* [Internet]. 2011 Jan [cited 2011 Oct 10];30(1):99–109. Available from: http:// psycnet.apa.org/journals/hea/30/1/99.pdf doi 10.1037/a0021974.

28. Gaglio B, Glasgow RE. Evaluation approaches for dissemination and implementation research. Chapter in R Brownson, G Colditz, E Proctor, editors. *Dissemination and Implementation Research in Health: Translating Science to Practice*, Oxford University Press. Forthcoming.
29. Garber CE, Blissmer B, Deschenes MR, et al. American College of Sports Medicine position stand. Quantity and quality of exercise for developing and maintaining cardiorespiratory, musculoskeletal, and neuromotor fitness in apparently healthy adults: Guidance for prescribing exercise. *Med Sci Sports Exerc* [Internet]. 2011 Jul [cited 2011 Oct 10];43(7):1334–59. Available from: http:// www.aliceveneto.com/1/upload/quantity_and_quality_of_exercise_for_developing.26_1_.pdf doi10.1249/MSS.0b013e318213fefb.
30. Glasgow RE, Bull SS, Gillette C, Klesges LM, Dzewaltowski DA. Behavior change intervention research in healthcare settings: A review of recent reports with emphasis on external validity. *Am J Prev Med* [Internet]. 2002 Jul [cited 2011 Oct 10];23(1):62–69. Available from: http://www.sciencedirect.com/science/article/pii/S0749379702004373 doi 10.1016/S0749-3797(02)00437-3.
31. Glasgow RE, Vogt TM, Boles SM. Evaluating the public health impact of health promotion interventions: The RE-AIM framework. *Am J Public Health* [Internet]. 1999 Sept [Cited 2011 October 10];89(9):1322–27. Available from: http://ajph.aphapublications.org/doi/abs/10.2105/AJPH.89.9.1322 doi10.2105/AJPH.89.9.1322.
32. Godin G, Jobin J, Bouillon J. Assessment of leisure time exercise behavior by self-report: A concurrent validity study. *Can J Public Health*. 1986;77(5):359–62.
33. Jenkins A, Christensen H, Walker JG, Dear K. The effectiveness of distance interventions for increasing physical activity: A review. *Am J Health Promot* [Internet]. 2009 [cited Nov–Dec];24(2):102–17. Available from: http:// ajhpcontents.org/doi/abs/10.4278/ajhp.0801158 doi 10.42 7H/n}bp. OHO 1158.
34. Jilcott S, Ammerman A, Sommers J, Glasgow RE. Applying the RE-AIM framework to assess the public health impact of policy change. *Ann Behav Med* [Internet]. 2007 [cited 2011 Oct 10];34(2):105–14. Available from: http://www.springerlink.com/content/840wu11643867432/ doi 10.1007/BF02872666.
35. Kahn EB, Ramsey LT, Brownson RC, et al. The effectiveness of interventions to increase physical activity– A systematic review. *Am J Prev Med* [Internet]. 2002 [cited 2002 May];22 Suppl 4:73–107. Available from: http://www.thecommunityguide.org/pa/pa-ajpm-evrev.pdf doi 10.1016/S0749-3797(02)00434-8.
36. Katula JA, Kritchevsky SB, Guralnik JM, et al. Lifestyle Interventions and Independence for Elders pilot study: Recruitment and baseline characteristics. *J Am Geriatr Soc* [Internet]. 2007 May [cited 2011 Oct 10];55(5):674-683. Available from: http://www.thelifestudy.org/docs/Published_Version_JGS_1136.PDF doi 10.1111/j.1532-5415.2007.01136.x.
37. King DK, Glasgow RE, Leeman-Castillo B. Reaiming RE-AIM: Using the model to plan, implement, and evaluate the effects of environmental change approaches to enhancing population health. *Am J Public Health* [Internet]. 2010 Sep 23 [cited 2011 Oct 10];100(11):2076-2084. Available from: http://ajph.aphapublications.org/doi/full/10.2105/AJPH.2009.190959 doi10.2105/AJPH.2009.190959.
38. Klesges LM, Estabrooks PA, Dzewaltowski DA, Bull SS, Glasgow RE. Beginning with the application in mind: Designing and planning health behavior change interventions to enhance dissemination. *Ann Behav Med* [Internet]. 2005 Apr [cited 2011 October 10];29 Suppl:66–75. doi 10.1207/s15324796abm2902s_10.
39. Lee RE, McGinnis KA, Sallis JF, Castro CM, Chen AH, Hickmann SA. Active vs. passive methods of recruiting ethnic minority women to a health promotion program. *Ann Behav Med* [Internet]. 1997 [cited 1997];19(4):378–84. Available from: http://www.springerlink.

com/content/d14423u68018j275/ doi 10.1007/BF02895157.

40. Lee RE, Medina AV, Mama SK, et al. Health is power: An ecological, theory-based health intervention for women of color. *Contemp Clin Trials* [Internet]. 2011 Jul 18 [cited 2011 Oct 10];32(6):916–23. Available from: http://www.sciencedirect.com/science/article/pii/S1551714411001820 doi10.1016/j.cct.2011.07.008.
41. McKenzie R, Naccarella L, Thompson C. Well for Life: Evaluation and policy implications of a health promotion initiative for frail older people in aged care settings. *Australas J Ageing* [Internet]. 2007 [cited Aug 6];26(3):135–40. doi 10.1111/j.1741-6612.2007.00238.x.
42. Mielenz T, Jackson E, Currey S, DeVellis R, Callahan LF. Psychometric properties of the Centers for Disease Control and Prevention Health-Related Quality of Life (CDC HRQOL) items in adults with arthritis. *Health Qual Life Outcomes*[Internet]. 2006 Sep 24 [cited 2011 Oct 10];4:66–73. Available from: http://www.ncbi.nlm.nih.gov/pmc/articles/PMC1609101/?tool=pubmed doi10.1186/1477-7525-4-66.
43. Rogers EM. Diffusion of preventive innovations. *Addict Behav* [Internet]. 2002 Nov–Dec [cited 2011 Oct 10];27(6):989–93. Available from: http://www.sciencedirect.com/science/article/pii/S0306460302003003 doi 10.1016/S0306-4603(02)00300-3.
44. Sallis JF, Cervero RB, Ascher W, Henderson KA, Kraft MK, Kerr J. An ecological approach to creating active living communities. *Annu Rev Public Health* [Internet]. 2006 [cited Apr];27:297–322. doi 10.1146/annurev.publhealth.27.021405.102100.
45. Schwartz MB, Lund AE, Grow HM, et al. A comprehensive coding system to measure the quality of school wellness policies. *J Am Diet Assoc*[Internet]. 2009 Jul [cited 2011 Oct 10];109(7):1256–62. Available from: http://citeseerx.ist.psu.edu/viewdoc/download?doi=10.1.1.175.4297&rep=rep1&type=pdf doi 10.1016/j.jada.2009.04.008.
46. Shoup JA, Gattshall M, Dandamudi P, Estabrooks P. Physical activity, quality of life, and weight status in overweight children. *Qual Life Res* [Internet]. 2008 [cited 2011 Oct 10];17(3):407–12. Available from: http://www.springerlink.com/index/95925t0328786v55.pdf doi 10.1007/s11136-008-9312-y.
47. Van Acker R, De Bourdeaudhuij I, De Cocker K, Klesges LM, Cardon G. The impact of disseminating the whole-community project '10,000 Steps': A RE-AIM analysis. BMC Public Health [Internet]. 2011 Jan 4 [cited 2011 Oct 10];11. Available from: http://www.biomedcentral.com/1471-2458/11/3 doi:10.1186/1471-2458-11-3.
48. van den Berg MH, Schoones JW, Vlieland T. Internet-based physical activity interventions: A systematic review of the literature. *J Med Internet Res* [Internet]. 2007 [cited Sept 30];9(3):44. Available from: http://www.jmir.org/2007/3/e26/ doi 10.2196/jmir.9.3.e26.
49. Wages JG, Jackson SF, Bradshaw MH, Chang M, Estabrooks PA. Different strategies contribute to community physical activity program participation in rural versus metropolitan settings. *Am J Health Promot* [Internet]. 2010 [cited Sept–Oct];25(1):36–39. doi 10.4278/ajhp.080729-ARB-143.
50. Wang G, Macera CA, Scudder-Soucie B, Schmid T, Pratt M, Buchner D. A cost-benefit analysis of physical activity using bike/pedestrian trails. *Health Promot Pract* [Internet]. 2005 [cited 2005 Apr];6(2):174–79. doi 10.1177/1524839903260687.
51. White SM, McAuley E, Estabrooks PA, Courneya KS. Translating physical activity interventions for breast cancer survivors into practice: An evaluation of randomized controlled trials. *Ann Behav Med* [Internet]. 2009 Mar 3 [cited 2011 Oct 10];37(1):10–19. Available from: www.springerlink.com/index/784r6j0r2u225423.pdf doi 10.1007/s12160-009-9084-9.
52. Wing RR, Jeffery RW, Pronk N, Hellerstedt WL. Effects of a personal trainer and financial incentives on exercise adherence in overweight women in a behavioral weight loss program. *Obes Res.* 1996;4(5):457–62.
53. Wing RR, Papandonatos G, Fava JL, et al. Maintaining large weight losses: The role of behavioral and psychological factors. *J Consult Clin Psychol* [Internet]. 2008 [cited Dec];76(6):1015–21. doi 10.1037/a0014159.

CHAPTER 10

신체활동 전문가를 위한 행동전략 적용 전문적 실무 전략

Carol Ewing Garber and Kimberly Samlut Perez

학습 목표

신체활동 행동 변화는 건강 및 피트니스 전문가의 경험, 역량 및 개인적 특성에 따라 영향을 받을 수 있다(2,4). 건강 및 피트니스 전문가는 신체활동 행동 변화를 가능토록 하기 위한 카운슬링, 커뮤니케이션, 전문가적인 술기 및 개인적인 속성을 요구되고, 단련하기 위한 시간을 가져야만 한다. 이 장은 행동 변화를 가능하게 하는 다른 요인, 전문적인 술기, 행동, 실무적 적용에 초점을 맞출 것이다.

건강 및 피트니스 전문가는 많은 다른 세팅에서 일하는 데 이에는 피트니스 센터, 지역사회 센터, 비영리, 산업장, 다양한 임상 세팅 등을 포함하며, 이들 또한 제한되는 범위는 아니다. 그 결과, 건강 및 피트니스 전문가의 실무 범위는 광범위하여 전문적인 실무의 표준에서 상당한 변이가 있을 수 있다. 독자는 다양한 건강 및 피트니스 전문가의 자세한 실무 범위에 대하여 "미국스포츠의학회 지침(*American College of Sports Medicine Guideline*)"을 살펴보기 바란다(1). 그러나 거기에는 광범위한 세팅과 전문적인 실무를 초월하여 적용되는 건강 및 피트니스 전문가들 사이에 공유되는 기초적인 지식, 술기 및 전문가의 행동이 있다. 이 장은 전문가가 어떠한 세팅이든 실무에 투입할 수 있는 행동, 커뮤니케이션 기술, 프로그램 디자인 지침의 특별한 예들을 제공할 것이다.

커뮤니케이션

언어적, 비언어적 커뮤니케이션

가장 성공적인 전문가는 그들의 대상자, 동료, 가능 대상자 등과 상호작용에서 언어적, 비언어적 커뮤니케이션의 중요성을 인지하는 것이다. 만남에서 미소와 눈 맞춤과 함께하는 다정한 인사로 시작되어야 한다. 악수는 많은 세팅에서 관습적인 것이지만, 몇몇 사람들은 건강, 종교 및 다른 이유로 악수를 선호하지 않는다. 따라서 건강 및 피트니스 전문가는 대상자가 악수를 위하여 이동하는 것을 허락할 수 있어야 하고, 대상자로부터 힌트를 얻어야 한다. 악수를 할 때에는 강하게 악수(너무 강하게는 말고)하고, 직접적인 눈 맞춤과 "만나서 반갑습니다. 미스터 존슨 씨(Nice to meet you, Mr. Jones)"와 같은 말을 하는 것이 중요하다.

대화할 때는 얼굴과 양측 어깨는 대상자 쪽으로 숙여야 하며, 일반적인 눈 맞춤을 동시에 해야 한다. 만약에 앉아 있을 경우, 대상자의 수준 이하로 앉아서 앞 방향으로 굽힘으로써 전문가가 대상자에게 완전하게 초점을 맞추어 메시지를 보낼 수 있다. 목소리는 대상자에게 들릴 수 있는 조정된 톤이어야 한다. 목소리는 너무 크거나 너무 부드러워서도 안 되며, 전달된 정보가 이해와 청취가 가능한 중등도의 빠르기에서 명쾌히 전달되는 말이어야 한다. 머리의 끄덕꺼림, 신중한 필기, 손의 제스처와 같은 능동적 관심의 비언어적 지표는 이러한 만남의 질을 증대시킬 수 있다.

건강 및 피트니스 전문가의 업무는 신체활동을 교육하고, 동기화하고, 증진하는 것이며, 건강 행동을 변화시키는 것이다. 언어적 커뮤니케이션 기술은 실무의 핵심이다. 대면하거나 전화할 때, 무엇을 말하는지 그리고 어떻게 언어화하는지가 대상자가 정보를 배우고, 받아들이는지, 환류하는 지, 궁극적으로 행동을 변화시키려는 그들의 의지가 영향을 받을 것인지에 영향을 줄 것이다. 효과적인 언어적 커뮤니케이션의 첫 번째 원칙은 실무자가 효과적인 커뮤니케이션에 참여하는 것이고, 각 대상자와 동료와 함께 노력하는 것이다.

언어적 커뮤니케이션은 대상자의 니즈, 역량, 이해의 수준 등에 따라서 조정될 때 최고가 된다. 개인화(individualization)가 핵심이라는 것을 기억하는 것이 항상 중요하다. 밝은 톤과 과도한 슬랭을 피하여 명쾌하게 청취가능토록 말하는 것은 상호작용의 질과 전문가적 모습을 가능하게 한다. 생각을 모으는 짧은 시간의 침묵은 완전하게 수용가능하고, 대상자가 무엇을 말하고 있고, 무엇을 말해야 하는지를 생각토록 하는 시간을 허락한다. 어쨌든 당황스럽고, 경멸적으로 보일 수 있는 단어 또는 문장은 항상 피해야만 한다. 예를 들면, 사람의 복장이나 신체적인 모습에 대하여 언급하는 것은 성적 학대(sexual harassment)로 인지될 수 있다. 윤리, 인종, 종교집단, 성적 오리엔테이션, 신체 습관, 불구상태에 관한 언급은 경멸적으로 인식될 수 있다. 성적 학대와 문화적 민감성에 대하여 모든 건강 및 피트니스 전문가에 대한 공식적인 훈련은 다양한 인구집단과 함께 일함에 있어 효과성을 증대하고, 부정적으로 인식될 수 있는 커뮤니케이션에 대한 인지를 증대시키는 데 도움을 준다.

전화와 전자 커뮤니케이션

훈련 프로그램의 초기단계에서 세션 후 추적관리는 대상자와의 라포(rapport) 개발을 가능케 하고, 사회적 지지를 제공하며, 행동 변화를 증진시킬 수 있다. 대상자에게 전화는 첫 세션 이후 24~48 시간에 하는 것이 매우 도움을 줄 수 있다. 이는 건강 및 피트니스 전문가에게 대상자가 훈련에 대하여 어떻게 반영하는지를 평가하는 데 확인의 기회를 제공하고, 만약 그들이 운동과 관련하여 경험한 문제가 있다면 환류를 요구할 수 있게 해준다. 이는 대상자가 선호에 따라 이메일을 통하여 이루어질 수도 있다. 많은 대상자들이 전자적 커뮤니케이션을 선호할 수 있다. 이메일, 문자 메시지, 비디오 컨퍼런스, 웹사이트, 사회적 매체 등의 사용이 신체활동 행동 변화를 증가하는 데 효과적일 수 있다. 대상자와 공개적인 커뮤니케이션과 사회적 지지를 유지, 제공하는 것은 시간관리와 기록유지의 두 가지 측면에서 유익할 수 있다.

만약 이메일이 대상자가 선호하는 방법이라면, 이메일의 출처를 구분할 수 있는 명확한 대상자 신원을 포함하는 것은 중요하다. 예를 들면, 대상자 줄에 "수잔 C, 개인 트레이너로부터, 세션 추적"과 같이 당신의 이름과 제목을 포함할 수 있다. 처음 대상자와 접촉할 때 대상자 줄은 이메일이 누구로부터 왔고, 목적이 무엇인지를 명쾌히 확인할 수 있다. 또한 이메일의 본문은 간단한 소개와 커뮤니케이션의 이유를 포함해야 한다(사례 10. 1 참조).

사례 10.1

대상자와의 첫 커뮤니케이션

샘(Sam)은 지역 헬스클럽의 개인 트레이너 자격취득자로 새로운 가능 대상자와 첫 번째 접촉을 하고자 한다. 존슨 씨는 새로운 멤버십의 일부로 개인 트레이닝 서비스에 사인을 하였다. 샘은 존슨 씨에게 몇 차례 음성메일 메시지를 남겼지만, 회신은 받지 못했다. 샘은 존슨 씨가 전화보다는 이메일로 커뮤니케이션을 선호한다는 것을 회원 가입신청서에서 확인하였다. 또한 그는 존슨 씨가 63세 노인으로 큰 회사의 고위 관리자임을 기록하고, 존슨 씨가 매일 많은 이메일을 받음을 알게 되었고, 메일이 도착되지 않았음을 알게 되었다. 존슨 씨가

계속

사례 10.1 (계속)

이메일을 읽을 수 있는 확률을 높이기 위하여 샘은 주제 줄에 기술하는 이메일을 쓰기 시작했다. 그리고 그는 이메일 커뮤니케이션을 위하여 적절하게 짧고, 한눈에 알 수 있는 메일 내용을 고려했다. 또한 행동적 원칙 즉, 5A 상담 틀과 이전 장에서 논의되었던 건강행동 이론을 커뮤니케이션에 포함하였다.

샘은 이메일을 아래와 같이 작성하였다:

주제 줄 : ExerClub 운동클럽의 개인 트레이닝 세션에 대한 귀하의 요청

친애하는 존슨 씨,

귀하께서는 ExerClub 운동클럽에 개인 트레이닝을 신청하였습니다. 저는 귀하가 운동을 시작하기 위하여 몇 가지 정보를 수집하고자 이야기할 시간에 대한 일정을 잡고자 합니다. 전화로 일정을 상의할 수 있는 편한 시간을 저에게 알려주시길 부탁합니다. 저는 낮과 저녁시간 및 주말에도 대부분 가능하고, 귀하의 일정에 맞출 수 있습니다.

귀하께서는 저의 휴대폰, 이메일, 문자 등으로 연락하실 수 있습니다. 저는 귀하의 운동 목표를 달성하기 위하여 함께 하기를 고대합니다.

감사합니다.

샘 스펜서, B.S. CPT
개인 트레이너, ExerClub 운동클럽
휴대폰(음성과 문자) : 222-444-4444
이메일: SSpenser@ExerClub.com

존슨 씨는 목요일 오전 8시에 이메일을 통하여 그에게 문자로 회신하였다. 샘은 문자로 응답하였다.

존슨 씨가 3월 7일 목요일 오전 8시 212-666-6666번으로 전화했습니다. 만약 다른 번호가 있으면 더 좋겠으니 저에게 알려주십시오. 샘 스펜서, ExerClub 운동클럽

샘은 존슨 씨에게 참석시간에 대하여 연락했다.

안녕하십니까? 존슨 씨. 저는 ExerClub 운동클럽의 개인 트레이너 샘 스펜서입니다. 지금 통화가 가능하신거죠? 좋습니다. 저는 오늘 귀하께서 운동 목표를 달성하기 위해 도울 수 있도록 당신을 조금 이해하고자 합니다. 이는 5분 정도 걸립니다. 오늘 일정에 적절한지요? 오케이 좋습니다. 왜 당신이 운동을 시작하고자 결심하셨는지 저에게 말씀해 주실 수 있는지요? ... 예, 알겠습니다...귀하께서는 자주 피곤하고, 그래서 스태미나를 증진시키고 싶어 하시는 거죠. 운동 프로그램은 사람들이 좀 더 정력적(energetic)이라고 느끼게 할 수 있습니다. 저의 대상자 대부분은 시작 때에 30~45분 주중 한 번 또는 두 번 정도 만나지만, 귀하의 선호에 따라 더 많이 또는 더 적게 만날 수도 있습니다. 귀하께서 매우 바쁘시다면 일을 고려하시기 바랍니다...주당 2회 정도가 시작에서 적절해 보입니다만, 언제나 필요에 따라 조정 가능합니다.

시작하기 위하여, 귀하의 건강과 운동 선호 등에 대한 더 많은 정보를 얻기 위하여 방문 일정이 필요합니다. 귀하의 피트니스를 평가하기 위하여 몇 가지 검사를 진행함으로써 귀하에게 가장 적절한 프로그램을 권고할 수 있습니다. 그러고 난 후, 귀하의 훈련 세션을 셋업할 수 있습니다. 이 첫 번째 방문은 1시간 정도 걸립니다. 이제 일정을 결정하실까요? ... 오케이, 3월 12일 오전 7시 목요일이

사례 10.1 (계속)

어떤지요? 좋습니다. 그 동안에, 몇 가지 정보 양식을 보낼터이니 작성해 주시면, 방문 때 시간을 절약할 수 있습니다. 이것들을 우편 또는 이메일로 보내드릴 수 있습니다. 어떤 것이 더 좋을지요?...오케이, 제가 메일로 보내드리겠습니다... 저에게 이메일 주소를 확인해주기 바랍니다....감사합니다. 존슨 씨.

3월 15일 오전 7시, 맨해튼 브로드웨이와 동 57번가에 있는 ExerClub 운동클럽에 만나기를 기대합니다. 제가 이메일로 전자 달력을 보내드릴 텐데 귀하의 달력에 쉽게 넣을 수 있습니다. 또한 제가 하루 전에 문자 또는 이메일로 리마인더(reminder)를 보낼 예정입니다. 선호하는 방법은? 오케이 제가 문자로 보내드리겠습니다. 다른 질문이 있으신가요?... 시간 내주셔서 감사합니다. 존슨 씨, 안녕히 계십시오.

이메일은 일반적으로 암호화되지 않고 안전하지 않음을 기억하는 것이 중요하다. 고용주나 다른 개인들이 이메일과 문자 또는 전자 채팅 등을 통하여 정보접근이 가능하기 때문에 이러한 형태의 커뮤니케이션은 개인 및 민감한 정보를 논의하거나 수집함에 있어 적절하지 않다. 소셜 네트워크, 웹사이트, 채팅방, 비디오 컨퍼런스, 블로거의 사용이 대상자 또는 다른 전문가와 정보 및 생각을 교환하기 위한 가치있는 플렛폼일 수 있다. 이러한 방법들은 진도의 모니터링, 문제해결, 사회적 지지의 제공, 그리고 운동과 건강 주제에 관련된 일반적인 교육적 자료를 위한 자원으로 신체활동, 프로그램 일정 등의 특별한 이벤트와 자원을 조명하는 데 있어 도움이 된다.

교수와 학습

건강 및 피트니스 전문가의 실무 내용은 대상자의 학습 스타일과 개인적 선호에 따른 개인화된 다양한 행동과 교수 전략의 사용에 관련된다. 효과적인 행동 변화를 위하여 학습이론은 채택되는 교육방법과 행동전략의 기초를 만들어야 한다. 효과적인 교수는 시범, 시각적 관찰, 언어적 설명, 환류(**그림 10.1**)의 혼합과 관련된다. 교육의 가장 일반적인 형태의 한 가지는 교육자가 운동을 시범보이고 설명하고, 교육자의 관찰 하에서의 대상자의 운동 시행과 환류를 제공하는 것이 뒤따르는 것이 관련된다. **표 10.1**은 운동을 교수하는 데 있어 몇 가지 팁을 제공한다.

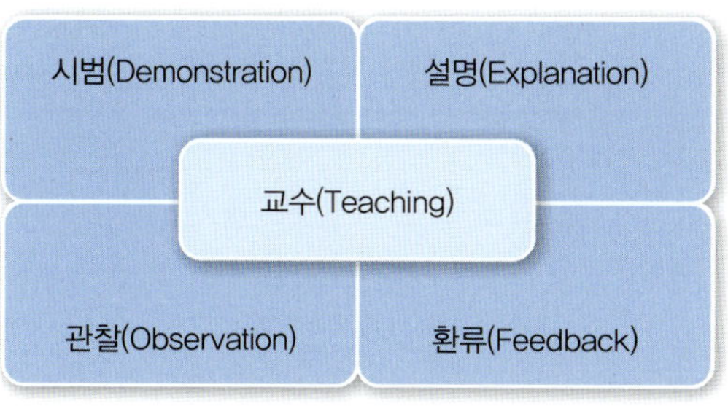

그림 10.1 신체활동 및 운동에 대한 교수의 구성요소

표 10.1 운동을 가르침(교수)에 포함되는 주요점

운동을 가르침(교수)에 포함되는 주요점
단순한 이름을 사용하는 운동의 **소개하기(Introduce)**
운동이 프로그램의 일부임을 **설명**(예: 운동의 편익)**하기(Explain)**
운동과 익숙한 활동 또는 쉬운 활동 용어와 **비교하기(Compare)** 예: "오늘 시작하는 첫 번째 운동은 고정된 자세의 런지(stationary lunge)이다. 이 운동은 엉덩이와 무릎의 근육을 크게 강화한다. 당신은 이 운동이 월요일에 했던 스쿼트(squat)와 같다고 생각할지 모르지만, 이번에는 앞다리가 대부분의 작업을 수행하도록 다리가 서로 옆에 있지 않고 서로 앞뒤로 엇갈려 있다."
대상자가 언어 및 시각적 지시를 받는 시범을 보이는 도중에 가능하면 적은 단어를 사용하여 운동을 **지시하기(Cue)**. 효과적인 지시(과도한 지시없는)의 핵심은 쉽게 따라할 수 있는 간결한 활동 단어를 사용하는 것이다.
눈을 맞추면서 운동 **시범 보이기(Demonstrate)**
활동 동사 또는 은유법을 활용하여 당신이 그들에게 원하는 모든 움직임에 대한 생각에 대하여 **강조하기(Highlight)** 예: 운동에 대한 시범을 보여주는 동안, 손가락을 사용하여 참조되는 영역을 가리킨다. "당신이 볼 수 있는 것처럼, 앞다리는 완전히 바닥에 있고, 엉덩이는 낮추고, 척추는 머리의 정수리에 도달할 만큼 높게 유지하고, 어깨는 앞쪽으로 사각형입니다. 척추를 높이 유지하는 동안, 엉덩이를 바닥에 낮춤을 시작하고, 그런 후에 다시 밀기를 한다. 당신은 발이 좀 더 안정감을 느낄 수 있도록 조정할 수 있다.

환경

신체활동 행동 변화를 가능토록 하기 위하여, 상담, 검사와 훈련이 일어날 신체활동 환경은 쾌적하고, 안전하고 편안해야만 한다. 이는 어지럽게 흩어져 있거나 물리적 위해가 없는 깔끔하고 깨끗한 시설을 유지함으로써 쉽게 달성할 수 있다. 평가와 상담 세션에서는 프라이버시와 혼란스럽지 않는 공간이 중요하다. 민감하고 개인정보의 타인에게로의 노출 가능성을 최소화하기 위한 소음제거 장치가 필요할 수도 있다. 모든 이에게 서비스 접근성을 보장하기 위하여 장애요인을 가진 사람들을 위한 적절한 설비가 제공되어야 한다.

단계별 설명[Step-by-Step]: 대상자 세션을 위한 준비와 추적

접수, 상담, 검사 또는 훈련 세션 등에서 대상자와 각 만남을 완전히 준비하는 것은 피할 수 없으며, 대상자의 행동 변화와 개인적 목표 달성을 위하여 긴 시간이 필요할 것이다. 바쁜 일정으로 인하여 준비에 필요한 시간을 종종 쉽게 평가절하하고, 과거의 경험에 의존하고, 모든 대상자에 대하여 쿠키 커터와 같은 세션을 제공하지만, 이것은 적절한 결과를 얻지 못하게 될 것이다. 개인의 특성이 기반한 맞춤형 운동 상담과 훈련 세션은 신체활동 행동 변화를 가능토록 하는 효과적인 전략이다(2). 부가하여, 준비되지 않음은 대상자의 건강 또는 안전을 위험하게 할 수 있는 심각한 과오를 가져올 수 있다.

세션의 완전한 준비는 현재 및 과거 병력, 이전의 훈련 세션 동안의 신체활동 행동과 수행과 같은 대상자의 활용가능한 기록을 리뷰하는 것 등을 포함한다. 이 리뷰는 건강 및 피트니스 전문가에게 어떻게 대상자에게 접근할 것인가를 완전하게 고려토록 하고, 신체활동 변화와 안전을 극대화하기 위한 대상자의 니즈와 준비에 대하여 적절하게 맞춤형의 세션을 보장한다. 신뢰할 만한 출처로부터 현재의 정보를 포함하는 것은 효과적인 전문적 실무의 핵심이다. 그러나 운동에 대한 최근 뉴스 또는 잡지 논문에 대한 인지와 대상자와의 토론은 대화와 교육을 위한 탁월한 기회를 제공한다.

가능하다면 대상자의 일차의료 의사, 물리치료사 또는 영양사와 같은 다른 보건의료 전문가와의 조정된 노력은 중요하다. 이는 대상자에게 편익을 극대화하고, 행동 변화를 방해시킬 수 있는 혼동(confusion)을 최소화할 수 있는 일관된 조언과 조정된 서비스를 보장하는 데 도움을 줄 것이다. 각기 이러한 것들은 대상자가 건강 및 피트니스 전문가에 방문하기 전과 방문 후 즉각적인 추적관리에 잘 이루어질 수 있다.

단계별 설명[Step-by-Step]: 운동 프로그래밍과 검사

신체활동 상담 세션의 구성요소

신체활동 상담 세션은 대상자와 건강 및 피트니스 전문가가 공개된 대화에 맞추어 고안된 개방형 설문으로 가장 적절히 수행된다. 이는 개인적인 신체활동 프로그램을 개발하기 위한 가장 인터엑티브(interactive)한 환경을 가지게 한다. 개방형 접근법은 대상자의 진정한 느낌, 관심, 관련된 정보를 밝히토록 해준다. 왜냐하면 이는 대상자가 편안함을 느끼는 안전한 공간을 개발하는 데 도움을 주며, 좀 더 개인정보를 공유할 수 있도록 해줄 수 있기 때문이다. 거기에는 상담 세션에 적용될 수 있는 많은 이론적 틀이 있는데 이는 건강 및 피트니스 전문가는 환경, 시간적인 제약, 피보호자에 맞는 것을 개발할 수 있게 조언해 준다. 그러나 아래와 같은 요소들이 적용할 수 있는 이론적 모형에 따른 모든 상담 세션에 공통적으로 포함되어야 한다. 이에는 아래의 것들을 포함한다.

1. 세션의 목적을 명쾌하게 기술할 것
2. 대상자의 행동 변화에 대한 준비를 평가할 것
3. 대상자의 반응, 건강상태, 사회인구학적 고려, 환경 및 신체활동 목표에 기반하여 특이한(specific) 권고 또는 조언을 제공할 것
4. 개발된 계획을 요약하고, 대상자의 이해를 보장할 것
5. 시간표와 추적관리 형태를 셋업할 것(**그림 10.2** 참조)

대부분의 정보는 개방형 설문 조사에 의해 대상자로부터 종종 얻어진다. 거기에는 극단적인 것(예: '예' 또는 '아니오')과 예상되는 반응에서 보다 특이적인 객관적 설문이 있다. **표 10.2**는 효과적인 설문의 틀을 보여준다.

대상자로부터 더 많은 배움을 시도해보라. 이는 개방형 대화를 창조하고, 미래의 미팅을 위한 틀을 구축하고, 개인화 프로그램을 개발하는 데 도움을 주는 기회이다. 상담 세션 동안 효과적인 개

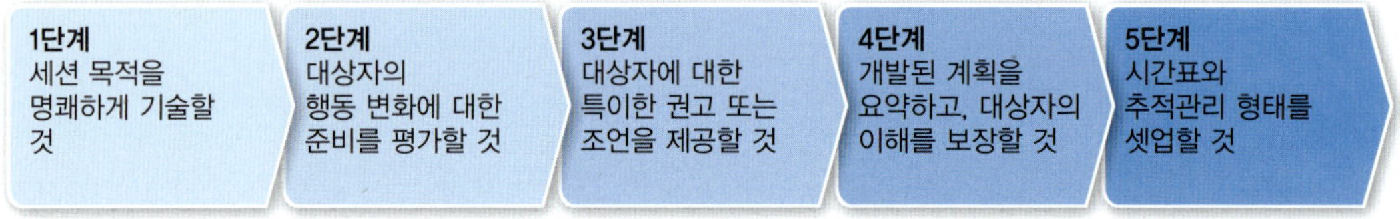

그림 10.2 상담 세션의 전형적인 요소

방형 설문의 질문에 있어 실무자는 대상자 중심의 동기부여 면담의 기술을 사용한다. 동기부여 면담은 두 가지 중요한 성취를 가져오는데 한 가지는 실무자, 다른 한 가지는 대상자 측면이다. 실무자에게는 대상자가 그들의 장애요인, 관심, 두려움, 좋아하는 것, 싫어하는 것을 자유롭게 말하게 해주는데 대상자의 선호, 성격, 재발 위험을 좀 더 알려주고, 개인화 프로그램 개발을 가능하게끔 해줄 것이다. 다른 말로 표현하면 건강 및 피트니스 전문가는 대상자가 즐기며, 고착할 수 있는 효과적인 프로그램을 개발하는 정보를 이용할 수 있다는 것이다. 대상자의 주요 성취는 그들의 라이프스타일에 대하여 개인적 발견을 해 줄 수 있는 것이며, 나아가 이는 대상자가 성공적으로 신체활동 프로그램을 관리토록 하는 도구와 전략 개발을 허락한다. 또한 이러한 인터엑티브한 과정은 대상자의 목적을 성취하는데 공유된 팀워크 감각과 지지를 증진한다. 이는 한 세션 후에 생기지 않으며, 이러한 주고받는 토론은 진행하는 과정임을 기억해야 한다. 라이프스타일과 행동 변화는 일(업무), 시간과 인내가 필요하다. 계획과 접근은 변화하는 상황, 경험, 태도 때문에 종종 수정되는 것이 필요하다.

건강상태 리뷰

미국스포츠의학회에서 권고한 바와 같이 건강상태에 대한 완전한 리뷰는 대상자의 정기적인 방문의 업데이트 한 부분이자 초기 등록의 중요한 부분이다. 독자들은 이것의 목적에 대한 더 많은 정보와 도구를 2장과 미국스포츠의학회 지침에 참고할 수 있겠다(1). 건강정보는 대상자의 안전뿐만 아니라, 급성 또는 만성적인 건강상태에 따른 제한점을 감안한 신체활동 프로그램을 개발하는데 중요하다.

표 10.2 상담 세션의 전형적인 요소

극단적 설문	객관적 설문	개방형 설문
운동을 즐기십니까?	운동을 할 때 고강도 활동 또는 중등도 활동을 선호하시는지요?	당신이 즐기는 고강도 활동은 무엇입니까?
지난해 담배를 피우거나 금연한 적이 있습니까?	지난해 언제쯤 금연하였습니까?	10개월간 금연한 것은 대단한 것입니다. 금연 후 어떤 변화를 알게 되었습니까?
체중 증가 또는 감소에 관심이 있습니까?	당신의 이상적인 체중이 되기를 적어 본 적이 있습니까? 다른 표현으로는 어느 정도의 체중이 편안하신지요?	당신의 체중 증가에 기여한 요인은 어떤 것이었을 것으로 느끼고 있습니까?

노트: 시작시점 면담 동안의 설문은 이전에 적용했던 참여전 서류작업에 대한 추적조사로 종종 이루어지기 때문에 극단적 설문 사용은 반복적이고 불필요할 수 있다. 개방형 설문은 종종 이전의 객관적 설문에 대한 반응을 알기 쉽게 말을 바꾸어 시작한다.

신체활동과 운동 행동의 리뷰

2장에서 기술한 바와 같이 대상자의 현재 및 과거 신체활동 행동을 이해하는 것은 새로운 또는 수정된 운동 프로그램을 만들 때 결정적인 것이다. 사용가능한 신체활동 설문지 또는 신체활동 및 운동 행동을 평가하고 모니터하는 데 사용될 수 있는 보도계(pedometer)와 같은 도구들은 많이 있다. 행동적 관점에서 과거, 현재 및 미래의 경험에 대한 개인의 인지와 태도에 관한 학습은 신체활동 행동 변화를 가능케 하는데 핵심적인 것이다. 또한 자기효능감, 문화적 규범, 인근 환경과 같이 운동의 선호와 행동에 영향을 줄 수 있는 다른 인지적, 사회적, 환경적 그리고 심리적 요인에 대한 이해도 중요하다. 다소 시간이 걸릴 동안, 이들 개인, 사회 및 환경적 요인에 대한 완전한 이해는 건강 및 피트니스 전문가가 개인에게 유일하게 맞는 운동 프로그램을 개발할 때, 운동 및 신체활동의 채택과 고착 가능성 증가에 도움을 줄 것이다. **표 10.3**은 선별적 그리고 초기 상담 세션을 수행함에 있어 팁을 제시하였다.

표 10.3 상담 세션의 전형적인 요소

대상자 인사하기. _____씨(Mr./Ms._____)라고 부른다. 그러고 난 후 대상자에게 이름을 어떻게 불러 주길 원하느냐고 묻는다. 이는 대상자에 대한 존경을 나타내고, 올바른 사람과 말하고 있음을 확정지어주는 데 도움이 된다.
자기 소개하기. 예. "저는 엑셀 피트니스센터의 운동생리학자 존입니다.
오늘 방문의 목적 소개하기. 예. "저는 개인트레이너 자격취급자로 오늘 당신에 대하여 더 많이 알기를 원하고, 그래서 당신에게 가장 적합한 프로그램을 제공할 수 있을 것입니다."
대상자가 편안함을 느끼게 만들기. 대상자와 같은 높이 또는 낮은 위치에 앉아야 하며, 절대 서거나 높은 위치에 앉지 말아야 한다.
분명하고 천천히 말할 것 그리고 대상자가 이해하는지를 봐라. 그들이 당신에게 공개하는 것을 꺼려하는 듣기 또는 언어적 문제가 있는지를 고려해야 한다.
개방형 설문을 사용하여 시작할 것. 예: "오늘 기분이 어때요", "오늘 방문한 목적이 무엇인지 말해주실 수 있나요?", "이전에 어떠한 운동을 해본 적이 있나요?"
좀 더 많은 정보를 명확히 하고 수집할 것. 대상자가 제공한 정보가 이해되지 않거나 혼란하게 하는 다른 설명/정보가 있을 경우 답변을 명쾌하게 해야 한다. 어떤 것에 대한 좀 더 자세한 것을 질문하는 것은 중요할 수 있다(예: 흉부 불편감).
대상자가 말한 것을 반복하는 반사적 반응을 사용하기. 예. "당신은 당신의 우측 무릎에 통증이 좀 있다고 했습니다. 그것에 대하여 좀 더 말씀해 주실 수 있나요? 어떤 느낌을 느끼시는지요? 언제 아픈가요?"

계속

표 10.3 상담 세션의 전형적인 요소 (계속)

대상자가 언급한 관심을 확인하기.

예:
"처음 피트니스 센터에 오게 된 것은 위험한 것입니다."
" 당신은 운동선수가 아니기 때문에 운동에 문제가 있을 것이라고 우려하는 것처럼 보입니다."

그들이 생각하는 문제점은 그들의 건강 및 피트니스와 관련된 것임을 대상자에게 묻기.

예:
"지금 당신의 운동 습관에 무엇이 문제라고 생각합니까?
"당신의 주요 건강 이슈는 무엇입니까?"

대상자가 무엇에 대하여 말하기를 피하거나 불안해 보이거나 또는 불편해 보일 경우에 적절히 반응하기.

예:
"많은 사람들은 그들의 모습에 대한 걱정 때문에 체육관에 가는 것을 걱정합니다."
"많은 사람들은 무엇을 하는지를 모르기 때문에 체육관에 가는 것을 두려워 합니다. 당신에게도 이러한 것이 있습니까?"

대상자가 당신에게 말한 것을 요약하기.

예:
"존슨 씨, 나는 당신 말한 것을 정확히 이해했는지를 확인하고 싶습니다(당신의 말로 그들이 말한 것으로 반복).

대상자의 현재 및 과거 건강에 관한 특이한 질문을 묻기 - 대상자의 요구 및 피트니스 세팅과 관련하여. 건강 스크리닝의 완전한 자세한 내용은 참고문헌 1(ACSM, 2013)에 있다.

예: "이제 존슨 씨, 당신의 건강이 안전할 수 있는 운동 유형에 영향을 줄 수 있기 때문에 당신의 건강에 대한 몇 가지 질문이 필요합니다.

일반적으로 수집되는 정보는 아래와 같다.

- 현재 병력
- 과거 병력
- 현재 복용약(이름, 용량, 목적) – 비처방약품(일반의약품)과 비타민을 포함
- 알레르기
- 심혈관질환의 위험요인
- 알코올과 약물 사용
- 협심증, 파행 증세(claudication), 호흡곤란
- 운동과 관련된 불편감/통증
- 수면습관
- 심리사회적(예: 거주 상황, 직업 상태, 교육)

무엇인가 알고 있을 때 직접적으로 질문하기. 대상자는 종종 당신이 문제를 밝혀주길 기대하고, 필수적인 자원봉사자 정보를 원하지 않는다.

그들이 관심이 있는 것이 있을 때 대상자에게 질문하기.

예: "당신이 말하고자 한 것이 토론되지 않은 것이 있습니까?"

만약 그들이 질문이 있을 때 대상자에게 질문하기.

세션을 요약하고, 대상자에게 감사하며, 다음에 기대하는 것을 대상자가 알게 하는 것으로 마무리하기.

대상자와 일하는 동안 지속적으로 반복하라. 즉, 중계된 정보가 이해되었는지 또는 대상자가 당신의 메시지에 보고 있는지를 알 수 없다. 예를 들면, 대상자는 정적인 런지를 하는 동안 발 위에서 무릎을 앞쪽으로 유지하거나 10~30초간 스트레칭을 해야 하는 것 등 지식을 기억하지 못할 수 있다.

전문적 그리고 비판단적 접근은 현재 그리고 과거 운동 행동에 조사하는 경우에 도움이 된다. 이는 개방된 커뮤니케이션을 유지하고, 전문가와 대상자 간의 좀 더 솔직한 대회를 허락하며, 그들의 운동 경험에 대한 행동과 느낌을 솔직하게 표현하는 데 있어 편안하게 느낄 가능성을 증가시킨다. 또한 지속된 운동에서는 가장 중요하며, 그들은 그들의 출석과 이메일과 전화 회신을 지속할 것이다. 이 개방상태는 건강 및 피트니스 전문가와 대상자가 정기적인 운동자를 탐구함에 있어 대상자가 마주하는 문제와 장애요인을 극복하는 일을 도와줄 것이다. 건강 및 피트니스 전문가들은 모든 사람이 좋아하지 않는 운동, 많은 사람이 찾아낸 어렵고 불쾌한 많은 것들, 신체적으로 활동적인 그들의 능력에 대한 관심을 갖는 것 등을 수용하는 것에 도움이 된다.

신체활동력(physical activity history)을 얻을 때, 대상자는 명백하고 광범위한 이해가 없을 것이므로 먼저 신체활동과 운동의 의미를 설명해야 한다. 전체 신체활동 행동의 목록(inventory)은 일상생활 활동, 직업 및 이동 관련 신체활동, 운동을 포함하며, 피트니스의 평가와 운동 처방에서 보조할 수 있는 정보를 제공하기 때문에 도움이 되지만, 프로그램의 개발 접근에서 단서를 제공할 수도 있다. 예를 들면, 어떤 사람이 "운동은 싫어하지만 춤(dance)은 사랑한다"라면 춤과 같은 활동이 관련된 프로그램 제안을 검토해야 한다. 어떤 어디에서 운동이 이루어지는지(과거일 경우에는 이루어졌는지)에 학습을 하고, 부가하여 대상자가 좋아하는 그리고 싫어하는 운동에 대하여 특이적으로 질의해야 한다.

좋아하는 것과 싫어하는 것에 대한 이해는 대상자가 가능하면 유쾌하고 즐길 수 있는 프로그램 개발, 운동 채택과 고착의 가능성을 개선하는 데 도움을 줄 것이다. 과거 손상과 신체활동 제한점에 대한 지식 역시 건강과 행동적 측면에 도움이 된다. 예를 들면, 과거 무릎의 손상이 있는 어떤 사람이 있다면 운동은 손상을 악화하고, 통증을 유발하는 운동은 피할 수 있다. 한편, 운동성 통증이 있는 관절은 혜택이 있을 것이고, 대상자는 통증을 극복하여 언제 어떻게 운동하는지 통증이 운동중단의 신호임에 대한 것을 교육받음이 필요할 것이다. 대상자에게 그들이 운동이 필요함에 대한 인지를 교육하고, 동시에 그들의 한계점을 인지토록 해야 한다. 통증이 있거나 불쾌한 운동은 운동 즐김을 감소시키기 때문에 비록 그것과 관련한 몇몇 불편감이 있을 수 있음에도 불구하고, 개선의 표식자를 발견하여 대상자가 운동의 편익을 모니터할 수 있게 하는 것이 중요할 것이다.

대상자의 사회적, 직업적, 문화적 환경 역시 행동 변화의 측면에서 중요하다. 직업, 주거 상황 그리고 지역사회에 대하여 질문을 묻는 것은 개인에게 맞춤형 프로그램을 만들고, 정기적인 신체활동 프로그램을 시작하고 유지할 수 있는 가능성을 증가시키는 데 도움이 된다. 예를 들면, 바쁜 경영자는 중요하게 시간적 한계점 또는 빈번한 출장에 따른 제약이 있으며, 반면에 어린아이를 가진 부모들은 아이 돌봄(육아)을 받아야 운동이 가능하다. 몇몇 종교적, 문화적 집단은 남녀공학의 운동 상황을 금지하며, 강제된 복장이 몇 가지 유형의 운동을 어렵게 할 수 있다. 몇몇 문화집단은 운동 또는 몇 가지 운동 유형에 대하여 지원적이지 않으며, 이는 성별로 다를 수도 있다. 인지된 인근의 안전, 지역사회 운동자원과 기후도 역시 고려된다. 운동에 대한 이들 장애를 분석하는 것은 개인이 정기적인 운동을 할 수 있는 운동 프로그램을 개발하는 데 도움을 줄 수 있다.

운동 프로그램의 개발은 대상자가 프로그램의 구입과 참여를 보장할 수 있는 과정과 그들의 니즈와 선호에 부합하는 적절한 프로그램에서 능동적 참여와 함께 매우 인터렉티브해야만 한다. 프로그램을 수행하기 전에 대상자가 합리적으로 보이는지 그들의 바람과 일치하는지를 재확인해야 한다. 과정의 일부분으로, 발생할 수 있는 가능한 장애요인에 대한 계획이 퇴행(세션의 생략, 프로그램의 불참)의 가능성에 언급, 계획이 지침이라고 강조하는 것이 필요에 따라 조정될 수 있다.

추적 검사와 의뢰를 위한 상담

만약에 문제가 생기면, 운동을 시작하거나 다시 시작하기 전에 추가적인 평가와 치료를 위하여 보건의료 전문가에게 의뢰를 검토할 필요가 있을 수도 있다. 운동 프로그램을 시작하거나 변화, 변경할 때 장애요인이 있어서 의학적 확인과 치료가 필요한 경우, 미국 스포츠의학회 지침을 참조해야만 한다(1). 건강 및 피트니스 전문가는 쉽게 사용할 수 있는 건강과 관련한 명백하고 요약된 자료를 제공할 수 있고, 건강 및 피트니스 전문가가 원하는 특이한 질문에 대하여 답을 준다. 이는 사무실을 방문하는 동안 빠르고, 쉽게 의사 또는 기타 보건의료 전문가를 도와줄 수 있다.

잠재된 건강문제가 발견될 경우, 대상자에게 과도하게 경고하는 것을 피하는 것이 중요하며, 동시에 상황이 심각할 경우에는 명백하게 밝혀야 한다. 예를 들면, 방문하는 동안 대상자의 혈압이 여러 번 측정에서 상승되어 있다면, 대상자에게 사실에 대한 문제를 중요한 이 문제에 대하여 최소함이 없이 언급해야 한다. 예를 들면, "스미스 씨 당신의 혈압은 오늘 높아 보입니다. 이전에 혈압이 높다는 말을 들어 본 적이 있습니까? 당신은 지금 일반적인 상황으로 보이지 않으며, 혈압이 상승될 수 있지만, 제 생각에는 당신의 주치의에게 추적 관리를 받는 것이 좋은 생각이라고 생각합니다. 제가 당신의 주치의에게 이 정보를 팩스로 보낼 수 있고, 당신이 원한다면 전화로 추적관리를 받을 수 있습니다. 저는 당신의 혈압 기록지를 써내려 갈 수 있고, 당신은 당신의 주치의에게 갈 수도 있습니다."

피트니스 검사를 시행할 때, 대상자에게 어떤 검사를 왜 받는지 충분히 설명해야만 한다. 이는 동의받는 과정의 일부이고, 종이 문서로 대상자에게 제공을 하고, 서명을 요구하여 진행되어야한다. 검사, 위험, 편익, 다른 검사(대안)에 대한 충분한 구두설명이 있어야 하고, 대상자의 질문의 기회가 있어야 하고, 모든 질문에 대해서 응답을 해야 한다. 어떠한 검사도 거부할 수 있고, 언제든 중단할 수 있음을 대상자가 이해함을 보장하는 것은 중요하다. 만약 피트니스 센터의 정책에 따라 어떠한 강제적인 검사가 있다면, 이는 명확하게 커뮤니케이션이 잘 되어야 함은 물론이다.

운동 훈련 세션

운동 훈련 세션 동안에 초점은 운동기술과 술기를 가르치고, 운동하는 동안 대상자를 모니터링하는 것이다. 건강 및 피트니스 전문가의 독특한 역할은 가르침과 환류를 제공함으로써 성취의 느낌에 영향을 주고, 강화하는 힘이다. 운동 훈련 세션 동안, 대상자를 동기화하고, 격려하기 위하여 언어적, 비언어적 커뮤니케이션 기술이 채택된다. 운동 프로그램의 시작단계 동안, 사람에게 보상을 동기화하는 것은 운동의 완성으로부터 편익을 경험하는 희망과 성취감일 것이다. 이후 대상자는 옷이 더 잘 맞고, 정력적인 느낌과 같은 신체적, 정신적 변화를 보고할 것이며, 이것들은 추후 긍정적인 재강화를 제공한다. 건강 및 피트니스 전문가는 대상자가 그들의 신체에 대하여 더 잘 인지하게 하고, 미묘한 변화를 쉽게 보고할 수 있게 도와준다. 측정기, 거리 또는 시간의 축적, 보도계 측정 그리고 기타 자가 모니터링 도구, 앱 또는 온라인 도구와 같은 성취와 개선을 보여주는 자가 모니터링 데이터 수집방법이 도움이 되고, 효과적인 모니터링 방법이 신체활동 행동 변화를 가져올 수 있다(2).

핵심정리

건강 및 피트니스 전문가는 대상자의 신체활동 행동 변화를 보다 증진하고, 조장할 수 있다. 건강 및 피트니스 전문가의 전문적인 모습, 행동 그리고 커뮤니케이션은 성공의 핵심으로, 현재의 최신 높은 표준의 전문적 실무를 유지하여야 한다. 이론적 내용에 기초한 교수법과 건강행동 변화 기법은 대상자의 행동 변화, 신체활동의 채택과 고착을 가능케 한다. 정보의 기밀성과 전문적 윤리표준과 같은 윤리적 고려는 건강 및 피트니스 전문가 실무의 고유한 것이다. 부가하여 문화적 민감성, 잠재적으로 폭력적인 말이나 행동을 피하는 것, 존경심 그리고 적절한 접촉(touching) 또한 건강 및 피트니스 전문가의 실무에 필수적인 것이다.

참고문헌

1. American College of Sports Medicine. *ACSM's guidelines for exercise testing and prescription*. 9th ed. Philadelphia (PA): Lippincott Williams & Wilkins; 2014.
2. Garber CE, Blissmer B, Deschenes MR, et al. Quantity and quality of exercise for developing and maintaining cardiorespiratory, musculoskeletal, and neuromotor fitness in apparently healthy adults: Guidance for prescribing exercise. *Med Sci Sports Exerc*. 2011;43(7):1334–59.
3. Marcus BH, Williams DM, Dubbert PM, et al. Physical activity intervention studies: What we know and what we need to know: A scientific statement from the American Heart Association Council on nutrition, physical activity, and metabolism (Subcommittee on Physical Activity); Council on Cardiovascular Disease in the Young; and the Interdisciplinary Working Group on Quality of Care and Outcomes Research. *Circulation*. 2006;114(24):2739–52.
4. Seguin RA, Economos CD, Palombo R, Hyatt R, Kuder J, Nelson ME. Strength training and older women: A cross-sectional study examining factors related to exercise adherence. *J Aging Phys Act*. 2010;18(2):201–18.

찾아보기

ㅂ

ㅅ

ㅇ

기타